2023

COORDENADORES

ARTHUR **PINTO DE LEMOS JÚNIOR**
MÁRIO LUIZ **SARRUBBO**
MICHEL **BETENJANE ROMANO**
PATRICIA DE **CARVALHO LEITÃO**
ROGÉRIO **SANCHES CUNHA**

MINISTÉRIO PÚBLICO
ESTRATÉGICO

ENFRENTANDO AS ORGANIZAÇÕES CRIMINOSAS

ANDERSON DE **PAIVA GABRIEL** • ANTONIO HENRIQUE **GRACIANO SUXBERGER** • ARTHUR **PINTO DE LEMOS JÚNIOR** • EDUARDO ALEXANDRE **FONTES** • JOÃO PAULO **GABRIEL DE SOUZA** • JÚLIA **FLORES SCHÜTT** • LARISSA **BEZERRA LUZ DO VALE CERQUEIRA** • LUCIANA **FERNANDES DE FREITAS** • MARCELLE **RODRIGUES DA COSTA E FARIA** • OLAVO **EVANGELISTA PEZZOTTI** • PAULO GUILHERME **CAROLIS LIMA** • RENEE **DO Ó SOUZA** • ROGÉRIO **SANCHES CUNHA** • SILVIA **CHAKIAN** • THIAGO **ALBECHE**

Dados Internacionais de Catalogação na Publicação (CIP) de acordo com ISBD

M665

    Ministério Público estratégico: enfrentando as organizações criminosas / coordenado por Mario Luiz Sarrubbo... [et al.]. - Indaiatuba, SP : Editora Foco, 2023.

    280 p. ; 16cm x 23cm.

    Inclui bibliografia e índice.

    ISBN: 978-65-5515-757-4

    1. Direito. 2. Ministério Público. 3. Legislação. I. Sarrubbo, Mario Luiz. II. Romano, Michel Betenjane. III. Leitão, Patricia de Carvalho. IV. Cunha, Rogério Sanches. V. Título.

2023-721   CDD 340   CDU 34

Elaborado por Odilio Hilario Moreira Junior - CRB-8/9949

Índices para Catálogo Sistemático:

1. Direito 340

2. Direito 34

COORDENADORES
ARTHUR **PINTO DE LEMOS JÚNIOR**
MÁRIO LUIZ **SARRUBBO**
MICHEL **BETENJANE ROMANO**
PATRICIA DE **CARVALHO LEITÃO**
ROGÉRIO **SANCHES CUNHA**

MINISTÉRIO PÚBLICO ESTRATÉGICO

ENFRENTANDO AS ORGANIZAÇÕES CRIMINOSAS

ANDERSON DE **PAIVA GABRIEL** • ANTONIO HENRIQUE **GRACIANO SUXBERGER** • ARTHUR **PINTO DE LEMOS JÚNIOR** • EDUARDO ALEXANDRE **FONTES** • JOÃO PAULO **GABRIEL DE SOUZA** • JÚLIA **FLORES SCHÜTT** • LARISSA **BEZERRA LUZ DO VALE CERQUEIRA** • LUCIANA **FERNANDES DE FREITAS** • MARCELLE **RODRIGUES DA COSTA E FARIA** • OLAVO **EVANGELISTA PEZZOTTI** • PAULO GUILHERME **CAROLIS LIMA** • RENEE **DO Ó SOUZA** • ROGÉRIO **SANCHES CUNHA** • SILVIA **CHAKIAN** • THIAGO **ALBECHE**

2023 © Editora Foco

Coordenadores: Arthur Pinto de Lemos Júnior, Mário Luiz Sarrubbo, Michel Betenjane Romano, Patricia de Carvalho Leitão e Rogério Sanches Cunha

Autores: Anderson de Paiva Gabriel, Antonio Henrique Graciano Suxberger, Arthur Pinto de Lemos Júnior, Eduardo Alexandre Fontes, João Paulo Gabriel de Souza, Júlia Flores Schütt, Larissa Bezerra Luz do Vale Cerqueira, Luciana Fernandes de Freitas, Marcelle Rodrigues da Costa e Faria, Olavo Evangelista Pezzotti, Paulo Guilherme Carolis Lima, Renee do Ó Souza, Rogério Sanches Cunha, Silvia Chakian e Thiago Albeche

Diretor Acadêmico: Leonardo Pereira
Editor: Roberta Densa
Assistente Editorial: Paula Morishita
Revisora Sênior: Georgia Renata Dias
Capa Criação: Leonardo Hermano
Diagramação: Ladislau Lima e Aparecida Lima
Impressão miolo e capa: FORMA CERTA

DIREITOS AUTORAIS: É proibida a reprodução parcial ou total desta publicação, por qualquer forma ou meio, sem a prévia autorização da Editora FOCO, com exceção do teor das questões de concursos públicos que, por serem atos oficiais, não são protegidas como Direitos Autorais, na forma do Artigo 8º, IV, da Lei 9.610/1998. Referida vedação se estende às características gráficas da obra e sua editoração. A punição para a violação dos Direitos Autorais é crime previsto no Artigo 184 do Código Penal e as sanções civis às violações dos Direitos Autorais estão previstas nos Artigos 101 a 110 da Lei 9.610/1998. Os comentários das questões são de responsabilidade dos autores.

NOTAS DA EDITORA:

Atualizações e erratas: A presente obra é vendida como está, atualizada até a data do seu fechamento, informação que consta na página II do livro. Havendo a publicação de legislação de suma relevância, a editora, de forma discricionária, se empenhará em disponibilizar atualização futura.

Erratas: A Editora se compromete a disponibilizar no site www.editorafoco.com.br, na seção Atualizações, eventuais erratas por razões de erros técnicos ou de conteúdo. Solicitamos, outrossim, que o leitor faça a gentileza de colaborar com a perfeição da obra, comunicando eventual erro encontrado por meio de mensagem para contato@editorafoco.com.br. O acesso será disponibilizado durante a vigência da edição da obra.

Impresso no Brasil (03.2023) – Data de Fechamento (03.2023)

2023
Todos os direitos reservados à
Editora Foco Jurídico Ltda.
Avenida Itororó, 348 – Sala 05 – Cidade Nova
CEP 13334-050 – Indaiatuba – SP
E-mail: contato@editorafoco.com.br
www.editorafoco.com.br

PREFÁCIO

Recebo a "confortável" tarefa de prefaciar, ainda que em rápidas palavras, o segundo volume da coleção MP Estratégico, que permite ao Ministério Público de São Paulo democratizar com a comunidade, jurídica ou não, sua atuação e, em especial, suas ideias e projetos.

No presente volume são abordados temas relacionados com *crime organizado*.

Vale lembrar que o no ano de 1995 o Brasil editou a Lei 9.034 dispondo sobre a utilização de meios operacionais para a prevenção e repressão de ações praticadas por organizações criminosas. Porém, referida Lei apresentava-se com falhas indisfarçáveis, como a ausência de definição do seu próprio objeto: organização criminosa.

Somente no ano de 2012, por meio da Lei 12.694, o legislador definiu organização criminosa para o Direito Penal interno, valendo-se, como norte, da Convenção de Palermo.

No ano seguinte, a Lei 12.850 revê o conceito, definindo organização criminosa no § 1º do seu artigo inaugural como sendo a associação de 4 (quatro) ou mais pessoas estruturalmente ordenada e caracterizada pela divisão de tarefas, ainda que informalmente, com objetivo de obter, direta ou indiretamente, vantagem de qualquer natureza, mediante a prática de infrações penais cujas penas máximas sejam superiores a 4 (quatro) anos, ou que sejam de caráter transnacional.

Nesta obra, como já adiantado, foram abordados temas que dialogam com o enfretamento das *organizações criminosas*.

Destaca-se, desde logo, a eficácia normativa do Decreto 5015 de 12 de março de 2004, que promulgou a Convenção de Palermo no ordenamento jurídico brasileiro.

Os meios extraordinários de obtenção de prova foram esmiuçados pelos seus autores, destacando-se a captação ambiental, colaboração premiada e a figura do informante do bem ("whistleblowing").

Ainda na seara das provas, foram reservados capítulos para arrazoar sobre cadeia de custódia e crimes digitais.

Os autores conversam a organização criminosa com os crimes em licitações e contratos administrativos, dando ênfase ao cenário envolvendo cartel. Mas engana-se quem imagina a sociedade do crime agindo somente nos delitos econômicos. Nota-se a "erva daninha" das organizações criminosas nas infrações ambientais, demandando do Estado a utilização de técnicas próprias de investigação. Esse assunto foi igualmente trabalhado nesta obra.

Por que não discorrer sobre o assunto numa perspectiva de gênero? Faz parte do livro estudo sobre a criminalidade feminina e a participação das mulheres nas organizações criminosas.

Nesse tipo de criminalidade (organizada), o Ministério Público, partindo de uma análise econômica do crime, deve se valer "sem cerimônias" das medidas que buscam a despatrimonialização do criminoso. Por isso me agrada – e muito – ver na obra um capítulo reservado para o estudo do confisco alargado.

Dois capítulos merecem atenção, ambos discutindo os protagonistas das organizações criminosas. O primeiro estuda a teoria do domínio do fato; o segundo, a criminalidade organizada atuando por meio de pessoas jurídicas.

Não posso, neste prefácio, deixar de testemunhar – e reconhecer – a capacidade dos coautores, todos promotores de Justiça, juízes e delegados com visível experiência no assunto.

A obra, como se vê, procura projetar o Ministério Público do futuro numa de suas mais importantes atribuições, que é o combate à criminalidade organizada. É uma importante contribuição dos membros da instituição e de outros profissionais para visualizarmos a instituição Ministério Público nas próximas décadas, sempre sob a perspectiva de uma atuação mais estratégica e resolutiva.

Encerro parabenizando a editora, que abraçou, sem hesitar, tão audacioso projeto.

Mário Luiz Sarrubbo
Procurador-Geral de Justiça / SP.

APRESENTAÇÃO

O conteúdo deste livro é forte e impressionante.

A obra expressa a política criminal das mais importantes no Ministério Público brasileiro: o enfrentamento às organizações criminosas.

Foi priorizada a discussão sobre os principais meios investigatórios previstos no ordenamento jurídico. Manejar a medida cautelar de busca e apreensão, de interceptação telefônica, ambiental, observando-se a cadeia de custódia; a colaboração premiada e todos os reflexos no processo penal e na condenação dos corréus delatados, observando-se sempre o devido processo legal; dentre outros temas, permite ao leitor penetrar em questões de extrema relevância na missão de enfrentar a criminalidade organizada.

O livro também reúne temas de direito penal de grande importância, como o crime de formação de cartel e as organizações criminosas; a teoria do domínio do fato; o instituto do confisco alargado e, também, o "whitleblowing" e o Enfrentamento às Organizações Criminosas; a execução das penas dos líderes das organizações criminosas; dentre outros temas selecionados com cuidado pelos organizadores.

Cada texto se relaciona diretamente com o dia a dia da Justiça Criminal, que se dedica à investigação, a acusação e o julgamento dos delitos cometidos por organizações criminosas.

O leitor deve, então, para além de conhecer, estudar e aprofundar a análise dos importantes temas que orbitam o sempre nebuloso fenômeno do crime organizado, se convencer que se trata de verdadeira opção de política criminal por parte do Ministério Público brasileiro.

De fato, nos últimos dois anos, de acordo com as estatísticas apuradas pelo Grupo Nacional de Combate às Organizações Criminosas, o GNCOC, foram recuperados mais de R$ 33 bilhões de reais pelos GAECOs, que atuam em todas as unidades do Ministério Público. Isso só é possível, porque cada Procurador-Geral de Justiça estruturou suas equipes, firmou parcerias com outros órgãos públicos e estabeleceu o enfrentamento das organizações criminosas como prioridade.

Não temos dúvidas em afirmar ser um privilégio para o leitor conhecer as discussões sobre os importantes temas da criminalidade organizada, escritos diretamente por quem trabalha nesse combate.

Os coautores deste livro são promotores de justiça, juízes e delegados de polícia, que, de alguma forma, se dedicam ao enfretamento aos grupos criminosos organizados e dispostos a manter seus lucros ilícitos.

Embora seja um trabalho difícil e perigoso, todos os coautores desta obra amam o que fazem e, por isso, aceitaram rapidamente escrever os textos aqui reunidos.

O resultado não poderia ser outro. Um livro forte, rico em seu conteúdo e impactante pelo resultado: a reunião da teoria e da prática numa única obra.

Parabéns a todos os envolvidos.

Arthur Pinto de Lemos Júnior
Promotor de Justiça Criminal. Secretário Especial de Políticas Criminais.

SUMÁRIO

PREFÁCIO
Mário Luiz Sarrubbo V

APRESENTAÇÃO
Arthur Pinto de Lemos Júnior VII

GRAVAÇÃO CLANDESTINA OU CAPTAÇÃO AMBIENTAL? AS IMPLICAÇÕES DA GRAVAÇÃO CLANDESTINA NO ENFRENTAMENTO DAS ORGANIZAÇÕES CRIMINOSAS APÓS O PACOTE ANTICRIME
Antonio Henrique Graciano Suxberger 1

COLABORAÇÃO PREMIADA: PERSPECTIVAS SOBRE PRISÃO PREVENTIVA
Thiago Albeche 17

MODERNAS TÉCNICAS DE INVESTIGAÇÃO DOS CRIMES AMBIENTAIS COMETIDOS POR ORGANIZAÇÕES CRIMINOSAS
Eduardo Alexandre Fontes 35

ORGANIZAÇÕES CRIMINOSAS E O CRIME DE FORMAÇÃO DE CARTEL
Arthur Pinto de Lemos Júnior e Rogério Sanches Cunha 55

A PERSPECTIVA DE GÊNERO NO CONTEXTO DA CRIMINALIDADE ORGANIZADA
Silvia Chakian 79

APLICAÇÃO DA TEORIA DO DOMÍNIO DO FATO ÀS PERSECUÇÕES PENAIS QUE ENVOLVEM ORGANIZAÇÕES CRIMINOSAS
Olavo Evangelista Pezzotti 103

ALGUNS APONTAMENTOS SOBRE O CONFISCO ALARGADO NO BRASIL
Renee do Ó Souza... 133

WHISTLEBLOWING E O ENFRENTAMENTO ÀS ORGANIZAÇÕES CRIMINOSAS
Anderson de Paiva Gabriel... 151

AS TÉCNICAS DE INVESTIGAÇÃO PREVISTAS NA LEI DE ORGANIZAÇÃO CRIMINOSA PARA APURAÇÃO DOS CRIMES ELEITORAIS
Larissa Bezerra Luz do Vale Cerqueira e Luciana Fernandes de Freitas........ 171

EFICÁCIA NORMATIVA DA CONVENÇÃO DAS NAÇÕES UNIDAS CONTRA O CRIME ORGANIZADO INTERNACIONAL NA ORDEM JURÍDICA BRASILEIRA
Marcelle Rodrigues da Costa e Faria 185

O TRATAMENTO DE DADOS PESSOAIS NAS INVESTIGAÇÕES DE ORGANIZAÇÕES CRIMINOSAS
João Paulo Gabriel de Souza 205

CADEIA DE CUSTÓDIA E A PROVA DIGITAL ENVOLVENDO ORGANIZAÇÕES CRIMINOSAS
Paulo Guilherme Carolis Lima... 225

A PESSOA JURÍDICA NO CONTEXTO DA CRIMINALIDADE ORGANIZADA, O *COMPLIANCE* PENAL E A CORRESPONDENTE INSUFICIÊNCIA LEGISLATIVA BRASILEIRA
Júlia Flores Schütt... 243

GRAVAÇÃO CLANDESTINA OU CAPTAÇÃO AMBIENTAL? AS IMPLICAÇÕES DA GRAVAÇÃO CLANDESTINA NO ENFRENTAMENTO DAS ORGANIZAÇÕES CRIMINOSAS APÓS O PACOTE ANTICRIME

Antonio Henrique Graciano Suxberger

Doutor e Mestre em Direito. Pós-doutor. Professor titular do programa de Mestrado e Doutorado em Direito do Centro Universitário de Brasília (CEUB) e dos cursos de especialização da Fundação Escola Superior do MPDFT e da ESMPU. Promotor de justiça no Distrito Federal.

Sumário: 1. Introdução – 2. O sentido jurídico de gravação clandestina – 3. A alteração do pacote anticrime – 4. Gravação clandestina ou captação ambiental? – 5. O problema do enunciado restritivo da gravação clandestina para o enfrentamento das organizações criminosas – 6. Considerações finais – 7. Referências.

1. INTRODUÇÃO

Qual a relação existente entre a polêmica instaurada, a partir da Lei 13.964/2019 (o chamado "Pacote Anticrime"), sobre a gravação clandestina e o enfrentamento das organizações criminosas no contexto brasileiro? A temática das gravações clandestinas – cujo próprio sentido normativo e nomenclatura se tornaram controversos depois do Pacote Anticrime – se insere no conjunto de discussões atuais sobre a proliferação dos registros audiovisuais para proteção pessoal.

O Pacote Anticrime, de maneira dissociada da propositura legislativa que ensejou a edição da lei, trouxe alteração relevante na Lei de interceptações telefônicas (Lei 9.296/1996). Sob o pretexto de normatizar as chamadas captações ambientais, trouxe enunciado confuso e carente de técnica legislativa para versar sobre as gravações clandestinas. Trata-se do § 4º do art. 8º-A da Lei 9.296/1996, que dispõe assim: "A captação ambiental feita por um dos interlocutores sem o prévio conhecimento da autoridade policial ou do Ministério Público poderá ser utilizada, em matéria de defesa, quando demonstrada a integridade da gravação."

O presente artigo revisita a polêmica instaurada a partir da Lei de 2019. A partir da crítica dirigida ao enunciado (§ 4º do art. 8º-A), indica a compreensão mais adequada dentro das premissas de interpretação sistemática e jurídica. Além disso, problematiza como o tema – que aparentemente versa sobre o registro de comunicações particulares e unicamente dirigidas a um indivíduo – cria quadro deficitário para a atuação do Estado em face da macrocriminalidade, especialmente as organizações criminosas.

A gravação clandestina, embora pareça ser um instrumento de uso unicamente do particular que se veja destinatário de comunicação que, em si, materialize a prática de crime ou prova de crime, não raro se mostra relevante instrumento de sofisticada obtenção de prova. Nesse sentido, como meio especial de obtenção de prova, a gravação clandestina restou forte e inabalavelmente prejudicada pela Pacote Anticrime, a ensejar situação, como veremos, de inconvencionalidade da legislação brasileira.

Metodologicamente, o artigo se vale de abordagem jurídico-compreensiva,[1] para decompor o problema jurídico a partir de seu enunciado e cotejá-lo com as obrigações impostas ao Estado brasileiro no campo normativo. Promove revisão da literatura e desenvolve as reflexões inicialmente lançadas em trabalho anterior,[2] que se ocupou de responder qual a leitura juridicamente adequada da alteração promovida pelo Pacote Anticrime na Lei de interceptações telefônicas.

2. O SENTIDO JURÍDICO DE GRAVAÇÃO CLANDESTINA

A preocupação com gravações e registros de diálogos surge na medida em que se sofisticam os aparelhos eletrônicos hábeis a formalizar esses registros. A temática, num primeiro momento, vincula-se à proteção da intimidade, tal como positivada no inciso X do art. 5º da Constituição de 1988 ("são invioláveis a intimidade, a vida privada, a honra e a imagem das pessoas, assegurado o direito a indenização pelo dano material ou moral decorrente de sua violação"). Mas não diz respeito apenas à privacidade.

A Constituição de 1988 foi minudente quando tratou do resguardo do sigilo das comunicações em face de terceiro que busque captar, colher ou registrar conteúdo de comunicação que não se dirija a ele. O cuidado é perceptível quando se nota a expressão formalizada no inciso XII do art. 5º da Constituição: "é inviolável o sigilo da correspondência e das comunicações telegráficas, de dados e das co-

---

1. GUSTÍN, Miracy Barbosa de Sousa; DIAS, Maria Tereza Fonseca. *(Re)pensando a pesquisa jurídica: teoria e prática*. 3. ed. Belo Horizonte: Del Rey, 2010, p. 28-29.
2. SUXBERGER, Antonio Henrique Graciano; ARAS, Vladimir Barros. A admissibilidade de gravações unilaterais como prova: O § 4º do art. 8º-A da Lei 9.296/1996 como uma regra de direito probatório, *Scielo Preprints*, 2021.

municações telefônicas, salvo, no último caso, por ordem judicial, nas hipóteses e na forma que a lei estabelecer para fins de investigação criminal ou instrução processual penal".

O enunciado formalizado na Constituição nada diz sobre o dever daquele a que se destina a própria comunicação. É dizer: o regime constitucional (e legal) da proteção do conteúdo de comunicação realizada entre pessoas em face do próprio destinatário da comunicação nunca foi objeto de preocupação do *texto* constitucional. Mas isso não significa dizer que tal ponto esteja fora da proteção constitucional.

Afinal, apesar do aparente silêncio do enunciado, não há como afastar, ao menos, a expectativa de privacidade dirigida à comunicação realizada com destinatário certo. Não se cuida da proteção contra terceiro (como ocorre no mencionado inciso XII), mas de expectativa de privacidade, no sentido de que se preserve o conteúdo da comunicação na medida em que formulada e dirigida a destinatário certo.

Os regimes constitucional e legal das comunicações telefônicas se encontram bem delimitados na Lei 9.296/1996, que, para cumprir a exigência definida no mencionado inciso XII do art. 5º da Constituição, foi elaborada num período em que o grosso das comunicações pessoais ainda era realizado por telefonia. O Estado, observada a cláusula de reserva de jurisdição, pode flexibilizar a privacidade e a proteção da intimidade, para ter acesso às comunicações havidas entre particulares para fins de formalização de prova em crimes, ao menos, apenados com pena privativa de liberdade.

No entanto, o que justifica uma pessoa comum formalizar o conteúdo de conversa a ela dirigido em relação próximo que a ela lhe dirige a comunicação? A interceptação telefônica não se confunde com a gravação por um dos interlocutores. Essa distinção, aliás, é pacífica nos Tribunais Superiores.[3]

A interceptação pressupõe a existência de uma pessoa estranha à conversa, que toma conhecimento de seu conteúdo, com ou em a ciência dos interlocutores. Não se exige sequer o registro ou gravação: a simples escuta basta à configuração da interceptação. Seu elemento fundamental é a *terzeità*.[4]

---

3. A título ilustrativo, pois se trata de aresto cuja ementa é didática em sua explicitação das categorias, confira-se: BRASIL. Supremo Tribunal Federal (STF), Agravo Regimental no Agravo de Instrumento 560.223 (AI 560223 AgR). Rel. Min. Joaquim Barbosa. 2ª Turma. J. 12.04.2011. DJe 29.04.2011.
4. Não confundir com a expressão italiana de *terzietà*, que significa imparcialidade – tão propalada nos estudos sobre imparcialidade judicial e epistemologia probatória em geral. A *terzeità* se refere a uma "terceiridade", isto é, à presença de um terceiro (daí o radical da palavra interceptação) alheio à emissão e recebimento da comunicação.

Já a gravação é feita pelo próprio interlocutor e se destina a registrar uma conversa (telefônica ou por outro meio) estabelecida entre as pessoas. Se tais gravações ocorrem sem o conhecimento de uma das partes, tem-se aí a gravação *clandestina*.[5]

A ausência de tratamento normativo específico sobre as gravações clandestina impôs a submissão de sua validade aos critérios gerais definidos na teoria geral da prova. Apesar de vozes em contrário,[6] sempre se admitiu a licitude da gravação clandestina porque compatível com a lei, compatível com exame de moralidade na sua aquisição[7] e desde que pertinente com o caso concreto. Sua valoração (tema que não se confunde com sua admissibilidade) deve levar em conta as circunstâncias em que obtida a prova e, claro, o conteúdo das demais provas produzidas no processo.

Na jurisprudência, a admissibilidade da prova obtida mediante gravação clandestina vinha sendo afirmada com segurança, pelo menos, nas últimas duas décadas. É de 2009 a decisão do plenário do STF que abstrativiza os efeitos de julgamento, a partir de fixação de tese em repercussão geral, para afirmar a licitude da prova obtida a partir de gravação clandestina.[8] A tese restou assim formulada: "É lícita a prova consistente em gravação ambiental realizada por um dos interlocutores sem conhecimento do outro".

Em 2011, reiterando o que fixara anteriormente em tese de repercussão geral, o STF afirmou: "É lícita a prova obtida mediante a gravação ambiental, por um dos interlocutores, de conversa não protegida por sigilo legal. Hipótese não acobertada pela garantia do sigilo das comunicações telefônicas (inciso XII do art. 5º da Constituição Federal)". E enfatizou: "Se qualquer dos interlocutores pode, em depoimento pessoal ou como testemunha, revelar o conteúdo de sua conversa, não há como reconhecer a ilicitude da prova decorrente da gravação ambiental".[9]

---

5. AMARAL, Paulo Osternack, *Provas*: atipicidade, liberdade e instrumentalidade. 3. ed. São Paulo: Ed. RT; Thomson Reuters, 2021, p. 257.
6. COSTA, Suzana Henriques da, Os poderes do juiz na admissibilidade das provas ilícitas, *Revista dos Tribunais*, v. 31, n. 133, p. 107, 2006.
7. O exame de moralidade se refere ao risco de uso das chamadas *leading questions*: perguntas que conduzam, descontextualizadamente, a respostas que levem a uma falsa compreensão da realidade. São questões que induzem artificialmente a obtenção de determinadas respostas desfavoráveis ao interlocutor, que não sabe que está sendo gravado. Cf. AMARAL, *Provas*: atipicidade, liberdade e instrumentalidade, p. 201.
8. BRASIL. Supremo Tribunal Federal (STF). Questão de Ordem no Recurso Extraordinário 583.937 (RE 583937 QO-RG). Rel. Min. Cezar Peluso. Tribunal Pleno. J. 19.11.2009. Dje 18.12.2009. Repercussão geral – mérito. Tese 237. É lícita a prova consistente em gravação ambiental realizada por um dos interlocutores sem conhecimento do outro. [Redação da tese aprovada nos termos do item 2 da Ata da 12ª Sessão Administrativa do STF, realizada em 09.12.2015].
9. BRASIL. Supremo Tribunal Federal (STF). Questão de ordem no Inquérito 2.116 (Inq 2116 QO). Rel. Min. Ayres Britto. Tribunal Pleno. J. 15/9/2011. Dje 29.02.2012.

O Superior Tribunal de Justiça (STJ), vale destacar, trilhou entendimento convergente com o STF.[10] No caso do STJ, a peculiaridade de sua compreensão refere-se ao fato de que a gravação foi admitida, embora realizada pela mãe da vítima. No caso, afirmou-se a peculiar situação de vulnerabilidade da vítima, a autorizar a gravação pela genitora na qualidade de representante civil da vítima (menor impúbere) e investida no "poder-dever de proteção e vigilância do filho".

Diante do tema consolidado na jurisprudência, a modificação promovida pelo Pacote Anticrime na Lei de interceptações telefônicas, para assegurar tratamento inédito à gravação clandestina, tomou a comunidade jurídica de surpresa.

3. A ALTERAÇÃO DO PACOTE ANTICRIME

A Lei 13.964/2019 derivou da propositura do Projeto de Lei 882, em fevereiro de 2019, pelo Poder Executivo Federal. Em sua conformação original, a proposição pretendia regulamentar a captação ambiental por meio de alteração a ser promovida na Lei 12.850/2013, por meio de um acréscimo de artigo (art. 21-A). Nele, constava o § 4º com a seguinte redação: "A captação ambiental feita por um dos interlocutores sem o prévio conhecimento da autoridade policial ou do Ministério Público poderá ser utilizada como prova de infração criminal quando demonstrada a integridade da gravação".[11] No curso do debate legislativo, já fora da tramitação das comissões formalmente estabelecidas na Câmara dos Deputados, a inserção da proposta de tratamento normativo das gravações clandestinas foi deslocada para a Lei 9.296/1996. Manteve-se a redação pretendida inicialmente para o § 4º, mas agora em referência ao art. 8º-A, a ser inserido na Lei das interceptações telefônicas.[12] O Grupo de Trabalho manteve a proposição de criminalização da captação ambiental sem autorização judicial, excetuando a figura daquele que capta na qualidade interlocutor – sempre em referência à Lei de interceptações telefônicas, não mais a Lei das Organizações Criminosas (Lei

---

10. BRASIL. Superior Tribunal de Justiça (STJ). Recurso Especial 1.026.605 (RE 1.026.605). Rel. Min. Rogerio Schietti Cruz. 6ª Turma. J. 13.05.2014. DJe 13.06.2014.
11. BRASIL. Câmara dos Deputados. Projeto de Lei 882, de 19 de fevereiro de 2019, de autoria do Poder Executivo. Apresenta a Mensagem 50, de 19 de fevereiro de 2019). "Altera o Decreto-Lei 2.848, de 7 de dezembro de 1940 – Código Penal, o Decreto-Lei 3.689, de 3 de outubro de 1941 – Código de Processo Penal, a Lei 7.210, de 11 de julho de 1984 – Lei de Execução Penal, a Lei 8.072, de 25 de julho de 1990, a Lei 8.429, de 2 de junho de 1992, a Lei 9.296, de 24 de julho de 1996, a Lei 9.613, de 3 de março de 1998, a Lei 10.826, de 22 de dezembro de 2003, a Lei 1.343, de 23 de agosto de 2006, a Lei 11.671, de 8 de maio de 2008, a Lei 12.037, de 1º de outubro de 2009, a Lei 12.850, de 2 de agosto de 2013, e a Lei 13.608, de 10 de janeiro de 2018, para estabelecer medidas contra a corrupção, o crime organizado e os crimes praticados com grave violência a pessoa".
12. BRASIL. Câmara dos Deputados. Parecer elaborado pelo Grupo de Trabalho instituído pelo Ato do Presidente de 14 mar. 2019, "destinado a analisar e debater as mudanças promovidas na legislação penal e processual penal pelos Projetos de Lei 10.372, de 2018, n. 10.373, de 2018, e n. 882, de 2019", p. 221.

12.850/2013).[13] O mencionado § 4º – juntamente com outros dispositivos – foi vetado pelo Presidente da República; mas, o veto seguidamente foi afastado pelo Congresso Nacional.

Essa modificação topográfica da proposição, para além da atecnia legislativa, implica sentido normativo substancialmente relevante. Em lugar de um meio especial de obtenção de provas no enfrentamento de organizações criminosas, a previsão passa a constar em diploma legal aplicável a crimes em geral.

No plenário da Câmara dos Deputados, sem a formalização de qualquer justificativa para tanto, a redação do § 4º é modificada, para que passasse a constar o que hoje se observa na Lei 9.296/1996: "§ 4º A captação ambiental feita por um dos interlocutores sem o prévio conhecimento da autoridade policial ou do Ministério Público poderá ser utilizada, *em matéria de defesa*, quando demonstrada a integridade da gravação." (sem ênfase no original).

A ausência de justificativa formalizada na tramitação legislativa que resultou na atual redação do Pacote Anticrime evidencia grave problema legístico que já tivemos oportunidade de ressaltar em outro trabalho.[14] Aqui, como ocorreu com a figura do juiz das garantias, para além do debate sobre o próprio sentido normativo do enunciado, tem-se situação de modificação normativa sem a formalização de razões plausíveis para tanto.

É certo que as razões de ação do legislador (*mens legislatoris*) não se confundem com o sentido a ser extraído do enunciado normativo (*mens legis*). No entanto, a boa técnica legislativa impõe que se saiba o que se discute e aprova, dada a relevância que tais enunciados trazem para a regulação da vida na sociedade em geral e, no caso ora abordado, para o enfrentamento da criminalidade, inclusive em sua feição mais nociva – a criminalidade organizada.

4. GRAVAÇÃO CLANDESTINA OU CAPTAÇÃO AMBIENTAL?

Ao se afastar da nomenclatura "gravação clandestina", o legislador de 2019 promoveu mudança na natureza jurídica desse meio de obtenção de prova? A resposta é negativa.

O discurso jurídico é um caso especial do discurso prático em geral. Sua peculiaridade – e por isso ele guarda relação de espécie em face do gênero discurso prático – consiste no seu compromisso com a lei, o precedente e a dogmática. Esses

---

13. "Art. 10-A. Realizar captação ambiental de sinais eletromagnéticos, ópticos ou acústicos para investigação ou instrução criminal sem autorização judicial, quando esta for exigida: (...) § 1º Não há crime se a captação é realizada por um dos interlocutores."
14. SUXBERGER, Antonio Henrique Graciano, O juiz das garantias como caso de erro legístico, *Revista de Informação Legislativa*, v. 57, n. 228, p. 93-114, 2020.

compromissos do discurso jurídico, como bem anota Robert Alexy, representam sua feição real ou autoritativa.[15]

Isso não quer dizer possa o discurso jurídico apoiar-se numa lei irracional. Afinal, esse compromisso é indissociável entre esses três pilares – lei, precedente e dogmática. De igual modo, não poderá amparar-se num precedente injustificável ou numa dogmática sem consequências. Repita-se: são três pilares indissociáveis. E são eles que asseguram uma diferença *qualitativa* entre a argumentação jurídica e a argumentação prática em geral.[16]

Esse alerta se presta ao fato de que não é dado ao legislador nominar irracionalmente o que não admite tal nomenclatura. Ou, ao menos, não é dado a ele fazê-lo de maneira completamente dissociada dos pilares da dogmática e do precedente. As definições dos conceitos jurídicos pertencem às proposições da dogmática jurídica.[17] Não é por outra razão que a dogmática exerce funções destacadas na compreensão das categorias jurídicas em geral: *estabiliza* as soluções apresentadas aos problemas; permite o *desenvolvimento*, com o progresso das categorias e das discussões a elas subjacentes; *reduz encargos* por ocasião do uso argumentativo de suas categorias; além das funções de *técnica*; *controle* e *heurística*.[18]

Essa advertência se mostra relevante porque o legislador nominou como captação ambiental aquilo que, tanto nos precedentes como na dogmática, sempre se nominou como gravação clandestina. Apesar da mudança de nomenclatura, não se altera só por isso a natureza jurídica do instituto. Ainda que se nomine captação, quando realizada por um dos interlocutores, o registro ou gravação do conteúdo comunicacional segue observando o mesmo regime jurídico. Grosso modo, um cachorro não deixará de ser cachorro se alguém o nominar gato.

A falta de técnica legislativa não se esgota na nomenclatura da gravação clandestina. Há, ainda, o problema topográfico e de sentido normativo. Como anotado em trabalho anterior,[19] a alteração promovida pelo Pacote Anticrime, especificamente sobre a gravação clandestina, contrariou a própria regulamentação normativa sobre elaboração de leis.

> O § 4º do art. 8º-A da Lei 9.296/1996 deveria guardar pertinência com o que estabelece a cabeça do artigo. O caput é claro: trata de captação ambiental, a ser previamente autorizada pelo juiz, de sinais eletromagnéticos, ópticos ou acústicos. Todos os parágrafos do art. 8º-A, exceto o § 4º, versam exatamente sobre captação ambiental. Não poderia ser diferente, afinal, é essa a razão de pertinência, por postulado lógico, dos parágrafos em relação ao caput.

---

15. ALEXY, Robert. *Teoria discursiva do Direito*. Rio de Janeiro: Forense Universitária, 2014, p. 229.
16. Ibidem, p. 197.
17. ALEXY, Robert. *Teoria da argumentação jurídica*. São Paulo: Landy, 2001, p. 246.
18. Ibidem, p. 252-257.
19. SUXBERGER; ARAS, A admissibilidade de gravações unilaterais como prova, cap. 4.

Entretanto, em nítida falha legística, o § 4º tem conteúdo diverso: trata-se de enunciado normativo que versa sobre "captação" ambiental feita por um dos interlocutores e, atenção a este ponto, sem autorização judicial. Ele não complementa o artigo em que se insere. Ao contrário, ele simplesmente versa sobre conteúdo distinto.[20]

A regra trazida no § 4º do art. 8º-A só pode ser compreendida como um enunciado restritivo. E sua referência não se dá em relação ao *caput* do artigo, que versa sobre captação ambiental. O sentido jurídico de captação ambiental é bem exposto por Fábio Ianni Goldfinger:

> A captação ambiental será utilizada com o fim de captar sinais eletromagnéticos, ópticos ou acústicos que materializam e registram os atos e a comunicação das pessoas, como fonte de provas para a persecução penal. Em suma, o objeto da captação ambiental são as imagens filmadas ou sons gravados em vídeo analógico ou digital.[21]

A captação não se confunde com a gravação clandestina – tal como enunciada na seção 2 deste trabalho. Nos termos do já transcrito § 4º, "captação ambiental feita por um dos interlocutores" é, nos termos do que nomina o STF e o STJ, bem assim a literatura em geral no tema, gravação clandestina.

Se tal assertiva é verdadeira, seria possível, para facilitar a compreensão, "reescrever" o enunciado. E fazê-lo em referência não à captação ambiental em geral, mas em face do que já decidiu o STF sobre o tema, isto é, a partir da tese de repercussão geral fixada: "É lícita a prova consistente em gravação ambiental realizada por um dos interlocutores sem conhecimento do outro".

Didaticamente, a proposta de leitura que se propõe é a seguinte. Lê-se assim da Lei 9.296/1996:

> Art. 8º-A. Para investigação ou instrução criminal, poderá ser autorizada pelo juiz, a requerimento da autoridade policial ou do Ministério Público, a captação ambiental de sinais eletromagnéticos, ópticos ou acústicos, quando:
> I – a prova não puder ser feita por outros meios disponíveis e igualmente eficazes; e
> II – houver elementos probatórios razoáveis de autoria e participação em infrações criminais cujas penas máximas sejam superiores a 4 (quatro) anos ou em infrações penais conexas.
> [...]
> § 4º A captação ambiental feita por um dos interlocutores sem o prévio conhecimento da autoridade policial ou do Ministério Público poderá ser utilizada, em matéria de defesa, quando demonstrada a integridade da gravação.

---

20. Ibidem, p. 8.
21. GOLDFINGER, Fábio Ianni, Capítulo 22 – Interceptação Telefônica – Lei 9.296/1996. In: SOUZA, Renee do Ó; CUNHA, Rogério Sanches; PINTO, Ronaldo Batista (Org.). *Leis Penais Especiais*: comentadas artigo por artigo, 5. ed. Salvador: JusPodivm, 2022, p. 1079.

No entanto, a leitura adequada do enunciado, à luz dos precedentes e do que já anotou a doutrina a respeito do regime constitucional aplicável sobre o tema (inciso X do art. 5º da Constituição de 1988), deve ser a seguinte:

> É lícita a prova consistente em gravação ambiental realizada por um dos interlocutores sem conhecimento do outro.[22] A isso se nomina *gravação clandestina*.
>
> A gravação clandestina sem o prévio conhecimento da autoridade policial ou do Ministério Público poderá ser utilizada, em matéria de defesa, quando demonstrada a integridade da gravação.[23]

A chave de compreensão – e de resguardo da validade – do § 4º trazido pelo Pacote Anticrime consiste em sua compreensão como enunciado restritivo. A expressão "sem o prévio conhecimento da autoridade policial ou do Ministério Público" implica a compreensão de que, se a gravação clandestina ocorrer com o conhecimento da autoridade policial ou do Ministério Público, ela redundará em prova ilícita.

Ainda que ilícita, essa prova poderá ser usada em matéria de defesa. Afinal, a jurisprudência do STF e do STJ são pacíficas na indicação de que, para a defesa do acusado, a proscrição das provas ilícitas não incide (art. 5º, inc. LVI, da Constituição de 1988). Isso, claro, sem prejuízo da responsabilização possível pela ação que resultou na prova ilícita em si.

A restrição veiculada no mencionado § 4º é de outra ordem: não poderão Ministério Público e Polícia (por meio do delegado) orientarem ou aquiescerem com a gravação clandestina de que venham a ter conhecimento. A via jurisdicional para a obtenção da prova é incontornável para eles. Se tiverem conhecimento prévio da gravação clandestina, tornarão ilícita a prova que dela advenha. Eis a inovação trazida pelo enunciado formalizado no § 4º.

A alteração legislativa, portanto, não tornou ilícita a prova derivada da gravação clandestina, salvo quando ela ocorrer com prévio conhecimento do Ministério Público ou da autoridade policial. Havendo o conhecimento *prévio* do Ministério Público ou da autoridade policial da gravação clandestina, aí sim, o que dela advier será prova ilícita. A razão subjacente de tal enunciado só pode ser considerar que, em caso de conhecimento do Ministério Público ou da autoridade policial, não se admitirá orientação, indução ou instigação a que o particular promova a gravação clandestina. A hipótese será de construção – pela via jurisdicional – da hipótese de captação ambiental lícita, isto é, a prévia obtenção de decisão judicial

---

22. Frase formalizada na mencionada Repercussão geral do STF (Tema 237).
23. Frase colhida do § 4º do art. 8º-A da Lei 9.296/1996, com a substituição da expressão "captação ambiental feita por um dos interlocutores" em favor de "gravação clandestina". Até porque, se realizada a gravação com o conhecimento do interlocutor, não há o que se indicar de ilicitude, pois ausente qualquer expectativa de proteção da intimidade.

autorizativa do especial meio de obtenção de prova descrito no art. 8º-A com seus respectivos requisitos e condicionantes.

Como essa leitura se apresenta em face do regime legal de enfrentamento das organizações criminosas? É o que se verá a seguir:

5. O PROBLEMA DO ENUNCIADO RESTRITIVO DA GRAVAÇÃO CLANDESTINA PARA O ENFRENTAMENTO DAS ORGANIZAÇÕES CRIMINOSAS

Octahydes Ballan Júnior bem anota que o sentido de *macrocriminalidade* é compreendido, a partir das obrigações impostas ao Estado brasileiro no plano internacional e também na conformação da legislação interna, a partir de três grupos ou conjuntos de ilícitos: corrupção, crime organizado e tráfico de drogas associado à lavagem de dinheiro. Essa macrocriminalidade impõe o reconhecimento de vetores político-criminais específicos e orientativos, inclusive, da leitura a ser promovida das categorias jurídicas do controle penal em geral.[24]

Nesse sentido, são muitas as lacunas ainda presentes na legislação brasileira para os fins de implementação das obrigações assumidas pelo Estado nas Convenções de Viena,[25] de Palermo[26] e de Mérida[27] – respectivamente, as convenções que guardam pertinência com tráfico de drogas e lavagem de dinheiro, organizações criminosas e corrupção.

Especificamente sobre as organizações criminosas, colhe-se da Convenção de Palermo o seguinte (art. 20 da Convenção, internalizada no Brasil pelo Decreto 5.104, de 12/3/2004 – sem ênfase no original):

> Artigo 20
> Técnicas especiais de investigação
> 1. Se os princípios fundamentais do seu ordenamento jurídico nacional o permitirem, cada Estado Parte, tendo em conta as suas possibilidades e em conformidade com as condições prescritas no seu direito interno, adotará as medidas necessárias para permitir o recurso apropriado a entregas vigiadas e, quando o considere adequado, o recurso a outras técnicas

---

24. BALLAN JUNIOR, Octahydes. *Política criminal de enfrentamento da macrocriminalidade*: uma análise sob a perspectiva probatória. São Paulo: Editora Dialética, 2022.
25. A Convenção ora mencionada é aquela internalizada no Direito brasileiro pelo Decreto 154, de 26.06.1991. A ementa assim registra: "Promulga a Convenção Contra o Tráfico Ilícito de Entorpecentes e Substâncias Psicotrópicas" de 20.12.1988.
26. O Decreto 5.015, de 12/3/2004, "Promulga a Convenção das Nações Unidas contra o Crime Organizado Transnacional". É dizer: internaliza a Convenção das Nações Unidas contra o Crime Organizado Transnacional de 15 de novembro de 2000.
27. O Decreto 5.687, de 31.01.2006, "Promulga a Convenção das Nações Unidas contra a Corrupção, adotada pela Assembleia Geral das Nações Unidas em 31 de outubro de 2003 e assinada pelo Brasil em 9 de dezembro de 2003.".

especiais de investigação, como a *vigilância eletrônica ou outras formas de vigilância* e as operações de *infiltração*, por parte das autoridades competentes no seu território, a fim de combater eficazmente a criminalidade organizada.

Adiante, no art. 29, a Convenção prevê o seguinte:

Artigo 29
Formação e assistência técnica
1. Cada Estado Parte estabelecerá, desenvolverá ou melhorará, na medida das necessidades, programas de formação específicos destinados ao pessoal das autoridades competentes para a aplicação da lei, incluindo promotores públicos, juízes de instrução e funcionários aduaneiros, bem como outro pessoal que tenha por função prevenir, detectar e reprimir as infrações previstas na presente Convenção. Estes programas, que poderão prever cessões e intercâmbio de pessoal, incidirão especificamente, na medida em que o direito interno o permita, nos seguintes aspectos:
[...]
g) Equipamentos e técnicas modernas de detecção e de repressão, incluindo a vigilância eletrônica, as entregas vigiadas e as operações de infiltração;

Esse tipo de sofisticação guarda pertinência com o incremento dos meios de *surveillance* em geral, característica presente no debate sobre segurança nas últimas duas décadas. Como bem demonstra David Lyon, estudioso da vigilância e uma das maiores autoridades do tema, a vigilância do século XXI caracteriza-se pela participação ativa dos indivíduos na própria vigilância. A vigilância se tornou parte de todo um modo de vida e por isso a afirmação de uma *cultura de vigilância*.[28] Ao contrário do entendimento da vigilância como algo externo, obrigatoriamente imposta, a vigilância como parte da cultura se irradia pela sociedade e torna-se algo que os cidadãos comuns aceitam (conscientemente ou não), negociam, se envolvem, desejam ou mesmo a ela resistem. O que antes era um aspecto institucional de disciplina e controle social da modernidade, hoje está internalizado, constitui uma parcela das reflexões diárias e das práticas cotidianas dos cidadãos comuns.

Há, pelo menos, dois pontos a serem considerados à luz da vigilância e da *obrigação* do Estado brasileiro de sofisticar seus meios de infiltração e vigilância no enfrentamento de organizações criminosas.

O primeiro deles se refere ao fato de que a proposição legislativa vai na contramão do próprio sentido contemporâneo de vigilância. O desenvolvimento tecnológico tem dado azo a que a vigilância venha sendo implementada, por um lado, por meio de atividades de identificação, rastreamento, monitoramento,

---
28. LYON, Rabbi David. *The Culture of* Surveillance: Watching as a Way of Life. Cambridge, UK: Polity Press, 2018.

análise de informações relativas aos detalhes da vida íntima e da identidade das pessoas. Por outro lado, isso tem implicado práticas de coleta, armazenamento, processamento, individualização e classificação das pessoas em grupos em geral.[29] Num sentido ou noutro, as pessoas em geral têm promovido os próprios registros de seus passos, suas conversas, suas ações. Qual o sentido de tornar ilícito o registro (gravação) que suceda ao conhecimento da situação pelo Ministério Público ou pela autoridade policial? A preocupação é com o risco de que esses atores venham a *orientar* as pessoas a formalizarem suas ações de autovigilância?

O segundo deles deriva do fato de que as obrigações mencionadas na Convenção de Palermo nem de longe se esgotam na positivação, por meio da Lei 12.850/2013, da figura da infiltração de agentes. A par da necessária distinção entre meio de prova e meio de obtenção de provas – a gravação clandestina é o registro formal de prova a partir da documentação realizada por um dos interlocutores –, há uma série de figuras de registro de comunicação a partir de um dos interlocutores que pode interessar ao enfrentamento de organizações criminosas.

Nesse sentido, a regulamentação do agente infiltrado não soluciona ou detalha figuras que se aproximam, mas que não se confundem com a matéria versada nos arts. 10-14 da Lei 12.850/2013. Há figuras como a do informante; o agente denunciante anônimo; e o agente disfarçado.

O informante é pessoa que figura como fonte de conhecimentos. Ele repassa informações à Polícia, aponta direcionamentos para a busca de dados vinculados à investigação. Ele tem acesso a tais informações pelos meios que frequenta ou por eventual proximidade com a organização. Ele não se apresenta como integrante da organização criminosa, daí não se cogitar de sua formalização como colaborador, tampouco se coloca como testemunha ou pessoas que, às claras, formaliza prova. Trata-se de pessoa que traz informações ora isoladas, ora complementares, adquiridas no ambiente em que convive.[30]

Pelos termos da modificação inserida no Pacote Anticrime, qualquer tipo de registro formalizado pelo informante, de comunicação a ele dirigida, se derivada de conhecimento prévio ou orientação do Ministério Público ou da autoridade policial, seria prova ilícita para fins de processo incriminatório.

Já o denunciante anônimo é o indivíduo que, de forma incógnita, leva aos órgãos oficiais notícia de prática de crime, muitas vezes indicando detalhes que contribuam para a apuração de investigação em andamento. Ao noticiar ação criminosa à Polícia ou ao Ministério Público, o denunciante anônimo jamais

---

29. MENEZES NETO, Elias Jacob de, Vigilância ou surveillance? Proposta para começar a compreender corretamente este fenômeno, *Revista dos Tribunais*, v. 103, n. 939, p. 159-180, 2014, seç. 2.3.
30. ORSI, Thaylize Rodrigues. *Agente infiltrado*: um instrumento de combate ao crime organizado na Lei 12850, de 2013. Dissertação de Mestrado em Direito, Universidade de Lisboa, Lisboa, 2022, p. 25.

poderia receber a indicação de que seria lícito, a ele, o registro de comunicação a ele dirigida. Aliás, jamais poderia receber essa indicação do Ministério Público ou da autoridade policial. Advinda de qualquer outra figura, essa indicação não tornaria a prova ilícita. Vê-se, de modo claro, o absurdo presente nas implicações práticas do enunciado veiculado no § 4º do art. 8º-A da Lei 9.296/1996.

Vale a anotação de que o denunciante anônimo não guarda relação com os órgãos de investigação policial. Na verdade, informa as autoridades da existência ou do cometimento de algum fato criminoso, apontando a direção da investigação ou ainda, entregando meios de prova para que os agentes, esses sim, possam dar início ou andamento ao procedimento criminal, sem, em momento algum, revelar a sua identidade.

Já o agente disfarçado é figura mencionada no próprio Pacote Anticrime, nas inovações trazidas ao Estatuto do Desarmamento (Lei 10.826/2006)[31] e à Lei de Drogas (Lei 11.343/2006).[32]

Sua previsão deriva de enunciado aclarativo ou explicativo. O legislador esclarece que, havendo conduta criminosa preexistente (respectivamente tráfico de armas e drogas), o indivíduo que vender ou entregar a arma ou droga a agente policial disfarçado será penalmente responsabilizado pelo ato antecedente. Afinal, os tipos mistos alternativos presentes nessas leis criminalizam as condutas que antecedem à ação referenciada ao agente policial disfarçado.[33]

Em casos assim, o registro das ações *dirigidas ao agente disfarçado* poderá atrair o debate da ilicitude probatória, caso seja ele o interlocutor a registrar a comunicação a ele dirigida e assim agir com conhecimento (ou orientação) prévio da autoridade policial ou do Ministério Público. Mais uma vez: cria-se situação totalmente dissociada de qualquer sentido jurídico hábil a amparar o enunciado legal – seja no plano dos precedentes, seja no plano dogmático.

Como se vê, a previsão do mencionado § 4º não formaliza apenas uma opção legiferante verdadeiramente ruim, mas cria situações de irracionalidade jurídica no cotejo do dispositivo com o que seja a atual cultura de vigilância ou com a consideração das obrigações a serem efetivadas pelo Estado brasileiro no enfrentamento da macrocriminalidade.

---

31. Artigos 17, § 2º, e 18, parágrafo único.
32. Artigo 33, § 1º, inciso V.
33. Para uma tipologia das figuras assemelhadas à infiltração de agentes, mas que com ela não se confundem, cf. ERNESTO, Leandro Miranda. *Infiltração policial*: sua institucionalidade e relação com a discricionariedade persecutória, Dissertação de Mestrado em Direito, Centro Universitário de Brasília (CEUB), Brasília, 2022, seç. 4.3.

6. CONSIDERAÇÕES FINAIS

Passados mais de dois anos da alteração promovida pelo Pacote Anticrime no regime legal das gravações clandestinas, o aspecto negativo da avaliação do enunciado normativo veiculado no § 4º do art. 8º-A da Lei 9.296/1996 ganha cada vez mais destaque.

Não se cuida de enunciado inconstitucional, como já destacado em trabalho anterior,[34] até porque seu sentido normativo pode ser "salvo" por interpretação sistemática que o fixe como um enunciado restritivo, que guarda referência não ao regime geral das captações ambientais, mas à tese já fixada com repercussão geral pelo STF sobre as gravações clandestinas.

Sua leitura, portanto, há de ser assim fixada: é lícita, como regra, a gravação realizada por um dos interlocutores; porém, será ilícita a gravação clandestina quando realizada com prévio conhecimento do Ministério Público ou da autoridade policial. Em todo caso, a validade da prova se submete, igualmente, à verificação da integridade de seu registro.[35]

A infeliz nomenclatura formalizada pelo Pacote Anticrime não tem o condão de alterar a natureza jurídica da gravação clandestina. Nem poderia: as figuras de captação ambiental e de registro da comunicação por um dos interlocutores não se confundem. De qualquer modo, a opção de situar o enunciado que versa sobre a gravação clandestina na Lei 9.296/1996 (e não na Lei 12.850/2013) evidenciou que o legislador, no tema, não se atentou para a relevância da gravação clandestina para o implemento das obrigações impostas ao Estado brasileiro pela Convenção de Palermo.

Como resultado, tem-se um enunciado dissociado da compreensão atual de vigilância no mundo contemporâneo e, o pior, indicativo de quadro de iniquidade. Afinal, impõe ao Ministério Público e à autoridade policial a busca da via jurisdicional para a captação ambiental previamente autorizada em situações que o próprio interlocutor da comunicação de viés incriminatória poderia, por si, formalizar o registro do fato. Isso tudo com o custo do tempo e da própria situação de risco imposta ao interlocutor. Afinal, se não levasse o fato ao conhecimento da Polícia ou do Ministério Público, gozaria de situação mais fácil e que melhor lhe atenderia, com nítido prejuízo à efetiva apuração de fatos eventualmente graves.

Em última análise, trata-se de alteração legislativa que, ironicamente, diz em sua ementa que pretende "aperfeiçoar" a legislação penal e processual penal

---

34. SUXBERGER; ARAS, A admissibilidade de gravações unilaterais como prova.
35. O texto legal, a par de todos os problemas já indicados, ainda traz patente confusão entre o regime de admissibilidade da prova (lícita/ilícita) com o regime de fiabilidade da prova (crível/não crível). A integridade da gravação, claramente, não se refere à inadmissibilidade da prova, mas à sua fiabilidade.

(excerto da ementa da Lei 13.964/2019 – o "Pacote Anticrime"). Em verdade, além de celeuma desnecessária, vez que o tema já se encontrava assente na jurisprudência, a alteração legislativa implica entrave à boa apuração de fatos que vitimam o destinatário de comunicação por qualquer meio.

7. REFERÊNCIAS

ALEXY, Robert. *Teoria da argumentação jurídica*. Trad. Zilda Hutchinson Schild Silva. São Paulo: Landy, 2001.

ALEXY, Robert. *Teoria discursiva do Direito*. Trad. Alexandre Travessoni Gomes Trivisonno. Rio de Janeiro: Forense Universitária, 2014.

AMARAL, Paulo Osternack. *Provas*: atipicidade, liberdade e instrumentalidade. 3. ed. São Paulo: Ed. RT; Thomson Reuters, 2021.

BALLAN JUNIOR, Octahydes. *Política criminal de enfrentamento da macrocriminalidade*: uma análise sob a perspectiva probatória. [s.l.]: Editora Dialética, 2022.

BRASIL. Câmara dos Deputados. Parecer elaborado pelo Grupo de Trabalho instituído pelo Ato do Presidente de 14 mar. 2019, "destinado a analisar e debater as mudanças promovidas na legislação penal e processual penal pelos Projetos de Lei n. 10.372, de 2018, n. 10.373, de 2018, e n. 882, de 2019". Disponível em: https://www.camara.leg.br/proposicoesWeb/prop_mostra rintegra?codteor=1772332&filename=Tramitacao-PL+10372/2018. Acesso em: 25 jan. 2023.

BRASIL, Câmara dos Deputados. Projeto de Lei 882, de 19 de fevereiro de 2019, de autoria do Poder Executivo. Apresenta a Mensagem 50, de 19 de fevereiro de 2019). "Altera o Decreto-Lei 2.848, de 7 de dezembro de 1940 – Código Penal, o Decreto-Lei 3.689, de 3 de outubro de 1941 – Código de Processo Penal, a Lei 7.210, de 11 de julho de 1984 – Lei de Execução Penal, a Lei 8.072, de 25 de julho de 1990, a Lei 8.429, de 2 de junho de 1992, a Lei 9.296, de 24 de julho de 1996, a Lei 9.613, de 3 de março de 1998, a Lei 10.826, de 22 de dezembro de 2003, a Lei 11.343, de 23 de agosto de 2006, a Lei 11.671, de 8 de maio de 2008, a Lei 12.037, de 1º de outubro de 2009, a Lei 12.850, de 2 de agosto de 2013, e a Lei 13.608, de 10 de janeiro de 2018, para estabelecer medidas contra a corrupção, o crime organizado e os crimes praticados com grave violência a pessoa". Disponível em: https://www.camara.leg.br/proposicoesWeb/fichadetramitacao?idProposicao=2192353. Acesso em: 4 mar. 2019.

BRASIL. Superior Tribunal de Justiça (STJ). Recurso Especial 1.026.605 (RE 1.026.605). Rel. Min. Rogerio Schietti Cruz. 6ª Turma. J. 13.05.2014. DJe 13.06.2014. Disponível em: https://scon.stj.jus.br/SCON/GetInteiroTeorDoAcordao?num_registro=200800197946&dt_publicacao=13/06/2014. Acesso em: 25 jan. 2023.

BRASIL. Supremo Tribunal Federal (STF). Agravo Regimental no Agravo de Instrumento nº 560.223 (AI 560223 AgR). Rel. Min. Joaquim Barbosa. 2ª Turma. J. 12.04.2011. DJe 29.04.2011. Disponível em: https://redir.stf.jus.br/paginadorpub/paginador.jsp?docTP=AC&docID=622351. Acesso em: 25 jan. 2023.

BRASIL. Supremo Tribunal Federal (STF). Questão de ordem no Inquérito 2.116 (Inq 2116 QO). Rel. Min. Ayres Britto. Tribunal Pleno. J. 15.09.2011. Dje 29.02.2012. Disponível em: https://redir.stf.jus.br/paginadorpub/paginador.jsp?docTP=TP&docID=1777995. Acesso em: 25 jan. 2023.

BRASIL. Supremo Tribunal Federal (STF). Questão de Ordem no Recurso Extraordinário 583.937 (RE 583937 QO-RG). Rel. Min. Cezar Peluso. Tribunal Pleno. J. 19.11.2009. Dje 18.12.2009. Repercussão geral – mérito. Tese 237. É lícita a prova consistente em gravação ambiental realizada por um dos interlocutores sem conhecimento do outro. [Redação da tese aprovada nos termos do item 2 da Ata da 12ª Sessão Administrativa do STF, realizada em 09.12.2015]. Disponível em: https://redir.stf.jus.br/paginadorpub/paginador.jsp?docTP=AC&docID=607025. Acesso em: 25 jan. 2023.

COSTA, Suzana Henriques da. Os poderes do juiz na admissibilidade das provas ilícitas. *Revista dos Tribunais*, v. 31, n. 133, p. 85-120, 2006.

ERNESTO, Leandro Miranda. *Infiltração policial*: sua institucionalidade e relação com a discricionariedade persecutória. Dissertação de Mestrado em Direito, Centro Universitário de Brasília (CEUB), Brasília, 2022.

GOLDFINGER, Fábio Ianni. Capítulo 22 – Interceptação Telefônica – Lei 9.296/1996. In: SOUZA, Renee do Ó; CUNHA, Rogério Sanches; PINTO, Ronaldo Batista (Org.). *Leis Penais Especiais*: comentadas artigo por artigo. 5. ed. Salvador: JusPodivm, 2022.

GUSTÍN, Miracy Barbosa de Sousa; DIAS, Maria Tereza Fonseca. *(Re)pensando a pesquisa jurídica*: teoria e prática. 3. ed. Belo Horizonte: Del Rey, 2010.

LYON, Rabbi David. *The Culture of Surveillance*: Watching as a Way of Life. Cambridge, UK: Polity Press, 2018.

MENEZES NETO, Elias Jacob de. Vigilância ou surveillance? Proposta para começar a compreender corretamente este fenômeno. *Revista dos Tribunais*, v. 103, n. 939, p. 159-180, 2014.

ORSI, Thaylize Rodrigues. *Agente infiltrado: um instrumento de combate ao crime organizado na Lei 12850, de 2013*. Dissertação de Mestrado em Direito, Universidade de Lisboa, Lisboa, 2022. Disponível em: https://repositorio.ul.pt/handle/10451/52765. Acesso em: 25 jan. 2023.

SUXBERGER, Antonio Henrique Graciano. O juiz das garantias como caso de erro legístico. *Revista de Informação Legislativa*, v. 57, n. 228, p. 93-114, 2020.

SUXBERGER, Antonio Henrique Graciano; ARAS, Vladimir Barros. A admissibilidade de gravações unilaterais como prova: O § 4º do art. 8º-A da Lei 9.296/1996 como uma regra de direito probatório. *Scielo Preprints*, 2021. Disponível em: https://preprints.scielo.org/index.php/scielo/preprint/view/2722. Acesso em: 25 jan. 2023.

COLABORAÇÃO PREMIADA: PERSPECTIVAS SOBRE PRISÃO PREVENTIVA

Thiago Albeche

Especialista em Processo Penal pela Universidade Anhanguera. Graduado pela Pontifícia Universidade Católica do Rio Grande do Sul. Professor habilitado junto à Academia de Polícia Civil do Estado do Rio Grande do Sul. Professor de Processo Penal em cursos preparatórios para concursos públicos. Delegado de Polícia do Estado do Rio Grande do Sul.

Sumário: 1. Introdução – 2. O acordo de colaboração premiada: considerações iniciais – 3. Linhas gerais sobre a colaboração premiada – 4. Dos critérios necessários à não utilização de medidas processuais cautelares – 5. A prisão preventiva e o acordo de colaboração premiada: uma necessária interpretação sistêmica – 6. A relação entre acordo de colaboração premiada e prisão preventiva: a posição da jurisprudência – 7. A prisão preventiva e hipóteses de cabimento – 8. Situações hipotéticas: entendendo a mudança de paradigma sobre a prisão preventiva para aproximá-la do acordo de colaboração premiada – 9. Proposições hermenêuticas: conciliando prisão preventiva e acordo de colaboração – 10. Considerações finais – 11. Referências.

1. INTRODUÇÃO

A investigação que recai sobre organizações criminosas não se trata apenas de uma necessidade imposta à concretização do direito social à segurança pública. É medida que se impõe para a preservação de direitos fundamentais e do Estado Democrático de Direito. As organizações criminosas atentam contra a vida, a liberdade e o patrimônio individual e público, além de influenciarem decisões políticas e administrativas que deveriam pautar-se, integralmente, pelo princípio da Interesse Público.

Compreender e refletir sobre a aplicação de institutos previstos pelo ordenamento jurídico constitui um dos grandes desafios dos juristas e demais profissionais da segurança pública no combate às organizações criminosas. Romper barreiras e aplicar institutos de forma conjugada entre diferentes ramos do Direito, então, pode se tornar extremamente desafiador. Contudo, o Direito, enquanto ciência social, precisa ser constantemente refletido e debatido e, quando necessário, superar determinados paradigmas. É com esse sentimento que trazemos o presente artigo, buscando conciliar o instituto da prisão preventiva com o da colaboração premiada, popularizado no âmbito das grandes investigações criminais a partir do conhecido caso como "Mensalão" e outros que lhe seguiram.

2. O ACORDO DE COLABORAÇÃO PREMIADA: CONSIDERAÇÕES INICIAIS

O ato de colaborar com a Justiça, em sentido amplo, não constitui novidade em nosso ordenamento jurídico. Um dos mais simples modos de colaboração do investigado é a confissão, prevista no art. 65 do Código Penal. Existe uma troca entre o investigado e o Estado pela qual este premia o confitente com a redução da pena por questões de política processual e criminal, como a facilitação, em tese, do ônus probatório da acusação, por reduzir ou abreviar a marcha do processo, facilitar a compreensão do fato e suas circunstâncias e, ao mesmo tempo, em determinadas situações, contribuir para a formação do livre convencimento motivado do juiz.

Ainda com relação à confissão, muitas são as informações que podem ser prestadas pelo investigado. O confitente pode esclarecer toda a dinâmica dos crimes, o *modus operandi*, a motivação, circunstâncias de tempo e local, instrumentos utilizados no cometimento da infração, bem como quem são os autores intelectuais, funcionais e partícipes, além da localização do proveito do crime.

Mas é preciso perceber que os delitos praticados no seio da sociedade brasileira quando da publicação do Código Penal e do Código de Processo Penal não possuíam a complexidade da atual sociedade globalizada e de consumo, que trouxe consigo crimes marcados pela sofisticação, organização, dissimulação, violência extrema, fragilizando a eficácia dos meios de obtenção de prova ordinários.

O enquadramento de ações delitivas praticadas em concurso de agentes no art. 288 do Código Penal parece ter sido, durante décadas, suficiente à complexidade da atuação de certos grupos criminosos. Contudo, a evolução das relações humanas e negociais permitiram que determinados nichos de criminalidade pudessem se aprimorar e, durante anos, também se invisibilizar da atuação persecutória do Estado. Não mais se tratava de mero concurso de agentes para a prática de crimes corriqueiros, mas da formação de uma grande cadeia de integrantes organizados para praticar certas e específicas condutas, com um nível de sofisticação ou capilaridade capaz de ocasionar sérios prejuízos e consequências à sociedade.

Por sua vez, o Estado precisou atualizar-se e criar mecanismos efetivos que acompanhassem o ritmo inovador da macrocriminalidade, que não raro, se mostra em vantagem em relação às agências oficiais por não dever obediência a regras formais de atuação.

Na busca do equilíbrio na equação crime-investigação é que o legislador passou a regulamentar os denominados *meios especiais de obtenção de prova ou técnicas especiais de investigação*, ou seja, meios probatórios com características específicas e que se diferenciam dos meios de prova classicamente previstos no Código de Processo Penal. É nesse contexto que surgiram a interceptação telefônica, a ação controlada, a infiltração presencial e virtual de agentes, o agente disfarçado, e a colaboração premiada, esta última, objeto deste trabalho com foco na Lei 12.850/2013.

3. LINHAS GERAIS SOBRE A COLABORAÇÃO PREMIADA

A colaboração premiada apresenta natureza jurídica dúplice: é meio especial de obtenção de prova ou técnica especial de investigação e negócio jurídico processual personalíssimo. Consiste em instrumento para a obtenção de fontes de prova e de elementos probatórios em casos complexos, cuja eficácia dos meios ordinários de obtenção de prova é reduzida ou insuficiente.

Na redação original da Lei 12.850/2013, não havia detalhamentos sobre os procedimentos para a formalização do acordo de colaboração premiada. É possível dizer que a lei originária traçava as linhas-mestras, carecendo de um refinamento procedimental.

Coube aos operadores do Direito, especialmente delegados de polícia, promotores de justiça e advogados, a instrumentalização do acordo desde a fase preliminar até a sua formalização propriamente dita – inclusive delineando o que viria a ser este *negócio jurídico processual* –, sob posterior supervisão judicial por meio de decisão homologatória, inicialmente e, após, por meio de sentença sobre o mérito do acordo.

Com o amadurecimento da prática jurídica em relação ao acordo de colaboração premiada, houve reflexos diretos na redação da Lei 13.964/2019 (Pacote Anticrime), que trouxe mudanças à Lei de ORCRIM.

Assim, o art. 3º-B trazido pelo Pacote, expressa que o *recebimento da proposta* para formalização de acordo de colaboração demarca o *início das negociações* e constitui também *marco de confidencialidade*, configurando violação de sigilo e quebra da confiança e da boa-fé a divulgação de tais tratativas iniciais ou de documento que as formalize, até o levantamento de sigilo por decisão judicial.

O *recebimento da proposta* para formalização do acordo demarca o *início formal* das negociações. Como dito, a lei, em sua redação originária, não trazia um fato ou ato jurídico capaz de demarcar o início das tratativas, deixando-se as tratativas e deveres decorrentes sem um regramento mínimo e seguro.

Dessa forma, ainda que advogados e autoridades investigadoras possam manter um contato prévio para o acerto de um piso negocial ou antevendo algumas possibilidades em termos de obrigações e prêmios, a negociação somente pode ser considerada formalmente iniciada – e com a produção de alguns efeitos – a partir do recebimento da proposta para a formalização do acordo.

O recebimento da proposta, nesse caso, tem a importância de estabelecer entre as partes contratantes os limites da sua atuação e aquilo que podem esperar uma da outra antes mesmo da celebração e homologação do acordo de colaboração. Nesse aspecto, o processo penal adota certos princípios contratuais e negociais tipicamente civilistas, a exemplo do disposto no art. 422 do Código Civil[1], que consagra o dever de boa-fé na execução e conclusão do contrato, dever que a doutrina amplamente majoritária estende à fase pré-contratual.[2]

Conforme art. 3º-B, § 5º da Lei de ORCRIM, os termos de Recebimento de proposta de colaboração e de Confidencialidade serão elaborados pelo celebrante e assinados por ele, pelo colaborador e pelo advogado ou defensor público com poderes específicos. Trata-se de dispositivo incluído pela Lei 13.964, de 2019 – Pacote Anticrime.

É importante referir que o recebimento da proposta de acordo e a firmatura do Termo de Confidencialidade não importa na automática suspensão das investigações, nos termos do art. 3º-B, § 3º. A atividade investigativa constitui-se em verdadeiro poder-dever do Estado, portanto, a suspensão das investigações é a exceção, sobretudo quando a complexidade e gravidade dos crimes que são investigados no âmbito das organizações criminosas demonstram que a ação pública incondicionada é a que predomina em tais circunstâncias. Há uma relação direta entre o princípio da obrigatoriedade da ação penal e da obrigatoriedade da investigação, e ambos, a um só tempo, são relativizáveis nas hipóteses e condições previstas em lei.

Caso seja necessária a suspensão das investigações, ter-se-á um período em que as autoridades buscarão elementos que corroborem minimamente as informações prestadas pelo colaborador e, desse modo, garantam credibilidade e maior segurança para a continuidade das tratativas até a assinatura final do acordo.

Mas ainda que as investigações não sejam suspensas, pode haver acordo de suspensão de medidas cautelares, com a devida justificativa pela autoridade celebrante, utilizando critérios como a ausência de prejuízo às investigações e utilidade e interesse públicos (art. 3º-A da Lei de ORCRIM).

---

1. Art. 422. Os contratantes são obrigados a guardar, assim na conclusão do contrato, como em sua execução, os princípios de probidade e boa-fé.
2. Ainda que se possa creditar alguma crítica à utilização de institutos de direito civil ao acordo de colaboração premiada, a agregação de categorias próprias não desnatura a essência das coisas, como a essência de todo e qualquer negócio jurídico que possui elementos estáveis e comuns em qualquer ramo do Direito, como o acordo de vontades.

Neste aspecto, propomos a discussão sobre a possibilidade de negociação envolvendo o *acordo de não segregação cautelar*, que pode se dar de duas maneiras: (a) abstenção de requerer ou representar pela prisão preventiva e a (b) suspensão condicional da prisão cautelar.

4. DOS CRITÉRIOS NECESSÁRIOS À NÃO UTILIZAÇÃO DE MEDIDAS PROCESSUAIS CAUTELARES

A atividade investigativa constitui-se em verdadeiro poder-dever do Estado. Desse modo, a suspensão das investigações deve ser tratada como exceção, sobretudo em razão da complexidade e gravidade dos crimes que são investigados no âmbito das organizações criminosas.

Embora haja posição em sentido contrário, temos que existe uma relação direta entre o princípio da obrigatoriedade da ação penal (art. 42, do CPP) e da obrigatoriedade da investigação policial (art. 5º, inc. I, do CPP). Contudo, a depender do estágio da persecução penal, há institutos que relativizam essa obrigatoriedade, como por exemplo, a suspensão condicional do processo (após o recebimento da denúncia), o acordo de não persecução penal (após a remessa do inquérito policial e antes do oferecimento da denúncia) e o não ajuizamento de cautelares como o sequestro de bens (durante a investigação preliminar[3]) com fundamento em cláusula no acordo de colaboração premiada.

Contudo, como no Direito as restrições e exceções devem ser interpretadas restritivamente, bem como os benefícios processuais costumam seguir o que se denomina como "discricionariedade regrada", é preciso observar alguns critérios para a negociação de não propositura de medidas processuais penais. A lei 12.850/2013 não é expressa sobre tais critérios, cabendo ao intérprete buscar o objetivo e espírito da lei para operar dentro de limites razoáveis e racionalmente justificáveis.

Analisando o texto integral da legislação referida, pode se inferir a existência dos critérios da *utilidade* e *interesse público*, previstos no art. art. 3º-A da Lei de ORCRIM.

A *utilidade* repousa na aptidão do acordo de colaboração para a obtenção de informações e elementos que possam conduzir o investigador a um melhor entendimento sobre a dinâmica dos crimes praticados. Essa utilidade será correspondente, em teste, à posição do colaborador em relação à organização criminosa, apurando-se a quantidade e qualidade das informações que conhece e que se dispõe a levar ao conhecimento das autoridades.

---

3. Tais medidas também podem ser negociadas com a ação penal em andamento.

O *interesse público* é pressuposto de qualquer investigação criminal. Os processos administrativos investigatórios (inquérito policial, procedimento investigatório criminal, termo circunstanciado, procedimentos administrativos disciplinares) são regidos pelo interesse público e, por que não, pela Supremacia do Interesse Público. Podemos atribuir uma dimensão objetiva e outra subjetiva ao princípio do interesse público.

O interesse público se relaciona com a finalidade buscada pela lei e com os instrumentos jurídicos por ela previstos para a consecução de objetivos que beneficiam a sociedade. O acordo de colaboração visa, em última análise, à facilitação na obtenção de informações importantes para investigações complexas, como as que envolvem o crime organizado. Portanto, há um claro interesse público subjacente à efetividade e eficácia da colaboração. Se o acordo de suspensão de medidas processuais cautelares vier a prejudicar as investigações, ele não deve ser realizado. É claro que não há de se esperar a total ausência de prejuízo, pois, em sendo acordo de vontades, geralmente, haverá mútua cedência entre os acordantes, ambos experimentando benefícios e prejuízos mútuos.

Ainda sobre o tema, é importante que as autoridades celebrantes estejam atentas para que a suspensão de medidas cautelares processuais não se convertam em estratégia ardilosa do colaborador para a proteção de comparsas, ocultação de bens, dentre outros atos prejudiciais à elucidação atividade criminosa da organização. Portanto, resumidamente, o membro do Ministério Público e o Delegado de Polícia deverão demonstrar, concretamente, que há utilidade e interesse público na suspensão das medidas cautelares, inclusive a de prisão.

Estabelecidos tais critérios, abordaremos a suspensão da prisão preventiva e as controvérsias que orbitam em relação à sua negociação e, principalmente, quanto às consequências do descumprimento do acordo pelo colaborador.

5. A PRISÃO PREVENTIVA E O ACORDO DE COLABORAÇÃO PREMIADA: UMA NECESSÁRIA INTERPRETAÇÃO SISTÊMICA

A prisão preventiva é prisão de natureza cautelar, ou seja, visa a assegurar situações previstas em lei. Implementados os requisitos do art. 313, CPP, somados à insuficiência das medidas cautelares diversas da prisão (art. 282 e 319, CPP), pode ser decretada a prisão preventiva para a manutenção da ordem pública, aplicação da lei penal ou por conveniência da instrução criminal (art. 312, CPP).

Um dos temas mais debatidos em sede doutrinária diz respeito à prisão preventiva para a manutenção da ordem pública, havendo doutrina que sustenta até mesmo a inconstitucionalidade desta hipótese de cabimento, diante da abstração do termo "ordem pública". No entanto, a grande maioria da doutrina aceita e os tribunais superiores aplicam a prisão preventiva a fim de manter a ordem pública desde a edição do Código de Processo Penal sem maiores dificuldades.

Segundo Renato Brasileiro, a corrente majoritária "acertadamente (...), sustenta que a prisão preventiva poderá ser decretada com o objetivo de resguardar a sociedade da reiteração de crimes em virtude da periculosidade do agente."

À jurisprudência, sobretudo, competiu sedimentar posicionamentos com base em situações concretas que justificam – ou não – o decreto de prisão cautelar como forma da preservação da ordem pública.

Neste sentido, entende-se que a periculosidade do agente, comprovada com base em dados concretos, justifica a prisão preventiva para a garantia da ordem pública (STJ, 6ª Turma, HC 81.089/BA, Rel. Min. Paulo Gallotti, j. 17.04.2008, DJe 19.05.2008). Portanto, é inválida a fundamentação que considera, de forma abstrata, a gravidade do delito com base na pena abstratamente prevista ou, até mesmo, com base exclusiva na sua hediondez. Na mesma linha, o Supremo Tribunal Federal assevera que o clamor social, por si só, não justifica a prisão preventiva para a garantia da ordem pública (STF, 2ª Turma, HC 80.719/SP, Rel. Min. Celso de Melo, DJ 28.09.2001, p. 37).

As principais situações aceitas pela jurisprudência para o decreto cautelar com base na garantia da ordem pública estão relacionadas à gravidade em concreto do crime praticado e o risco de reiteração delitiva. E justamente esses dois aspectos é que se identificam com a atuação das organizações criminosas.

A gravidade concreta parece ser um elemento constante nos crimes praticados por organizações criminosas. Quando imaginamos uma organização criminosa dedicada a crimes de colarinho branco, normalmente, temos delitos de evasão de divisas, de apropriação e desvio de recursos públicos, de corrupção ativa e passiva de servidores, todos com grande impacto na distribuição de riqueza, concretização de políticas públicas cruciais, sem falar na negação de direitos elementares como saúde, educação e moradia.

Por outro lado, as organizações criminosas que atuam na prática de crimes violentos, como homicídios qualificados (hediondos), roubo a bancos, roubo de veículos, tráfico ilícito de drogas armado, trazem resultados impactantes, geralmente, em razão da violência empregada.

Essas são algumas das situações que justificam a necessidade de segregação cautelar a bem da garantia da ordem pública. Contudo, em outras hipóteses, a prisão preventiva fundamenta-se na proteção à coleta de elementos probatórios hígidos ou em caso de risco concreto de fuga.

A questão central é definir o quanto é possível ao Estado, por meio da autoridade celebrante, entabular cláusulas com repercussão sobre a liberdade do pretenso colaborador, esteja ele fora ou dentro do cárcere. E mais ainda: caso seja beneficiado com a liberdade em razão de cláusula do acordo de colaboração premiada e descumpra a avença, deverá ser preso preventivamente?

Um dos desafios sobre a matéria é estabelecer os limites de aceitação da doutrina contratualista que prestigia a autonomia da vontade e o caráter publicista da persecução penal e de assuntos que lhes são altamente caros, como a liberdade individual.

6. A RELAÇÃO ENTRE ACORDO DE COLABORAÇÃO PREMIADA E PRISÃO PREVENTIVA: A POSIÇÃO DA JURISPRUDÊNCIA

O art. 3º-B, § 3º foi introduzido na Lei de ORCRIM pela Lei 13.964/2019, o chamado Pacote Anticrime. Em sua redação original (2013), portanto, lei de ORCRIM não possuía o art. 3º-B, o que refletiu nas decisões dos tribunais superiores.

Assim, quando inexistia na lei a possibilidade de negociação quanto a medidas cautelares, a jurisprudência rechaçou determinadas cláusulas e efeitos decorrentes do seu descumprimento, especialmente as relacionadas à prisão preventiva. Vejamos decisão do Supremo Tribunal Federal sobre o tema:

> *Habeas corpus*. Processo penal. Prisão preventiva. Acordo de colaboração premiada. Descumprimento. Causa de imposição de prisão processual. Descabimento. Ordem concedida.
>
> 1. A prisão processual desafia a presença de algum dos requisitos previstos no art. 312 do CPP.
>
> 2. *Inexiste relação necessária entre a celebração e/ou descumprimento de acordo de colaboração premiada e o juízo de adequação de medidas cautelares gravosas.*
>
> 3. A teor do art. 316, CPP, a imposição de nova prisão preventiva desafia a indicação de base empírica idônea e superveniente à realidade ponderada no momento da anterior revogação da medida prisional.
>
> 4. Ordem parcialmente concedida, com confirmação da liminar deferida. – grifou-se.

E do corpo do acórdão, extraem-se importantes fundamentações sobre o tema:

> (...) *Não há, contudo, do ponto de vista jurídico, relação direta entre acordo de colaboração premiada e prisão preventiva*. A decretação da prisão preventiva, conforme já consignado, somente é cabível para a "garantia da ordem pública, da ordem econômica, por conveniência da instrução criminal, ou para assegurar a aplicação da lei penal" (art. 312 do Código de Processo Penal). A *revogação* dessa medida cautelar ocorrerá sempre que, no correr do processo, for *verificada a falta de motivo para que subsista*, sendo possível nova decretação "se sobrevierem razões que a justifiquem" (art. 316 do Código de Processo Penal). Nesse sentido, a Segunda Turma desta Corte reafirmou recentemente que, uma vez *revogada a prisão preventiva, apenas a superveniência de fatos novos pode ensejar o seu restabelecimento* (HC 131.002, Relator(a): Min. Gilmar Mendes, Segunda Turma, Dje de *20.09.2016*).
>
> A Lei 12.850/2013, por sua vez, não apresenta a revogação da prisão preventiva como benefício previsto pela realização de acordo de colaboração premiada. Com efeito, o art.

4º desse diploma legal permite ao juiz conceder "o perdão judicial, reduzir em até 2/3 (dois terços) a pena privativa de liberdade ou substituí-la por restritiva de direitos daquele que tenha colaborado efetiva e voluntariamente com a investigação e com o processo penal", atendidos os requisitos estabelecidos nos incisos desse dispositivo legal. *Tampouco há, na Lei 12.850/2013, previsão de que, em decorrência do descumprimento do acordo, seja restabelecida prisão preventiva anteriormente revogada.* Daí por que, ainda que o Ministério Público se comprometa, na proposta de acordo, a pedir a revogação de prisão preventiva em vigor, o juiz, ao homologá-lo, não se compromete com seu conteúdo, mas se restringe a verificar sua regularidade, legalidade e voluntariedade.

Desse modo, a celebração de acordo de colaboração premiada não é, de per si, motivo para revogação de prisão preventiva, mesmo porque os elementos oferecidos pelo colaborador não constituem imediatamente provas a serem valoradas (Inq 3983, Relator(a): Min. Teori Zavascki, Tribunal Pleno, julgado em *03.03.2016*, Acórdão Eletrônico Dje-095 Divulg 11.05.2016 Public 12.05.2016). Não há, assim, como dito, relação direta, do ponto de vista jurídico, entre acordo de colaboração premiada e prisão preventiva. Nessa linha, tampouco o seu posterior descumprimento é, em si mesmo, motivo para a decretação de nova custódia cautelar dessa espécie, ou faz ressurgir a motivação primitiva, que determinara a primeira prisão. (...)"[4] – grifamos.

No mesmo sentido:

Habeas corpus. Operação Capitu. Prisão temporária. Organização criminosa. Lavagem e ocultação de bens, dinheiro e valores. Fundamentação inidônea. Ausência de contemporaneidade. Imprescindibilidade às investigações não constatada. Constrangimento ilegal. Art. 580 do CPP. Identidade fático-processual. Aplicabilidade. Habeas corpus concedido.

1. Não é lícita a prisão, preventiva ou temporária, por descumprimento do acordo de colaboração premiada, extraindo-se, por esse motivo, efetiva situação de ilegalidade. Precedentes.

2. Embora se indique grave crime praticado por organização criminosa voltada para a prática de delitos contra a Administração Pública, trata-se de fatos do ano de 2014 e mesmo a indicada ação de limpeza geral de documentos é de 07 de janeiro de 2015, não autorizando a prisão temporária em novembro de 2018 (quase quatro anos após), possuindo atualidade apenas a ocultação ou mentira sobre fatos da colaboração premiada.

3. A imprescindibilidade às investigações, requisito inerente à decretação da prisão temporária, visualizada através da demonstração concreta de risco à apuração em desenvolvimento, não é satisfeita pela omissão de plena colaboração no acordo negociado da delação premial.

4. Verificando-se que a fundamentação para custódia foi a mesma para os demais investigados, que se encontram na mesma situação fático-processual do paciente, deve ser aplicada a regra do art. 580 do CPP.

5. *Habeas corpus* concedido, para a soltura do paciente, Rodrigo Jose Pereira Leite Figueiredo, com extensão dos efeitos da decisão, nos termos do art. 580 do CPP, para também determinar a soltura de Joesley Mendonça Batista, Demilton Antonio de Castro, Florisvaldo Caetano de Oliveira, Ricardo Saud, Odo Adão Filho, Walter Santana Arantes e Mauro Luiz Rodrigues de Souza E Araújo, Eduardo Consentino da Cunha, Ildeu da Cunha Pereira, Mateus de Moura Lima Gomes, José Francisco Franco da Silva Oliveira, Cláudio Soares Donato, Waldir Rocha Pena,

---

4. HC 138.207 PR, Relator Min. Edson Fachin. Julgado em 25.04.2017. Consultado em 13.02.2021 em http://redir.stf.jus.br/paginadorpub/paginador.jsp?docTP=TP&docID=13098850.

João Lúcio Magalhães Bifano, Antônio Eustáquio Andrade Ferreira, Marcelo Pires Pinheiro, Fernando Manuel Pires Pinheiro, o que não impede a fixação de medida cautelar diversa da prisão, por decisão fundamentada. (HC 479.227/MG, relator Ministro Nefi Cordeiro, Sexta Turma, julgado em 12.03.2019, DJe de 18.03.2019.) – grifou-se.

A primeira e necessária observação os julgados indicados são anteriores à vigência da Lei 13.964 de 24 de dezembro de 2019 (Pacote Anticrime). Portanto, precedem à existência da redação do art. 3º-B. Em relação às cautelares pessoais, especialmente a prisão preventiva, entendeu o STF que a revogação da prisão cautelar não seria possível de ser negociada entre os contratantes, pois tal benefício legal não estava previsto no art. 4º da Lei de ORCRIM.[5]

Por outro lado, esse não foi o único fundamento. Asseverou-se que o descumprimento do acordo, por si só, não enseja a cautelaridade necessária (abalo à ordem pública ou risco à instrução criminal, por exemplo) ao restabelecimento automático da prisão preventiva.

Outro fundamento abordado foi a recusa à vinculação entre descumprimento de medidas cautelares diversas da prisão previstas no acordo de colaboração e, modo automático, a imposição de prisão preventiva como consequência. Isto porque, dentre as consequências do descumprimento do acordo, segundo consta na decisão analisada, não há previsão legal de restabelecimento de prisão preventiva.

No mesmo rumo, é possível citar outras decisões do Superior Tribunal de Justiça:

> Ocorre que a colaboração do acusado não pode ser judicialmente exigida; é sempre voluntária. Ademais, a falta de completude na verdade *pode ser causa de rescisão* do acordo ou de proporcional redução dos favores negociados, mas jamais causa de risco ao processo ou à sociedade, a justificar a prisão provisória. (...) *O crime de quase cinco anos e a indicada destruição de provas são por demais não contemporâneos para justificar a urgente medida gravosa de cautelar*. Ao que parece, prende-se porque não colaborou por completo, mais como punição do que por riscos presentes. Não sendo lícita a prisão, preventiva ou temporária, por descumprimento do acordo de colaboração premiada, tem-se efetivamente situação de ilegalidade. Nesse sentido, precedentes do Pretório Excelso e desta Corte Superior: HC 138207, Relator(a): Min. Edson Fachin, Segunda Turma, julgado em 25.04.2017, Processo Eletrônico DJe-141 DIVULG 27-06-2017 Public 28-06-2017 e HC 396.658/SP, Rel. Ministro Antonio Saldanha Palheiro, Sexta Turma, julgado em 27.06.2017, DJe 1º.08.2017. A prisão temporária exige dar-se concretizado risco às investigações de crimes graves e a tanto não serve a omissão de plena colaboração no acordo negociado da delação premial.[6] – grifou-se.

---

5. Art. 4º O juiz poderá, a requerimento das partes, conceder o perdão judicial, reduzir em até 2/3 (dois terços) a pena privativa de liberdade ou substituí-la por restritiva de direitos daquele que tenha colaborado efetiva e voluntariamente com a investigação e com o processo criminal, desde que dessa colaboração advenha um ou mais dos seguintes resultados:
6. HC 479.227/MG, Rel. Ministro Nefi Cordenito, Sexta Turma, julgado em 12.03.2019, DJe 18.03.2019.

Para além de assentar que o descumprimento do acordo de colaboração não pode dar ensejo ao restabelecimento da prisão cautelar, o caso concreto demonstra a ausência de *atualidade* de fatos que pudessem autorizar a prisão preventiva. O voto é expresso: "o crime de quase cinco anos e a indicada destruição de provas são por demais não contemporâneos para justificar a urgente medida gravosa de cautelar. Ao que parece, prende-se porque não colaborou por completo, mais como punição do que por riscos presentes. Não sendo lícita a prisão, preventiva ou temporária, por descumprimento do acordo de colaboração premiada, tem-se efetivamente situação de ilegalidade".

Assim, em linhas gerais, a jurisprudência veda o restabelecimento da prisão preventiva ao colaborador que descumpre o acordo porque:

a) não há previsão legal da revogação da prisão preventiva como prêmio legal previsto para o cumprimento do acordo de colaboração premiada;

b) não há previsão legal de que, em decorrência do descumprimento do acordo, seja restabelecida prisão preventiva anteriormente revogada;

c) os requisitos da prisão preventiva estão presentes ou ausentes, não havendo como sobre eles transigir;

d) o descumprimento do acordo, por si só, não causa risco ao processo ou à sociedade.

Sobre tais conclusões, é que propomos uma abordagem diferente.

Se adotarmos uma interpretação rígida e isolada do art. 312, CPP, uma vez presentes os requisitos da prisão preventiva, teremos caso de segregação cautelar obrigatória. Caso ausentes, a liberdade se impõe, não havendo espaço negocial sobre o direito de ir e vir.

Contudo, se buscarmos uma interpretação sistemática do art. 312, CPP com os artigos 3º-B, § 3º da Lei 12.850/2013, é possível configurar a aplicação do instituto da prisão preventiva de modo a potencializar a eficácia da colaboração premiada, preservar a finalidade da prisão cautelar – garantir a ordem pública e econômica, a instrução criminal e a aplicação da lei penal – e respeitar o princípio da ampla defesa e o direito de liberdade. É sobre a segunda hipótese que buscamos refletir no presente escrito.

7. A PRISÃO PREVENTIVA E HIPÓTESES DE CABIMENTO

A prisão preventiva consta regulamentada nos arts. 312, 313 e 282 do CPP.

Em linhas gerais, terá cabimento para a garantia da ordem pública, assegurar a aplicação da lei penal e por conveniência da instrução criminal (art. 312, CPP). Além disso, como medida de ultima *ratio*, somente terá cabimento se não forem suficientes e adequadas as medidas cautelares diversas da prisão (art. 282, § 6º,

CPP), preenchidos os requisitos do art. 313, CPP. Ainda, o decreto de prisão preventiva requer atualidade ou contemporaneidade dos fatos que ensejam a prisão preventiva (art. 312, § 2º, CPP). Por fim, acrescentemos o *fumus comissi delicti* e o *periculum libertatis* (art. 312, CPP).

Se considerarmos o instituto da prisão preventiva, especialmente no que se refere aos arts. 312 e 313 em sua consolidação doutrinária e jurisprudencial, presentes suas hipóteses de cabimento e seus requisitos, a prisão preventiva é medida que se impõe. Caso desapareçam os motivos que ensejaram a sua decretação, a medida será revogada. Não há, portanto, espaços para transigir a respeito da prisão cautelar e da presença de seus pressupostos e requisitos.

Quando buscamos aproximar tais premissas à colaboração premiada, a dificuldade em superar paradigmas é imensa, pois a tendência é buscar aplicar o instituto da prisão preventiva exatamente conforme o tratamento dominante conferido pela doutrina e jurisprudência.

Contudo, é preciso compreender a necessidade de conferir a máxima eficácia aos meios de obtenção de prova para que os bens jurídicos tutelados pelas leis penais possam ser adequadamente protegidos. Além disso, é preciso inovar no enfrentamento de questões criminais complexas, como no caso da persecução penal sobre organizações criminosas.

Para tanto, propõe-se uma releitura sobre a existência dos fundamentos e dos motivos para o decreto de prisão preventiva, superando o binômio "presença de motivos = prisão"/ ausência de motivos = liberdade", possibilitando uma situação intermediária em que, ainda que presentes os requisitos da prisão preventiva, possa ser a segregação suspensa em nome da utilidade e eficiência superior da colaboração premiada.

8. SITUAÇÕES HIPOTÉTICAS: ENTENDENDO A MUDANÇA DE PARADIGMA SOBRE A PRISÃO PREVENTIVA PARA APROXIMÁ-LA DO ACORDO DE COLABORAÇÃO PREMIADA

Imagine-se que determinado investigado encontre-se preso preventivamente com fundamento na garantia da ordem pública. Trata-se do executor de um homicídio que, pela gravidade concreta de sua conduta ou do risco de reiteração, tenha ocasionado abalo à ordem pública. E se o preso fornecer elementos concretos sobre o paradeiro do líder da facção criminosa que determinou não só o homicídio investigado, mas outros tantos dos quais o líder foi mandante, todos no mesmo contexto de facções rivais no tráfico de drogas?

E, no caso de crimes de colarinho branco, se o preso preventivamente possui condições de auxiliar na comprovação da autoria dos delitos e recuperação de valores milionários sobre fraudes tributárias e/ou oriundas de licitações?

Em outra hipótese: considere-se uma situação de "salve-geral",[7] com diversas execuções e ataques à veículos de transporte coletivo, a prédios e autoridades públicas, determinados por lideranças de organizações criminosas. Encontra-se preso, preventivamente, um conhecido integrante da facção criminosa. Se esse membro se comprometer a fornecer elementos concretos sobre a identificação dos mandantes do "salve-geral", permitindo que os investigadores o capturem e, assim, evitem futuros crimes, considerado um exame de proporcionalidade, qual situação representa maior abalo à ordem pública? A liberdade do integrante preso, considerado individualmente, ou a liberdade dos mandantes de outros crimes praticados em série e que possuem o poder de determinar as ações da organização criminosa?

A pergunta é: seria possível à autoridade celebrante proceder à análise entre o abalo à ordem pública causado pela conduta do pretenso colaborador e o abalo à ordem pública ocasionado pela manutenção da liberdade de um integrante mais perigoso ou importante na estrutura da organização criminosa? Seria possível que a prisão do colaborador fosse objeto de deliberação entre as partes em troca, por exemplo, da localização de uma vítima ou da recuperação de milhões em verbas públicas desviadas? Em suma, é possível conferir um outro tipo de interpretação quanto à presença dos motivos ensejadores da prisão preventiva a fim de ampliar a eficácia do acordo de colaboração premiada?

Entendemos que a resposta é afirmativa. Se analisarmos a Lei 12.850/2013, já é conferida à autoridade celebrante a possibilidade de realizar um juízo sobre os custos e benefícios para a investigação em se adotar medidas que até mesmo evitam a responsabilização do agente colaborador. A exemplo disto, temos o acordo de imunidade ou de não persecução penal e o perdão judicial, que são medidas de altíssima tolerância do Estado em relação aos crimes praticados pelo colaborador, justificadas, por certo, pela eficácia da colaboração. Assim, atende ao princípio da proporcionalidade negociar uma medida que, apesar de não estar situada nos prêmios legais expressos[8] do art. 4º da lei, acaba por favorecer o investigado ou réu em razão da possibilidade da melhoria do seu *status libertatis*.

E neste aspecto, é importante relembrar que nenhum acordo de colaboração premiada é realizado sem a presença de defensor, nos termos do art. 3º-C, § 1º

---

7. O "salve geral", na gíria do submundo do crime, é um ato emanado pela direção do crime organizado que deve ser cumprido por todos os seus comparsas, ou seja, é uma ordem de execução para implantar o terror e a instabilidade contra a ordem pública. Definição extraída do site https://portalmatogrosso.com.br/suposta-mensagem-do-pcc-decreta-salve-geral-em-22-bairros-de-cuiaba/#:~:text=O%20%E2%80%9Csalve%20geral%E2%80%9D%2C%20na,instabilidade%20contra%20a%20ordem%20p%C3%BAblica.
8. Mais adiante, falaremos sobre o fato de que, para a atual jurisprudência do STJ, é permitida a concessão de prêmios legais atípicos, tendo em vista que o princípio da legalidade, fundamento de proteção do investigado, não pode ser suscitado para prejudicar este mesmo suspeito ou réu.

e art. 4º, § 15 da Lei 12.850/2013, não havendo que se falar que a negociação da liberdade junto à pessoa presa careceria de um requisito essencial: a livre manifestação da vontade. O colaborador, além da própria manifestação, que constitui autodefesa, conta com assistência de defesa técnica em todos os atos de negociação, confirmação e execução da colaboração, o que nos parece superar qualquer deficiência quanto ao seu consentimento em relação à medida negociada, que, ademais, sempre estará sob controle judicial.

Quando se negocia a possibilidade de concessão de liberdade ao colaborador preso, certamente, não há que se considerar que, de modo automático, não subsistem os motivos ensejadores da prisão preventiva. Tal interpretação seria ilógica.

O ponto central está em admitir que, por razões de política criminal, notadamente a que determinou a criação do instituto da colaboração premiada, não convém conferir ao instituto da prisão preventiva uma interpretação ao modo "tudo ou nada", de forma que a presença de motivos ensejadores acarrete a prisão obrigatória e sem qualquer possibilidade de relativizações ou possibilidade hermenêutica intermediária. A autoridade celebrante pode, conforme um juízo baseado no interesse público, na utilidade e na proporcionalidade, avaliar se os benefícios da colaboração premiada superam eventual prejuízo da concessão de liberdade condicionada ao colaborador.

Nesse juízo, pondera-se, por exemplo, se o "periculum libertatis" do colaborador é superado pelo "periculum libertatis" de integrante da organização criminosa que seja mais importante para à persecução penal e para a tutela dos bens jurídicos afetados pelos delitos. Ou, avaliar se, apesar da suspensão condicional da prisão cautelar do criminoso, os benefícios obtidos com a colaboração são muito maiores, justificando a adoção da medida com base em elementos concretos da investigação.

O que não pode ser admitida é a interpretação e correspondente cláusula estipulando que a prisão preventiva será decretada em decorrência, exclusivamente, do descumprimento do acordo de colaboração, independente da presença dos requisitos e pressupostos da prisão cautelar. Situação distinta será aquela em que, presentes os requisitos da prisão preventiva, apenas suspende-se a segregação em razão da utilidade e interesse público nas informações e elementos fornecidos pelo colaborar para atingir outros integrantes ou reduzir os danos ocasionados pelos crimes praticados pela organização criminosa. Na hipótese, em caso de descumprimento do acordo, os requisitos da preventiva, que sempre estiveram presentes, autorizam a retomada da segregação cautelar, cuja presença dos motivos ensejadores pode ser analisada a qualquer momento pelo juiz.

9. PROPOSIÇÕES HERMENÊUTICAS: CONCILIANDO PRISÃO PREVENTIVA E ACORDO DE COLABORAÇÃO

Após analisar as conclusões da doutrina e da jurisprudência, procuramos propor alternativas hermenêuticas que podem auxiliar no debate sobre a questão:

a) Da (a)tipicidade da suspensão condicional da prisão cautelar

O fato de a suspensão condicional da prisão cautelar não estar prevista como prêmio no art. 4º da Lei de Organização Criminosa não é impeditivo à sua negociação.[9] Isto porque se trata de medida processual que se enquadraria dentro das possibilidades de negociação das partes. Assim, se a suspensão condicional da prisão cautelar atende ao interesse público e eficiência para as investigações de escalões mais graduados e de integrantes de maior periculosidade ou de maior importância na estrutura criminosa, não há óbice à sua negociação entre as partes.

Seguindo a corrente que preconiza que os benefícios concedidos ao colaborador se restringem aos expressamente previstos na lei, então se conclui que a suspensão condicional da prisão cautelar não se trata de prêmio, mas de uma obrigação acessória e temporária assumida pelo Estado em troca de informações relevantes, até que seja analisado pelo juiz, o benefício a ser concedido por ocasião da sentença (obrigação principal). Não há qualquer relação, portanto, entre suspensão condicional da prisão cautelar e direito de liberdade por ocasião da sentença, pois ainda haverá possibilidade de encarceramento.

Seguindo a corrente de que são possíveis benefícios legais atípicos por ocasião da sentença – a exemplo de decisão da Corte Especial do Superior Tribunal de Justiça em outubro de 2022, por sua Corte Especial,[10] bem como de posição do Ministro do Supremo Tribunal, Roberto Barroso[11] – nada impede que a liberdade condicionada seja concedida, por exemplo, até o trânsito em julgado da decisão proferida em sentença e que, inclusive, poderá consistir em outros prêmios legais ao colaborador que não importem, necessariamente, na sua liberdade. Assim, exige-se que a suspensão condicional da prisão cautelar não se torne incompatível com os prêmios legais conferidos ao colaborador, como por exemplo, a redução da pena que importe em cumprimento inicial em regime semiaberto.

b) Da admissibilidade do acordo de não segregação cautelar

---

9. Em doutrina, há posição diametralmente oposta, a exemplo de Nefi Cordeiro.
10. Disponível em: https://www.stj.jus.br/sites/portalp/Paginas/Comunicacao/Noticias/2022/07102022-Corte-Especial-admite-fixacao-de-sancoes-penais-atipicas--mais-brandas--em-acordo-de-colaboracao.aspx. Número do processo não disponível no site do STJ.
11. STF, Pet. 7074, QO, Relator(a): Min. Edson Fachin, Tribunal Pleno, julgado em 29.06.2017, Acórdão Eletrônico DJe-085 Divulg 02.05.2018 Public 03.05.2018. Ainda no mesmo sentido: STF, Inq 4405 AgR, Relator(a): Min. Roberto Barroso, Primeira Turma, julgado em 27.02.2018, Acórdão Eletrônico DJe-064 Divulg 04.04.2018 Public 05.04.2018.

Admitindo a possibilidade de acordo de não segregação cautelar como condição para a liberdade do colaborador, é preciso trabalhar com duas situações distintas:

b.1) colaborador solto: neste caso, o acordo de não segregação cautelar constitui mera previsão de que não haverá requerimento ou representação pela prisão pela autoridade celebrante, desde que cumpridas as obrigações pelo colaborador. Ainda que presentes os pressupostos e requisitos da prisão preventiva, o membro do Ministério Público ou Delegado de Polícia não provocará o Poder Judiciário. Em caso de descumprimento do acordo pelo colaborador, a consequência prática é o desimpedimento da autoridade celebrante para requerer ou representar pela prisão preventiva, não havendo que se falar em prisão preventiva automática decorrente de não cumprimento do acordo, o que se harmoniza com a posição da doutrina e jurisprudência.

b.2) colaborador preso: neste caso, presentes os pressupostos e requisitos da prisão preventiva, *suspende-se* (e não se revoga) a prisão cautelar, considerando que as informações e documentos entregues pelo colaborador tutelam bens jurídicos mais expressivos ou representam eficácia superior à própria manutenção da segregação do negociante.

Perceba-se que não se trata de hipótese de revogação da prisão cautelar, que ocorre quando não mais subsistem as razões para tanto. Os pressupostos e requisitos permanecem presentes, mas, por política criminal relacionada à eficiência e eficácia do acordo de colaboração, suspende-se, sob condições, a prisão preventiva. Tais condições estarão detalhadas no acordo de colaboração premiada para a segurança jurídica dos acordantes.

Como referido antes, não há o desaparecimento, por exemplo, do abalo à ordem pública, mas sim, constata-se a existência de possibilidade de se atingir camadas mais densas, complexas e nocivas da organização criminosa

Nessa hipótese, caso haja o descumprimento do acordo pelo colaborador, haverá a restauração da prisão preventiva, que pode ser abordada com base em, pelo menos, dois fundamentos jurídicos:

b.2.1) a restauração da prisão preventiva é automática, já que os pressupostos e requisitos *sempre estiveram preenchidos*, tendo havido mera *suspensão condicional da prisão cautelar*.

b.2.2) a suspensão condicional da prisão cautelar pode ocorrer mediante substituição por medidas cautelares diversas da prisão e, dentre elas, a obrigação de produzir ou fornecer determinados elementos de prova, todos descritos de forma detalhada no acordo de colaboração. Tal pormenorização da obrigação probatória no acordo de colaboração premiada – e que deve corresponder ao conteúdo de medida cautelar diversa da prisão – é necessária para que o juiz possa avaliar se houve efetivo descumprimento pelo colaborador ou seja há inovação nas exigências ou abordagem pela autoridade celebrante. Assim, caso a obrigação probatória prevista no acordo e que corresponde à medida cautelar diversa da prisão substitutiva – não seja cumprida, haverá restauração da prisão preventiva com base no art. 312, § 1º, CPP.

Nada impede que o juiz, uma vez restabelecida a prisão preventiva, promova a revisão nonagesimal e, se for o caso, revogue a prisão do colaborador. Mesmo em liberdade, ele ainda estará sujeito à não concessão de benefícios por ocasião da sentença em razão do descumprimento do acordo.

Quanto ao requisito da atualidade ou contemporaneidade dos fatos que ensejam o decreto de prisão preventiva, vale frisar que, não necessariamente, se trata de fatos criminosos. A lei processual utilizou apenas a expressão "fatos", podendo eles serem de qualquer natureza. Outrossim, quando o suspeito ou réu descumpre medida cautelar diversa da prisão, com por exemplo, de não frequentar determinado local ou de recolher-se à sua residência em período noturno, não está praticando fato criminal, e, mesmo assim, está sujeito ao decreto de prisão preventiva.

Assim, o descumprimento do acordo de colaboração do pelo colaborador que teve a prisão cautelar suspensa pode ser considerado fato atual para fins de implementação do requisito da atualidade.

Outra possibilidade é de que, caso se interprete que os "fatos contemporâneos" devem ser considerados apenas como "fatos criminais", a exigência de atualidade deve ser relativizada ou derrotada para fins de restabelecimento da prisão preventiva suspensa por acordo de colaboração premiada. E por qual razão? Porque em se tratando de "suspensão" da prisão cautelar cujos fundamentos e motivos estão presentes, não há que se exigir a atualidade de qualquer fato para o retorno à prisão. A contemporaneidade dos fatos deve ser considerada para o decreto originário de prisão preventiva, e não para uma prisão cautelar já decretada, cuja execução foi apenas suspensa.

10. CONSIDERAÇÕES FINAIS

O instituto da colaboração premiada demonstrou grande utilidade para que camadas inacessíveis das organizações criminosas fossem visibilizadas e trazidas a julgamento pela Justiça Criminal. As alterações do Pacote Anticrime à Lei 12.850/2013 aperfeiçoaram o instituto, trazendo detalhamentos e, por vezes, pontos de intersecção com outros institutos já consagrados no direito processual penal.

Considerando que o art. 3º-B, § 3º, introduzido apenas em 2019 na Lei das Organizações Criminosas, refere que o recebimento de proposta de colaboração para análise ou o Termo de Confidencialidade não implica, por si só, a suspensão da investigação, ressalvado acordo em contrário quanto à propositura de medidas processuais penais cautelares e assecuratórias, torna-se pertinente discutir os limites e alcance da negociação sobre a suspensão de medidas processuais como a prisão preventiva.

Dessa forma, propõe-se uma interpretação diferente do instituto da prisão preventiva no âmbito dos acordos de colaboração premiada, buscando flexibilizar a lógica de que a presença dos requisitos da prisão cautelar demanda, obrigatoriamente, a imposição da segregação, e que somente o desaparecimento das razões que a ensejaram permitirá a liberdade do agente.

Temos que o acordo de não segregação cautelar pode ser firmado tanto para o colaborador solto como para o segregado, garantindo o princípio da isonomia. Considerando institutos de natureza processual, a exemplo da suspensão condicional do processo e da suspensão condicional da pena, a suspensão condicional da prisão preventiva pode ser considerada como benefício processual que servirá de estímulo ao colaborador, sempre assistido por defensor, a entregar importantes elementos de prova para a persecução penal.

Mais do que tudo, que as ideias aqui traçadas tenham a utilidade de despertar a reflexão sobre a utilização conjugada de instrumentos penais e processuais penais na busca da efetivação da justiça criminal, realizando, se for o caso, os debates e adequações legislativas necessários.

11. REFERÊNCIAS

AVENA, Norberto. *Processo Penal*. 11. ed. Rio de Janeiro: Forense, São Paulo: Método, 2019.

CALLEGARI, André Luís; LINHARES, Raul Marques. *Colaboração premiada*: Lições práticas e teóricas de acordo com a jurisprudência do Supremo Tribunal Federal. 2. ed. rev. e ampl. Porto Alegre: Livraria do Advogado, 2019.

CORDEIRO, Nefi. *Colaboração premiada*: Caracteres, Limites e Controles. Rio de Janeiro: Forense, 2020.

CUNHA, Rogério Sanches. In: CUNHA, Rogério Sanches; PINTO, Ronaldo Batista; SOUZA, Renee do Ó (Coord.). *Leis Penais Especiais*: comentadas artigo por artigo. 2. ed. rev., ampl. e atual. Salvador: JusPodivm, 2019.

DE LIMA, Renato Brasileiro. *Legislação criminal comentada*: volume único. Salvador: JusPodivm, 2017.

NUCCI, Guilherme de Souza. *Código de Processo Penal comentado*. 21. ed. Rio de Janeiro: Forense, 2022.

MODERNAS TÉCNICAS DE INVESTIGAÇÃO DOS CRIMES AMBIENTAIS COMETIDOS POR ORGANIZAÇÕES CRIMINOSAS

Eduardo Alexandre Fontes

Mestrando em Ciências Jurídico-Políticas pela Universidade Portucalense (Portugal). Especialista em Segurança Pública e Direitos Humanos pelo Ministério da Justiça. Professor de Direito Penal, Legislação Penal Especial e Criminologia. Delegado de Polícia Federal. Ex-Superintendente Regional da Polícia Federal no Amazonas. Coordenador e autor da coleção carreiras policiais da editora JusPodivm. Aprovado nos concursos de Procurador do Estado de São Paulo e Delegado de Polícia Civil no Paraná.

Sumário: 1. A dimensão ecológica da dignidade (da pessoa) humana – 2. A tutela penal do meio ambiente – 3. O meio ambiente como bem jurídico autônomo e o reflexo no plano normativo – 4. Principais crimes ambientais praticados por organizações criminosas – 5. Modernas técnicas investigativas utilizadas no combate ao crime organizado ambiental; 5.1 Desmatamento ilegal; 5.2 Extração ilegal de madeira; 5.3 Mineração ilegal – 6. Conclusão – 7. Referências.

1. A DIMENSÃO ECOLÓGICA DA DIGNIDADE (DA PESSOA) HUMANA

O direito ao meio ambiente saudável e equilibrado, indispensável para a sadia qualidade de vida, foi erigido pela nossa Constituição Federal de 1988 a um dos mais significativos direitos fundamentais.

Dispõe a Constituição da República (art. 225, *caput*) que:

> Todos têm direito ao meio ambiente ecologicamente equilibrado, bem de uso comum do povo e essencial à sadia qualidade de vida, impondo-se ao Poder Público e à coletividade o dever de defendê-lo e preservá-lo para as presentes e futuras gerações.

Trata-se de direito de terceira geração ou de novíssima dimensão, caracterizando-se por ser um direito de solidariedade ou fraternidade, com caráter de irrenunciabilidade, inalienabilidade e imprescritibilidade.

Em sua dimensão objetiva, o titular do direito à preservação do meio ambiente é a coletividade e por ela pode e deve ser defendido em favor das presentes e futuras gerações. Mas no aspecto subjetivo, o titular desse direito é o indivíduo. Daí dizer-se que o direito ao meio ambiente ecologicamente equilibrado, que traduz bem de uso comum de todos, pode ser defendido por qualquer um.

Tamanha a importância dessa conquista que não se admite qualquer retrocesso ou mesmo flexibilização nos níveis de proteção ecológica já alcançados. O princípio da vedação ao retrocesso, também conhecido como entrincheiramento (*entrenchment*) ou efeito *cliquet*,[1] limita a reversibilidade dos direitos já consolidados sob um duplo aspecto: (i) no plano normativo, impedindo a revogação de normas que consagram direitos fundamentais ou a substituição por outras que não sejam equivalentes normativos; e (ii) no plano concreto, vedando a implementação de políticas estatais que busquem a supressão ou flexibilização desses direitos.

Na jurisprudência nacional e internacional, há inúmeros precedentes reconhecendo o efeito *cliquet* dos direitos fundamentais. O próprio Supremo Tribunal Federal o adota como baliza axiológica constitucional e veda o chamado retrocesso ambiental, de modo que as leis ambientais não poderão retroceder dos patamares já atingidos. Eventuais alterações legislativas somente serão admitidas se buscarem a ampliação da tutela ambiental, mas jamais para reduzi-la.

Com a evolução da humanidade, os valores ecológicos e ambientais assumiram novos contornos e passaram-se a se relacionar, de forma indissociável, com o princípio da dignidade da pessoa humana, um dos fundamentos da República Federativa do Brasil (art. 1º, III, CF/88). É desse avanço social que se extrai a chamada dimensão ecológica do princípio da dignidade humana, onde se insere a noção de bem-estar ambiental, bem-estar individual e social, indispensável a uma vida digna, saudável e segura.[2] Afinal, somente em um ambiente saudável é que o ser humano reúne condições de desenvolver-se de forma totalmente digna.

2. A TUTELA PENAL DO MEIO AMBIENTE

Modernamente, entende-se que o escopo primordial do Direito Penal consiste na proteção daqueles bens jurídicos considerados mais relevantes e essenciais para o convívio social e que não podem ser suficientemente protegidos pelos demais ramos do ordenamento jurídico.

Sem desconsiderar o caráter subsidiário e fragmentário do Direito Penal, nosso constituinte estabeleceu, em relação a determinados bens jurídicos, algumas obrigações de tutela penal, impondo ao legislador ordinário um dever de criminalizar certas condutas. São os denominados mandados constitucionais de criminalização ou de penalização.

---

1. A expressão efeito *cliquet*, de origem Francesa, significa "garra", referindo-se aos instrumentos utilizados pelos alpinistas para escalar montanhas, e que denota que a partir de determinado ponto "não é possível retroceder", mas somente avançar, ou seja, permitindo-se somente o movimento de subida na escalada. FONTES, Eduardo; HOFFMAN, Henrique. *Temas Avançados de Polícia Judiciária*. 3. ed. rev., atual. e ampl. Salvador: Editora JusPodivm, 2019, p. 285.
2. MONICO NETO, Miguel; SILVA, Audarzean Santana da. Organizações criminosas e crimes ambientais. Constitucionalismo, Transnacionalidade e Sustentabilidade. *Centro de Pesquisa e Publicação Acadêmica* – Cepep/Emeron. Porto Velho, RO: FUJU, 2020, p. 221.

A exemplo de algumas constituições europeias, como França, Alemanha, Espanha e Itália, nossa Constituição também contém comandos normativos de natureza jurídico-penal voltados ao legislador, que está jungido à vontade do constituinte em tornar penalmente típica a ofensa a bens jurídicos considerados de elevada magnitude e, por consectário, merecedores de uma especial proteção pelo direito penal.

Isso não significa que o legislador se encontra tolhido em sua atividade legiferante, pois continua com liberdade para criar figuras típicas penais, desde que compatíveis com os valores abrigados na Constituição. Todavia, diante de um mandado de criminalização, não lhe resta alternativa outra a não ser a de fazer uso do Direito Penal para regular determinado comportamento, tal qual exigido pelo constituinte.

Dentro desse espírito, a proteção penal do meio ambiente foi determinada pelo constituinte no mandado de criminalização contido expressamente no art. 225, § 3º. Vejamos:

> CF/88, Art. 225, § 3º As condutas e atividades consideradas lesivas ao meio ambiente sujeitarão os infratores, pessoas físicas ou jurídicas, a *sanções penais* e administrativas, independentemente da obrigação de reparar os danos causados. (sem grifos no original).

Atendendo a essa determinação constitucional, o legislador ordinário introduziu na ordem jurídica pátria a Lei 9.605/98, que prevê sanções penais derivadas de condutas e atividades lesivas ao meio ambiente.

A par da tutela penal, a Constituição também prevê a responsabilidade administrativa e civil para o infrator do bem jurídico ambiental, além de consagrar, de forma inovadora, a responsabilidade de pessoa jurídica por crimes ambientais.[3] Essa tríplice responsabilidade (penal, civil e administrativa) estabelecida pelo constituinte foi observada pela Lei 9.605/98 que, sem prejuízo de penas e medidas de caráter administrativo, reconhece sanções tipicamente civis, como é o caso da desconsideração da personalidade jurídica prevista em seu art. 4º.[4]

3. O MEIO AMBIENTE COMO BEM JURÍDICO AUTÔNOMO E O REFLEXO NO PLANO NORMATIVO

A proteção penal do meio ambiente como bem autônomo, considerado como aquele *"vital de la comunidad o del individuo que por sua significación social es protegido juridicamente"*,[5] foi determinada pelo próprio constituinte. Trata-se de

---

3. Na criminologia, fala-se em criminologia verde ou *green criminology*. Consiste na responsabilidade penal de empresas e indústrias por delitos ecológicos, protegendo o meio ambiente dos ataques prejudiciais à biodiversidade. FONTES, Eduardo; HOFFMAN, Henrique. Carreiras Policiais: *Criminologia*. 4 ed. rev., atual. e ampl. Salvador: JusPodivm, 2021, p. 40.
4. Lei 9.605/98, Art. 4º Poderá ser desconsiderada a pessoa jurídica sempre que sua personalidade for obstáculo ao ressarcimento de prejuízos causados à qualidade do meio ambiente.
5. WELZEL, Hans. Derecho Penal Alemán, Jur. Del Chile, 1987, p. 15 apud MONICO NETO, Miguel; SILVA, Audarzean Santana da. Op. cit., p. 222.

bem jurídico de titularidade difusa (supraindividual), classificado como bem de uso comum do povo e reconhecido como direito fundamental de terceira geração.

No plano normativo, a tutela do meio ambiente ecologicamente equilibrado pode ser encontrada, principalmente, na Lei que instituiu a Politica Nacional do Meio Ambiente – PNMA, Lei 6.938/81; na Constituição Federal de 1988, que tratou expressamente da responsabilidade dos infratores do bem ambiental, consagrando a responsabilidade administrativa, civil e penal, inclusive das pessoas jurídicas; e, finalmente, a Lei 9.605/98, que em seu capítulo V prevê os delitos contra o meio ambiente, dividindo-os da seguinte forma: Seção I, Dos crimes contra a fauna; Seção II, Dos crimes contra a flora; Seção III, Da poluição e outros crimes ambientais; Seção IV, Dos crimes contra o ordenamento urbano e o patrimônio cultural; e Seção V, Dos crimes contra a administração ambiental (artigos 29 a 69-A).

A relevância do meio ambiente para as presentes e futuras gerações é de fácil constatação na Lei dos Crimes Ambientais, que traz em seu bojo diversas figuras típicas visando a proteção do meio ambiente ecologicamente equilibrado. Compulsando os mais de oitenta dispositivos espalhados pela lei, nota-se a vontade do legislador em privilegiar a prevenção do dano, ao invés da sua reparação ou da sua mera indenização, consagrando os princípios da prevenção e da precaução, presentes na nossa Constituição. E essa escolha reflete na construção dos tipos penais. Para permitir uma proteção penal antecipada e eficiente do bem jurídico, o legislador lança mão de diversos crimes de perigo abstrato, técnica legislativa empregada no mundo todo, especialmente para a proteção de bens jurídicos metaindividuais, como é o caso do meio ambiente.

Apesar da magnitude do bem jurídico tutelado e do esforço legislativo em cominar sanções penais, civis e administrativas para dissuadir os infratores ambientais, é preciso reconhecer que nossa legislação ainda carece de aprimoramento para fazer frente ao avanço do crime ambiental organizado.

O próprio Grupo de Ação Financeira contra a Lavagem de Dinheiro e o Financiamento do Terrorismo (GAFI)[6] considera que o crime ambiental constitui uma nova frente de lucro fácil para as organizações criminosas, que reciclam vultosas quantias decorrentes das mais diversas atividades ambientais ilícitas, a exemplo da extração ilegal de minérios, do contrabando de animais silvestres e do desmatamento ilegal.

Desde 2019, a Unidade de Inteligência Financeira do Brasil (Conselho de Controle de Atividades Financeiras – COAF) tomou algumas medidas importantes

---

6. O Grupo de Ação Financeira contra a Lavagem de Dinheiro e o Financiamento do Terrorismo (Gafi/FATF) é uma organização intergovernamental cujo propósito é desenvolver e promover políticas nacionais e internacionais de combate à lavagem de dinheiro e ao financiamento do terrorismo. COAF. *Grupo de Ação Financeira contra a Lavagem de Dinheiro e o Financiamento do Terrorismo (Gafi/FATF)*. Disponível em: https://www.gov.br/coaf/pt-br/assuntos/o-sistema-de-prevencao-a-lavagem-de-dinheiro/sistema-internacional-de-prevencao-e-combate-a-lavagem-de-dinheiro/o-coaf-a-unidade-de-inteligencia-financeira-brasileira. Acesso em: 25 jan. 2022.

para sinalizar o reconhecimento das ligações entre a lavagem de dinheiro e crimes ambientais, incluindo a realização de estudos exploratórios[7] e análises de risco sobre tráfico de animais silvestres, extração ilegal de madeira e mineração ilegal de ouro.

Em 2021, a iniciativa interagências Estratégia Nacional de Combate à Corrupção e à Lavagem de Dinheiro (ENCCLA) também incluiu, pela primeira vez em sua história, dois pontos de ação relacionados a crimes ambientais e mineração ilegal de ouro.[8] Em 2022, foi incluído um ponto de ação voltado à compreensão da correlação de crimes ambientais com corrupção, fraude e lavagem de dinheiro e, em 2023, o ENCCLA inseriu um ponto de ação para elaborar diagnóstico dos riscos de fraude e de corrupção associados à grilagem de terras e propor medidas para fortalecer os mecanismos de controle e a transparência dos registros imobiliários e dos bancos de dados públicos sobre imóveis rurais. Embora desempenhe um papel puramente consultivo, o fato de esses tópicos terem chegado à ENCCLA demonstra uma maior conscientização das agências nacionais sobre as ligações entre corrupção, lavagem de dinheiro e crimes ambientais.[9]

Não por outra razão, alguns órgãos encarregados da persecução penal buscam desenvolver suas próprias unidades especializadas para reprimir os crimes ambientais. É o caso da Polícia Federal, que em sua estrutura organizacional conta com uma Delegacia especializada em cada uma das 27 Superintendências do país,[10] cujas diretrizes são repassadas pela recém-criada Diretoria da Amazônia e Meio Ambiente.[11] Isso demonstra o esforço e a preocupação da Polícia Federal com as questões afetas aos delitos ambientais. A criação de uma Diretoria própria gera a expectativa de mais recursos humanos e financeiros para o aprimoramento das atividades estratégicas, de inteligência e de investigação criminal visando desarticular o crescente crime organizado ambiental na Amazônia brasileira. No âmbito do Ministério Público Federal havia a criação da Força-Tarefa Amazônia, que foi encerrada em 2021.

---

7. MINISTÉRIO DA FAZENDA. *Casos e Casos*: Coletânea Completa de Casos Brasileiros de Lavagem de Dinheiro, Conselho de Controle de Atividades Financeiras, Brasília: COAF, 2016.
8. Ação 10/2021: Propor medidas para fortalecer o combate à corrupção e à lavagem de dinheiro relacionadas aos ilícitos ambientais (...) Ação 03/2021: Aprimorar a normatização, os mecanismos de rastreabilidade e a fiscalização da cadeia produtiva do ouro, no intuito de integrar a atuação dos órgãos intervenientes e mitigar os riscos de uso do comércio desse metal para lavagem de dinheiro. Estratégia Nacional de Combate à Corrupção e à Lavagem de Dinheiro. *XVIII Reunião Plenária da Estratégia Nacional de Combate à Corrupção e à Lavagem de Dinheiro.* ENCCLA, 2021. Brasília/DF, 1º a 04 de dezembro de 2020. Disponível em: http://enccla.camara.leg.br/acoes/acoes-de-2021#:~:text=A%-C3%A7%C3%A3o%2001%2F2021%3A%20Criar%20mecanismos,e%20ao%20financiamento%20 do%20terrorismo. Acesso em: 26 jan. 2023.
9. WAISBICH, Laura Trajber; RISSO Melina; HUSEK, Terine; BRASIL Lycia. O ecossistema do crime ambiental na Amazônia: uma análise das economias ilícitas da floresta. *Instituto Igarapé, Fevereiro de 2022, Artigo Estratégico 55.* Disponível em: https://igarape.org.br/o-ecossistema-do-crime-ambiental-na-amazonia-uma-analise-das-economias-ilicitas-da-floresta/. Acesso em: 26 jan. 2023.
10. Delegacia de Repressão aos Crimes contra o Meio Ambiente (DELEMAPH).
11. MJSP. *Portaria MJSP 288, de 23 de janeiro de 2023.* Disponível em: https://dspace.mj.gov.br/handle/1/8817. Acesso em: 26 jan. 2023.

4. PRINCIPAIS CRIMES AMBIENTAIS PRATICADOS POR ORGANIZAÇÕES CRIMINOSAS

A instalação de grandes organizações criminosas que se dedicam a prática de diversos delitos ambientais, com diferentes núcleos, inclusive políticos, é uma realidade no Brasil. As operações policiais dos últimos anos demonstram que, com atuação estratégica e bem definida de mercado, esses grupos criminosos lançam mão de mecanismos de corrupção de funcionários públicos de órgãos ambientais e não raro, de agentes de segurança pública para se locupletarem às custas dos crimes que afetam o meio ambiente.

Estimativas da Europol apontam o crime ambiental como o terceiro maior delito mundial, permanecendo atrás apenas do tráfico de drogas e da pirataria de produtos. Anualmente, estima-se que os lucros dessa atividade ilegal girem em torno de 110 bilhões e 280 bilhões de dólares.[12]

As principais práticas delitivas verificadas no seio de grandes organizações criminosas e que antecedem a lavagem de capitais consistem na grilagem de terras públicas, desmatamento ilegal, extração ilegal de madeira e a mineração ilegal (garimpo).

A apropriação ilegal de terras públicas por particulares é fenômeno antigo, especialmente na Amazônia, e geralmente está associada a outras atividades econômicas que buscam conferir aparência de produtividade ao empreendimento. Por isso, frequentemente nos deparamos com terras públicas ocupadas por particulares que utilizam a extração de madeira ou a agropecuária para legitimar a apropriação ilícita desses espaços. E não podemos perder de vista que a maior contribuição para esse fenômeno criminógeno vem do Poder Público, sobretudo nas promessas de liberalização, regularização ou anistia, constantemente promovidas pelo Executivo e Legislativo federais e estaduais.[13]

Na extração ilegal de madeira, ao invés do corte seletivo nas florestas, ocorre o corte raso, impedindo a restauração natural das espécies vegetais, sendo mais procuradas árvores valiosas como Ipês, Cedros, Maçarandubas, Aroeirase Jacarandás, inclusive algumas protegidas, como a Castanheira, a Seringueira e o Mogno, para posterior comercialização nacional e/ou internacional em total desrespeito aos sistemas de regulação existentes. O lucro decorrente do tráfico de madeira é altíssimo. Não por outra razão, a madeira já está sendo considerada como o novo ouro da Amazônia.[14]

---

12. TERRA. *O negócio multimilionário dos crimes ambientais*. Publicado em 22 out. 2022. Disponível em: https://www.terra.com.br/byte/ciencia/o-negocio-multimilionario-dos-crimes-ambientais,657858f-f47cd91d86b63e93f699efca91z1rxc44.html. Acesso em: 26 jan. 2023.
13. WAISBICH, Laura Trajber; RISSO Melina; HUSEK, Terine; BRASIL Lycia. Op. cit., p. 6.
14. A Interpol estima que o comércio de madeira ilegal global movimente entre 51 bilhões e 152 bilhões de dólares por ano, ou seja, entre 208 bilhões e 622 bilhões de reais. Um estudo do Instituto Homem e Meio Ambiente da Amazônia (Imazon) de 2016 indicou que, entre 2008 e 2015, um volume equivalente a 590

A exploração madeireira é considerada uma das principais causas da degradação e do posterior desmatamento florestal. Tal prática criminosa pode ser verificada em diferentes fases da cadeia produtiva: (i) na violação das condições e nos limites definidos pelos sistemas autorizadores do corte seletivo; (ii) no transporte e na venda de madeira sem autorização; (iii) na falsificação de documentos fundiários; (iv) na falsificação de documentos autorizativos com mudança de espécie, tipo de material ou de volume; (v) na utilização de créditos fictícios[15] de planos de manejo falsos ou fraudados.[16] Há, ainda, locais onde a exploração ilegal de madeira é não apenas um importante vetor de destruição da floresta, mas também um motor da violência social no campo.[17]

A mineração ilegal é outro crime comum perpetrado por organizações criminosas. Essa prática de extrair minérios em descompasso com os *standards* legais, regulamentares e técnicos é altamente poluidora e costuma ocorrer em áreas de proteção ambiental e territórios indígenas. Atualmente, o ouro é o principal minério extraído ilegalmente, mas há também extração ilegal de diamantes, manganês, entre outros recursos minerais, os quais são "esquentados" por meio de fraudes na declaração de origem durante a primeira venda.[18]

5. MODERNAS TÉCNICAS INVESTIGATIVAS UTILIZADAS NO COMBATE AO CRIME ORGANIZADO AMBIENTAL

As técnicas ordinárias e extraordinárias de investigação já devidamente delineadas pelo legislador e constantemente empregadas pelos órgãos encarregados da persecução penal no combate à macrocriminalidade (afastamento de sigilos telefônicos, telemáticos, ação controlada, infiltração policial, colaboração premiada, cooperação jurídica internacional etc.) também são

---

milhões de reais de madeira, levando em conta o valor da árvore em pé na floresta, foi retirado ilegalmente de Unidades de Conservação na Amazônia. UOL Notícias. *O dilema da madeira da Amazônia*. Publicado em 19 abr. 2020. Disponível em: https://noticias.uol.com.br/ultimas-noticias/deutschewelle/2020/04/19/o--dilema-da-madeira-da-amazonia.htm?cmpid=copiaecola. Acesso em: 26 jan. 2023.

15. Costuma-se atestar um volume de madeira que não corresponde à realidade da área a ser explorada, permitindo, dessa forma, um crédito de maneira inexistente.
16. A criação e aprovação de Planos de Manejo Florestal Sustentável (PMFS) de forma fraudulenta, em conluio com agentes públicos, que deveriam vistoriar e garantir a integridade dos processos de licenciamento respectivos, é um dos crimes mais comuns e que propiciam ares de legalidade à extração de madeiras. WAISBICH, Laura Trajber; RISSO Melina; HUSEK, Terine; BRASIL Lycia. Op. cit., p. 6.
17. WAISBICH, Laura Trajber; RISSO Melina; HUSEK, Terine; BRASIL Lycia. Op. cit., p. 7.
18. RISSO, Melina; SEKULA, Julia; BRASIL, Lycia; SCHMIDT; Peter; ASSIS, Maria Eduarda Pessoa de. O ouro ilegal que mina florestas e vidas na Amazônia: uma visão geral da mineração irregular e seus impactos nas populações indígenas. *Instituto Igarapé, Artigo Estratégico 53*, 2021. Hutukara Associação Yanomami e Associação Wanasseduume Ye'kwana *apud* WAISBICH, Laura Trajber; RISSO Melina; HUSEK, Terine; BRASIL Lycia. O ecossistema do crime ambiental na Amazônia: uma análise das economias ilícitas da floresta. *Instituto Igarapé, Fevereiro de 2022, Artigo Estratégico 55*. Disponível em: https://igarape.org.br/o-ecossistema-do-crime-ambiental-na-amazonia-uma-analise-das-economias-ilicitas-da-floresta/, p. 7.

comumente manejadas nas investigações envolvendo delitos ambientais. Todavia, algumas práticas criminosas demandam uma investigação especializada, realizada por equipe multidisciplinar. É sobre algumas delas que nos debruçaremos a partir de agora.

5.1 Desmatamento ilegal

Uma ferramenta importantíssima utilizada na repressão ao desmatamento ilegal e outros crimes ambientais é o Programa de monitoramento BRASIL M.A.I.S. (Meio Ambiente Integrado e Seguro), instituído pela Portaria 535 do Ministério da Justiça e Segurança Pública, de 22 de setembro de 2020,[19] cujo projeto piloto foi coordenado pela Superintendência da Polícia Federal no Amazonas.[20]

Figura 1 – Programa BRASIL MAIS

Fonte: Ministério da Justiça e Segurança Pública[21]

São aproximadamente 180 satélites que realizam um monitoramento contínuo, permitindo a obtenção de imagens diárias de alta resolução de qualquer lugar do território nacional. Esse software realiza análises automáticas e

---

19. MJSP. *Programa BRASIL MAIS*. Meio Ambiente Integrado e Seguro (Portaria MJSP N 535, de 22 de setembro de 2020). Disponível em: https://plataforma-pf.sccon.com.br/#/. Acesso em: 25 jan. 2023.
20. MJSP. *Programa Brasil M.A.I.S permitirá à Polícia Federal aperfeiçoar investigações e operações com base em imagens de satélite de alta resolução*. Publicado em: 01 set. 2020, atualizado em 10 nov. 2022. Disponível em: https://www.gov.br/mj/pt-br/assuntos/noticias/programa-brasil-m-a-i-s-permitira--a-policia-federal-aperfeicoar-investigacoes-e-operacoes-com-base-em-imagens-de-satelite-de-alta-resolucao. Acesso em: 25 jan. 2023.
21. MJSP. *Programa BRASIL MAIS*. Meio Ambiente Integrado e Seguro (Portaria MJSP N 535, de 22 de setembro de 2020). Disponível em: https://plataforma-pf.sccon.com.br/#/. Acesso em: 25 jan. 2023.

apresenta alertas caso seja detectada alguma mudança na cobertura vegetal de determinada área. Uma vez recebido o alerta, é preciso que um profissional especializado realize a sua análise, que varia conforme a espécie de delito constatada, v.g., período e o quanto foi devastado, proprietário da área, autorização para exploração etc.

Figura 2 – Processamento das imagens e alertas

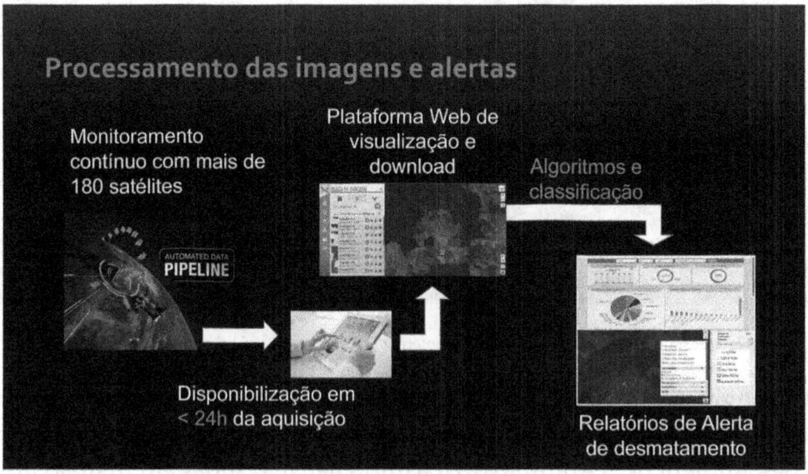

Fonte: Apresentação em Power Point na 1ª Conferência Amazônica do Clima e do Meio Ambiente[22]

A análise de imagens recentes e de boa resolução são essenciais, auxiliando sobremaneira a investigação e a execução das operações policiais. Em muitos casos, as imagens viabilizam o redirecionamento das equipes que estão em campo, resultando em prisões em flagrantes que seriam consideravelmente mais difíceis sem elas. Ao mesmo tempo, permitem um melhor planejamento, reduzindo custos operacionais e os riscos para as equipes de policiais.[23]

---

22. FONTES, Eduardo. *1ª Conferência Amazônica do Clima e do Meio Ambiente*. Apresentação do Power Point em 17 nov. 2022, 54 slides. Transmissão online pela Escola Superior da Magistratura do Amazonas. Disponível em: https://www.youtube.com/watch?v=SG0Ov6QzzIo.
23. MJSP. *Programa Brasil M.A.I.S permitirá à Polícia Federal aperfeiçoar investigações e operações com base em imagens de satélite de alta resolução*. Publicado em: 1º set. 2020, atualizado em 10 nov. 2022. Disponível em: https://www.gov.br/mj/pt-br/assuntos/noticias/programa-brasil-m-a-i-s-permitira-a-policia-federal-aperfeicoar-investigacoes-e-operacoes-com-base-em-imagens-de-satelite-de-alta-resolucao. Acesso em: 25 jan. 2023.

Figura 3 – Confirmação do alerta de campo

Fonte: Apresentação em Power Point na 1ª Conferência Amazônica do Clima e do Meio Ambiente[24]

O Programa BRASIL M.A.I.S. foi criado para auxiliar na repressão ao desmatamento ilegal, mas hoje também se revela útil para o combate de outras infrações ambientais, a exemplo do garimpo ilegal, fraudes em manejo florestal e a detecção, ainda no início, de queimadas etc. Essa tecnologia geoespacial já se mostrou eficiente para alcançar criminosos ainda em atos preparatórios de delitos ambientais. Logo no início do projeto, a Polícia Federal detectou a abertura relâmpago de pistas de pouso clandestinas, bem como a abertura de pequenas vias de acesso para desflorestamento irregular.[25]

5.2 Extração ilegal de madeira

Uma ferramenta investigativa moderna e bastante útil para a identificação da proveniência geográfica da madeira extraída ilegalmente consiste na análise isotópica. A partir das análises dos isótopos estáveis presentes nas árvores, peritos conseguem extrair diversas informações, capazes de demonstrar a origem e espécie de madeira ilegalmente extraída.

---

24. FONTES, Eduardo. *1ª Conferência Amazônica do Clima e do Meio Ambiente*. Apresentação do Power Point em 17 nov. 2022, 54 slides. Transmissão online pela Escola Superior da Magistratura do Amazonas. Disponível em: https://www.youtube.com/watch?v=SG0Ov6QzzIo.
25. MJSP. *Programa Brasil M.A.I.S permitirá à Polícia Federal aperfeiçoar investigações e operações com base em imagens de satélite de alta resolução*. Publicado em: 1º set. 2020, atualizado em 10 nov. 2022. Disponível em: https://www.gov.br/mj/pt-br/assuntos/noticias/programa-brasil-m-a-i-s-permitira-a-policia-federal-aperfeicoar-investigacoes-e-operacoes-com-base-em-imagens-de-satelite-de-alta-resolucao. Acesso em: 25 jan. 2023.

Geralmente, as árvores são colhidas ilegalmente em determinado local e transportada por um ou mais países até serem processadas em produtos manufaturados (móveis, papel, pisos etc.). O produto é exportado para consumidores em países distantes. A análise isotópica é fundamental para apoiar ou refutar as alegações de origem da colheita e espécie de madeira comercializada.

Figura 4 – Coleta de amostra padrão para análise isotópica

Fonte: Apresentação em Power Point na 1ª Conferência Amazônica do Clima e do Meio Ambiente[26]

Fazendo uso dessa técnica investigativa, a Polícia Federal e o Instituto Brasileiro de Meio Ambiente e Recursos Naturais (Ibama), recentemente, deflagraram a Operação Ibirapitanga II, desmantelando uma associação criminosa com ramificação internacional que vinha atuando no Espírito Santo, Rio de Janeiro, Bahia e Alagoas, com desmate ilegal de espécies da flora brasileira ameaçadas de extinção, em especial o pau-brasil. Os criminosos exploravam madeira para o mercado milionário de arcos de violino. O pau-brasil é a espécie considerada uma das mais apropriadas para a produção dos arcos de violino e outros acessórios de instrumentos musicais de corda. Em geral, eram exportados toretes ou varas de madeira, para posterior produção dos arcos.[27]

---

26. FONTES, Eduardo. *1ª Conferência Amazônica do Clima e do Meio Ambiente*. Apresentação do Power Point em 17 nov. 2022, 54 slides. Transmissão online pela Escola Superior da Magistratura do Amazonas. Disponível em: https://www.youtube.com/watch?v=SG0Ov6QzzIo.
27. SÉCULO DIÁRIO. *PF e Ibama cumprem mandados contra associação criminosa internacional*. Publicado em 08 nov. 2022. Disponível em: https://www.seculodiario.com.br/meio-ambiente/pf-e-ibama-cumprem-mandados-judiciais-contra-associacao-criminosa-internacional. Acesso em: 25 jan. 2023.

5.3 Mineração ilegal

Conforme estudo realizado pelo Ministério Público Federal:

A extração de ouro na Amazônia faz-se, hoje, com maquinário pesado, de alto custo financeiro e vultoso impacto ambiental e socioambiental. Balsas, dragas, pás-carregadeiras, escavadeiras hidráulicas e outros equipamentos que custam milhões de reais deixam atrás de si um rastro de destruição. Os índices de ilegalidade na atividade são alarmantes: o ouro, ativo financeiro de enorme importância estratégica para as finanças nacionais, esvai-se pelas fronteiras com pouco ou nenhum controle das agências públicas, ao mesmo tempo que recursos hídricos são contaminados por mercúrio e parcelas da floresta são postas abaixo na busca por novos veios, e o tão prometido crescimento econômico não chega. Além disso, a frouxidão dos controles sobre extração e circulação de ouro e sobre as pessoas físicas e jurídicas que atuam nesse mercado permite a evasão de divisas, a lavagem de minério proveniente de atividades criminosas e a circulação, nacional e internacionalmente, de mercadorias – notadamente joias – vinculadas a ilícitos financeiros, ambientais e socioambientais.[28]

Para combater de forma eficaz essa faceta da macrocriminalidade, a Polícia Federal faz uso de um programa denominado "Ouro Alvo", o qual procura rastrear o ouro no Brasil e na América Latina. Semelhantemente ao que é realizado com a rastreabilidade da madeira realizada por isótopos estáveis, busca-se alcançar a assinatura química do mineral. Com equipamentos de última geração, utilizando técnicas analíticas por fluorescência de raios-X para obtenção de assinaturas multielementar do ouro, é possível identificar a origem do mineral apreendido.

Figura 5 – Área de rejeito do garimpo Filão do Abacaxis

Fonte: Apresentação em Power Point na 1ª Conferência Amazônica do Clima e do Meio Ambiente[29]

---

28. BRASIL. Ministério Público Federal. Câmara de Coordenação e Revisão, 4. *Mineração ilegal de ouro na Amazônia*: marcos jurídicos e questões controversas. Brasília: MPF, 2020. 259 p. (Série manuais de atuação; v. 7), p. 8.

29. FONTES, Eduardo. *1ª Conferência Amazônica do Clima e do Meio Ambiente*. Apresentação do Power Point em 17 nov. 2022, 54 slides. Transmissão online pela Escola Superior da Magistratura do Amazonas. Disponível em: https://www.youtube.com/watch?v=SG0Ov6QzzIo.

Trata-se de ferramenta crucial no combate ao garimpo ilegal, sobretudo na Amazônia Legal, onde garimpos irregulares proliferam em quase todos os estados – Amazonas, Amapá, Pará, Roraima, Rondônia, Mato Grosso e Tocantins.

O ouro constitui um ativo facilmente comercializado e "lavado", adquirindo aparência de origem lícita graças à fragilidade dos sistemas que permitem a mera declaração de que o mineral foi extraído de área onde há permissão para a atividade garimpeira, embora essa declaração possa não corresponder à realidade.

Os quadros a seguir demonstram a importância dessa técnica investigativa. No dia 25 de janeiro de 2020, a Polícia Federal no Amazonas e a Receita Federal do Brasil apreenderam 61 peças de ouro, a maioria no formato de barras, totalizando 35,05 kg. Na ocasião, criminosos apresentaram documentação de origem (nota fiscal de compra) e declararam que se tratava de ouro reciclado de joias.

Figura 6 – Estudo de caso – Apreensão de 35 kg de ouro

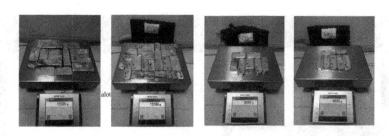

Fonte: Apresentação em Power Point na 1ª Conferência Amazônica do Clima e do Meio Ambiente[30]

O material apreendido foi submetido a análises por meio do TXRF e a conclusão foi no sentido que não se tratava de ouro reciclado de joias como havia sido declarado, mas proveniente diretamente de garimpo.

---

30. FONTES, Eduardo. *1ª Conferência Amazônica do Clima e do Meio Ambiente*. Apresentação do Power Point em 17 nov. 2022, 54 slides. Transmissão online pela Escola Superior da Magistratura do Amazonas. Disponível em: https://www.youtube.com/watch?v=SG0Ov6QzzIo.

Figura 7 – Resultados analíticos

RESULTADOS ANALÍTICOS

Tabela 02 – Resultados Analíticos por TXRF.

Amostra	Unidade	Ti	Cr	Fe	Ni	Cu	Zn	Y	Os	Mo	Rh	Pd	Sn	Sb	Te	Hg	Pb	Bi
3	ppm	364.5	172.6	1534	99.95	4930	1004	---	---	26.08	114.4	1852	493.3	112.8	---	7378	210.6	---
5	ppm	489	277.4	1584	214.1	11345	1516	---	---	---	---	2359	420.3	240.3	---	6724	---	268.2
6	ppm	205.1	140.1	625.1	100.6	---	1609	---	---	---	---	---	---	---	---	---	---	---
13	ppm	174.5	103.3	686.5	117.6	11769	625.5	---	180.2	3.901	---	409.4	145.9	---	---	804.8	3369	---
20	ppm	281.3	165	516.8	107.8	13627	1566	---	---	---	---	---	---	---	---	---	---	---
23	ppm	730.1	289.7	2458	124.8	7560	---	455.2	---	---	16.3	---	---	86.03	114.3	4030	---	---
24	ppm	112.1	65.51	276.6	51.1	1795	781.1	---	---	---	---	---	---	---	---	---	---	---

Mercúrio

O mercúrio presente nas barras indica que se trata de ouro proveniente diretamente do garimpo e não da reciclagem de joias

Fonte: Apresentação em Power Point na 1ª Conferência Amazônica do Clima e do Meio Ambiente[31]

Constatou-se, ainda, que o ouro havia sido extraído de garimpo do entorno de Santarém/PA, conforme quadro abaixo.

Figura 8 – Estudo de caso – apreensão de 35 kg de ouro

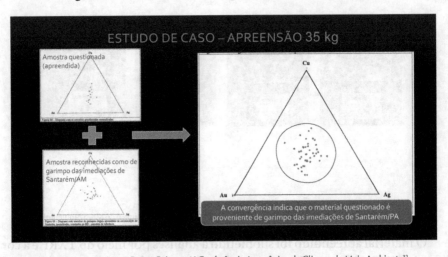

Fonte: Apresentação em Power Point na 1ª Conferência Amazônica do Clima e do Meio Ambiente[32]

---

31. FONTES, Eduardo. *1ª Conferência Amazônica do Clima e do Meio Ambiente*. Apresentação do Power Point em 17 nov. 2022, 54 slides. Transmissão online pela Escola Superior da Magistratura do Amazonas. Disponível em: https://www.youtube.com/watch?v=SG0Ov6QzzIo.
32. Idem.

Como se observa, o uso do TXRF é de extrema importância para determinar a origem do mineral, mas também permite a análise da contaminação ambiental e de pessoas por mercúrio, conforme se vê das imagens a seguir.

Figura 9 – Contaminação por mercúrio 1

Fonte: Apresentação em Power Point na 1ª Conferência Amazônica do Clima e do Meio Ambiente[33]

Figura 10 – Contaminação por mercúrio 2

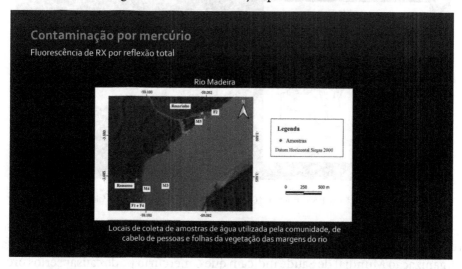

Fonte: Apresentação em Power Point na 1ª Conferência Amazônica do Clima e do Meio Ambiente[34]

---

33. FONTES, Eduardo. *1ª Conferência Amazônica do Clima e do Meio Ambiente*. Apresentação do Power Point em 17 nov. 2022, 54 slides. Transmissão online pela Escola Superior da Magistratura do Amazonas. Disponível em: https://www.youtube.com/watch?v=SG0Ov6QzzIo.
34. Idem.

Figura 11 – Contaminação por mercúrio 3

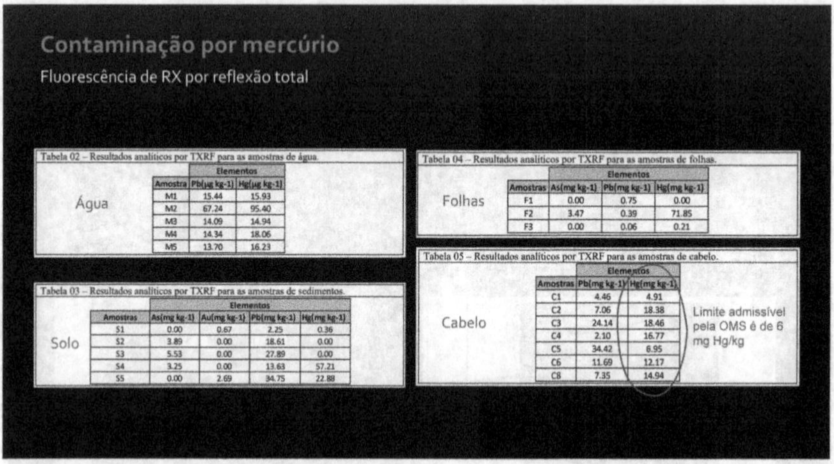

Tabela 02 – Resultados analíticos por TXRF para as amostras de água.

Amostra	Elementos Pb(µg kg-1)	Hg(µg kg-1)
M1	15.44	15.93
M2	67.24	95.40
M3	14.09	14.94
M4	14.34	18.06
M5	13.70	16.23

Tabela 03 – Resultados analíticos por TXRF para as amostras de sedimentos.

Amostras	Elementos As(mg kg-1)	Au(mg kg-1)	Pb(mg kg-1)	Hg(mg kg-1)
S1	0.00	0.67	2.25	0.36
S2	3.89	0.00	18.61	0.00
S3	5.53	0.00	27.89	0.00
S4	3.25	0.00	13.63	57.21
S5	0.00	2.69	34.75	22.88

Tabela 04 – Resultados analíticos por TXRF para as amostras de folhas.

Amostras	Elementos As(mg kg-1)	Pb(mg kg-1)	Hg(mg kg-1)
F1	0.00	0.75	0.00
F2	3.47	0.39	71.85
F3	0.00	0.06	0.21

Tabela 05 – Resultados analíticos por TXRF para as amostras de cabelo.

Amostras	Elementos Pb(mg kg-1)	Hg(mg kg-1)
C1	4.46	4.91
C2	7.06	18.38
C3	24.14	18.46
C4	2.10	16.77
C5	34.42	6.95
C6	11.69	12.17
C8	7.35	14.94

Fonte: Apresentação em Power Point na 1ª Conferência Amazônica do Clima e do Meio Ambiente[35]

Figura 12 – Contaminação por mercúrio 4

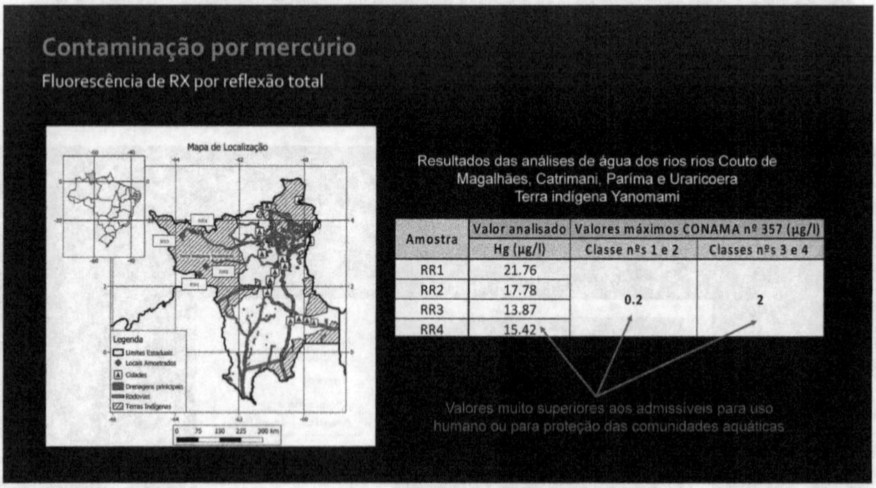

Amostra	Valor analisado	Valores máximos CONAMA nº 357 (µg/l)	
	Hg (µg/l)	Classe nºs 1 e 2	Classes nºs 3 e 4
RR1	21.76	0.2	2
RR2	17.78		
RR3	13.87		
RR4	15.42		

Fonte: Apresentação em Power Point na 1ª Conferência Amazônica do Clima e do Meio Ambiente[36]

O mercúrio é utilizado em larga escala na atividade garimpeira e tem se revelado extremamente danoso à vida aquática e à saúde humana. Estudos da Organização Mundial de Saúde indicam que o mercúrio pode causar sérios pro-

35. FONTES, Eduardo. *1ª Conferência Amazônica do Clima e do Meio Ambiente*. Apresentação do Power Point em 17 nov. 2022, 54 slides. Transmissão online pela Escola Superior da Magistratura do Amazonas. Disponível em: https://www.youtube.com/watch?v=SG0Ov6QzzIo.
36. Idem.

blemas para a vida intrauterina e para o desenvolvimento infantil nos primeiros anos de vida, comprometendo sistemas nervoso, imunológico, digestivo, o aparato respiratório, urinário e a visão. Alguns grupos são considerados especialmente vulneráveis ao mineral: fetos, cujas mães têm alto nível de mercúrio em seu sangue e trabalhadores expostos frequentemente à substância, como garimpeiros, indígenas e ribeirinhos onde se desenvolve o garimpo ilegal, além de pescadores artesanais em áreas contaminadas[37].

A Convenção de Minamata, introduzida em nosso ordenamento jurídico pelo Decreto Presidencial 9.740/2018, regulamentou, no plano internacional, a exploração, comercialização e uso do mercúrio, considerando seu impacto (negativo) na saúde humana.

6. CONCLUSÃO

Não obstante as diversas técnicas investigativas apresentadas, há muito a ser feito para que possamos avançar no combate eficaz do crime organizado ambiental e tirar a pecha de vilão do meio ambiente que é comumente atribuída pela comunidade internacional ao Brasil.[38]

Inicialmente, é preciso vontade política para que o Poder Público, em todas as suas esferas, passe a implementar políticas públicas socioambientais adequadas e sérias para o enfrentamento dos problemas em suas raízes. Para tanto, revela-se indispensável maciços investimentos na estrutura e nos recursos humanos de órgãos fiscalizatórios (IBAMA, IPAAM, ICMBio etc.), privilegiando a atividade preventiva e de inteligência, ao invés da repressiva. Alterações na legislação vigente também são necessárias, tornando-a mais rigorosa, sobretudo na cominação das penas, hoje extremamente brandas e sujeitas a prescrição em curto espaço de tempo.

A criação de Varas especializadas em Meio Ambiente na Justiça Estadual e Federal, visando proporcionar uma resposta mais firme, célere e uniforme por parte do Poder Judiciário também seria importante para combater a macrocriminalidade ambiental, cujos resultados nocivos são *erga omnes*.

Constatada a prática de crime ambiental, os órgãos encarregados da persecução penal devem promover o desmantelamento financeiro das organizações

---

37. Segundo a Organização Mundial de Saúde, no caso de trabalhadores expostos a mercúrio em quantidades elevadas, sua descendência comporta de 1,5 a 17 crianças por grupo de 1000 portando transtornos mentais. OMS. *El mercurio y la salud*. Publicado em 31 mar. 2017. Disponível em: https://www.who.int/es/news-room/fact-sheets/detail/mercury-and-health. Acesso em: 25 jan. 2023.
38. DW. *Os desafios do novo governo Lula na área ambiental*. Publicado em 28 dez. 2022. Disponível em: https://www.dw.com/pt-br/os-desafios-do-novo-governo-lula-na-%C3%A1rea-ambiental/a-64223610. Acesso em: 26 jan. 2023.

criminosas, com foco na recuperação do lucro ilegalmente obtido, para, em última análise, promover a reparação do dano ambiental, quando possível.

E na esteira das diretrizes do GAFI, é necessário implementar mecanismos de prevenção à lavagem de ativos decorrentes dos crimes ambientais. Nesse cenário, a participação de organismos privados assume especial relevância, sobretudo com emprego de boas práticas de *compliance* ambiental.

7. REFERÊNCIAS

BARRILARI, Claudia Cristina. Lavagem de dinheiro e meio ambiente: o recente alerta do GAFI. *Revista Científica do CPJM*, Rio de Janeiro, v. 1, n. 02, 2021.

BRASIL. Ministério do Meio Ambiente. *Manual de Normas e Procedimentos para Licenciamento Ambiental no Setor de Extração Mineral*. Brasília: ago. 2001. Disponível em: http://www.mma.gov.br/estruturas/sqa_pnla/_arquivos/ MANUAL_mineracao.pdf.

BRASIL. Ministério Público Federal. Câmara de Coordenação e Revisão, 4. *Mineração ilegal de ouro na Amazônia*: marcos jurídicos e questões controversas. Brasília: MPF, 2020. 259 p. (Série manuais de atuação; v. 7).

COAF. *Grupo de Ação Financeira contra a Lavagem de Dinheiro e o Financiamento do Terrorismo (Gafi/FATF)*. Disponível em: https://www.gov.br/coaf/pt-br/assuntos/o-sistema-de-prevencao-a-lavagem-de-dinheiro/sistema-internacional-de-prevencao-e-combate-a-lavagem-de-dinheiro/o-coaf-a-unidade-de-inteligencia-financeira-brasileira.

DW. *Os desafios do novo governo Lula na área ambiental*. Publicado em 28 dez. 2022. Disponível em: https://www.dw.com/pt-br/os-desafios-do-novo-governo-lula-na-%C3%A1rea-ambiental/a-64223610.

ESTRATÉGIA NACIONAL DE COMBATE À CORRUPÇÃO E À LAVAGEM DE DINHEIRO. *XVIII Reunião Plenária da Estratégia Nacional de Combate à Corrupção e à Lavagem de Dinheiro*. ENCCLA, 2021. Brasília/DF, 1º a 04 de dezembro de 2020. Disponível em: http://enccla.camara.leg.br/acoes/acoes-de-2021#:~:text=A%C3%A7%C3%A3o%2001%2F2021%3A%20Criar%20mecanismos,e%20ao%20financiamento%20do%20terrorismo.

FONTES, Eduardo. *1ª Conferência Amazônica do Clima e do Meio Ambiente*. Apresentação do Power Point em 17 nov. 2022, 54 slides. Transmissão online pela Escola Superior da Magistratura do Amazonas. Disponível em: https://www.youtube.com/watch?v=SG0Ov6QzzIo.

FONTES, Eduardo; HOFFMAN, Henrique. Carreiras Policiais: *Criminologia*. 4. ed. rev., atual. e ampl. Salvador: Editora JusPodivm, 2021.

FONTES, Eduardo. *Temas Avançados de Polícia Judiciária*. 3. ed. rev., atual. e ampl. Salvador: Editora JusPodivm, 2019.

MINISTÉRIO DA FAZENDA. *Casos e Casos*: Coletânea Completa de Casos Brasileiros de Lavagem de Dinheiro, Conselho de Controle de Atividades Financeiras, Brasília: COAF, 2016.

MJSP. *Portaria MJSP 288, de 23 de janeiro de 2023*. Disponível em: https://dspace.mj.gov.br/handle/1/8817.

MJSP. *Programa Brasil M.A.I.S permitirá à Polícia Federal aperfeiçoar investigações e operações com base em imagens de satélite de alta resolução*. Publicado em: 1º set. 2020, atualizado em 10 nov. 2022. Disponível em: https://www.gov.br/mj/pt-br/assuntos/noticias/programa-brasil-m-a-is-permitira-a-policia-federal-aperfeicoar-investigacoes-e-operacoes-com-base-em-imagens-de-satelite-de-alta-resolucao.

MJSP. *Programa BRASIL MAIS*. Meio Ambiente Integrado e Seguro (Portaria MJSP N 535, de 22 de setembro de 2020). Disponível em: https://plataforma-pf.sccon.com.br/#/.

MONICO NETO, Miguel; SILVA, Audarzean Santana da. Organizações criminosas e crimes ambientais. Constitucionalismo, Transnacionalidade e Sustentabilidade. *Centro de Pesquisa e Publicação Acadêmica* – Cepep/Emeron, Porto Velho, RO: FUJU, 2020.

OMS. *El mercurio y la salud*. Publicado em 31 mar. 2017. Disponível em: https://www.who.int/es/news-room/fact-sheets/detail/mercury-and-health.

SÉCULO DIÁRIO. *PF e Ibama cumprem mandados contra associação criminosa internacional*. Publicado em 08 nov. 2022. Disponível em: https://www.seculodiario.com.br/meio-ambiente/pf-e-ibama-cumprem-mandados-judiciais-contra-associacao-criminosa-internacional.

TERRA. *O negócio multimilionário dos crimes ambientais*. Publicado em 22 out. 2022. Disponível em: https://www.terra.com.br/byte/ciencia/o-negocio-multimilionario-dos-crimes-ambientais,657858ff47cd91d86b63e93f699efca91z1rxc44.html.

UOL Notícias. *O dilema da madeira da Amazônia*. Publicado em 19 abr. 2020. Disponível em: https://noticias.uol.com.br/ultimas-noticias/deutschewelle/2020/04/19/o-dilema-da-madeira-da-amazonia.htm?cmpid=copiaecola.

WAISBICH, Laura Trajber; RISSO Melina; HUSEK, Terine; BRASIL Lycia. O ecossistema do crime ambiental na Amazônia: uma análise das economias ilícitas da floresta. *Instituto Igarapé, Fevereiro de 2022, Artigo Estratégico 55*. Disponível em: https://igarape.org.br/o-ecossistema-do-crime-ambiental-na-amazonia-uma-analise-das-economias-ilicitas-da-floresta/.

ORGANIZAÇÕES CRIMINOSAS E O CRIME DE FORMAÇÃO DE CARTEL

Arthur Pinto de Lemos Júnior

Mestre e Especialista em Direito Penal pela Faculdade de Direito da Universidade de Coimbra. Promotor de Justiça/SP, Secretário Especial de Políticas Criminais e Coordenador do Centro de Apoio Operacional Criminal – CAOCRIM.

Rogério Sanches Cunha

Professor da Escola Superior do MPSP, do MPMT e do MPSC. Professor de Penal e Processo Penal do curso *RSC* online. Promotor de Justiça/SP, atualmente assessorando o Procurador-Geral de Justiça. Fundador do www.meusitejuridico.com.br. Autor de obras jurídicas.

Sumário: 1. Introdução – 2. As organizações criminosas – 3. Crimes de formação de cartel; 3.1 Previsão legal; 3.2 Conceito; 3.3 Abuso do poder econômico: artigo 4º, inciso I; 3.4 O cartel clássico: artigo 4º, inciso II; 3.5 Consequências penais para o crime de formação de cartel; 3.6 Competência para o processo e julgamento – 4. O acordo de leniência na lei antitruste – 5. Considerações finais – 6. Referências.

1. INTRODUÇÃO

Nosso artigo tem o desafio de estudar os comportamentos que tipificam o crime de formação de cartel. Não apenas os crimes de carteis, mas a sua execução por grupos econômicos estruturados na forma de organização criminosa.

Para tanto, vamos, inicialmente, conceituar organização criminosa para, em seguida, enfrentar os crimes de formação de cartel.

2. AS ORGANIZAÇÕES CRIMINOSAS

A definição de organização criminosa, instituída pela Lei 12.850/13, conta com requisitos objetivos e subjetivos, que devem estar cumulativamente presentes para sua configuração. A sua estrutura complexa permite ao intérprete bem diferenciá-la da mera compartipação ou de uma associação criminosa.

O artigo 1º, em seu § 1º, da Lei 12.850/13, anuncia:

Considera-se organização criminosa a associação de 4 (quatro) ou mais pessoas estruturalmente ordenada e caracterizada pela divisão de tarefas, ainda que informalmente, com objetivo de obter, direta ou indiretamente, vantagem de qualquer natureza, mediante a prática de infrações penais cujas penas máximas sejam superiores a 4 (quatro) anos, ou que sejam de caráter transnacional.

Do conceito legal, extrai-se quatro elementos estruturais: a) associação de quatro ou mais pessoas; b) estruturalmente ordenada e com divisão de tarefas, ainda que informalmente; c) objetivo de obter, direta ou indiretamente, vantagem de qualquer natureza e; d) prática de infrações penais cujas penas máximas sejam superiores a 04 anos ou de caráter transnacional. Vejamos cada um deles separadamente.

I – Associação de quatro ou mais pessoas

Ao exigir uma associação de pessoas é posta em evidência a necessidade de um *animus* associativo com estabilidade entre os membros da organização, o que a difere de mera reunião eventual de agentes.

Embora a convenção de Palermo fale em responsabilidade penal da pessoa jurídica (art. 10), devido a restrição do ordenamento jurídico brasileiro, somente podem ser computadas aqui as pessoas naturais.

II – Estruturalmente ordenada e caracterizada pela divisão de tarefas, ainda que informalmente

Na linguagem da Convenção de Palermo, o grupo há de ser estruturado de maneira não fortuita para a prática imediata de uma infração, o que torna necessário compreender a estrutura ordenada e a divisão de tarefas da organização criminosa que, a seu turno, a diferenciam de uma associação criminosa e reclamam uma fina compreensão.

"Evidente que a associação não requer formalidades, embora elas possam existir, como nos casos famosos de rituais de inicialização das Organizações de modelo mafioso",[1] ou pré-mafioso, como parece ser o Primeiro Comando da Capital – o PCC.[2] No caso das organizações econômicas organizadas, não raro, encontramos diversos integrantes de localidades diferentes e que se valem de suas empresas para a prática de crimes; as reuniões eram presenciais, em aeroportos e salas reservadas em hotéis; com a intensificação das investigações tais encontros passaram a ser virtuais, com criptografias e sem deixar rastros.

A estrutura de cada organização e do grupo criminoso é que demonstra o nível de sua sofisticação e, no âmbito da criminalidade econômica, aproveita-se o

---

1. MENDRONI, Marcelo Batlouni, *Crime Organizado. Aspectos gerais e mecanismos legais*. 5. ed. São Paulo: Atlas, 2015, p. 23.
2. Essa discussão sempre despertou o interesse da mídia: https://brasil.elpais.com/brasil/2014/08/07/politica/1407421840_758721.html. https://noticias.uol.com.br/colunas/josmar-jozino/2022/03/16/pcc-ja-atinge-o-status-de-organizacao-mafiosa-adverte-promotor-de-justica.htm . Acesso em: 23 dez. 2022.

organograma empresarial para a perfeita de divisão de tarefas entre seus integrantes. Por exemplo, quando o cartel se dedica a fraudar certames, quem participa de um pregão numa sessão pública de uma licitação, dentro do marco do plano para fraudá-la, geralmente não conhece os demais participantes da mesma organização criminosa, como aquele que alinha os valores e as propostas com os concorrentes, tampouco interage com o dono da empresa.

Como bem ressalvado na Lei, deve-se atentar que a estruturação ordenada e a divisão de tarefas podem ser informais, isto é, sem um organograma fixo e engessado de distribuição específica de funções internas. Essa informalidade assegura a fungibilidade dos seus membros e a continuidade de suas atividades ilícitas no caso de prisão ou morte dessas pessoas.

Essa ressalva explicativa posta na lei indica que não é absolutamente necessário demonstrar todos os meandros da organização criminosa, tarefa quase impossível dada a difícil teia de informações que podem ser coletadas em uma investigação deste tipo de crime. Para a identificação de uma organização criminosa, basta que seja demonstrada uma sofisticação operacional superior a de uma associação criminosa, com alguma divisão de tarefas.

III – Com objetivo de obter, direta ou indiretamente, vantagem de qualquer natureza

As organizações criminosas quase sempre visam o lucro, isto é, maximizar as vantagens financeiras já auferidas em suas atividades. Quando se valem de empresas para as práticas ilícitas, normalmente fazem a mescla entre valores auferidos lícita e ilicitamente. Daí a lei tratar também das vantagens obtidas indiretamente. Essa questão reclama uma aproximação do estudo com a Teoria Econômica do Crime, segundo a qual, numa breve percepção, o agente criminoso decide se irá cometer ou não o delito, após a análise da variante do *custo e benefício*.[3] Com efeito, podemos assegurar que não existe no Brasil algum condenado pela prática do crime de formação de cartel, em regime fechado, a cumprir pena privativa de liberdade. Logo, considerando que os carteis subvertem a lei da oferta e procura, com a eliminação da concorrência e, não raro, agindo como verdadeiros monopólios, os lucros auferidos pelo grupo criminoso, quando duradouro e eficaz, são enormes. Os incentivos financeiros ilícitos, então, são maiores do que as preocupações com o castigo. O crime tem compensado, infelizmente.

---

3. Segundo VIAPIANNA (VIAPINA, Luiz Tadeu, Economia do crime, uma explicação para a formação do criminoso, Porto Alegre: Ed. AGE, 2006, p. 16) os custos englobam a probabilidade de ser preso, aquele indivíduo que comete um ato ilícito; nas perdas monetárias que poderá ser decorrente do tempo em que estiver em reclusão; a reprovação moral que terá da sociedade e ainda engloba a sua consciência individual.

IV – Mediante a prática de infrações cuja pena máxima seja superior a 4 anos, ou sejam de caráter transnacional

Os crimes de formação de cartel atendem a mais esse requisito objetivo. A pena abstrata prevista é de 2 (dois) a 5 (cinco) anos e multa. De outro lado, em razão da globalização econômica, a jurisprudência e a doutrina revelam a existência de diversos carteis internacionais,[4] isto é, têm muitas vezes o caráter transnacional.

Como se vê, os elementos normativos e as características da atuação das organizações conferem muitas vezes com as condutas cometidas pelos representantes de empresas, que se reúnem em carteis. Essa afirmação ficará mais evidente nos capítulos seguintes.

3. CRIMES DE FORMAÇÃO DE CARTEL

Dentro do contexto das organizações criminosas, de suas características e de seu marco legal, desponta como manifestação importante o delito de formação de cartel, que orbita o lucrativo cenário da criminalidade econômica organizada.

Estudos apontam o ambiente econômico que facilita – e muito – a formação do cartel. Para a Organização para a Cooperação e Desenvolvimento Econômico (OCDE), as características do mercado econômico que servem de campo fértil para a prática da infração são:

(i) poucas empresas ou poucas empresas grandes. De fato, quanto menor o número de empresas envolvidas num segmento comercial mais fácil o acordo ilícito;

(ii) empresas parecidas quanto a estrutura de custos, processos, objetivos, nível de integração vertical ou linha de produtos;

(iii) produto homogêneo;

(iv) inexistência de substitutos semelhantes;

(v) demanda inelástica;

(vi) informações sobre as transações de venda amplamente disponíveis; e

(vii) existência de licitações.[5-6]

---

4. Confira o *Roteiro de Atuação. Combate a Carteis*. Brasil, Ministério Público Federal. 3ª Câmara de Coordenação e Revisão. MPF: 2019, v. 1, p. 14.
5. KHEMANI, R. Shyam. *Diretrizes para elaboração e implementação de política de defesa da concorrência*. Trad. Fabíola Moura, Priscila Akemi Beltrame. São Paulo: Singular, 2003. p. 77-78.
6. Sobre o que facilita a formação de carteis no mercado de compras públicas, vide o *Guia de Combate a carteis em licitação*, p. 21: https://cdn.cade.gov.br/Portal/Not%C3%ADcias/2019/Cade%20publica%20 Guia%20de%20Combate%20a%20Cart%C3%A9is%20em%20Licita%C3%A7%C3%A3o__guia-de--combate-a-carteis-em-licitacao-versao-final-1.pdf. Acesso em 1º/11/2021.

Essas características ficaram evidentes nos seguintes casos, objetos de investigação no CADE e no Ministério Público: "Cartel de Pedra Britada", Cartel de Cimento e Concreto", "Cartel de Combustíveis no varejo", "Cartel de Compressores de Ar", "Cartel de Gases Industriais" e no "Cartel de TV a Cabo".[7]

As organizações criminosas agem como verdadeiras empresas criminosas, com meios de comunicação eficientes e fechados, com divisão de tarefas e sempre voltada ao lucro. Tais situações enquadram-se com facilidade no ambiente e requisitos em que se apresentam os carteis.

3.1   Previsão legal

Lei 8.137/90

(...)

Art. 4º Constitui crime contra a ordem econômica:

I – abusar do poder econômico, dominando o mercado ou eliminando, total ou parcialmente, a concorrência mediante qualquer forma de ajuste ou acordo de empresas;

II – formar acordo, convênio, ajuste ou aliança entre ofertantes, visando:

a) à fixação artificial de preços ou quantidades vendidas ou produzidas;

b) ao controle regionalizado do mercado por empresa ou grupo de empresas;

c) ao controle, em detrimento da concorrência, de rede de distribuição ou de fornecedores.

Pena: reclusão, de 2 (dois) a 5 (cinco) anos e multa.

3.2   Conceito

Cumpre conceituar o que se entende por formação de cartel. Trata-se de acordo entre empresas independentes e concorrentes, que passam a adotar decisões e/ou políticas comuns relacionadas a todos ou a um determinado aspecto de suas atividades. Consiste, em suma, no ajuste entre sociedades empresariais concorrentes para combinar quaisquer condições comerciais que alterem artificialmente o comportamento do mercado, de forma a restringir ou eliminar a concorrência, com graves prejuízos ao consumidor final.

Para tigre maia, trata-se da "combinação de produtores de qualquer produto que se associam para controlar a sua produção, vendas e preços, bem como obter um monopólio e restringir a competição em determinada indústria ou de determinada mercadoria (...)".[8]

---

7. Tais casos – alguns deles foram objeto de apuração e processo crime tendo o Ministério Público de São Paulo como órgão acusador – foram bem analisados na obra de GABAN, Molan e DOMINGUES, Juliana. *Direito Antitruste*, op. cit., p. 313-420.
8. *Tutela Penal da ordem econômica:* O crime de formação de cartel. São Paulo: Malheiros 2008, p. 161.

Com esse objetivo, agem com sofisticação e na clandestinidade para que seus fins sejam preservados. Utilizam-se de criptografia avançada para a comunicação, evitam deixar rastros. Contam com um chefe, gerente, executores imediatos, nicho especializado em lavar dinheiro e, não raras vezes, financiam campanhas eleitorais para participarem de contratos públicos. Estão arquitetados, portanto, com as características típicas de organizações criminosas.

O interesse tutelado pela norma é, sem margem para dúvidas, a ordem econômica, em especial o eixo da livre concorrência. São formas alternativas de cometer o crime: a) abuso do poder econômico (inciso I); b) acordo entre concorrentes com o objetivo de fixar preços, divisão de mercados e ou controle de fornecedores (inciso II).

3.3 Abuso do Poder Econômico: artigo 4º, inciso I

> I – abusar do poder econômico, dominando o mercado ou eliminando, total ou parcialmente, a concorrência mediante qualquer forma de ajuste ou acordo de empresas;

O tipo penal encontra respaldo em comando constitucional, que repudia o abuso do poder econômico. Estamos nos referindo ao art. 173, mais precisamente seu § 4º, que anuncia:

> Art. 173. Ressalvados os casos previstos nesta Constituição, a exploração direta de atividade econômica pelo Estado só será permitida quando necessária aos imperativos da segurança nacional ou a relevante interesse coletivo, conforme definidos em lei.
>
> (...)
>
> § 4º A lei reprimirá o abuso do poder econômico que vise à dominação dos mercados, à eliminação da concorrência e ao aumento arbitrário dos lucros.

Para Luiz Alberto David Araújo e Vidal Serrano Nunes Júnior, a livre concorrência tem por objetivo impedir a formação do monopólio do mercado, na medida em que o preceito constitucional abomina formas de dominação do mercado, como cartéis, trustes e monopólios em geral.[9]

De fato, a orientação constitucional é no sentido de apenar o abuso do poder econômico. Por óbvio, não busca impedir o locupletamento advindo da atividade empresarial, mas o enriquecimento abusivo, mediante violação das normas concorrenciais. Daí ser importante compreender o que se entende por "domínio do mercado", elementar do tipo em estudo. De acordo com a doutrina, referida elementar envolve "poderes necessários para direta ou indiretamente interferir, manipular e/ou controlar mecanismos envolvidos na formação dos preços dos bens e/ou serviços, quer atuando na angulação da oferta, quer na demanda, mercê

---

9. *Curso de Direito Constitucional*. 4. ed. São Paulo: Saraiva, 2001, p. 375.

da aquisição de capacidade (seja na esfera da concorrência existente, seja naquela da potencial iniciativa) para influenciar as atividades destinadas à produção, à circulação e ao consumo destas utilidades no mercado".[10]

Assim agindo, cria-se verdadeiro esquema ilícito capaz de eliminar, total ou parcial, a concorrência, cometido mediante ajustes ou acordos entre empresas ou agentes econômicos de diferentes níveis da cadeia produtiva: fornecedores, produtores e clientes; acordos de exclusividade, fixação de preços e fusões.

A figura prevista no inciso I do artigo 4º da Lei 8.137/1990 é classificada pela doutrina como cartel *vertical*. Nela os agentes econômicos desempenham suas atividades em níveis diversos de cadeia industrial de produção, fornecimento e distribuição. Não se confunde com a figura do inciso II (a ser estudada em seguida), representando cartel *horizontal*, pressupondo agentes econômicos atuando no mesmo nível de cadeia industrial, numa relação linear e direta de concorrência.

Frise-se que a lei antitruste, de início, não proíbe o relacionamento, seja horizontal ou vertical, entre os agentes econômicos. A vedação existe quando, no âmbito de um mercado relevante, tal relacionamento cooperativo prejudica de algum modo a concorrência e atinge o bem jurídico tutelado.

O crime em estudo é material, isto é, que reclama a verificação do resultado naturalístico danoso, consistente no prejuízo à livre concorrência derivada do abuso do poder econômico. Essa demonstração pode ser fator de dificuldade. Embora existam entendimentos divergentes, não basta, por exemplo, a prática de preço predatório ou discriminação de preços, que poderá, a depender das circunstâncias, caracterizar simples infração administrativa.

Dentro desse espírito, para efeito de caracterização e imputação do delito em questão, há que se demonstrar quem sofreu o resultado material (consequências do crime), não sendo suficiente a mera descrição do monopólio,[11] ou poder de mercado, ou mera elevação isolada de preços de produtos (STJ, RHC 4214/DF, 1994/0040546-4, Min. Assis Toledo, Quinta Turma, j. 22.02.1995, RT 715/526).[12]

---

10. TIGRE MAIS, Rodolfo. *Os fundamentos do antitruste*, op. cit., p. 165.
11. A designação de monopólio merece ser esclarecida, pois é expressão do âmbito econômico que significa, em sentido estrito, o "privilégio ou prerrogativa de venda ou de indústria – ou de exploração de um serviço – por um só (indivíduo, grupo ou Estado), com exclusão dos demais" (CREATELLA, Junior, José. Monopólio. In: FRANÇA, Rubens Limongi. *Enciclopédia Saraiva do Direito*. São Paulo: Saraiva, 1980, v. 53, p. 202. Diante de um monopólio, o consumidor tende a aceitar as condições impostas, pois somente uma empresa ou fornecedora possui o produto e ou serviço específico. O consumidor fica à mercê e vulnerável a essa estrutura econômica sólida e estável.
12. Ainda que a obtenção/produção da prova não seja tarefa fácil, o juiz deve ficar adstrito aos elementos constantes dos autos, sendo certo que não ficará subordinado a nenhum critério apriorístico no apurar. Soa absurda a tese que condiciona a comprovação do pacto ilícito por meio de contrato expresso ou ata de reunião entre os concorrentes, porque tal documento não existirá, sobretudo quando estamos

Inapelável reconhecer que a caracterização do tipo penal e a correspondente demonstração de seu resultado material danoso, para além de vítimas específicas ou pontuais, há ainda aquelas difusas que suportam prejuízos em razão do abuso do poder econômico. Neste particular, invariavelmente, após a deflagração da ação penal, são interpostas ações civis públicas para a reparação dos danos aos consumidores atingidos, como, por exemplo, pelo aumento abusivo de preços decorrentes dos ajustes de agentes econômicos, que neutralizam a concorrência e acabam por influenciar todo o mercado de combustíveis. Molan Gaban e Juliana Oliveira Domingues revelam que a "busca de recuperação dos danos decorrentes das práticas anticoncorrenciais demonstra uma tendência que deve se fixar na Europa e no Brasil", inclusive "há no ordenamento jurídico pátrio disposições normativas que legitimam a propositura de ações de indenização em âmbito civil".[13]

Ainda no que concerne a demonstração do abuso do poder econômico sugerimos a elaboração de um Relatório de Análise Econômica ou, numa designação mais tradicional, Relatório de Investigação Criminal Econômica para que se revele o abuso.[14] Estão capacitados para a elaboração desse relatório a Superintendência – Geral do CADE, o PROCON e faculdades de economia, que podem ser chamadas como parceiras na investigação criminal.

Um critério importante para nortear essa análise encontra-se na Lei 12.529/2011, que delimita as condições para o abuso do poder econômico. O § 2º do artigo 36 da Lei diz que se presume "como posição dominante sempre que uma empresa ou grupo de empresas for capaz de alterar unilateral ou coordenadamente as condições de mercado ou quando controlar 20% (vinte por cento) ou mais do mercado relevante, podendo este percentual ser alterado pelo CADE para setores específicos da economia".

A OCDE – Organização para o Desenvolvimento e Cooperação Econômica – tem a mesma orientação: os cartéis geram um sobrepreço estimado entre 10 e 20%, se comparado ao preço em um mercado competitivo, causando perdas anuais de centenas de bilhões de reais aos consumidores.[15]

---

diante de organizações econômicas criminosas. Daí, ser admitida qualquer forma de ajuste ou acordo entre as empresas, voltado ao abuso do poder econômico, prejudiciais à concorrência.
13. *Direito Antitruste*. 3. ed. São Paulo: Saraiva, 2012, p. 279.
14. A Superintendência Geral do CADE também utiliza de ferramentas proativas de detecção de cartéis, como o *screening*. Trata-se da utilização de bases de dados e softwares e aplicações de testes estatísticos com o objetivo de identificar e mensurar risco de colusão em mercados ou setores específicos e detectar comportamentos suspeitos de seus agentes (https://cdn.cade.gov.br/Portal/Not%C3%ADcias/2019/Cade%20publica%20Guia%20de%20Combate%20a%20Cart%C3%A9is%20em%20Licita%C3%A7%C3%A3o__guia-de-combate-a-carteis-em-licitacao-versao-final-1.pdf. Acesso em: 1º nov. 2021). Essa análise deve ser materializada em Relatório de Análise Econômica para instruir o procedimento investigatório criminal ou inquérito policial.
15. OCDE. *Fighting Hard Core Cartels*: harm effective sanctions and leniency programs. Disponível em: www.ocde.org/competition.

Esse contexto de domínio do mercado relevante[16] no percentual de 20% pode e deve ser aferido numa análise econômica e materializada num relatório, que deve instruir a investigação criminal e/ou administrativa.

3.4 O cartel clássico: artigo 4º, inciso II

Constitui crime contra a ordem econômica a conduta de formar *acordo, convênio, ajuste* ou *aliança* entre ofertantes. A toda evidência, insistimos, tal pacto entre os concorrentes pode ser construído de forma expressa ou não, razão pela qual o legislador não se refere apenas ao convênio, mas admite o mero acordo ou ajuste entre os participantes do conluio. Seja como for, considerando a ilicitude do acordo, não haverá mesmo entre os ofertantes uma convenção materializada em documento, seja impresso ou eletrônico.[17]

Como adiantado no estudo do inciso I, nesta figura do inciso II aparece o cartel *horizontal*, onde os agentes econômicos estão no mesmo nível de cadeia industrial, numa relação linear e direta de concorrência. Por isso mesmo, são mais comuns, se repetem com mais frequência em nossa jurisprudência e foram sempre "considerados de maior potencial de dano ao mercado. Isso porque são ações entre concorrentes que, como o nome sugere, devem concorrer no mercado e não cooperar entre si".[18]

Os agentes criminosos envolvidos nessa prática delitiva concentram-se na categoria da criminalidade de colarinho branco, com total condição para o uso de moderna ou avançada tecnologia para levar a cabo seus planos ilícitos voltados a maximização do lucro, o que é fator de dificuldade para rastrear e comprovar os crimes cometidos. Essa característica de atuação propicia que o cartel atue durante muito tempo e sem ser incomodado. Não raro, financia campanhas políticas, participam de certames viciados e se perpetuam com contratos públicos.

---

16. O conceito de mercador relevante é importante e impacta na efetivação e caracterização do abuso do poder econômico. Molan Gaban e Juliana Oliveira Domingues recomenda que essa compreensão percorra dois fatores: o geográfico e de produto. "O mercado relevante geográfico é o espaço físico da concorrência, e para sua delimitação geralmente se levam em consideração: i) os hábitos dos consumidores; ii) a incidência de custos de transporte; iii) as características do produto; i) os incentivos fiscais e administrativos de autoridades locais; e v) a existência de barreiras à entrada de novos agentes econômicos no mercado". Já o "mercado relevante de produto (material), é aquele em que o agente econômico enfrenta a concorrência tendo como base o bem ou serviço oferecido. A necessidade do consumidor pelo produto é considerada para verificar se ele está disposto a substituí-lo por outro. Havendo resposta afirmativa, esses produtos farão parte do mesmo mercado relevante material" (*Direito Antitruste*. 3. ed. São Paulo: Saraiva, 2012, p. 169-170).
17. Fundamental, daí, a incidência dos indícios para a formação da convicção, nos termos do artigo 239 do CPP.
18. OLIVEIRA, Gesner; RODAS, João Grandino. *Direito e economia da concorrência*. São Paulo: Renovar, 2004. p. 40.

De fato, os cartéis definidos como clássicos, que determinam o aumento direto de preços, normalmente contam com sistema de coordenação institucionalizado, por meio de reuniões periódicas e encontros secretos, presenciais ou virtuais, nos quais são ajustadas as condições a serem seguidas por todos os envolvidos. O pacto ilícito confere a existência de uma associação ou grupo de empresários, que estabelecem mecanismos permanentes para alcançar seus objetivos. Como bem destaca Mendroni, existe uma "simbiose entre as organizações criminosas empresariais e endógenas. As empresas, através de seus representantes, formam acordos, consórcios, convênios, ajustes e alianças, como ofertantes ou proponentes, visando à fixação artificial de preços. Os agentes públicos 'permitem' ou até 'direcionam' os acordos. Ambas as partes lucram, com ofertas superfaturadas. Perde o erário público. Perdem as empresas que concorrem honestamente. Perde a sociedade. Empresas que formam cartéis são, à luz da legislação e da doutrina, consideradas organizações criminosas."[19]

O objetivo dos agentes econômicos que formam o cartel, para além de dominar o mercado, é aumentar (ilícita e abusivamente) seus lucros. A atuação – sempre clandestina – do cartel se assemelha e tem as características de um verdadeiro monopólio, com o consequente aumento de preços, o inevitável prejuízo ao consumidor e à livre concorrência.

Não se contempla na lei e nos tipos penais em análise a forma culposa do crime. Infere-se apenas o dolo, acrescido de elemento subjetivo específico caracterizador do cartel: a) a fixação artificial de preços ou quantidade do produto a ser vendido ou produzido; b) a divisão e o controle regional de um determinado mercado; ou c) o controle de rede de distribuição ou de fornecedores em prejuízo à livre concorrência. As duas primeiras finalidades concentram os cartéis mais clássicos e presentes com mais ênfase na jurisprudência do CADE e da justiça criminal.

Ao contrário do ocorre no inciso I do artigo 4º, o inciso II enquadra-se como crime de formal ou de consumação antecipada e, assim, não se exige a efetiva lesão ao bem jurídico tutelado. Em outras palavras, a simples comprovação da formação de acordo entre concorrentes em torno da fixação de preços ou quantidades, no âmbito da concorrência desleal, já caracteriza a prática delitiva. Cuida-se, ainda, de crime permanente, a permitir a prisão em flagrante dos "arquitetos" do cartel a qualquer tempo, como autoriza o art. 303 do CPP,[20] notadamente quando são

---

19. MENDRONI, Marcelo Batlouni. A lógica acusatória nos crimes de cartel. In: FARINA, Laércio et. al. *A nova Lei do CADE*: o 1º ano na visão das autoridades. Ribeirão Preto: Migalhas, 2013, p. 94.
20. Art. 303. Nas infrações permanentes, entende-se o agente em flagrante delito enquanto não cessar a permanência (CPP).

surpreendidos logo após entabularem, por exemplo, a divisão regional de um determinado mercado e os correspondentes preços a serem praticados.

Como estamos diante de um tipo de crime cometido por grupos econômicos organizados, incidem na apuração dos fatos todos os meios especiais de obtenção de provas, em especial aqueles previstos na Lei 12.850/2013. Assim, releva destacar o emprego de interceptações telefônicas, telemáticas, a infiltração de agentes, a quebra do sigilo bancário e fiscal, a colaboração premiada, , sem perder de vista a investigação criminal de campo quase sempre acompanhada de medida de busca e apreensão.[21] Mendroni destaca a possibilidade de se provar a prática do crime de formação de cartel por meio das provas diretas e indiretas. E transcreve importante julgado do STF que se valeu das indiretas para reconhecer a ocorrência de cartel no famigerado caso do "Mensalão":[22]

> STF: RE 68.006/MG – Minas Gerais Recurso Extraordinário – Relator(a): Min. Aliomar Baleeiro – Julgamento: 09.10.1969 – Órgão Julgador: Primeira Turma – Publicação DJ 14.11.1969 – Ementa: Simulação. Indícios vários e concordantes são prova. Não se conhece do recurso extraordinário se a decisão assenta aos fatos e provas e não se demonstrou o dissídio na forma da Súmula 291. CADE. PA 8012.003208/99-85: "A prova de ação de cartéis é feita, em sua maioria das vezes, por meio de indícios de ação concentrada do que pela comprovação de existência de acordos formais. Tal regra aplica-se em todos os países que adotam o sistema de proteção antitruste, tendo em vista que dificilmente encontrar-se-á documento formal assinado entre os partícipes da conduta, afirmando as condições do ajuste."
>
> (...)
>
> "Nos delitos de poder, quanto maior o poder do criminoso, maior a facilidade de esconder o ilícito. Disso decorre a maior elasticidade na admissão da prova de acusação" (Min. Rosa Weber).

Ainda no que concerne a consumação do crime de formação de cartel, o CADE teve a oportunidade de firmar o mesmo entendimento sobre a caracterização de delito formal, durante o julgamento do conhecido "caso de mangueiras marítimas":[23]

---

21. A Lei 12.529/2011, no artigo 13, inciso VI, "d", prescreve que compete à Superintendência – Geral do CADE: "requerer ao Poder Judiciário (...) mandado de busca e apreensão de objetos, papéis de qualquer natureza, assim como de livros comerciais, computadores e arquivos magnéticos de empresa ou pessoa física, no interesse de inquérito administrativo ou de processo administrativo para imposição de sanções administrativas por infrações à ordem econômica, aplicando-se, no que couber, o disposto no art. 839 e seguintes da Lei 5.869, de 11 de janeiro de 1973 – CPC, sendo inexigível a propositura de ação principal.
22. A logística acusatória nos crimes de cartel, op. cit., p. 98-100.
23. Processo Administrativo 08012.010932/2007-18. Conselheiro-Relator: Márcio de Oliveira Júnior. Decisão de 25/2/2015, publicada em 3/3/2015. Confira-se também a notícia veiculada sobre a condenação no CADE: http://antigo.cade.gov.br/noticias/cade-condena-empresas-e-pessoa-fisica-por-cartel-internacional-de-mangueiras-maritimas - visitada em 30/10/2021. Sobre esse caso, vide também: MOLAN GABAN, Eduardo e DOMINGUES, Juliana Oliveira, *Direito antitruste*. 3. ed. São Paulo: Saraiva, 2012, p. 368-373.

No caso da formação de cartel, a conduta é reprovável por si só, sem a necessidade de comprovação de efeitos, ao que a lei chama de infração "por objeto" (art. 36, *caput*, Lei 12.529/11). Caso o julgador opte por estender a análise, a legislação antitruste aponta ainda a vertente da infração "por efeito" (art. 36, *caput*, Lei 12.529/11). A lei estabelece essas duas possibilidades de análise porque as atividades anticompetitivas geralmente são encobertas, com estratégias que visam à ocultação dos atos praticados. No caso dos cartéis, os atos são ocultados não para a proteção de estratégias comerciais de empresas envolvidas, mas sim em função de sua importância para a caracterização de uma conduta considerada delito pela legislação pátria. Em função dessa natureza, provada a formação de cartel, não há necessidade de se comprovar os efeitos sobre a concorrência ou o bem-estar do consumidor. A violação à ordem econômica, quando comprovada, se dá pelo próprio objeto, e não pelos seus efeitos.

No entanto, seguindo alerta semelhante destacado nos comentários ao inciso I, no inciso II a prática de preços idênticos, ou mesmo similares, como decorrência de decisão unilateral, sem qualquer indício de ter havido o prévio ajuste entre os comerciantes, não basta para a caracterização do crime de formação de cartel.[24]

Não bastasse, como corolário do princípio da fragmentariedade do direito penal, os agentes econômicos cartelizados devem deter poder de mercado relevante para a caracterização do ilícito. Nesse sentido leciona Ana Paula Martinez.[25] Logo, para além de existir ajuste, acordo, convênio ou aliança entre concorrentes, com vistas a obter uma das finalidades já mencionadas (alíneas "a" e "b"), os autores do delito conluiados devem ainda serem detentores de poder para atingir, ou ter potencial para tanto, de afetar negativamente o mercado relevante em questão. Em suma, ausente o poder de mercado relevante, a conduta afigura-se como atípica.

3.5 Consequências penais para o crime de formação de cartel

A pena prevista ao crime previsto no artigo 4º da Lei 8.137/90 é de reclusão de 2 (dois) a 5 (cinco) anos, e multa. Não é possível, pois, considerar o delito de formação de cartel como de menor potencial ofensivo, sendo incabível a incidência da Lei 9.099/95. Deve ser rotulado como médio potencial, a admitir, em tese, o acordo de não persecução penal (ANPP). Sua pena mínima é inferior a 4 (quatro) anos, sendo executado sem violência ou grave ameaça. Ressalvamos, porém, a necessidade de se verificar – com muita atenção – se o ANPP se apresenta como instrumento necessário e suficiente para reprovação e prevenção do crime, à vista

---

24. Nesse mesmo sentido: MARTINEZ, Ana Paula. *Repressão a carteis*, op. cit., p. 189. Também: PRADO, Luiz Regis. *Direito penal econômico*. 4. ed. São Paulo: Ed. RT, 2011, p. 54. Molan Gaban e Juliana Domingues reportam decisão do CADE, de 1997, no qual se deixou de condenar as empresas acusadas de prática de cartel, pois entendeu haver nos autos evidências suficientes de que o comportamento paralelo verificado justificou-se por razões de caráter econômico, logo, de racionalidade econômica, o que afastou sua ilicitude e tornou-lhe aceitável do ponto de vista concorrencial (*Direito antitruste*, op. cit., p. 177).
25. *Repressão a carteis*: interface entre direito administrativo e direito penal, op. cit., p. 188.

das consequências experimentadas pelos consumidores e concorrentes prejudicados no caso concreto. Vale recordar, nesse tanto, que o critério de aferição da conveniência de oferecer a proposta de acordo, com vistas à prevenção e repressão do delito, é tarefa do Ministério Público, no exercício de sua Anklagemonopol (art. 129, I, da CF), isto é, de seu monopólio da ação penal pública.[26] No sistema acusatório, entende-se que não pode o juiz emitir decisão a respeito de tal conveniência, razão pela qual, em caso de divergência de opinião com o órgão ministerial deve encaminhar o caso ao órgão revisional do próprio Ministério Público.

Esse entendimento nem é propriamente novo, visto ser de há muito seguido nos casos da suspensão condicional do processo e da transação penal. Nesse sentido, o enunciado da Súmula 696 do E. Supremo Tribunal Federal ("Reunidos os pressupostos legais permissivos da suspensão condicional do processo, mas se recusando o promotor de justiça a propô-la, o juiz, dissentindo, remeterá a questão ao procurador-geral, aplicando-se por analogia o art. 28 do Código de Processo Penal").

O oferecimento do acordo é prerrogativa institucional do Ministério Público e não direito subjetivo do investigado.

Com efeito, o acordo de não persecução penal equipara-se a um termo de ajustamento de conduta (TAC), mas aplicado no campo criminal. Tratando-se de modalidade de justiça negocial, segue princípios e postulados básicos da transação penal e da suspensão condicional do processo. Portanto, tal como já pacificado pelo Superior Tribunal de Justiça e Supremo Tribunal Federal no caso da transação penal e o sursis processual, também o acordo de não persecução deve ser encarado como poder-dever do Ministério Público e não um direito público subjetivo do investigado. Aliás, como bem enfatizam Renee do Ó Souza e Patrícia Eleutério Campos, entender o acordo de não persecução como obrigatoriedade seria o mesmo que "estabelecer-se um autêntico princípio da obrigatoriedade às avessas".[27] No espaço de discricionariedade regrada (poder-dever) que lhe concede a legislação e a própria concepção do instituto sob o foco, o Ministério Público poderá se negar a formular proposta ao investigado, ponderando previamente se o acordo é necessário e suficiente para a reprovação e prevenção do crime (condição subjetiva e cláusula aberta de controle), no caso concreto.

Verificada a suficiência do ANPP, no corpo do ajuste não pode sair do mira do membro do Ministério Público a necessária e proporcional reparação do dano àqueles que foram prejudicados pelo delito, sejam vítimas determinadas, sejam difusas.

---

26. ROXIN, Claus; SCHÜNEMANN, Bernd. *Strafverfahrensrecht*. 27. ed. München: Beck, 2012, p. 75.
27. Algumas respostas sobre o acordo de não persecução penal. In: CUNHA, Rogério Sanches e outros (Org.). *Acordo de não persecução penal*. Salvador: Juspodivm, 2017, p. 123.

3.6 Competência para o processo e julgamento

Em regra, o crime de formação de cartel será processado e julgado na Justiça Estadual. O STF já decidiu que os delitos da Lei 8.137/1990 não indicam, por si só, o interesse da União, capaz de atrair a competência da Justiça Federal:

(...) 1. Em relação à competência penal da Justiça Federal, prescreve a Constituição Federal: "Art. 109. Aos juízes federais compete processar e julgar: (...) VI – os crimes contra a organização do trabalho e, nos casos determinados por lei, contra o sistema financeiro e a ordem econômico-financeira (...) 1.1. Como se depreende da leitura do texto constitucional, para que o processamento e julgamento dos crimes contra o sistema financeiro e a ordem econômico-financeira sejam de competência da Justiça Federal exige-se expressa previsão legal, o que não ocorre na espécie, eis que a Lei 8.137/1990, ao tratar do delito de formação de cartel, silencia a esse respeito. Assim, a alegação de que "a ordem econômica e livre concorrência têm caráter estratégico para o desenvolvimento da economia nacional" não configura hipótese de competência da Justiça Federal, salvo se assim estipulado em lei ordinária. 1.2. A regulação do setor pela Agência Nacional do Petróleo (ANP) não altera essa conclusão. Isso porque, para fins de competência penal, o interesse das entidades federais deverá ser específico e direto. (...) 1.3. Aduzo que a Lei 10.446/02 também não socorre ao recorrente. Com efeito, trata-se de norma que disciplina as atribuições do Departamento de Polícia Federal, oportunidade em que se incluiu, dentre essas hipóteses, a formação de cartel com repercussão interestadual ou internacional. Referida lei, contudo, não trata de competência jurisdicional, mas, tão somente, explicita as atribuições da Polícia Federal que, embora tipicamente funcione como polícia judiciária da União, detém, por força do art. 144, § 1º, I, CF, incumbência para apurar "infrações cuja prática tenha repercussão interestadual ou internacional e exija repressão uniforme". Ressalte-se que a competência da Justiça Federal não decorre das atribuições da Polícia Federal. O raciocínio é inverso e, excepcionalmente, a lei conferiu atribuições específicas ao órgão policial. (...) (STF – RHC 121985, Rel. Min. Edson Fachin, DJe 02.06.2016).

A 2ª Câmara de Coordenação e Revisão do Ministério Público Federal publicou Orientação 9, em 26.05.2014, respeitada a independência funcional, no sentido de que "considera que o crime de formação de cartel, quando envolve outros Estados e países, é de competência federal, atraindo a atribuição do Ministério Público Federal".

Em suma, a competência do foro criminal federal não advém apenas do interesse genérico que tenha a União na preservação da ordem econômica. É necessário que a ofensa atinja interesse direto e específico da União, de suas entidades autárquicas ou de empresas públicas federais. Aliás, importante destacar que o simples fato de existir autarquia que exerça atividade fiscalizadora sobre o bem objeto do delito não é suficiente para justificar interesse da União.

4. O ACORDO DE LENIÊNCIA NA LEI ANTITRUSTE

A Organização para o Desenvolvimento e Cooperação Econômica (OCDE), inspirada no sistema normativo norte-americano, recomenda aos seus membros a elaboração de normas para o controle de práticas ofensivas à livre concorrência.[28] Ao mesmo tempo, em razão das dificuldades em se demonstrar os conluios e ajustes ilícitos, sempre mantidos na mais completa opacidade, a OCDE também recomenda a incidência dos programas de leniência.[29] E o Brasil, valendo-se de tais instrumentos de *soft law*, seguiu a recomendação internacional.

Com efeito, o acordo de leniência é um compromisso firmado entre o Poder Público e o infrator da norma (pessoa física ou jurídica), mediante o qual este concede àquele provas e informações relevantes acerca do ato ilícito (infração cometida), recebendo, em contrapeso, um abrandamento das sanções cabíveis.

Abduch Santos, Bertoncini e Custódio Filho trazem definição semelhante:

> Leniência significa suavidade, brandura, ternura e, no direito brasileiro, o uso deste vocábulo serve para qualificar determinados acordos celebrados entre a Administração Pública e particulares envolvidos em ilícitos, por meio dos quais estes últimos colaboram com a investigação e recebem em benefício a extinção ou redução das sanções a que estariam sujeitos por tais ilícitos.[30]

O instituto é fruto da internacionalização ou transnacionalidade do direito, que produziu entre várias autoridades, nos diferentes lugares do mundo, uma troca de informações e a identificação de diferentes instrumentos legais destinado ao enfrentamento do ilícito. Essa troca de experiências resultou na proliferação dos acordos (penais ou não), pragmático instrumento da ciência jurídica moderna internacional que somente recentemente tem sido contemplado na legislação brasileira.

Sobretudo em países do *Commom Law*, o uso corriqueiro da justiça negociada e dos acordos demonstrou que esse instituto é útil para determinados tipos de infrações e, principalmente, apto a evitar o colapso do sistema de justiça, incapaz de conciliar as formalidades procedimentais e o tempo necessário para dar respostas tempestivas, que aplacassem satisfatoriamente o clamor decorrente dessas infrações. Schünemann,[31] embora crítico do instituto, demonstra que não há como ignorar que o *plea bargaining* expandiu-se para quase a totalidade dos ordenamentos jurídicos ocidentais, seja na Europa, seja na América Latina, principalmente em razão da necessidade de abreviamento das respostas necessárias à

---

28. Disponível em: https://www.oecd.org/daf/competition/prosecutionandlawenforcement/38835329.pdf. Acesso em: 20 dez. 2022.
29. Disponível em: https://www.oecd.org/daf/ca/1890449.pdf. Acesso em: 20 dez. 2022.
30. SANTOS, José Anacleto Abduch; BERTONCINI, Mateus; CUSTÓDIO FILHO, Ubirajara. *Comentários à Lei 12.846/2013 – Lei anticorrupção*. São Paulo: Ed. RT, 2014, p. 232.
31. SCHÜNEMANN, Bernd. GRECO, Luís (Coord.). *Estudos de direito penal, direito processual penal e filosofia do direito*. São Paulo: Marcial Pons, 2013. p. 240.

escalada da criminalidade moderna. A adoção de institutos semelhantes na Itália, Alemanha, Chile e Argentina reafirmam essa tendência mundial.

No ordenamento jurídico brasileiro, o acordo de leniência tem origem na Lei 10.149/2000, que adicionou os artigos 35-B e 35-C à Lei 8.884/1994, Lei *antitruste* vigente à época, posteriormente revogada pela Lei 12.529/2011. A nossa atual Lei *antitruste* manteve o instituto do acordo de leniência nos artigos 86 e 87, dando-lhe novos e importantes contornos.

O acordo de leniência também encontra normatização no artigo 16 da Lei 12.846/2013, que estabelece o sistema de combate à corrupção empresarial. Porém, este texto, devido ao seu objeto, se limitará à análise do acordo de leniência na Lei 12.529/2011, porquanto a lei anticorrupção de empresas possui um regramento próprio e específico para o instituto (em que pese seja, na essência, o mesmo instrumento colaborativo entre o Estado e o particular, o acordo na Lei 12.846/2013 possui diversas especificidades, que devem ser objeto de um estudo à parte).

O acordo de leniência tem assentamento nos artigos 86 e 87 da Lei 12.529/2011.

O acordo é celebrado, de um lado, pela Administração Pública, representada pelo Conselho Administrativo de Defesa Econômica (CADE), e, de outro, pela pessoa física ou jurídica investigada por cometer infrações à ordem econômica. Referidas infrações são definidas no art. 36 da mesma norma legal, havendo perfeita identidade com as condutas definidas como crimes pelo artigo 4º da Lei 8.137/90 (com redação alterada pela própria Lei 12.529/2011). Noutras palavras, tais ações – ilícitas – são simultaneamente infrações administrativas e penais e, por isso, dão azo a uma dupla responsabilização.[32]

Para além do combate aos cartéis, a política criminal fundada no instituto de leniência desponta eficiente e acertada. É que os vínculos – ilícitos – entre os integrantes de um cartel são sempre instáveis e se rompem com facilidade, por conta do desejo de aumento do lucro e da vontade de descumprir os ajustes, em especial por parte das empresas de menor porte econômico.

Após a celebração do acordo entre o CADE e a pessoa física ou jurídica investigada, a avença deve merecer a manifestação do Ministério Público. Embora não exista uma previsão expressa neste sentido, o art. 20 da Lei 12.529/2011 estabelece que *o Procurador-Geral da República designará membro da instituição para dar parecer nos processos administrativos destinados a impor sanções administrativas por infrações à ordem econômica.* Considerando que o acordo de leniência é um procedimento de cunho administrativo que resultará em aplicação de sanções

---

32. ZANELLA, Everton Luiz. Acordo de leniência no âmbito penal e administrativo. In: DOMINGUES, Paulo de Tarso; MESSA, Ana Flávia (Coord.). *Governação corporativa e corrupção*. Edições Húmus: Porto, 2019, p. 181.

ao infrator da norma (ainda que suavizadas devido ao acordo), é perfeitamente aplicável a regra estabelecida no art. 20 da lei.

Aliás, neste sentido é o Item 59 do Guia do Programa de Leniência Antitruste do CADE:

> Apesar de os artigos 86 e 87 da Lei 12.529/2011 não exigirem expressamente a participação do Ministério Público para a celebração de Acordo de Leniência, a experiência consolidada do CADE é no sentido de viabilizar a participação do Ministério Público, titular privativo da ação penal pública e detentor de atribuição criminal, tendo em vista as repercussões criminais derivadas da leniência. Assim, o Ministério Público Estadual e/ou o Federal participa como agente interveniente no acordo, a fim de conferir maior segurança jurídica aos signatários do Acordo de Leniência, além de facilitar a investigação criminal do cartel.[33]

A não participação do Ministério Público cria um relativo clima de incerteza quanto à validade ou a eficácia do Acordo. A participação do órgão dá ao acordo robustecimento e maior segurança jurídica, principalmente diante da possível responsabilização dos fatos nas outras esferas, cuja atuação do Ministério Público é decisiva.

E será que o Ministério Público pode ser o protagonista do acordo, indo além da sua missão de fiscal da ordem jurídica?

Entendemos que sim. Primeiro, o acentuado grau de independência e autonomia da instituição impede que ingerências externas sabotem e minem a persecução dos ilícitos, geralmente permeados por grandes interesses econômicos e postos de poder. Segundo, a capilaridade do *parquet* no território nacional é característica apta a remediar a interinstitucionalidade da corrupção. Uma atuação externa e transversal do Ministério Público pode identificar as práticas cíclicas de atos que corroem a ordem econômica, envolvendo, não raras vezes, diferentes agentes, de diferentes instituições, em diferentes locais. Terceiro, os atos lesivos à ordem econômica, como vimos, configuram também crimes previstos na legislação penal brasileira. Diante da privatividade da ação penal outorgada pela Carta Política de 1988 ao *parquet*, e tendo em vista que, no Brasil, vigora um sistema de independência de instância relativa, em que há uma relativa preponderância da responsabilidade penal sobre a civil e a administrativa, não há como negar ao Ministério Público uma posição de agente coordenador de uma política de combate à corrupção.

A colegitimidade do Ministério Público para celebrar Acordos de Leniência decorre de sua posição constitucional, além da coerência e da integridade do direito, e da necessidade imperiosa de todos os sistemas legais vigentes buscarem

---

33. Disponível em: https://cdn.cade.gov.br/Portal/acesso-a-informacao/participacao-social/contribuicoes-da-sociedade/outras-contribuicoes-concluidas/guia-programa-de-leniencia-antitruste-do-cade-versao-preliminar.pdf. Acesso em: 15 nov. 2021.

o combate aos crimes que lesam a coletividade de forma difusa. A uniformidade deverá ser traçada pelo Ministério Público que é, como já afirmamos, a instituição que manobra o direito penal, ramo preponderante sobre os demais. O diálogo realizado por todas as fontes normativas que se destinam ao combate aos ilícitos econômicos deve ser intermediado pelo Ministério Público, agente capaz, portanto, de executar a política pública decorrente da fonte comum dessas normas, o *direito fundamental à liberdade econômica*, e imprimir uma visão abrangente sobre a questão.

No caso de o Acordo de Leniência ser celebrado pelo Ministério Público, parece-nos aplicável, por analogia, algumas disposições da Lei 7.347/1985 e Lei 8.078/1990, tais como, competência, formalidades, homologação do acordo etc.

Reconhecendo a legitimidade do Ministério Público em celebrar Acordo de Leniência, já se decidiu:

> Administrativo. Processual civil. Acordo de leniência. Legitimidade do ministério público federal. Validade da avença. Interesse público. Possibilidade de homologação provimento do agravo de instrumento. 1. A decisão recorrida não indeferiu a homologação do Acordo de Leniência entre a empresa recorrente e o MPF, na Seção Judiciária do Paraná, mas, sobre questionar a legitimidade do MPF, entendeu ser necessária, antes disso, a participação da União e da Valec, na premissa de que teriam interesse subjetivo a ser preservado com o resultado do que fora acordado, condicionantes que não devem prevalecer. 2. O Acordo de Leniência, concebido a partir de atitudes colaborativas das empresas, que admitem as faltas e se comprometem a implementar mecanismos internos que melhorem a integridade e auditoria na sua gestão e organização (programa de compliance), prevenindo novos atos lesivos que faltem com a ética e a moral na administração pública, é adotado pela Lei 12.846, de 01/08/2013 (Lei Anticorrupção). 3. Como instrumento (um dos) de combate à corrupção, com controles, mas sem grandes entraves formais, acarreta à empresa alguns benefícios, como a isenção de algumas sanções, mas implica compromissos, em ordem a que possa tocar a sua atividade em novos padrões éticos e de conduta (Lei 12.846/2013. art. 16, IV), sem prejuízo da obrigação de reparar integralmente o dano (art. 16, § 3º). 4. O acordo de leniência em causa foi entabulado entre a Camargo Corrêa e o MPF, em 17/08/2015, no âmbito da operação denominada "Lavajato", no Estado do Paraná, no que tange a fatos relacionados à empresa Valec S/A e ao suposto desvio de verbas para a construção da Ferrovia Norte-Sul (operação "trem pagador"). 5. A empresa se obriga a pagar multa cível em seu nome, e de todos os seus prepostos beneficiados, em decorrência das infrações e ilícitos narrados nos anexos ao Termo de Leniência, no valor de R$700.000.000,00 (setecentos milhões de reais), além de outras obrigações, nos termos do art. 16 da Lei 12.846/2013. 6. Não se vislumbra em que ponto o acordo, para ser homologado, imprescindiria do aprovo da União ou da Valec, pois os compromissos acordados não comprometem nem atingem direito subjetivo de nenhuma delas, dentro da premissa de que as avenças realizadas o foram no âmbito da legitimação penal e cível do MPF, vista esta (a cível) em razão das ações de improbidade administrativa das quais seja autor e, em especial, a que tramita na 3ª Vara Federal de Anápolis, da qual é o único autor. 7. A homologação não constitui um juízo de mérito de todas as cláusulas do acordo, mas somente um exame externo de legalidade, no que se distingue da aprovação, podendo o acordo ser rescindido, como previsto na Clausula 15, sem prejuízo de que, a tempo e modo, nas ações judiciais aonde vier

a ser inserido, um ou outro capítulo possa ser rediscutido. 8. O MPF detém legitimidade para promover tal acordo, nos termos do art. 129, IX, da Constituição, que lhe atribui a tutela do patrimônio público, sob a ótica da probidade administrativa, tanto assim que tal legitimidade integra as competências constantes do art. 6º, XIV, f, da LC 75/1993, podendo ser considerado como a autoridade máxima a que se refere a Lei 12.846/2013 (art. 16). 9. Legitimidade do MPF. Possibilidade de homologação do acordo de leniência independentemente da audiência prévia da VALEC, da União ou de qualquer outra entidade. 10. Provimento aos agravos de instrumento. (TRF 1ª R.; AI 0019619-52.2017.4.01.0000; Quarta Turma; Rel. Des. Fed. Olindo Menezes; DJF1 05.09.2019).

Além das razões acima expostas, extrai-se a legitimidade do Ministério Público para celebração do acordo de leniência na recente alteração promovida pela Lei 14.230/2021 que inseriu o art. 17-B na Lei 8.429/1992 e passou a prever a sua exclusividade para a celebração do acordo de não persecução cível.

Os efeitos do acordo dependem do conhecimento prévio ou não do CADE acerca da infração. Se o órgão federal (CADE) não investigava a infração, sendo ela revelada em primeira mão pelo próprio infrator, o acordo de leniência trará como corolário a *imunidade administrativa absoluta*, ou seja, a "extinção da ação punitiva da administração pública em favor do infrator" (art. 86, § 4º, I, da Lei). Nesta hipótese, portanto, consoante normativa legal, nenhuma sanção administrativa será imposta ao leniente. Porém, a *contrario sensu*, se o CADE já possuía conhecimento da infração administrativa (e já a investigava), o benefício aplicado será menor: o leniente receberá a *imunidade administrativa relativa*, a qual se limita à redução da multa[34] de um a dois terços (1/3 a 2/3), preservando-se a possibilidade de aplicação das demais sanções estatuídas no art. 38 da Lei 12.529/2011.[35] O per-

---

34. A multa será fixada nos moldes do art. 37 da Lei: de 0,1% a 20% (um décimo por cento a vinte por cento) do faturamento bruto da pessoa física ou jurídica no exercício anterior, não podendo, contudo, ser inferior à vantagem auferida. Quando não for possível definir o faturamento bruto, a multa será arbitrada entre R$ 50 mil e R$ 2 bilhões (de cinquenta mil a dois bilhões de reais). O administrador de pessoa jurídica, que agir com culpa ou dolo, receberá multa no patamar de 1% a 20% (um a vinte por cento) da multa aplicada à empresa. Em caso de reincidência, as multas cominadas serão aplicadas em dobro.
35. Art. 38. Sem prejuízo das penas cominadas no art. 37 desta Lei, quando assim exigir a gravidade dos fatos ou o interesse público geral, poderão ser impostas as seguintes penas, isolada ou cumulativamente:
    I – a publicação, em meia página e a expensas do infrator, em jornal indicado na decisão, de extrato da decisão condenatória, por 2 (dois) dias seguidos, de 1 (uma) a 3 (três) semanas consecutivas;
    II – a proibição de contratar com instituições financeiras oficiais e participar de licitação tendo por objeto aquisições, alienações, realização de obras e serviços, concessão de serviços públicos, na administração pública federal, estadual, municipal e do Distrito Federal, bem como em entidades da administração indireta, por prazo não inferior a 5 (cinco) anos;
    III – a inscrição do infrator no Cadastro Nacional de Defesa do Consumidor;
    IV – a recomendação aos órgãos públicos competentes para que:
    a) seja concedida licença compulsória de direito de propriedade intelectual de titularidade do infrator, quando a infração estiver relacionada ao uso desse direito;
    b) não seja concedido ao infrator parcelamento de tributos federais por ele devidos ou para que sejam cancelados, no todo ou em parte, incentivos fiscais ou subsídios públicos;

centual da atenuação da multa terá correlação com a efetividade da colaboração e com a boa-fé do infrator (art. 86, § 4º, II, da Lei).

Além da imunidade administrativa absoluta ou relativa (conforme o caso), o art. 87 da Lei 12.529/2011 reza que o acordo de leniência tem como consequência a *suspensão do processo penal* no tocante aos *crimes contra a ordem econômica* (art. 4º da Lei 8.137/90) e "demais crimes diretamente relacionados à prática de cartel".[36] O parágrafo único do dispositivo legal vai além, ao estabelecer que "cumprido o acordo de leniência pelo agente, extingue-se automaticamente a punibilidade dos crimes a que se refere o caput deste artigo".

Em razão dessa ponderação sobre benefícios e prejuízos, num jogo de duplo interesse do Estado e do agente infrator, Ana Paula Martinez escreve:

> Apesar dos diferentes modelos de programas de leniência, em todos eles está presente a lógica "da cenoura e do porrete" (*stick-and-carrot approach*): garantir um tratamento leniente (cenoura) para aquele que decide pôr um fim à conduta e delatar a prática que de outra forma estaria exposta a sanções severas (porrete). A inspiração para o programa vem da teoria dos jogos e do clássico "dilema do prisioneiro", explorando a natural desconfiança existente entre os membros do cartel e sua consequente instabilidade.[37]

Em síntese, o acordo de leniência tem como consequência imediata a suspensão do processo criminal relativo aos delitos contra a ordem econômica e conexos; e como consequência mediata a ampla benesse da extinção da punibilidade, desde que cumprido integralmente o acordo. Trata-se, pois, de verdadeiro instrumento de política criminal voltado ao combate aos carteis, porquanto por meio do acordo de leniência se alcança e se visa a punição de coautores e partícipes do crime.

De fato, o artigo 86, incisos I e II, preveem dois pressupostos para o acordo de leniência: i) que o autor da infração contra a ordem econômica colabore de forma efetiva com as investigações e com o procedimento administrativo; ii) que a colaboração resulte na identificação dos demais envolvidos no ato ilícito e na obtenção de informações provas da infração.

Além dos pressupostos que estão no *caput*, o § 1º do mesmo artigo 86 exige alguns requisitos cumulativos para a celebração do acordo:

V – a cisão de sociedade, transferência de controle societário, venda de ativos ou cessação parcial de atividade;

VI – a proibição de exercer o comércio em nome próprio ou como representante de pessoa jurídica, pelo prazo de até 5 (cinco) anos; e

VII – qualquer outro ato ou providência necessários para a eliminação dos efeitos nocivos à ordem econômica.

36. Podemos citar como exemplos os crimes de fraude a licitações (Lei 8.666/1993), além de delitos do Código Penal, como a associação criminosa (art. 288).
37. *Repressão a carteis*: interface entre direito administrativo e direito penal, op. cit., p. 209.

I – a empresa seja a primeira a se qualificar com respeito à infração noticiada ou sob investigação;

II – a empresa cesse completamente seu envolvimento na infração noticiada ou sob investigação a partir da data de propositura do acordo;

III – a Superintendência-Geral não disponha de provas suficientes para assegurar a condenação da empresa ou pessoa física por ocasião da propositura do acordo; e

IV – a empresa confesse sua participação no ilícito e coopere plena e permanentemente com as investigações e o processo administrativo, comparecendo, sob suas expensas, sempre que solicitada, a todos os atos processuais, até seu encerramento.

O primeiro requisito se refere à pessoa jurídica, pois esta deve ser a primeira a noticiar o fato às autoridades. Notamos que tal requisito não é exigido da pessoa física.

Se outras pessoas jurídicas quiserem colaborar com a Administração Pública (não sendo aquela que primeiramente reportou a infração anticoncorrencial), ela poderá formalizar um termo de compromisso de cessação (TCC), expressamente admitido no item 23 do Guia do Programa de Leniência Antitruste do CADE:

> O Acordo de Leniência é instrumento disponível apenas a o primeiro agente infrator a reportar a conduta anticoncorrencial entre concorrentes ao CADE (art. 86, § 1º, I da Lei 12.529/2011) e cujos benefícios são *tanto administrativos quanto criminais* (art. 86, § 4º c/c art. 87 da Lei 12.529/2011).
>
> O TCC, por sua vez, é acessível *a todos os demais investigados* na conduta anticompetitiva (art. 85 da Lei 12.529/2011), gerando benefícios na seara administrativa, *mas sem previsão de benefícios automáticos na seara criminal*.[38]

Em suma, a primeira pessoa jurídica a relatar os fatos ao CADE é a única que está apta a celebrar o acordo de leniência[39] e receber, por consequência, a imunidade administrativa e penal. As demais empresas poderão apenas celebrar apenas o TCC, cujos efeitos se restringem à esfera administrativa.[40]

Os outros requisitos da Lei para se firmar o acordo de leniência são:

a) que a empresa jurídica ou física cesse completamente seu envolvimento nas infrações econômicas a partir da data do acordo;

---

38. Guia do Programa de Leniência Antitruste do CADE, disponível em https://cdn.cade.gov.br/Portal/acesso-a-informacao/participacao-social/contribuicoes-da-sociedade/outras-contribuicoes-concluidas/guia-programa-de-leniencia-antitruste-do-cade-versao-preliminar.pdf. Acesso em: 15 nov. 2021.
39. O requisito de ser a primeira pessoa a colaborar foi excluído pela medida provisória 703/2015, de 18.12.2015, a qual permitia que qualquer empresa firmasse o acordo de leniência. Entretanto, a medida provisória perdeu sua validade ao não ser convertida em Lei dentro do prazo constitucional (60 dias, prorrogados por igual período, nos termos do art. 62, § 3º, da Constituição Federal), voltando a vigorar, em 30/5/2016, o requisito legal que limita a legitimidade para celebrar o acordo.
40. Não há participação do Ministério Público no TCC, diferentemente do que ocorre no acordo de leniência. É por esta razão que os efeitos do TCC não atingem a esfera criminal.

b) que o CADE não tenha outros meios para comprovar os fatos, isto é, o acordo de leniência é útil e necessário para a obtenção das provas do ilícito;

c) que a pessoa física ou jurídica (por meio de seu representante legal) confesse sua participação na infração econômica e coopere plenamente com as investigações e com o procedimento administrativo.

O descumprimento do acordo de leniência impedirá a realização de novo acordo pelo prazo de 3 (três) anos.

5. CONSIDERAÇÕES FINAIS

O crime de formação de cartel integra o eixo do direito penal econômico e, não raro, pode caracterizar uma das atividades lucrativas desempenhadas por organizações criminosas.

Nesse contexto, de todo exigível a incidência dos meios especiais de investigações criminais previstos na Lei 12.850/2013. Todos os eficientes instrumentos investigatórios utilizados no combate à criminalidade organizada são também manejados para o esclarecimento dos delitos cometidos pelos carteis.

Destaca-se como política criminal eficiente para esse combate aos carteis o instituto da leniência, fruto da influência de instrumentos normativos internacionais – *soft law* – e da harmonização do direito penal internacional.

Os acordos de leniência propiciam a incidência da extinção de punibilidade. Para tanto, fundamental a atuação do CADE e do Ministério Público brasileiro, que, como titular da ação penal, deve assinar o termo de ajuste, senão presidi-lo. Importante reconhecer que a lei não exige a homologação judicial para essa extinção de punibilidade, sendo o bastante o cumprimento das condições e o reconhecimento por parte do CADE e do representante do MP que atua no caso.

Assim como ocorre no instituto da colaboração premiada, em razão da opacidade e dificuldade de se apurar tais delitos cometidos com alto grau de sofisticação e organização, o acordo de leniência viabiliza a eficiência na apuração dos fatos, porquanto o subscritor do pacto deve identificar os coautores dos ajustes ilícitos, apresentar os elementos de provas ou os caminhos a serem percorridos para sua descoberta, indicar as manobras clandestinas para dissimular o lucro ilícito auferido pelo grupo de empresários e colaborar integralmente em todas as instâncias de investigação.

Afigura-se como fundamental também a atuação integrada de todos os órgãos responsável pela persecução penal e administrativa. Não só o CADE. Como é bem possível a incidência da Lei 12.846/13, que conta com a plurilegitimação ativa autorizada pela lei, havendo confissão e assinatura do termo de leniência previsto nesse diploma, deve haver sintonia com a corregedoria do município, ou do estado ou da controladoria – geral da união, conforme o caso. Ainda, considerando também a possibilidade de existir apuração sobre a prática de improbidade administrativa e assinatura de termo de acordo de não persecução cível, necessária a atuação integrada do membro do ministério público que atua nesse eixo cível.

Em outra perspectiva, para que o investigado e sua defesa técnica se convençam de ser a confissão e a colaboração a melhor estratégia, o contexto probatório deve ser sério, forte, convincente e estar no caminho apto a desvendar os delitos cometidos. Mas não só. Existem outros "fatores fundamentais para o sucesso do acordo de leniência. A ameaça de aplicação de multas elevadas e duras penalidades, notadamente na esfera criminal acabam criando um verdadeiro temor da punição, o que é fundamental para que as penalidades realmente inibam a formação dos carteis tornando-os economicamente desvantajosos".[41]

6. REFERÊNCIAS

CARVALHO, Márcia Dometila Lima de, *Fundamentação constitucional do direito penal*, Porto Alegre: Sergio Antonio Fabris, 1992.

DAVID, Luiz Alberto, NUNES JÚNIOR, Vidal Serrano. *Curso de Direito Constitucional*. 4. ed. São Paulo: Saraiva, 2001.

FEDERIGHI, Wanderley José. *Direito tributário*. Atlas: São Paulo, 2000.

FRANÇA, RUBENS Limongi. *Enciclopédia Saraiva do Direito*. São Paulo: Saraiva, 1980. v. 53.

LOVATO, Alecio Adão. *Crimes Tributários*: aspectos criminais e processuais. 3. ed. Porto Alegre: Livraria do Advogado, 2008.

MARTINEZ, ANA PAULA, *Repressão a carteis*: interface entre direito administrativo e direito penal. São Paulo: Singular, 2013.

MENDRONI, Marcelo Batlouni. A lógica acusatória nos crimes de cartel. In: FARINA, Laércio et. al. *A nova Lei do CADE*: o 1º ano na visão das autoridades. Ribeirão Preto: Migalhas, 2013.

MESSA, Ana Flávia; ZANELLA, Everton Luiz. Aspectos controvertidos dos crimes contra a ordem tributária. In: CURY, (Coord.). *Direito Penal Econômico*. São Paulo: Almedina Brasil, 2020.

PRADO, Luiz Regis. *Direito penal econômico*. São Paulo: Ed. RT 2004.

MOLAN GABAN, Eduardo, e DOMINGUES, Juliana Oliveira. *Direito Antitruste*. 3. ed. São Paulo: Saraiva, 2012.

OLIVEIRA, Gesner; RODAS, João Grandino. *Direito e economia da concorrência*. São Paulo: Renovar, 2004.

PIMENTEL, Manoel Pedro. *Direito penal econômico*. São Paulo: Ed. RT, 1973.

PRADO, Luiz Regis. *Direito penal econômico*. 4. ed. São Paulo: Ed. RT, 2011.

R., Shyam Khemani. *Diretrizes para elaboração e implementação de política de defesa da concorrência*. Trad. Fabíola Moura e Priscila Akemi Beltrame. São Paulo: Singular, 2003.

---

41. MOLAN GABAN e DOMINGUES, *Direito Antitruste*, op. cit., p. 265.

ROXIN, Claus; SCHÜNEMANN, Bernd. Strafverfahrensrecht. 27. ed. München: Beck, 2012;

SANTOS, José Anacleto Abduch; BERTONCINI, Mateus; CUSTÓDIO FILHO, Ubirajara. *Comentários à Lei 12.846/2013* – Lei anticorrupção. São Paulo: Ed. RT, 2014.

SOUZA, Renee do Ó, e CAMPOS, Patrícia Eleutério. Algumas respostas sobre o acordo de não persecução penal. In: CUNHA, Rogério Sanches e outros (Org.). *Acordo de não persecução penal*. Salvador: Juspodivm, 2017.

TIGRE MAIS, Rodolfo, *Os fundamentos do antitruste*. 6. ed. São Paulo: Malheiros, 2008.

ZANELLA, Everton Luiz. Acordo de leniência no âmbito penal e administrativo. In: DOMINGUES, Paulo de Tarso; MESSA, Ana Flávia (Coord.). *Governação corporativa e corrupção*. Edições Húmus: Porto, 2019.

A PERSPECTIVA DE GÊNERO NO CONTEXTO DA CRIMINALIDADE ORGANIZADA

Silvia Chakian

Mestre em Direito Penal PUC-SP. Especialista Violência de Gênero Universidade de Tor Vergata – Roma. Promotora de Justiça do Ministério Público de São Paulo. Coordenadora Núcleo de Atendimento às Vítimas de Violência e Familiares – NAVV. Coordenadora Ouvidoria das Mulheres. Autora da obra: A Construção dos Direitos das Mulheres (2. ed. LumenJuris); Coautora das obras: Crimes contra Mulheres (5. ed. JusPodivm) e Crimes contra Crianças e Adolescentes (ed. Juspodivm); Coordenadora da obra Ministério Público Estratégico – v. I, Violência de Gênero (ed. Foco).

Sumário: 1. Introdução – 2. Construção histórico-social dos estereótipos de gênero – 3. Antropologia criminal e criminologia: breves apontamentos – 4. Alguns contextos de ingresso das mulheres no crime – 5. Crimes mais comuns e a participação das mulheres no PCC – 6. Julgamento e encarceramento – 7. Considerações finais – 8. Referências.

1. INTRODUÇÃO

Este artigo é fruto de inquietações que me acompanham desde os início dos meus estudos sobre as questões de gênero. Depois de anos atuando em promotorias criminais por onde tramitam casos de homicídios, roubos, latrocínios, tráficos de entorpecentes, sequestros etc., me concentrei nos estudos de gênero ao assumir a promotoria de enfrentamento à violência de gênero, doméstica e familiar contra a mulher. E num paradoxo que é apenas aparente, muitas das pesquisas que me orientaram na compreensão do fenômeno da violência contra as mulheres, também me permitiram refletir de maneira crítica sobre as especificidades da criminalidade feminina, assim como as dificuldades que ainda temos em tratar do tema da participação de mulheres nas organizações criminosas, quando assumem a autoria de crimes graves, inclusive de natureza hedionda.

Prova disso é a carência de doutrina específica sobre a temática. Ao contrário do que acontece quando a vítima é mulher, quando proliferam obras, artigos e jurisprudência sobre o assunto, pesquisar sobre a mulher autora de crime é um mergulho no escuro. A doutrina majoritária especializada nos estudos do fenômeno criminológico em geral não o trata sob a perspectiva de gênero, enquanto a produção doutrinária sobre gênero costuma se concentrar na mulher exclusivamente sob o prisma da vitimização.

Os poucos estudos sobre criminalidade feminina até a metade do século XX tiveram como base as teorias fundadas na escola positivista e na antropologia criminal, marcadas pelo determinismo biológico e preconceitos, uma vez que a presença da mulher na sociedade era relacionada exclusivamente ao seu papel de esposa e mãe. Até um passado recente a mulher na criminologia foi uma variável, não aparecendo como sujeito, razão pela qual os estudos sempre estiveram muito aquém daqueles direcionados à criminalidade masculina. A mudança começa a aparecer em 60 e 70, exatamente com a contribuição do pensamento feminista. Somente a partir daí os estudos sobre as mulheres em conflito com a lei passam a ser considerados um campo de pesquisa.

De que forma as mesmas construções histórico-sociais que criaram e reforçaram as relações assimétricas de poder entre homens e mulheres impactam a maneira como elas se relacionam com o mundo do crime? Estereótipos de gênero contribuem para uma visão mais condescendente ou mais incriminadora em relação às mulheres autoras de crime? É possível dissociar a questão de gênero dos contextos mais comuns de ingresso das mulheres no crime? E quanto à participação delas na maior organização criminosa do país, o Primeiro Comando da Capital? A questão de gênero impacta a forma de julgamento e encarceramento de mulheres autoras de crime?

Estas são algumas das indagações que impulsionam o artigo, que não tem evidentemente a pretensão de percorrer todos os aspectos que permeiam a criminalidade feminina ou a participação das mulheres em organizações criminosas, mas se propõe a um início de diálogo sobre a importância de olhar para esse fenômeno crescente.

Para tanto, necessário assumir o desafio de lidar com as ambiguidades, afastar-se dos preconceitos e estereótipos generalizantes, que restringem a análise da figura feminina sempre sob a dicotomia de dois únicos prismas: o de monstro irrecuperável ou de vítima indefesa. A realidade é infinitamente mais complexa.

2. CONSTRUÇÃO HISTÓRICO-SOCIAL DOS ESTEREÓTIPOS DE GÊNERO

Foi na idade média, mais precisamente na chamada "Era das Bruxas", que se construiu o primeiro discurso criminológico sobre as mulheres. Eugenio Raúl Zaffaroni ressalta a importância histórica do *Malleus maleficarum*, diploma jurídico dessa época, como primeiro discurso sofisticado de criminologia etiológica, de direito penal, processual penal e de criminalística.[1]

Nesse período, o cristianismo se sedimentou na Europa. Graças às guerras constantes, os homens passaram a ter que se manter longe de casa por períodos

---

1. Apud MENDES, Soraia da Rosa. *Criminologia feminista*: novos paradigmas. São Paulo: Saraiva, 2014, p. 20-21.

mais longos, situação que levou muitas mulheres a assumirem funções para além da vida privada. O contexto da época era das mulheres acumulando conhecimento, exercendo atividades como parteiras e curadoras populares, além de adquirirem relevância na organização de comunidades. Uma ameaça, tanto para o poder médico que avançava, como para a necessidade de centralização do poder que se dispersava nos feudos.

Para Rose Marie Muraro, os séculos de perseguição às mulheres bruxas nada tinham de "histeria coletiva", mas, ao contrário, foram uma perseguição muito bem calculada e planejada pelas classes dominantes, para chegar a maior centralização e poder: "[...] num mundo teocrático, a transgressão da fé era também transgressão política. Assim, os inquisidores tiveram a sabedoria de ligar a transgressão sexual à transgressão da fé. E punir as mulheres por tudo isso."[2]

Então, no final do século XIV, fortalece a crença de existência de uma seita de feitiçaria, com o propósito de culto ao demônio, cuja prática estaria diretamente ligada à natureza feminina.

Segundo o imaginário da época, praticantes de feitiçaria teriam como objetivo a substituição da religião cristã pela de Satanás e seriam responsáveis por desastres e calamidades naturais, epidemias, mortes por causas desconhecidas e esterilidade, por exemplo. Com isso, as mulheres passam a ser vistas como uma classe perigosa, perversa e, portanto, inimiga.[3]

A partir daí, até o século XVIII, decorrerão quatro séculos de perseguição e opressão às mulheres: a era da "caça às bruxas". Nesse período, a mulher que antes era enaltecida como dona do poder sagrado de reproduzir a espécie, passa a ser vista como principal pecadora, responsável pelas desgraças da humanidade.

Os diplomas jurídicos dessa época surgiram no final do século XV e concentravam-se em manuais de inquisidores. Mas o principal diploma é de 1486, quando James Sprenger e Heinrich Kramer publicaram em Estrasburgo a famosa obra *Malleus maleficarum*, ou o *Martelo das feiticeiras*, em que é estabelecida a relação direta entre a feitiçaria e a mulher, com fundamento na própria tradição antiga cristã.

Segundo o *Malleus maleficarum*, a mulher é útil e necessária para a reprodução da espécie e para contribuir dentro de casa com dedicação e afeto ao homem. Ao mesmo tempo, ela representa uma ameaça e deve ser temida em função de

---

2. MURARO, Rose Marie. Breve introdução histórica. In: KRAMER, Heinrich; SPRENGER, James. *O martelo das feiticeiras*: malleus maleficarum. 20. ed., reimp. Rio de Janeiro: Rosa dos Tempos, 2009. p. 5-17. Disponível em: http://www.dhnet.org.br/dados/livros/memoria/mundo/feiticeira/introducao.html. Acesso em: jul. 2018.
3. SILVEIRA, Renato de Mello Jorge. *Crimes sexuais*: bases críticas para a reforma do direito penal sexual. São Paulo: Quartier Latin, 2008, p. 89.

sua sexualidade: "[...] a noção de bruxaria tem, pois, aspecto nitidamente sexual, já que, além dos três pecados que acompanham sobretudo as mulheres perversas (infidelidade, ambição e luxúria), é nas meretrizes e prostitutas onde mais frequentemente se encontra sua incidência."[4]

Ainda segundo o *Malleus maleficarum*, as mulheres seriam mais inclinadas à tentação do diabo, por três razões: seriam mais crédulas que os homens, daí porque Satanás se dirigiria "prioritariamente a elas"; naturalmente mais impressionáveis pelas ilusões do demônio e; muito mais "faladoras", razão pela qual não conseguiam deixar de transmitir, umas para as outras, os conhecimentos da magia.[5]

Na "era das bruxas" os tribunais de inquisição foram palco de todo o horror das torturas e execuções sumárias daqueles tidos como hereges: "na primeira fila, as mulheres, as mais velhas, as mais feias, as mais pobres, as mais agressivas, as que causavam medo".[6]

Nesse sentido, Jean-Michel Sallmann destaca que mais perversa ainda é a relação entre a repressão da feitiçaria e o receio da mendicância e pobreza rural, que aumentavam com o agravamento da situação socioeconômica da época. O autor ressalta que muitas das mulheres acusadas de feitiçaria eram aquelas sem maridos, filhos ou irmãos, sobretudo as viúvas e pobres. E também aquelas que, como acima referido, detinham conhecimento médico (medicina empírica), como era o caso de parteiras e curandeiras, afinal de contas, "a sabedoria somente poderia ter sido transmitida pelo demônio". Acreditava-se que, se poderiam curar, também teriam o poder de causar o mal.

O mito resulta na degradação da imagem social da mulher no final da Idade Média, já que quando, no final do século XVII, ele é abandonado, em toda parte e ao mesmo tempo, o estatuto cultural da mulher não o é, por isso, revalorizado.[7]

De fato, terminado esse período de profunda opressão, a condição da mulher não poderia ser outra, senão a de profunda inferioridade, com seu espaço

---

4. SILVEIRA, Renato de Mello Jorge. *Crimes sexuais*: bases críticas para a reforma do direito penal sexual. São Paulo: Quartier Latin, 2008, p. 90-91.
5. SALLMANN, Jean-Michel. Feiticeira. In: DAVIS, Natalie Zemon; FARGE, Arlette. *História das mulheres no ocidente*. Do Renascimento à Idade Moderna. Trad. Alda Maria Durães, Egito Gonçalves, João Barrote, José S. Ribeiro, Maria Carvalho Torres e Maria Clarinda Moreira. Porto (Portugal): Afrontamento, 1994, v. 3, p. 522.
6. SALLMANN, Jean-Michel. Feiticeira. In: DAVIS, Natalie Zemon; FARGE, Arlette. *História das mulheres no ocidente*. Do Renascimento à Idade Moderna. Trad. Alda Maria Durães, Egito Gonçalves, João Barrote, José S. Ribeiro, Maria Carvalho Torres e Maria Clarinda Moreira. Porto (Portugal): Afrontamento, 1994, v. 3, p. 524.
7. SALLMANN, Jean-Michel. Feiticeira. In: DAVIS, Natalie Zemon; FARGE, Arlette. *História das mulheres no ocidente*. Do Renascimento à Idade Moderna. Trad. Alda Maria Durães, Egito Gonçalves, João Barrote, José S. Ribeiro, Maria Carvalho Torres e Maria Clarinda Moreira. Porto (Portugal): Afrontamento, 1994, v. 3, p. 529.

ainda mais restrito ao ambiente doméstico, alijada de qualquer possibilidade de instrução ou participação na vida pública.

Inferioridade essa que se agravou a partir da construção do pensamento que substituiu o domínio da heresia pelas mulheres por sua condição de portadora de doença psíquica: "Ela, que outrora tinha feito um pacto com Satanás, torna-se vítima de sua imaginação. O mito demonológico dá lugar à histeria, cujos contornos se aperfeiçoam no século XVIII e, sobretudo, no século XIX".[8]

Progressivamente, a acusação de malignidade foi abandonada, mas desenvolveu-se, em contrapartida, a ideia de fraqueza e de invalidez das mulheres, que remete às noções de imperfeição, impotência e deformidade.

Isso porque a palavra "inválido" tem duas conotações: a doença e a monstruosidade.[9]

Esse é o contexto histórico em que a mulher deixa de ser vista como demoníaca, causadora de desastres naturais e pestes, para ser vista como louca, vítima da sua histeria, no discurso produzido pela literatura médica sobre a mulher entre o final do século XIII e o século XIX.

Laqueur menciona que entre a Antiguidade clássica até o final do século XVIII prevalecia como "verdade científica" a existência apenas do sexo biológico masculino. Somente após o Iluminismo surge o entendimento de que seriam dois os sexos biológicos: masculino e feminino." Segundo ele, a concepção de "sexo biológico único" tinha o masculino como modelo de perfeição, "o que fazia da mulher um homem imperfeito". Pensamento que perdurou até o iluminismo.[10]

Não bastasse a construção desse modelo de isomorfismo, também foi produzida na época ampla literatura que relacionava os fluidos produzidos pelo corpo feminino e masculino, com suas características sociais.

Laqueur cita que os humores frios e úmidos considerados dominantes no corpo da mulher eram relacionados com as características de "mentira, mutação, instabilidade", enquanto os humores quentes e secos dos homens eram relacionados com sua suposta "honra, bravura, tônus muscular e fortaleza geral de corpo e espírito."[11]

---

8. SALLMANN, Jean-Michel. Feiticeira. In: DAVIS, Natalie Zemon; FARGE, Arlette. *História das mulheres no ocidente*. Do Renascimento à Idade Moderna. Trad. Alda Maria Durães, Egito Gonçalves, João Barrote, José S. Ribeiro, Maria Carvalho Torres e Maria Clarinda Moreira. Porto (Portugal): Afrontamento, 1994, v. 3, p. 529.
9. BADINTER, Elisabeth. *Um amor conquistado*: o mito do amor materno. Rio de Janeiro: Nova Fronteira, 1980, p. 37. Disponível em: http://www.redeblh.fiocruz.br/media/livrodigital%20(pdf)%20(rev).pdf. Acesso em: 09 mar. 2018.
10. LAQUEUR, Thomas Walter. *Inventando o sexo*: corpo e gênero dos gregos a Freud. Trad. Vera Whately. Rio de Janeiro: Relume Dumará, 2001, p. 42.
11. LAQUEUR, Thomas Walter. *Inventando o sexo*: corpo e gênero dos gregos a Freud. Trad. Vera Whately. Rio de Janeiro: Relume Dumará, 2001, p. 131.

São interpretações científicas que deram origem a significados culturais que até hoje relacionam a mulher ao descontrole, à fraqueza, à inclinação para a mentira e à vingança, ao passo que o homem recebe os atributos da coragem e do equilíbrio.

Na obra *Della fisionomia dell'huomo*, de Giambattista della Porta, ele sustenta: "a mulher tem, sem dúvida, a carne húmida, o rosto estreito, os olhos pequenos, o nariz direito; por isso ela tem um espírito medroso, furioso e, sobretudo, enganador; o homem, pelo contrário, manifesta, através de um rosto largo e forte, as qualidades do seu espírito corajoso e justo."[12]

Aliás, como será mencionado mais adiante, Lombroso vai seguir essa linha das explicações biológicas para sustentar na sua obra que até mesmo a menstruação influenciava a prática de crimes violentos. Para ele, em tempos de menstruação, gravidez e menopausa as mulheres estão em pior estado e cometeriam os piores crimes – lembrando que ele abordava o ciclo menstrual feminino como parte de um fenômeno maior chamado sexualidade. Sustentava que mulheres com lascívia exacerbada tinham, geralmente, menstruação prolongada e exagerada, e que o apetite sexual feminino aumentava ao longo da menstruação. E tudo era razão para uma alteração psíquica perigosa.[13]

Com o tempo a noção do feminino como corpo imperfeito ou inacabado perde força e a medicina começa a buscar, no início do século XVII, explicações mais adequadas para a anatomia e função reprodutora feminina.

Finalmente, no século XVIII o modelo do isomorfismo passa a ser abandonado, dando lugar à "invenção do sexo" como nós conhecemos, nas palavras de Laqueur. Nessa transformação, o pensamento de Aristóteles e de Galeno, que defendia que a mulher era biologicamente um "homem imperfeito", dá espaço para o modelo do dismorfismo –existência de dois sexos diferentes e opostos – o que significa enxergar a mulher como criatura distinta.

A obra publicada em 1775 pelo médico e filósofo Pierre Roussel define bem a crença na missão social da medicina nessa época, porque defendia que a mulher teria vocação natural para a maternidade, "numa existência ordenada e sedentária."[14]

---

12. BERRIOT-SALVADORE, Évelyne, O discurso da medicina e da ciência. In: DAVIS, Natalie Zemon; FARGE Arlette. *História das mulheres no ocidente*. Do Renascimento à Idade Moderna. Trad. Alda Maria Durães, Egito Gonçalves, João Barrote, José S. Ribeiro, Maria Carvalho Torres e Maria Clarinda Moreira. Porto (Portugal): Afrontamento, 1994, v. 3, p. 417.
13. ANDRADE, B. S. A. B. (2011). *Entre as leis da Ciência, do Estado e de Deus*. O surgimento dos presídios femininos no Brasil. Dissertação de Mestrado, Faculdade de Filosofia, Letras e Ciências Humanas, Universidade de São Paulo, São Paulo. doi:10.11606/D.8.2011.tde-11062012-145419, p. 184. Acessado em 25/01/23, de www.teses.usp.br.
14. BERRIOT-SALVADORE, Évelyne, O discurso da medicina e da ciência. In: DAVIS, Natalie Zemon; FARGE Arlette. *História das mulheres no ocidente*. Do Renascimento à Idade Moderna. Trad. Alda

Maria Rita Kehl também destaca que é a partir dessa época que o conhecimento médico científico passa a reservar à mulher um modelo de comportamento social e sexual bem definido na figura da mãe de família, recatada e virtuosa, numa verdadeira simbiose entre o discurso médico científico e a moral sexual.[15]

Lembremos ainda como a filosofia também reforçou essas concepções sobre as mulheres. Para Aristóteles, as mulheres eram seres frágeis, irracionais e passionais. Seu corpo, por ser excessivamente úmido, as tornava moles e inconstantes. As mulheres então precisariam ser zeladas pela sua natural fragilidade, apesar de fonte de perigo constante.

E se a lógica da feminilidade era o cuidado e a resignação, a prostituta estaria em oposição a essa expectativa social da mulher, como verdadeira negação do "dever ser" mulher, segundo a antropóloga Bruna Soares Angotti Batista de Andrade, que analisa a obra de Lemos Britto sobre o lugar social da mulher naquele período.[16]

Para a autora, "na contramão do "dever ser" estavam aquelas mulheres que desfaziam os arranjos esperados de esposas devotadas, boas mães e bons exemplos sociais: prostitutas, mães solteiras, mulheres masculinizadas, mulheres escandalosas, boêmias, histéricas e outras.

Em geral, o desvio passava pelo plano da sexualidade, que, na mulher, deveria ser muito bem observado e mensurado, pois aos excessos e descaminhos do padrão sexual normal eram especialmente creditadas as descontinuidades do feminino e, consequentemente, as rupturas com um determinado modo de proceder social esperado."[17]

3. ANTROPOLOGIA CRIMINAL E CRIMINOLOGIA: BREVES APONTAMENTOS

A antropologia criminal tem início com os estudos do médico italiano Cesare Lombroso, que buscou identificar correspondência em traços físicos de

---

Maria Durães, Egito Gonçalves, João Barrote, José S. Ribeiro, Maria Carvalho Torres e Maria Clarinda Moreira. Porto (Portugal): Afrontamento, 1994, v. 3, p. 454.
15. KEHL, Maria Rita. *Deslocamentos do feminino*: a mulher freudiana na passagem para a modernidade. 2. ed. São Paulo: Boitempo, 2016, p. 55.
16. ANDRADE, B. S. A. B. (2011). *Entre as leis da Ciência, do Estado e de Deus*. O surgimento dos presídios femininos no Brasil. Dissertação de Mestrado, Faculdade de Filosofia, Letras e Ciências Humanas, Universidade de São Paulo, São Paulo. doi:10.11606/D.8.2011.tde-11062012-145419, p. 109. Acesso em: 25 jan. 2023, de www.teses.usp.br.
17. ANDRADE, B. S. A. B. (2011). *Entre as leis da Ciência, do Estado e de Deus*. O surgimento dos presídios femininos no Brasil. Dissertação de Mestrado, Faculdade de Filosofia, Letras e Ciências Humanas, Universidade de São Paulo, São Paulo. doi:10.11606/D.8.2011.tde-11062012-145419, p. 111. Acesso em: 25 jan. 2023, de www.teses.usp.br.

criminosos. Na obra o homem delinquente, de 1876, conceituou o delinquente nato e o crime foi identificado como fenômeno natural ligado à construção atávica do criminoso. Outros dois juristas responsáveis pela construção das bases da antropologia criminal foram Raffaele Garofalo (*Criminologia*, em 1885) e Enrico Ferri (*Sociologia Criminal*, em 1881).

Nos estudos de Lombroso, além do criminoso nato, havia também dentre os degenerados (aqueles que nasceram com estigma físico ou psíquico, desenvolvimento incompleto), os loucos; os alcoólicos; as prostitutas e os homossexuais.

Para essa escola positivista, o criminoso não podia evitar o crime, porque a prática fazia parte de sua "natureza", a menos que circunstâncias na sua vida muito favoráveis alterassem esse quadro. Mas também se reconhecia que pessoas sem a marca de degeneração poderiam praticar crimes na hipótese de circunstâncias desfavoráveis.

Em 1893 Lombroso e Ferrero publicam *La dona delinquente: la prostituta e la donna normale*, onde as teorias do crime como fenômeno biológico passam a ser aplicadas exclusivamente às mulheres criminosas, associando sexualidade, insanidade e crime, obra que orientou os estudos sobre a criminalidade feminina por mais de 50 anos.

Na sua teoria do atavismo, as mulheres seriam mais obedientes às leis que os homens. Mas mesmo sendo menos "atávicas", não seriam superiores, porque movidas pela amoralidade, sendo mais engenhosas, frias, calculistas, sedutoras e malévolas.[18]

Segundo Lombroso e Ferrero, as criminosas possuiriam sexualidade e lascívia exacerbada, além de serem naturalmente tendentes aos sentimentos de vingança, inveja, ciúmes e avareza. As características de ordem sexual seriam as mais graves, sendo a prostituta a criminosa mais perigosa. Já as "mulheres normais", sendo esposas e mães, teriam a "sexualidade controlada" e não cometeriam crimes em razão de sua baixa inteligência e obediência.

Para os autores, uma das provas de degeneração seria o fato de que as criminosas natas não teriam afeição maternal, o que era compreensível, dadas as suas características masculinas, como o excesso de sexualidade. Portanto nas mulheres morais e normais a sexualidade estaria canalizada na maternidade, enquanto as criminosas não teriam esses sentimentos e seriam péssimas mães.[19]

---

18. MENDES, Soraia da Rosa. *Criminologia feminista*: novos paradigmas. São Paulo: Saraiva, 2014, p. 43.
19. ANDRADE, B. S. A. B. (2011). *Entre as leis da Ciência, do Estado e de Deus*. O surgimento dos presídios femininos no Brasil. Dissertação de Mestrado, Faculdade de Filosofia, Letras e Ciências Humanas, Universidade de São Paulo, São Paulo. doi:10.11606/D.8.2011.tde-11062012-145419, p. 169. Acesso em: 25 jan. 2023, de www.teses.usp.br.

A beleza e a sensualidade estavam dentre os sinais do atavismo, também o tagarelismo e a inclinação à fofoca – elementos que também justificavam o comportamento desviante.[20]

Portanto na obra *La Donna Delinquente: la prostituta e la donna normale*, há uma escala de mulher delinquente, que vai da criminosa nata, que seria a pior de todas, até a mulher honesta, que mesmo assim traria em si a potencialidade para a prática de crimes. Entre elas estaria a prostituta nata; a prostituta ocasional e a criminosa ocasional (esta também cometeria crimes ocasionais, como os crimes contra o patrimônio, isso em razão da latente imoralidade feminina). Vale relembrar que para Lombroso, a prostituição seria decorrente de "insanidade moral", de ausência de sentimentos como amor pela família, porque essa "degeneração moral" impediria a manifestação das virtudes de evolução encontradas nas "mulheres morais", apagando os sentimentos mais civilizados, como o respeito à vida, à família e aos outros. E essa patologia levaria à prática de crimes como roubo e homicídio, porque elas não tinham o freio social que teria a mulher honesta, não resistindo às tentações.[21]

Conforme descreve Bruna Soares Angnotti Batista de Andrade, as mulheres em geral seriam portanto inferiores aos homens tanto fisicamente, quanto moral e intelectualmente, dividindo-se na doutrina de Lombroso, basicamente em duas categorias: a) aquelas más, masculinizadas e primitivas; b) as civilizadas, femininas e seguidoras das leis. E apesar da diferença entre uma categoria e outra, havia traços comuns às mulheres, como é o caso da potencialidade para o desvio. Além de outras características, físicas e morais, como: a) maior resistência à dor; b) semelhanças com as crianças; c) falta de senso moral; d) impulsos vingativos; e) ciúmes. Tais características poderiam ser equilibradas pela: capacidade da mulher em sentir pena; o exercício da maternidade; a frieza sexual e a inteligência pouco desenvolvida.[22]

De qualquer forma, a criminosa nata era mais rara entre as mulheres que os criminosos natos entre homens, devido à pouca "mobilidade evolucionária feminina", outro paradoxo da teoria, que os autores justificavam sustentando que

---

20. PEIXOTO, Paula Carvalho. *Vítimas encarceradas*: histórias de vida marcadas pela violência doméstica e pela criminalidade feminina. São Paulo: IBCCRIM, 2017, p. 31.
21. ANDRADE, B. S. A. B. (2011). Entre as leis da Ciência, do Estado e de Deus. O surgimento dos presídios femininos no Brasil. Dissertação de Mestrado, Faculdade de Filosofia, Letras e Ciências Humanas, Universidade de São Paulo, São Paulo. doi:10.11606/D.8.2011.tde-11062012-145419, p. 166-170. Acesso em: 25 jan. 2023, de www.teses.usp.br.
22. ANDRADE, B. S. A. B. (2011). Entre as leis da Ciência, do Estado e de Deus. O surgimento dos presídios femininos no Brasil. Dissertação de Mestrado, Faculdade de Filosofia, Letras e Ciências Humanas, Universidade de São Paulo, São Paulo. doi:10.11606/D.8.2011.tde-11062012-145419, p. 166. Acesso em: 25 jan. 2023, de www.teses.usp.br.

o curto caminho percorrido pelas mulheres na escala evolutiva ocorreria porque a natureza da mulher era a da manutenção, pouca mobilidade e pouca criatividade.[23]

Assim, Lombroso e Ferrero trataram da dupla excepcionalidade da mulher criminosa, definindo que ela é excepcional em relação à sociedade ordeira, não criminosa; e é excepcional em meio aos homens criminosos. "E, como uma dupla exceção, a mulher criminosa é um verdadeiro monstro", concluíram.[24]

Como referido, a obra de Lombroso e Ferrero orientou os estudos posteriores sobre criminalidade feminina, orientados pelo determinismo biológico de uma pretensa natureza feminina, com reflexos até os dias atuais, como demonstram as políticas criminais e os estudos de criminalidade influenciados pelos estereótipos da mulher masculinizada, histérica ou descontrolada emocionalmente.

A criminologia sobre a delinquência feminina surgiu também como uma construção feita por homens, para homens, sobre as mulheres. A mulher sempre como uma variável, não aparecendo como sujeito, o que fez com que os estudos sempre ficassem muito à margem daqueles direcionados à criminalidade masculina.

Alda Facio e Rosalia Camacho sustentam que os estudos produzidos que levavam em conta a mulher sempre foram marginalizados como muito específicos para serem aplicados a toda população, uma vez que o homem foi, desde sempre, elevado à categoria *universal*, enquanto coube à mulher a categoria de *particular*. Para elas o paradigma dos humanos sempre foi o homem e, na maioria dos tratados de criminologia, a problemática masculina ocupou a posição central, enquanto a problemática feminina esteve completamente ausente ou periférica.[25]

Soraia Mendes exemplifica que o festejado modelo clássico de Beccaria nada abordou no pensamento criminológico sobre a criminalidade feminina. Segundo ela, a maioria dos trabalhos, senão todos, encontrados no Brasil sobre a condição feminina, seja como autora de crimes, seja como vítima, encontram-se referenciados em paradigmas criminológicos conformadores de categorias totalizantes, que se distanciam muito (ou totalmente) do que produziu a epistemologia feminista.[26]

---

23. ANDRADE, B. S. A. B. (2011). Entre as leis da Ciência, do Estado e de Deus. O surgimento dos presídios femininos no Brasil. Dissertação de Mestrado, Faculdade de Filosofia, Letras e Ciências Humanas, Universidade de São Paulo, São Paulo. doi:10.11606/D.8.2011.tde-11062012-145419, p. 167. Acesso em: 25 jan. 2023, de www.teses.usp.br.
24. ANDRADE, B. S. A. B. (2011). Entre as leis da Ciência, do Estado e de Deus. O surgimento dos presídios femininos no Brasil. Dissertação de Mestrado, Faculdade de Filosofia, Letras e Ciências Humanas, Universidade de São Paulo, São Paulo. doi:10.11606/D.8.2011.tde-11062012-145419, p. 168. Acesso em: 25 jan. 2023, de www.teses.usp.br.
25. FACIO, Alda; CAMACHO, Rosália. Em busca das mulheres perdidas: ou uma aproximação crítica à criminologia. In: CLADEM. *Mulheres*: vigiadas e castigadas. São Paulo: CLADEM, 1995, p. 45.
26. MENDES, Soraia da Rosa. *Criminologia feminista*: novos paradigmas. São Paulo: Saraiva, 2014, p. 13.

A ruptura com essa criminologia tradicional e androcêntrica se dá com a contribuição do pensamento feminista. É na metade do século XX que os movimentos feministas orientam a figura feminina para a centralidade dos debates, questionando lugares, papéis e valores construídos socialmente para homens e mulheres.

Carmen Hein de Campos menciona que as criminólogas desafiaram as bases da criminologia ao introduzir as mulheres e o gênero como *guiding question* na investigação criminológica. Segundo a autora, desde 1970 as feministas vêm debruçando-se sobre a criminalidade feminina, elaborando fortes críticas ao *malestream*, documentando omissões e falsa representações de mulheres na pesquisa criminológica. Então a crítica feminista à criminologia atingiu o coração da criminologia, forçando-a a uma profunda revisão teórica.[27]

Nesse aspecto, doutrinadoras como Carmen Hein de Campos consideram que a crítica feminista à criminologia mais contundente foi feita pela britânica Carol Smart na obra *Women, Crime and Criminology*, na qual a autora critica o determinismo biológico de Lombroso como responsável pelo comportamento criminoso da mulher.

A criminologia de perspectiva feminista surge portanto para promover o pensamento crítico sobre as questões de gênero, seus reflexos, os contextos das relações de poder, evidenciando, por exemplo, como os mitos reducionistas e pautados em estereótipos de fragilidade e inferioridade feminina, repercutem tanto na crença de incapacidade das mulheres infringir leis e praticar crimes gravíssimos, quanto na dupla culpabilização por ela ter se desviado das normas tradicionais de gênero.

4. ALGUNS CONTEXTOS DE INGRESSO DAS MULHERES NO CRIME

Na medida em que os estudos contemporâneos passaram a criticar as justificativas biológicas e patologizantes das teorias positivistas para a criminalidade feminina, ganha espaço a análise de outros fatores e contextos envolvendo a prática de crimes por mulheres.

Há estudos diversos apontando a influência da relação familiar instável para a personalidade criminosa; alguns sustentando que o aumento da emancipação feminina aproximaria mulheres de papéis tipicamente realizados por homens, como na obra (bastante criticada) *Sisters in Crime: The Rise of the New Female Criminal* e *Women and Crime*, de Freda Adler e Rita Simon, respectivamente; aqueles apontando aspectos relacionados à teoria do consumo, ou os sentimentos

---

27. CAMPOS, Carmen Hein de. *Criminologia feminista*: teoria feminista e crítica às criminologias. Rio de Janeiro: Lumen Juris, 2017, p. 219.

de inveja, ódio, vingança e até rivalidade feminina, no caso da passionalidade; alguns definindo que o aumento da criminalidade feminina seria devido ao aumento da precarização das condições sociais e outros criticando a existência de uma criminalidade tipicamente feminina, já que a diferença estaria na frequência dos crimes, considerando maior ou menor oportunidade.

Nessa análise do contexto social, merece destaque a fuga de casa para escapar da violência doméstica e sexual, que pode levar ao envolvimento com roubos e tráfico, em razão a precarização das condições de vida. Além, claro, da experiência de relacionamentos violentos, que podem conduzir mulheres ao crime de homicídio, por exemplo.

Interessa aqui destacar que o século XX foi marcado pela exigência feminista de que a criminologia, construída sobre as bases do androcentrismo, superasse "os mais de 200 anos de produção criminológica sem as mulheres", para corresponder às perspectivas do chamado feminismo de matriz pós-moderna que evidencia a inadequação da utilização de uma identidade fixa ou um sujeito essencial na categoria *mulher*.[28]

Na definição de Jody Miller e Christopher Mullins, citada na pesquisa de Carmen Hein de Campos, [...] a criminologia feminista seria um corpo da pesquisa e da teoria criminológica que situa o estudo do crime e da justiça criminal dentro de um complexo entendimento de que o corpo social é sistematicamente formado pelas relações de sexo/gênero e inclui, dessa forma, uma perspectiva teórica sobre gênero e desigualdade de gênero e sua interseccionalidade com os indicadores de raça, classe e idade, entre outros.[29]

Para Soraia da Rocha Mendes, a perspectiva de gênero não pode ser um mero "aditivo", como ocorre nas análises criminológicas realizadas sob o paradigma da reação social. Para ela, "adotar o ponto de vista feminista significa um giro epistemológico, que exige partir da realidade vivida pelas mulheres (sejam vítimas, rés ou condenadas) dentro e fora do sistema de justiça criminal".[30]

O que parece claro é que o não enfrentamento desses desafios e a ausência de observância da perspectiva feminista em toda a produção criminológica trazem reflexos diretos de ineficiência às respostas no campo das políticas criminais.

A realidade muitas vezes demonstra que mesmo dentro do mundo do crime, as relações de gênero se perpetuam, o que fica evidente quando analisamos a par-

---

28. CAMPOS, Carmen Hein de. *Criminologia feminista*: teoria feminista e crítica às criminologias. Rio de Janeiro: Lumen Juris, 2017, p. 289.
29. CAMPOS, Carmen Hein de. *Criminologia feminista*: teoria feminista e crítica às criminologias. Rio de Janeiro: Lumen Juris, 2017, p. 271.
30. MENDES, Soraia da Rosa. *Criminologia feminista*: novos paradigmas. São Paulo: Saraiva, 2014, p. 158-171.

ticipação das mulheres dentro das organizações criminosas ou o envolvimento delas nos crimes a partir de seus parceiros.

Josmar Jozino, jornalista autor da obra *Casadas com o Crime*, ao analisar os contextos de ingresso das mulheres no mundo do crime, descreve a situação das esposas/parceiras de criminosos, que foram levadas à prática de ações criminosas pelos companheiros, por exemplo nas visitas aos estabelecimentos prisionais, quando acabam sendo responsáveis por introduzir drogas, armas, celulares, ou mesmo praticar, fora desse contexto, roubos e tráficos de entorpecentes. Em muitos casos, é por meio delas que se instrumentaliza a lavagem dos lucros pessoais do criminoso, porque é através dos familiares que se dá a aquisição de imóveis, carros etc.

O autor também descreve a situação de mulheres que cresceram em lares desestruturados, foram vítimas de maus tratos, violência doméstica, sexual e, então, passam a viver nas ruas e ingressam no mundo do crime, até mesmo antes da adolescência, praticando furtos, roubos e tráficos de entorpecentes.

Por fim, Josmar trata das mulheres que entram no crime por opção, mesmo com oportunidades de outra vida, realidade que não pode ser desconsiderada.[31]

5. CRIMES MAIS COMUNS E A PARTICIPAÇÃO DAS MULHERES NO PCC

Segundo dados do Departamento Penitenciário Nacional, até junho de 2014, do total de 579.781 encarcerados (excluídos os presos em delegacias), 37.380 eram mulheres, o que corresponde a 6,4% da população prisional e uma taxa de aprisionamento de 18,5 por 100.000 habitantes. O crescimento do aprisionamento de mulheres acontece em diferentes países. No Brasil, entre os anos 2000 e 2014, o número de homens na prisão cresceu 220%, enquanto a população carcerária feminina foi incrementada em 567%.[32]

Dentre esses crimes, merece destaque a prática de roubos com privação de liberdade das vítimas geralmente em conjunto com parceiros masculinos; roubos a caminhoneiros para subtração de carga, quando por vezes exercem o papel de atrair as vítimas nas estradas; e participação em extorsões mediante sequestro, quando por vezes ficam responsáveis por guardar cativeiro, tanto porque supostamente levantariam menos suspeita, como porque determinadas funções de cuidado (cozinhar, servir, tomar conta de reféns) são funções relacionadas às expectativas de papel feminino.

---

31. JOZINO, Josmar. *Casadas com o crime*. São Paulo: Ed. Letras do Brasil, 2008.
32. Disponível em: https://www.justica.gov.br/news/estudo-traca-perfil-da-populacao-penitenciaria-feminina-no-brasil/relatorio-infopen-mulheres.pdf. Acesso em: 25 jan. 2023.

No que diz respeito ao tráfico de entorpecentes, a criminosa pioneira nesta área foi a famosa *Maria do Pó*, apelido de Sônia Maria Rossi, que já foi considerada a maior traficante da região de Campinas e que ainda hoje encontra-se foragida, sendo a única mulher na lista dos dez mais procurados na lista do Ministério da Justiça. Mas, de uma maneira geral, as mulheres atuam mais no preparo e distribuição da droga, que é recebida e "trabalhada" para repasse às "padarias", onde recebem o preparo final, com a participação de mulheres, que fazem a mistura, pesam antes e depois, embalam em pacotes e a deixam pronta para consumo. Os "tabletes" ou "tijolos" são levados também por mulheres, em sacolas ou mochilas, até o ponto de venda, onde são depositadas. O uso das mulheres como "mulas" deriva do fato de gerarem pouca desconfiança ou suspeita. E a introdução de drogas (além de armas e celulares) em presídios continua sendo feita majoritariamente por mulheres nas visitas.

Há registros, ainda, de participação de mulheres na prática de outra conduta criminosa gravíssima: o tráfico de pessoas, em especial para fins de exploração sexual vinculada ao turismo sexual. Segundo o Relatório Global sobre o Tráfico Internacional de Pessoas de 2018 fornecido pela UNODC (2018) 72% dos casos de tráfico envolviam meninas e mulheres como vítimas, que costumam ingressar no país de destino com visto de turista, quando a ação da exploração sexual acaba oculta nos registros por atividades legais como o agenciamento de modelos, babás, garçonetes ou dançarinas. Mulheres envolvidas nessa prática contribuem ativamente para que essas vítimas permaneçam, em regra, sob cárcere privado, até que quitem supostas dívidas (transporte, alimentação, hospedagem, dentre outros) com as/os traficantes.

Instituições e organizações internacionais que combatem crimes de pedofilia também já apontaram a peculiaridade do uso instrumental de mulheres pelas associações criminosas que praticam a exploração sexual de crianças e adolescentes para produção e comercialização de material pornográfico. O concurso de mulheres nessa modalidade criminosa pode se dar tanto quando ela não impede a prática, mesmo tendo o dever de fazê-lo, o que geralmente ocorre no contexto intrafamiliar; como na forma de verdadeiro auxílio prestado pela mulher, quando seu papel deixa de ser instrumental para tornar-se essencial na prática criminosa. Especialistas como a professora Marizia Sabella, que atuou em casos dessa natureza na Itália e começou a estudar o fenômeno em 1993, consideram que durante filmagens para produção de pornografia, por exemplo, costuma-se contar com a presença de uma mulher, asseguradora, de forma que a criança não consiga ter noção do desvalor daquilo que ali ocorre, daí porque sustenta-se que não há como investigar esse tipo de crime sem esse olhar específico para a participação da mulher.

Por fim, é preciso tratar do contexto em que as mulheres passam a integrar ou prestar serviços para organizações criminosas, em especial, o Primeiro Comando da Capital.

Sobre a participação feminina na maior organização criminosa do país, o PCC, é possível dizer que nos primeiros anos as mulheres tiveram sua participação limitada à atividade de intermediar mensagens entre lideranças e comandados, ou, por vezes, eram responsáveis por introduzir nos presídios drogas ou instrumentos para facilitação de fugas.

A principal mudança no papel das mulheres veio com a introdução do telefone celular dentro dos presídios, ainda muito antes dos smartphones, quando se criaram as centrais telefônicas. Foram as mulheres que assumiram a operação das centrais que continham linhas com terminais físicos, que recebiam as chamadas dos celulares que entravam nos presídios e as redirecionavam para o número buscado, ou recebiam as chamadas de fora e repassavam para o número de dentro do presídio.

Com o tempo, essas mulheres passaram também a receber tarefas e assumiram responsabilidade de definir situações, até o ponto em que o papel das operadoras tornou-se fundamental para a coordenação das ações da organização. Exemplo disso foi o episódio da maior rebelião prisional do mundo, a chamada megarrebelião, quando a principal operadora de conferências telefônicas, Suely Maria Rezende (Mãezona), foi responsável por transmitir para as operadoras de cada presídio todas as instruções.

Não bastasse, quando a liderança do PCC se dividia entre José Marcio Felício (Geleião), César Augusto Roriz Silva (Cesinha) e Marco Willians Herba Camacho (Marcola), todos isolados no presídio de Presidente Bernardes, em Regime Disciplinar Diferenciado, quem assumiu a comunicação entre lideranças e comandados foram suas respectivas mulheres: Petronilha Maria Carvalho Felício ("Dona Petrô"); Aurinete Félix da Sila ("Netinha") e Ana Maria Olivatto ("Branca").

Conflitos, mortes e desaparecimentos alteraram o panorama das lideranças do PCC, em especial de Geleião e Cesinha, fazendo retroceder o espaço das mulheres na liderança da organização.

De qualquer forma, é crescente a participação das mulheres na principal organização criminosa do país, seja na qualidade de esposas/companheiras de integrantes, responsáveis pela lavagem do dinheiro produto do crime; seja nas atividades relacionadas ao preparo e distribuição de droga, inclusive na atividade de "mulas" e até no comando da atividade; seja como "advogadas", cujo papel ultrapassa a de defesa jurídica, para servir a organização; seja, ainda, como principais responsáveis pela introdução de drogas e celulares nos presídios.

Em entrevista realizada para fins de pesquisa com o promotor Lincoln Gakiya, promotor de justiça do Ministério Público de São Paulo com larga experiência no combate ao crime organizado e responsável pela fiscalização do cumprimento de penas por integrantes de facções criminosas em presídios do Estado, inclusive de segurança máxima, foram mencionadas situações de prisões de mulheres exercendo funções relevantes na facção, uma delas, presa em Campinas, por exemplo, em poder de quinze fuzis. Segundo ele, tendo o PCC necessidade de controle também sobre os presídios femininos, a organização avançou no batismo de mulheres presas, chamadas irmãs, sujeitas ao mesmo estatuto e regras, de maneira que cada Presídio tenha uma "pilota" (sintonia dos presídios femininos), que se reporta à cúpula, esta integrada exclusivamente por integrantes masculinos.

Lincoln Gakiya também mencionou a situação de ingresso de mulheres no sistema prisional em razão de relacionamentos com parceiros criminosos, contexto que as levou à prática de crimes. Então, quando ingressam nos presídios, acabam se vinculando ao PCC em busca de proteção, situação bastante comum. A "proteção" do PCC acaba garantindo a essas presas, muitas vezes, integridade física e também defesa jurídica. Não obstante, quando essas presas deixam o presídio, permanecem vinculadas ao Partido e passam a ter que prestar serviços e pagar quantias em dinheiro. Segundo Lincoln Gakiya, essas mulheres possuem "registro na organização", "matrícula", com menção ao lugar de origem, nome de "padrinhos" e apelido "vulgo". E não podem "deixar" a organização, o que somente acontece em caso de morte ou na hipótese de efetivamente saírem do mundo do crime. O promotor menciona ainda já ter trabalhado em caso de "julgamentos" pela organização em que as punidas eram mulheres, com agressões graves e assassinato, inclusive.

Segundo a Convenção das Nações Unidas contra o Crime Organizado Transnacional, ratificada pelo Decreto 5.015/2004, considera-se grupo criminoso organizado: "todo aquele estruturado de três ou mais pessoas, existente há algum tempo e atuando com o propósito de cometer uma ou mais infrações graves ou enunciadas na presente Convenção, com a intenção de obter, direta ou indiretamente, um benefício econômico ou outro benefício material."[33]

Já na Lei 12.850/13, de 2 de agosto de 2013, no art. 1º, § 1º, define-se organização criminosa como: "a associação, de 04 (quatro) ou mais pessoas, estruturalmente ordenada e caracterizada pela divisão de tarefas, ainda que informalmente, com objetivo de obter, direta ou indiretamente, vantagem de qualquer natureza, mediante a prática de infrações penais cujas penas máximas sejam superiores a 04 (quatro) anos ou que sejam de caráter transnacional."[34]

O Primeiro Comando da Capital configura grupo criminoso organizado, conforme definição da Convenção das Nações Unidas, além de organização cri-

---

33. Disponível em: https://www.unodc.org/documents/treaties/UNTOC/Publications/TOC%20Convention/TOCebook-e.pdf. Acesso em: 25 jan. 2023.
34. Disponível em: https://www.planalto.gov.br/ccivil_03/_ato2011-2014/2013/lei/l12850.htm. Acesso em: 25 jan. 2023.

minosa, nos termos da Lei 12.850/2013. O Tribunal de Justiça do Estado de São Paulo, no julgamento da apelação 0012137-65.2008.8.26.0576, também definiu o PCC como organização criminosa armada que atua dentro e fora dos presídios paulistas, fato que prescinde de provas.

Aliás, os próprios criminosos consideram o PCC uma organização criminosa, conforme descrevem no "Estatuto do Primeiro Comando da Capital": "Aquele integrante que for para a rua tem obrigação de manter o contato com a sintonia de sua quebrada ou da quebrada que o mesmo estiver, estar sempre à disposição do comando. A organização necessita do empenho e união de todos os seus integrantes, deixando claro que não somos sócios de um clube e sim integrantes de uma organização criminosa, que luta contra as opressões e injustiças que surgem no dia a dia e tentam nos afetar, sendo assim, o comando não admite acomodações e fraqueza diante de nossa causa".

Portanto conforme definição de Lincoln Gakiya, o PCC é organização criminosa armada, com atuação transnacional, que tem como finalidade a prática de crimes, especialmente os de tráfico de entorpecentes, delitos contra o patrimônio e relacionados à aquisição, posse, porte, guarda, manutenção em depósito, transporte, fornecimento, empréstimo e emprego de amas de fogo, além de crimes contra a vida de agentes públicos, corrupção ativa etc., cujo comando, liderança e as principais ordens são proferidas a partir do interior das penitenciárias.

Josmar Jozino descreve na obra *Casadas com o Crime* que no início de 2007, o Comando Feminino do Partido já tinha pelo menos 30 mulheres integrantes e que assim como os homens, elas passam pelo batismo, a partir do que devem cumprir à risca todos os artigos do estatuto. Ao serem batizadas, essas mulheres também ganham poder dentro e fora dos presídios, mas precisam consultar seus padrinhos e os generais da facção para eventual tomada de decisão.[35]

O autor descreve na obra que dentro do PCC, as mulheres também se distribuem em diversas funções: (i) Pilotos (cumprindo pena privativa de liberdade, têm o dever de resolver problemas e conflitos internos dos presídios. Podem também liderar as rebeliões, decidindo inclusive se alguma rival vai ou não morrer. Algumas já chegaram a cumprir castigo no Regime Disciplinar Diferenciado – RDD. Possuem a principal função de zelar pela ordem e disciplina nas prisões); (ii) Nas ruas (algumas das irmãs do PCC que estão soltas têm o encargo assistencial, ou seja, cuidam de entregas de remédios e cestas básicas para familiares de presos. Outras gozam de confiança dos generais do Partido e são encarregadas de auxiliar os parceiros de rua em outros crimes); (iii) Simpatizantes (colaboram com a organização, sem integrá-la); e (iv) Advogadas (integram a célula jurídica da

---

35. JOZINO, Josmar. *Casadas com o crime*. São Paulo: Ed. Letras do Brasil, 2008.

organização, cujo objetivo é fazer pagamentos, prestar assessoria jurídica e promover a lavagem de dinheiro).[36]

Quanto a esse último contexto, Lincoln Gakiya e também Josmar Jozino em sua obra mencionam que inicialmente denominada "sintonia dos gravatas", a célula havia sido criada para prestar serviços jurídicos aos líderes pertencentes à sintonia final geral ou do conselho deliberativo do PCC, mas, com o passar do tempo, o núcleo evoluiu para também servir de elo de comunicação das atividades criminosas entre os líderes presos e aqueles que estão em liberdade. A partir desta célula, advogadas integrantes prestam serviços como assistência a familiares dos presos, como auxilio funerário ou outras contribuições financeiras, e são responsáveis por organizar e custear os serviços médicos prestados aos integrantes da cúpula ou por eles indicados, tudo com recursos de origem ilícita da própria organização criminosa, obtidos com o lucro do narcotráfico e demais crimes afins. Tais advogadas atuam também como "pombos correios", uma vez que recebem as informações dos presos e eram responsáveis por retransmiti-las ao seu destino em outros presídios ou para integrantes em liberdade, bem como participam da corrupção de agentes públicos do Estado. O vínculo, portanto, difere daquele entre advogado e cliente, como ocorre normalmente, porque se constitui numa relação entre as advogadas e organização criminosa, o que lhes impõe, inclusive, a sujeição a medidas disciplinares.

No período que ficou conhecido como maio sangrento, em 2006, foram registadas centenas de ataques do PCC a instituições, como resposta a transferência de líderes da facção. Graças à força tarefa formada por integrantes do Ministério Público, Gaeco, Polícias, Secretaria de Segurança, Ministério da Justiça e Receita Federal, foi possível identificar advogados e advogadas que prestavam serviços para a organização. Josmar Jozino menciona que na lista de visitas de advogados a líderes do PCC, uma advogada havia estado 110 vezes em presídios localizados em diversos pontos do Estado visitando chefes da organização, em apenas quatro meses. Na ocasião, uma advogada da Região Noroeste foi presa após informação de que ela ligava para detentos e indicava endereço de clientes para assaltos, tendo participado do planejamento de roubo de joias. Algumas advogadas tinham ligações amorosas com integrantes do PCC, uma chegou a ser acusada de repassar ordens de detentos do PCC para o "quebra quebra" de presídios do interior durante os ataques de maio de 2006, muitas foram acusadas de providenciar a entrada de celulares nos presídios, além de mensagens que inclusive detonaram rebeliões. O autor também menciona que uma advogada chegou a ser acusada na ocasião de organizar toda a contabilidade dos líderes do Partido e outra de corromper um

---

36. JOZINO, Josmar. *Casadas com o crime*. São Paulo: Ed. Letras do Brasil, 2008.

funcionário da Câmara dos Deputados, durante a CPI do tráfico de armas, tendo obtido gravações de depoimentos.

Ainda segundo Josmar Jozino, na hierarquia do PCC, acima daquelas que estão na função de pilotos das penitenciárias ou de rua, está a torre cor de rosa, esta diretamente subordinada a um general. As pilotos comandam as companheiras que, apesar de batizadas, têm menor poder de influência na facção, além das simpatizantes do Partido. Todas elas podem ou não ser esposas/companheiras de integrantes do Partido, os quais, para determinadas funções, podem preferir não utilizar as irmãs batizadas, para evitar que membros sejam presos ou indiciados. Então para terem acesso às armas, drogas e celulares nas unidades prisionais, o Partido também contrata mulheres que não são integrantes do grupo, as chamadas *pontes*, que são indicadas por alguém "de confiança" e cobram por ação de levar celulares, drogas e armas para o interior dos presídios, introduzidos nos órgãos genitais, vagina ou ânus. As mulheres grávidas são mais procuradas na contratação de pontes, porque em muitas penitenciárias elas são mais poupadas nas revistas íntimas, não podendo passar no raio X.[37]

6. JULGAMENTO E ENCARCERAMENTO

A questão de gênero também está presente quando se analisa aspectos do julgamento de crimes praticados por mulheres, nos seus mais diversos contextos, assim como seu eventual encarceramento.

Carol Smart discorre sobre a "dupla culpabilização" da mulher criminosa, que responde pelo erro cometido e também socialmente pelos desvios de conduta, do que se espera tradicionalmente "do papel feminino". Para ela, a mulher criminosa é vista como tendo violado não somente a lei, mas também as normas específicas destinadas a cada gênero.[38]

Paula Carvalho Peixoto menciona como o conceito de *duplo desvio* é essencial para compreensão de como as mulheres muitas vezes são tratadas nos sistemas judiciários e também no cárcere, fruto da estigmatização de serem transgressoras da ordem social e de seu papel maternal e familiar, fruto de uma sociedade patriarcal.[39]

Da mesma forma, são esses conceitos reducionistas sobre o feminino que também contribuem, por muitas vezes, para as crenças equivocadas de incapaci-

---

37. JOZINO, Josmar. *Casadas com o crime*. São Paulo: Ed. Letras do Brasil, 2008.
38. PEIXOTO, Paula Carvalho. *Vítimas encarceradas*: histórias de vida marcadas pela violência doméstica e pela criminalidade feminina. São Paulo: IBCCRIM, 2017, p. 39.
39. PEIXOTO, Paula Carvalho. *Vítimas encarceradas*: histórias de vida marcadas pela violência doméstica e pela criminalidade feminina. São Paulo: IBCCRIM, 2017, p. 39.

dade das mulheres infringirem as leis e serem autoras de crimes graves, violentos, de natureza hedionda, impactando julgamentos.

Citando Hilary Allen, Paula Carvalho Peixoto define a mulher criminosa como essa figura que causa perturbação, representando rompimento com o que se considera padrão de comportamento da "mulher normal", isso amparado na sua fragilidade física e emocional. E cita pesquisas demonstrando como no sistema de justiça, avaliam-se esses papéis de esposa e principalmente de boa ou má mãe no julgamento de mulheres que praticaram crimes.[40]

A autora descreve que há duas correntes que divergem na análise sobre a forma como se dá o julgamento dos crimes praticados por mulheres: uma corrente afirma que há mais condescendência, um favorecimento no julgamento feminino, em razão da postura protetiva da mulher; outra sustenta a dupla penalização ou culpabilização, que faz com que as mulheres sejam julgadas com maior rigor.[41]

Sendo assim, ainda que se trate de um crime hediondo, o fato da criminosa ser boa esposa ou mãe amorosa, são aspectos que interfeririam para que ela não seja vista como perigosa. Como se houvesse a busca por evitar o cárcere de uma mãe, a qualquer custo. E conclui, citando a obra de Hilary Allen: "é um olhar leniente que traria algumas vantagens para as mulheres que estão em conflito com a lei, mas que ao mesmo tempo, perpetuam a subordinação social e legal da mulher e reforça expectativas patriarcais e sexistas, uma vez que determina o lar como o lugar próprio para a mulher, na medida em que prioriza medidas paliativas."[42]

Na América Latina, os primeiros centros de detenção femininos do século XIX eram provindos de grupos religiosos e o entendimento era de que as mulheres não precisavam de regras militares e rígidas como as masculinas, mas sim ambiente amoroso, maternal, porque eram percebidas como vítimas da própria debilidade moral, falta de razão e inteligência.[43]

Nesse entendimento científico do século XIX, que persistiu até os anos 60, o encarceramento feminino era portanto regido por uma visão moral e religiosa e os crimes mais comuns eram a prostituição, a vadiagem e a embriaguez.

Na década de 1930 surge a primeira unidade prisional feminina brasileira. Segundo a antropóloga Bruna de Andrade, que fez estudo sobre o surgimento dos

---

40. PEIXOTO, Paula Carvalho. *Vítimas encarceradas*: histórias de vida marcadas pela violência doméstica e pela criminalidade feminina. São Paulo: IBCCRIM, 2017, p. 40-42.
41. PEIXOTO, Paula Carvalho. *Vítimas encarceradas*: histórias de vida marcadas pela violência doméstica e pela criminalidade feminina. São Paulo: IBCCRIM, 2017, p. 42.
42. PEIXOTO, Paula Carvalho. *Vítimas encarceradas*: histórias de vida marcadas pela violência doméstica e pela criminalidade feminina. São Paulo: IBCCRIM, 2017, p. 43.
43. MENDES, Soraia da Rosa. *Criminologia feminista*: novos paradigmas. São Paulo: Saraiva, 2014, p. 158-181.

presídios femininos no Brasil, as diretrizes que orientavam a política prisional giravam em torno das seguintes questões: (i) De que maneira recuperar as mulheres desviantes para um "dever ser" feminino socialmente esperado?; (ii) Como lidar com as diferentes categorias de delinquentes femininas, impedindo a contaminação de umas pelas outras e promovendo a recuperação de suas características femininas?; (iii) De que maneira aliar o encarceramento e a maternidade?; (iv) Como estimular a manifestação de características positivas tipicamente femininas sem, contudo, despertar a futilidade atribuída às mulheres?; (v) Como anular a sexualidade exacerbada e canalizá-la de maneira positiva? E conclui que a prisão de uma mulher objetivava a sua "domesticação, a maternidade e a vigilância de sua sexualidade", porque buscava-se o resgate de sua moral, padrões de feminilidade e o aprendizado das "tarefas femininas". Isso para que ela pudesse retornar para a sociedade e bem exercer seu papel de esposa e mãe amorosa.[44]

O modelo de reclusão, portanto, foi o de casa-convento, até o século XX. Para Soraia Mendes, fica claro como no tocante às mulheres, a questão de crime, criminoso e pena não estava relacionada exclusivamente com o processo de transformação econômica: havia algo mais. No mesmo sentido, a autora cita Aguirre, para quem sempre existiu um sistema penal aparente e um sistema penal subterrâneo (sistema social).[45]

A antropóloga Bruna de Andrade ainda destaca que essa proposta de reeducação e recuperação moral das detentas para a sua reinserção na sociedade não possibilitou uma real transformação social, capaz de retirar essas mulheres das condições que contribuíam para seu ingresso no mundo do crime. Tampouco a redenção divina, sustenta, era garantia de reabilitação, sendo possível dizer que tanto no discurso quanto na prática, não havia propostas de enfrentamento da vulnerabilidade da condenada, mas investimentos em um plano de recuperação mais ideal que real, próprio de uma sociedade na qual o casamento e a formação da família sempre foram os principais objetivos das mulheres (como se a família não pudesse ser ela própria um lugar de tensão e violência).[46]

Mais uma vez, também aqui, em relação ao encarceramento feminino, a influência dos estereótipos de gênero e noções moralistas ou religiosas acabaram

---

44. ANDRADE, B. S. A. B. (2011). *Entre as leis da Ciência, do Estado e de Deus*. O surgimento dos presídios femininos no Brasil. Dissertação de Mestrado, Faculdade de Filosofia, Letras e Ciências Humanas, Universidade de São Paulo, São Paulo. doi:10.11606/D.8.2011.tde-11062012-145419, p. 185. Acesso em: 25 jan. 2023, de www.teses.usp.br.
45. MENDES, Soraia da Rosa. *Criminologia feminista*: novos paradigmas. São Paulo: Saraiva, 2014, p. 158-181.
46. ANDRADE, B. S. A. B. (2011). *Entre as leis da Ciência, do Estado e de Deus*. O surgimento dos presídios femininos no Brasil. Dissertação de Mestrado, Faculdade de Filosofia, Letras e Ciências Humanas, Universidade de São Paulo, São Paulo. doi:10.11606/D.8.2011.tde-11062012-145419, p. 288. Acesso em: 25 jan. 2023, de www.teses.usp.br.

prejudicando o desenvolvimento de políticas públicas voltadas às especificidades que envolvem mulheres autoras de crimes e o cumprimento das penas impostas, havendo muito ainda que se avançar nesse aspecto.

Há inegável deficiência histórica em relação ao planejamento e à execução de políticas públicas voltadas às mulheres (cuidados com a saúde, regime de visitas, disposição das celas) porque o encarceramento sempre foi pensado sob a ótica masculina.

Esse aspecto é evidente se considerarmos a falta de banheiros, nos locais onde não há vasos sanitários, somente o boi (buraco); a ausência de ginecologistas; a falta de absorventes; a falta de acompanhamento de gestantes; a situação da população trans; dentre outras questões que envolvem, por exemplo, a maternidade e o cárcere.

Aliás, um ponto levantado pelo jornalista Josmar Jozino na sua obra já citada, está na solidão dessas mulheres no cárcere. Uma das mulheres por ele entrevistadas disse: "Se eu pudesse dar um conselho para mulheres que se casam com homens envolvidos no crime, seria para elas serem leais, companheiras, ralarem com eles, mas nunca se envolver com o mundo do crime, pois depois que caímos neste lugar, são poucos os maridos que não abandonam suas mulheres, eu sou apenas mais uma entre milhares de mulheres abandonadas depois de serem presas."[47]

De fato, para os presos, as mulheres têm mais utilidade quando estão fora, não presas, quando então costumam ser abandonadas e raramente recebem visitas de familiares, ao contrário do público masculino.

7. CONSIDERAÇÕES FINAIS

Como referido no início, o objetivo desse artigo é um início de diálogo sobre a importância de se olhar para o fenômeno crescente da criminalidade feminina e a participação de mulheres na criminalidade organizada.

Buscou-se demonstrar como a influência do determinismo biológico e patologizante da escola positivista e a produção criminológica androcêntrica secular prejudicaram (e ainda prejudicam) a construção de políticas criminais eficazes para o enfrentamento do problema.

A realidade demonstra que, por vezes, mesmo dentro do mundo do crime, as relações de gênero se perpetuam, o que fica evidente quando analisamos a participação das mulheres dentro das organizações criminosas ou o envolvimento delas nos crimes a partir de seus parceiros.

---

47. JOZINO, Josmar. *Casadas com o crime*. São Paulo: Ed. Letras do Brasil, 2008, p. 106.

Nesse vasto e complexo campo de pesquisa sobre a criminalidade feminina, não há como prescindir, portanto, da perspectiva de gênero, o que também significa rejeitar estereótipos de fragilidade e inferioridade feminina, que repercutem tanto na crença de incapacidade das mulheres infringir leis e praticar crimes gravíssimos, quanto na dupla culpabilização por ela ter se desviado das normas tradicionais de gênero.

8. REFERÊNCIAS

BADINTER, Elisabeth. *Um amor conquistado*: o mito do amor materno. Rio de Janeiro: Nova Fronteira, 1980, p. 37. Disponível em: http://www.redeblh.fiocruz.br/media/livrodigital%20 (pdf)%20(rev).pdf. Acesso em: 09 mar. 2018.

BERRIOT-SALVADORE, Évelyne, O discurso da medicina e da ciência. In: DAVIS, Natalie Zemon; FARGE Arlette. *História das mulheres no ocidente*. Do Renascimento à Idade Moderna. Trad. Alda Maria Durães, Egito Gonçalves, João Barrote, José S. Ribeiro, Maria Carvalho Torres e Maria Clarinda Moreira. Porto (Portugal): Afrontamento, 1994.

CAMPOS, Carmen Hein de. *Criminologia feminista*: teoria feminista e crítica às criminologias. Rio de Janeiro: Lumen Juris, 2017.

FACIO, Alda; CAMACHO, Rosália. Em busca das mulheres perdidas: ou uma aproximação crítica à criminologia. In: CLADEM. *Mulheres*: vigiadas e castigadas. São Paulo: CLADEM, 1995.

ANDRADE, B. S. A. B. (2011). *Entre as leis da Ciência, do Estado e de Deus*. O surgimento dos presídios femininos no Brasil. Dissertação de Mestrado, Faculdade de Filosofia, Letras e Ciências Humanas, Universidade de São Paulo, São Paulo. doi:10.11606/D.8.2011.tde-11062012-145419. Acesso em: 25 jan. 2023, de www.teses.usp.br.

JOZINO, Josmar. *Casadas com o crime*. São Paulo: Ed. Letras do Brasil, 2008.

KEHL, Maria Rita. *Deslocamentos do feminino*: a mulher freudiana na passagem para a modernidade. 2. ed. São Paulo: Boitempo, 2016.

LAQUEUR, Thomas Walter. *Inventando o sexo*: corpo e gênero dos gregos a Freud. Trad. Vera Whately. Rio de Janeiro: Relume Dumará, 2001, p. 131.

MENDES, Soraia da Rosa. *Criminologia feminista*: novos paradigmas. São Paulo: Saraiva, 2014.

MURARO, Rose Marie. Breve introdução histórica. In: KRAMER, Heinrich; SPRENGER, James. *O martelo das feiticeiras*: malleus maleficarum. 20. ed., reimp. Rio de Janeiro: Rosa dos Tempos, 2009. p. 5–17. Disponível em: http://www.dhnet.org.br/dados/livros/memoria/mundo/feiticeira/introducao.html. Acesso em: jul. 2018.

PEIXOTO, Paula Carvalho. *Vítimas encarceradas*: histórias de vida marcadas pela violência doméstica e pela criminalidade feminina. São Paulo: IBCCRIM, 2017.

SALLMANN, Jean-Michel. Feiticeira. In: DAVIS, Natalie Zemon; FARGE, Arlette. *História das mulheres no ocidente*. Do Renascimento à Idade Moderna. Trad. Alda Maria Durães, Egito Gonçalves, João Barrote, José S. Ribeiro, Maria Carvalho Torres e Maria Clarinda Moreira. Porto (Portugal): Afrontamento, 1994.

SILVEIRA, Renato de Mello Jorge. *Crimes sexuais*: bases críticas para a reforma do direito penal sexual. São Paulo: Quartier Latin, 2008.

APLICAÇÃO DA TEORIA DO DOMÍNIO DO FATO ÀS PERSECUÇÕES PENAIS QUE ENVOLVEM ORGANIZAÇÕES CRIMINOSAS

Olavo Evangelista Pezzotti

Doutorando e Mestre em Direito Processual Penal pela Faculdade de Direito da Universidade de São Paulo (USP). Especialista em Direito Penal pela Escola Superior do Ministério Público de São Paulo (2012). Foi Visiting Scholar na Stanford Law School – EUA. Promotor de Justiça do Ministério Público do Estado de São Paulo. Membro Auxiliar da Procuradoria-Geral da República junto ao Superior Tribunal de Justiça, com atribuição em crimes de competência originária (Corte Especial). Foi integrante do Grupo de Atuação Especial de Combate ao Crime Organizado (GAECO) do MPSP. Integrou a assessoria criminal da Procuradoria-Geral de Justiça de São Paulo (CAOCrim).

Sumário: 1. Introdução – 2. Pressupostos teóricos e posição dogmática da teoria do domínio do fato no direito penal – 3. Possíveis expressões do domínio do fato – 4. Domínio da vontade: "autoria mediata" e o controle de "aparatos organizados de poder" – 5. Pressupostos da autoria mediata pelo domínio de um aparato organizado de poder – 6. Conclusão – 7. Referências.

1. INTRODUÇÃO

Organizações criminosas se constituem pela associação de indivíduos que, com *animus* de estabilidade e permanência, visam à obtenção de vantagens indevidas, por meio da prática sistemática de delitos graves. É usual, embora não indispensável, que o arranjo desses grupos ilícitos apresente uma estrutura hierarquizada, com disposição vertical de funções, em rígida cadeia de comando sustentada por normas internas de autoridade informal.[1]

---

1. Conceitual e empiricamente, nas organizações criminosas violentas, segundo Kai Ambos, a estrutura hierárquica, amparada por normas de disciplina, leva ao desenvolvimento de uma "cultura de mando e de obediência cega". Não obstante, para caracterização de um "aparato organizado de poder", que interessa à aplicação da teoria do domínio do fato, o essencial é que a estrutura organizativa viabilize o controle sobre os executores materiais dos crimes, ainda que por meio diverso da hierarquização de posições. (AMBOS, Kai. Sobre la "organización" en el domínio de la organización. *Revista para el Análisis del Derecho*. Barcelona, Julho de 2011, p. 15-16). Ainda sobre o caráter ideal, porém não indispensável, da hierarquia para a configuração de um "aparato organizado de poder" e para o "domínio da organização": "Es verdad que el escenario ideal para que exista dominio de la organización es una organización jerárquica, pero ello no significa que no pueda existir fuera de ella" (MEINI, Iván. La autoría mediata por dominio de la organización en el caso Fujimori: comentario a la sentencia de fecha 7.4.2009 (Exp. a.v. 19 – 2001) emitida por la Sala Penal especial de la Corte Suprema. *Zeitschrift für Internationale Strafrechtsdogmatik*, 11/2009, p. 604).

Para além do vínculo subjetivo estável entre os associados e da estrutura hierárquica, as organizações criminosas mais complexas segmentam suas atividades em núcleos de atuação, os quais apresentam finalidades e objetivos particulares, mas que devem funcionar em sinergia, convergindo para a consecução dos objetivos comuns e superiores do agrupamento delinquencial. É justamente essa estruturação funcional que confere a uma associação ilícita a característica de organização.[2]

Enquanto a distribuição de poderes decisórios e de funções executivas entre diferentes células dá origem a *núcleos* relativamente *estáveis*, estes são majoritariamente compostos por *indivíduos fungíveis*, responsáveis por apenas uma fração das ações necessárias ao sucesso da organização. Some-se a tal fato a constatação empírica, já consolidada no senso comum, de que os líderes das facções criminosas apenas raramente praticam com as próprias mãos os crimes perpetrados em favor da organização.

Esses dois fatores – ausência de envolvimento dos líderes na execução material dos delitos e fragmentação das infrações entre múltiplos autores e partícipes – dão causa a problemas de ordem prática, dificultando a incidência do direito penal aos casos que envolvem criminalidade organizada. Mais especificamente, pode haver equívocos na aplicação das normas de concurso de pessoas, no reconhecimento de nexo causal entre conduta e resultado, bem como na aferição de critérios de individualização da pena, que devem sempre levar a um sancionamento que corresponda à "medida de culpabilidade" do agente.

Como ponto de partida, deve-se afastar o entendimento de que a prática do crime previsto no artigo 2º da Lei 12.850/13 (pertencimento à organização criminosa) autoriza a automática imputação de delitos praticados em favor do grupo. A inserção do indivíduo na estrutura hierárquico-piramidal da facção não implica necessariamente sua responsabilização por crimes perpetrados por outros integrantes. Se assim fosse, haveria indevida responsabilização objetiva.

Por outro lado, a interpretação das ações individuais de quem integra organização criminosa pressupõe uma leitura contextualizada pelo funcionamento global da entidade ilícita. Definir as margens de responsabilização penal do indivíduo por sua atuação junto à organização demanda prévio conhecimento da composição estrutural da facção.

---

2. É característico que as células das organizações criminosas tenham um caráter de impessoalidade, de sorte que os indivíduos que se associam ao grupo passam a ter uma relação preponderante com o ente ilícito, abstratamente considerado, e independente de uma relação individual com membros determinados da facção, de importância secundária: "no se da aún una organización cuando los distintos delincuentes solo están vinculados por relaciones personales. La organización, pues, debe alcanzar cierta dimensión y no depender de determinados miembros concretos" (ROXIN, Claus. *Autoría y dominio del hecho en derecho penal*. Madrid: Marcial Pons, 2016, p. 692).

Nesse sentido, é sempre necessário enxergar a posição do agente junto à estrutura delinquencial, revelando-se de que forma sua participação contribui para que o grupo alcance seus objetivos ilegais. Diante desse recorte, integrantes da organização podem compor células dedicadas a atos que, destacados, sejam atípicos, mas, no contexto do agrupamento criminoso, contribuam para a consecução dos fins ilícitos visados pela organização.

Essas peculiaridades inerentes ao injusto praticado em contexto de criminalidade organizada suscitam dúvidas quanto à imputação, exigindo reflexões próprias. Uma primeira ordem de questionamentos diz respeito aos elementos necessários à caracterização do crime de pertencimento à organização criminosa (art. 2º da Lei 12.850/13). Questão diversa diz respeito aos critérios para aferir se o integrante do grupo deve ser considerado "autor" ou "partícipe" de fatos praticados por outros membros, no âmbito do concurso de pessoas.

Nesses moldes, ainda que não se trate do objeto central deste ensaio, algumas ponderações sobre o tipo penal do art. 2º c.c o art. 1º, § 1º, da Lei 12.850/13, são pertinentes. Quando se impõe, para o reconhecimento da estrutura organizacional, que exista divisão de tarefas, não é necessário que cada ordem de atribuições caracterize ilícitos penais. É possível que as funções de determinadas células sejam intrinsecamente lícitas, mas ganhem relevância penal quando inseridas no modelo operacional da organização. A forma de atuação e de estruturação da organização leva à identificação de suas finalidades criminosas, não apreciação isolada das ações dos indivíduos que a compõem.

Para ilustração, tenha-se uma organização criminosa especializada em roubos, com emprego sistemático das técnicas de execução delitiva que ficaram popularmente conhecidas como "mega-assaltos".[3] Para funcionamento contínuo da organização, seus integrantes estruturam as seguintes células: a) de gestão financeira e *lavagem* de dinheiro; b) de organização logística: com o objetivo de custodiar armas, explosivos e demais instrumentos dos crimes; c) de execução material: composta por indivíduos com distinta habilidade em manuseio de explosivos, armas de fogo e em direção ofensiva, dedicados à execução dos delitos.

Todos esses núcleos se prestam a atividades, em si, ilícitas – *lavagem* de dinheiro, financiamento de infrações penais, crimes que violam o Estatuto do Desarmamento e execução material dos roubos, sem prejuízo dos singulares crimes patrimoniais praticados em concurso. Não há dúvida de que os sujeitos

---

3. Para execução desses crimes, as organizações criminosas empregam técnicas que visam impedir a reação das forças de segurança e difundir pânico, de forma generalizada, especialmente com fechamento de vias tráfego, emprego de armas de grosso calibre e de explosivos, rendição de civis para que funcionem como escudos humanos, ataques aos equipamentos urbanos e promoção de incêndios em vias públicas.

que compõem esses segmentos da facção incorrem no tipo penal previsto no art. 2º da Lei 12.850/13.

Nem sempre a prática traz casos tão óbvios. Qual seria o tratamento penal se a mesma organização criminosa contratasse médicos, remunerando-os mensalmente para atender, com exclusividade e em ambiente clínico mantido pela facção, executores materiais eventualmente feridos em ações delitivas? A concepção da "célula hospitalar" teria o fim de evitar que integrantes do grupo pudessem ser reconhecidos e presos, durante atendimentos em clínicas e hospitais regulares. Cientes dos fins visados pela facção, os médicos não participariam dos crimes patrimoniais, apenas permaneceriam de sobreaviso, em regime de revezamento, prontos para atendimento aos feridos.

Prestar socorro em casos de urgência ou emergência é dever do médico e não se pode considerar que o atendimento a autor de crime, ainda que seja foragido, constitua fato ilícito.[4] O socorro médico a feridos em decorrência de crimes praticados pelo próprio paciente, portanto, é um ato lícito, se retirado do contexto da organização criminosa.[5]

No desenho estrutural da hipotética facção, no entanto, os médicos comporiam uma célula dirigida especificamente a assegurar impunidade aos crimes, amparando os demais segmentos funcionais da organização para que alcançassem, com maior segurança, os objetivos ilícitos comuns, especialmente a vantagem patrimonial visada. Associando-se permanentemente a essa estrutura delinquencial, fomentando a prática dos crimes e fornecendo suporte às células que, em sinergia, permitem os resultados delitivos visados pelo grupo, incorreriam tais profissionais da saúde no crime de integrar organização criminosa (art. 2º da Lei 12.850/13).

O que se nota é que o delito de promover, constituir, financiar ou integrar organização criminosa decorre de uma relação entre dois entes – a própria orga-

---

4. Sobre a atipicidade da conduta do médico por simples atendimento a um foragido, afastando-se o crime do § 280, StGB (Código Penal alemão) – equivalente ao delito de favorecimento pessoal (art. 348, CP): JESCHECK, Hans-Heinrich; WEIGEND, Thomas. *Tratado de Derecho Penal*: parte general. Trad. Miguel Olmedo Cardenete. Breña: Pacífico, 2014, v. I, p. 371. Sobre o dever de prestar socorro a pacientes, independentemente das causas que os levaram à situação de urgência ou emergência, a Resolução CFM 2217, Art. 33, prevê ser vedado ao médico: "deixar de atender paciente que procure seus cuidados profissionais em casos de urgência ou emergência quando não houver outro médico ou serviço médico em condições de fazê-lo".
5. A constituição prévia de um aparato médico para atendimento a eventuais feridos em ações criminosas poderia se considerar primariamente como "ação neutra". Considera-se "ação neutra" a contribuição prestada a fato ilícito alheio que, à primeira vista, pareçam normais e não sejam "manifestamente puníveis" (GRECO, Luís. *Cumplicidade através de ações neutras*: a imputação objetiva na participação. Rio de Janeiro: Renovar, 2004, p. 110). No entanto, no contexto de contribuição para o plano delitivo, as "ações neutras" podem ganham relevância penal, mas podem se tornar impuníveis se estiverem fora do âmbito de sancionamento pela existência de certos pressupostos, como a ausência de risco, a ausência de desaprovação do risco ou de repercussão do risco no resultado.

nização, reconhecida pelos elementos constantes do art. 1º, § 1º, da Lei 12.850/13, e o indivíduo que pratica a ação proscrita pelo artigo 2º do mesmo diploma legal.

Então, para fins de imputação, primeiro se deve identificar a existência de uma organização criminosa como um ente ilícito, produto da associação de diferentes pessoas, dentro do recorte imposto pelo art. 1º, § 1º, da Lei de Organizações Criminosas.[6] Em um segundo momento, há de se perquirir a prática das ações nucleares descritas no art. 2º[7] junto ao grupo criminoso. Sob essa perspectiva, o art. 1º, § 1º, não traz "elementares implícitas"[8] ao tipo penal do artigo 2º, apenas estabelece o conceito de "organização criminosa", com exposição das características que lhe são essenciais, ostentando a natureza de complemento normativo de norma penal em branco homogênea.[9]

Ainda nesse prisma, o "objetivo de obter, direta ou indiretamente, vantagem de qualquer natureza, mediante a prática de infrações penais cujas penas máximas sejam superiores a 4 (quatro) anos, ou que sejam de caráter transnacional" (art. 1º, § 1º, da Lei 12.850/13) corresponde à finalidade da facção – ao "fim organizativo supraindividual", contido fora do tipo penal do art. 2º, não se confundindo com um elemento subjetivo do tipo.[10] Quanto a este, basta que o agente conheça os fins da organização e passe, consciente e voluntariamente, a integrá-la, ainda que suas contribuições não consistam na prática de infrações penais "cujas penas máximas sejam superiores a 4 (quatro) anos". Os fins da organização são resultados coletivamente visados, que podem ser diversos dos objetivos de ações individuais praticadas em favor do grupo.

---

6. § 1º Considera-se organização criminosa a associação de 4 (quatro) ou mais pessoas estruturalmente ordenada e caracterizada pela divisão de tarefas, ainda que informalmente, com objetivo de obter, direta ou indiretamente, vantagem de qualquer natureza, mediante a prática de infrações penais cujas penas máximas sejam superiores a 4 (quatro) anos, ou que sejam de caráter transnacional.
7. Promover, constituir, financiar ou integrar organização criminosa.
8. Falando equivocadamente em elementares implícitas para se referir aos elementos referentes à organização, não à conduta individual: BITTENCOURT, Cezar Roberto; BUSATO, Paulo César. *Comentários à Lei de Organização Criminosa*. Disponível em: Minha Biblioteca, Editora Saraiva, 2014, p. 38. Os fins da organização são supraindividuais e suas características não se confundem com o tipo objetivo, tampouco com o tipo subjetivo do crime de pertencimento à organização criminosa.
9. Quando a Lei 9.613/98 trazia como possível crime antecedente à lavagem de dinheiro o delito perpetrado por meio de "organização criminosa", preponderou o entendimento de que o conceito não poderia ser extraído da Convenção de Palermo, incorporada pelo Decreto 5.015/2000, justamente por se tratar de norma penal em branco que demandava complemento legal (STF. 1ª Turma. HC 96.007 / SP. Rel. Min. Marco Aurélio. j. 12.06.2012).
10. Referindo-se aos objetivos da organização criminosa como um "fim organizativo supraindividual", ao qual se associam seus integrantes e que não se confunde com a finalidade imediata de ações singulares: "El vértice de la organización se sirve de la funcionalidad del aparato para la realización del injusto del sistema, aquella actúa, a través del aparato, conjuntamente con los autores inmediatos para la consecución del *fin organizativo supraindividual* al cual se hallan subordinados en última instancia todos los miembros de la organización" (AMBOS, Kai. Sobre la "organización" en el dominio de la organización. *Revista para el análisis del derecho*. Barcelona, julho de 2021, p. 14).

Tais critérios são indispensáveis à correta aplicação do art. 2º da Lei 12.850/13, mas não autorizam que os resultados de cada um dos crimes praticados em favor do grupo sejam atribuídos indistintamente aos seus membros, por simples posição na cadeia de comando, nem mesmo pelo exercício de suposta liderança.

A prática tem demonstrado, no entanto, que posições de comando em organizações criminosas são eventualmente consideradas em sentenças condenatórias para atribuir ao integrante da facção responsabilidade penal por atos praticados por outros membros. É comum a invocação genérica da "teoria do domínio do fato", em seus desdobramentos de "domínio funcional do fato" ou de "autoria mediata" por meio de "aparatos organizados de poder".

Claus Roxin julga essa abordagem equivocada. Pondera o autor que o sancionamento dos líderes de organização criminosa pela simples posição ocupada na estrutura hierárquica da facção é consectário de tipo penal autônomo, a exemplo do que consta do § 129.2 do *StGB* (Código Penal Alemão) e do artigo 2º da Lei 12.850/13. "No marco do direito penal do fato, somente cabe processar o indivíduo, em meio a outros intervenientes, com base em sua contribuição na realização específica de cada crime".[11]

Embora o emprego genérico da "teoria do domínio do fato" para atribuir a alguém a responsabilidade por determinado crime, sob o argumento de simples posição de comando, seja um equívoco, também não se mostra acertada a alegação de que a teoria não se presta a "oferecer um argumento em favor de uma punição que não ocorreria de outra forma".[12]

Não se pode negar que a finalidade precípua da teoria "domínio do fato" é fornecer diretrizes para a distinção entre "autor" e "partícipe", a partir da adoção de uma teoria diferenciadora no concurso de pessoas. No entanto, considerando que a concepção de "domínio do fato" parte da premissa de que o autor é a "figura central do acontecer típico",[13] a qualificação do indivíduo como "autor" expõe o seu protagonismo na realização do delito, bem como a relevância de sua conduta. Colateralmente, portanto, a aplicação da teoria, ao definir alguém como "autor", evidencia o nexo do indivíduo com o resultado delitivo.

Evidente que esse não é o único pressuposto da responsabilização penal, mas não se pode propagar uma suposta "irrelevância" da teoria para definir se determinado indivíduo deve ou não ser punido. Atribuir a alguém certo resul-

---

11. ROXIN, Claus. *Autoría y dominio del hecho en derecho penal*. Madrid: Marcial Pons, 2016, p. 292. Tradução livre.
12. LEITE, Alaor; GRECO, Luís. O que é e o que não é a teoria do domínio do fato. Sobre a distinção entre autor e partícipe no direito penal. In: GRECO, Luís et. al. *Autoria Como Domínio do Fato*. São Paulo: Marcial Pons, 2014, p. 44.
13. ROXIN, Claus. *Autoría y dominio del hecho en derecho penal*. Madrid: Marcial Pons, 2016, p. 42.

tado criminoso, na qualidade de autor, tem inegável importância para o perfeito delineamento das margens de sancionamento.[14]

E o próprio Claus Roxin assim reconhece. O autor concebeu a ideia de "domínio do fato" mediante "aparatos organizados de poder", como uma das possíveis expressões de "autoria mediata", em 1963.[15] Já na nona edição de sua obra "autoria e domínio do fato" (*Täterschaft und Tätherrschaft*), publicada em 2015, Roxin fez um balanço da aplicação da teoria a emblemáticos casos, destacando as decisões que levaram à condenação de Alberto Fujimori, no Peru, e a decisão proferida pela *Pre-Trial Chamber*, do Tribunal Penal Internacional, em 30 de setembro de 2008, no caso *Prosecutor v. Katanga and Ngudjolo Chui*:

> A sentença de revisão da Primeira Sala Transitória Peruana, de 30 de dezembro de 2009, confirmou a decisão de primeira instância com considerações pormenorizadas, expressando sua 'profunda convicção' do acerto da *teoria do domínio do fato da organização*. Também no direito penal internacional, o Tribunal Penal Internacional [...] tem acolhido, no essencial, a minha teoria. A I Sala de Questões Preliminares, em uma sentença de 2008, refere-se expressamente à minha teoria, acatando-a: 'na teoria do direito se tem desenvolvido um esquema que reconhece *a possibilidade de tornar penalmente responsável uma pessoa que age por trás de outra*, sem prejuízo da responsabilidade do executor material. Essa teoria se baseia nas obras de Claus Roxin'.[16]

Assim, o próprio autor da teoria do "domínio do fato" mediante "aparatos organizados de poder" reconhece que a aplicação prática de suas ideias se projeta para além da distribuição racional dos rótulos de "autor" e "partícipe", podendo

---

14. O que contribui para a aferição do tipo objetivo, composto pela conduta, nexo causal, resultado e, para certas correntes, imputação objetiva. Haveria ainda de se apreciar os elementos subjetivos do tipo – visto que o domínio do fato pressupõe dolo (ROXIN, Claus *Autoría y dominio del hecho...* p. 173-174) – e os critérios próprios de imputação objetiva. Sobre os elementos constitutivos do tipo objetivo: GRECO, Luís. *Cumplicidade através de ações neutras...* p. 116.
15. Não se expressam aqui as origens da "teoria do domínio do fato", que são controvertidas, mas as raízes da concepção de "autoria mediata" por "aparatos organizados de poder", uma das possíveis formas de expressão do "domínio do fato". Essa ideia, sim, indiscutivelmente é produto da pesquisa de Claus Roxin. Sobre as mais remotas construções de "domínio do fato": "as expressões 'domínio do fato' e 'domínio sobre o fato', como se tem conhecimento a partir dos trabalhos de Schroeder e de Roxin, foram empregadas pela primeira vez no direito penal alemão por Hegler, em 1915, [...]. Todavia, como adverte Roxin 'os pontos de partida dogmáticos que levaram ao desenvolvimento da ideia de domínio do fato são muito diferentes', daí a dificuldade em se proporcionar um histórico dogmático de tal teoria, de modo que seu avanço em direção a uma concepção predominante acaba por se reportar necessariamente a Welzel" (ALFLEN, Pablo Rodrigo. Teoria do domínio do fato na doutrina e na jurisprudência brasileiras. *Universitas Jus*, v. 25, n. 2, p. 15-33, 2014). Alflen registra, com acerto, que a doutrina, de modo geral, aponta Hans Welzel como precursor da teoria do domínio do fato.
16. ROXIN, Claus. *Autoría y dominio del hecho en derecho penal*. Madrid: Marcial Pons, 2016, p. 691. Tradução livre.

levar à responsabilização penal o sujeito a quem, de outro modo, não seria atribuído o resultado delitivo que justifica o sancionamento.[17]

Feitas essas considerações preliminares, diversas questões podem deste ponto emergir. Nos diferentes campos de atuação da organização criminosa, quem será "autor" e quem deve ser tratado como "partícipe"? Há necessidade de se apurar o vínculo subjetivo em cada ato criminoso praticado pela organização criminosa para que seus integrantes sejam considerados "autores" ou "partícipes" ou, diversamente, basta uma adesão ao plano de atuação contínua do grupo ilícito? Quais são as "organizações" que podem ser consideradas "aparatos organizados de poder" para fins de aplicação da teoria do "domínio do fato"?

Esses questionamentos inspiram o presente ensaio, que busca solucionar as frequentes confusões feitas por promotores e juízes quando do emprego da teoria do domínio do fato em persecuções penais que envolvem organizações criminosas.

Não se trata de um artigo que pretende esgotar o tema. A teoria do domínio do fato e sua aplicação às organizações criminosas é objeto de densos estudos doutrinários e controvérsias. O que se busca neste espaço guarda sintonia com o objetivo geral da obra: proporcionar aos membros do Ministério Público informações úteis à atuação prática, palatáveis para a atuação cotidiana e que estejam amparadas em material doutrinário e jurisprudencial que ostente credibilidade.

2. PRESSUPOSTOS TEÓRICOS E POSIÇÃO DOGMÁTICA DA TEORIA DO DOMÍNIO DO FATO NO DIREITO PENAL

A "teoria do domínio do fato" se sustenta sobre específicas premissas relacionadas à disciplina do concurso de pessoas no direito penal. É por isso que uma correta interpretação de seus desdobramentos práticos demanda a internalização das linhas teóricas que lhe são implícitas.

Primeiro, tem-se que Claus Roxin desenvolveu suas teorias em um ambiente normativo no qual prepondera, por força de marcos legais, o sistema diferenciador, distinguindo-se as figuras de "autor" e "partícipe". Torna-se relevante, nesse con-

---

17. Da mesma maneira, expondo de forma inequívoca que a teoria da autoria mediata por domínio de um aparato organizado de poder se constitui como un instrumento jurídico "perfeitamente idôneo" para exigir responsabilização penal de dirigentes da organização: "La teoría de la autoría mediata por dominio de un aparato de poder se convertía así no sólo en un *instrumento jurídico perfectamente idóneo para exigir responsabilidades penales* a los dirigentes de un régimen dictatorial por los crímenes cometidos por sus subordinados siguiendo sus órdenes y un plan preconcebido, sino también en un medio a través del cual podía elaborarse el pasado más reciente de la historia alemana (CONDE, Francisco Muñoz. *La autoría mediata por dominio de un aparato de poder como instrumento para la elaboración jurídica del pasado*. Sevilla: Universidad Pablo Olavide, 2011, p. 97. Não há grifos no original).

texto, delimitar quando o sujeito que concorre para o fato criminoso se qualifica como uma ou outra figura. Trata-se de necessidade de ordem prática.[18]

Isso porque o Código Penal Alemão dispensa ao cúmplice – aquele que presta auxílio à execução do delito – tratamento penal privilegiado pela previsão de pena atenuada, asseverando ser impunível a tentativa. A instigação, por sua vez, não é punível nos delitos leves, mas, quando incidir a norma de extensão pessoal de responsabilidade penal, será sancionada com a pena do autor. Veja-se a redação do Código Penal alemão (*StGB*):

> § 25. *Autoria*. (1) É punido como autor, quem comete o fato por si mesmo ou por meio de outrem. (2) Se vários cometem conjuntamente o fato, cada um é punido como autor (coautor). § 26. *Instigação*. É punido como instigador, com pena igual à do autor, quem determinou dolosamente outrem ao cometimento de fato antijurídico doloso. § 27. *Cumplicidade*. (1) É punido como cúmplice quem prestou dolosamente auxílio a outrem para o cometimento de fato antijurídico doloso. (2) A pena do cúmplice tem como base a cominação dirigida ao autor. Ela deve ser mitigada segundo o § 49 Abs. 1[19]

Diante dos marcos legais, diversos critérios para identificação da figura de "autor" foram concebidos e aplicados aos casos concretos pelos tribunais, não raro com distorções de ordem prática. Claus Roxin promove a organização das teorias da autoria tomando por referência os métodos científicos empregados: a) teorias causais; b) teorias teleológicas; c) teorias ontológicas.[20]

As teorias causais desenharam critérios de delimitação da autoria pela incidência de preceitos do positivismo naturalista,[21] transportando a teoria da causalidade para o campo do concurso de pessoas. Sob uma concepção objetiva e pressupondo-se a equivalência dos antecedentes causais, não haveria distinção entre autor, cúmplices e indutores. Seria forçosa a adoção de um conceito unitário de autor, de modo que todos aqueles que, de alguma forma, tivessem concorrido para o resultado delitivo, deveriam ser considerados seus autores, em sentido estrito.[22]

---

18. LEITE, Alaor; GRECO, Luís. O que é e o que não é a teoria do domínio do fato. Sobre a distinção entre autor e partícipe no direito penal. In: GRECO, Luís et. al. *Autoria como domínio do fato*. São Paulo: Marcial Pons, 2014, p. 22.
19. Tradução feita por: LEITE, Alaor; GRECO, Luís. O que é e o que não é a teoria do domínio do fato... p. 22-23.
20. ROXIN, Claus. *Autoría y dominio del hecho en derecho penal*. Madrid: Marcial Pons, 2016, p. 23-31.
21. Que se pode sintetizar pela fórmula: "não há ciência sem experiência, nem há experiência onde não impera a lei da causalidade. O determinismo é, pois, o primeiro postulado da escola positiva do direito penal", evidenciando que a doutrina causalista "funda-se nos dados das ciências positivas". (VIDIGAL, Edson Carvalho. Prefácio do tradutor. In: LISZT, Franz Von. *Tratado de Direito Penal Alemão*. Brasília: Senado Federal, 2006, v. I, p. LXIX).
22. ROXIN, Claus. *Autoría y dominio del hecho*..., p. 24.

Nessa esteira, qualquer um que pratica uma conduta verificada como condição para o resultado, deste participa, de modo a ser considerado seu causador. Para mais além, como todas as condições são equivalentes, no plano das teorias causais ou naturalísticas,[23] não existiria distinção conceitual entre cada um dos sujeitos que concorreram para o resultado proscrito.

Para a aplicação do direito penal alemão, no entanto, o conceito unitário de autor se mostrava insuficiente, considerada a construção diferenciadora positivada. Por isso, buscando guardar coerência entre o sistema diferenciador e suas premissas gerais, as teorias causais deveriam partir de uma distinção entre "autor" e "partícipe", em uma perspectiva puramente subjetiva,[24] identificando-se as distintas figuras pela existência de uma "vontade de autor" (*animus auctoris*) ou de uma vontade de partícipe (*animus socii*).[25]

Houve grande adesão dos tribunais alemães às teorias subjetivas, mas as evidentes distorções práticas geraram críticas. Em 19 de fevereiro de 1940, o Tribunal do Reich (*Reichsgericht in Strafsachen*) apreciou e julgou caso em que a irmã de uma mãe solteira, de forma consciente e voluntária, afogou a criança recém-nascida, com suas próprias mãos. Para a Corte, sob o amparo da teoria subjetiva, a executora do homicídio não queria o fato como próprio, por não ter interesse no resultado. Pela ausência de *animus auctoris,* deveria ser responsabilizada como mera partícipe, enquanto a genitora responderia como autora (*RGSt* 74, p. 85).[26]

Embora a teoria subjetiva não tenha sido abandonada, distorções dessa ordem levaram à sua complementação por critérios objetivo-formais, notadamente pela afirmação de que quem realiza integralmente um tipo penal é autor.[27]

Também como consectário das teorias causais, a teoria objetivo-material busca definir autor pela efetividade concreta da contribuição para o resultado

---

23. Von Liszt pontua que "causa é uma das muitas condições necessárias ao resultado", colocando todas as causas em posição de equivalência. O autor se opõe às construções anteriores de Bar, Binding, Meyer, Kohler, Birkmeyer, entre outros, pelas quais se buscava, dentre diversas causas, destacar algumas que deveriam ser consideradas "causas" em sentido estrito, para fins penais (LISZT, Franz Von. *Tratado de Direito Penal...* p. 204-205). Afasta-se Liszt de um critério normativo de "causa" e se aproxima de um critério "causal-naturalístico". Seus opositores, por outro lado, chegam a um critério objetivo-material de autor, exatamente pelas distinções entre "causas" e "condições".
24. "Considerando equivalentes todas las condiciones, el aspecto objetivo del hecho no ofrecía en absoluto posibilidad de distinguir entre distintos partícipes" (ROXIN, Claus. *Autoría y dominio del hecho...* p. 24). O autor enxerga a teoria subjetiva como uma derivação do método causal.
25. LEITE, Alaor; GRECO, Luís. O que é e o que não é a teoria do domínio do fato. Sobre a distinção entre autor e partícipe no direito penal. In: GRECO, Luís et. al. *Autoria como domínio do fato.* São Paulo: Marcial Pons, 2014, p. 23.
26. WELZEL, Hans. *Süddeutsche Juristen-Zeitung* (crítica à teoria subjetiva da participação), Revista Eletrônica de Direito Penal e Política Criminal – UFRGS, Trad. Pablo Rodrigo Alflen, v. 2, n. 2, p. 104-111, 2014.
27. Idem, ibidem.

delitivo. Quem concorre para o crime de forma efetiva dá a ele causa, respondendo como "autor"; aquele que contribui de forma secundária para o resultado apenas põe uma *condição* ao fato, responsabilizando-se como "partícipe". Parte-se, assim, de uma distinção entre as causas na aferição do nexo causal, por um critério material de efetividade, o que leva colateralmente à identificação das figuras de autor e partícipe. Claro que os adeptos da teoria da equivalência das condições não admitem tal raciocínio.[28]

Com a superação dos métodos naturalístico-causais, emergiram teorias teleológicas da autoria, pautadas por critérios valorativo-normativos que pudessem satisfazer as necessidades do sistema diferenciador. Parte-se da premissa de que a dogmática jurídico penal deve resolver suas questões não pelo acolhimento de critérios naturalísticos, mas por considerações valorativas relacionadas à contribuição individual para o fato.[29]

Com esse método geral, Schmidt tomou como referência teórica a concepção de que normas incriminadoras têm a finalidade de proteger bens jurídicos. Assim, a conduta se reveste de relevância penal na medida em que implica lesões a interesses. Por consequência, quem materializa uma lesão a bem jurídico deve ser considerado "autor".[30]

A fórmula tende a amparar um conceito extensivo de autor, abrangendo instigadores e cúmplices, razão pela qual conceito deveria ser compatibilizado com o direito positivo. O tratamento especial ao cúmplice decorreria da menor periculosidade de seu comportamento ao bem jurídico. Em paralelo, a distinção entre "instigador" e "autor" seria meramente doutrinária, mas as figuras receberiam tratamento normativo equivalente. Como resultado, quem causa uma lesão típica a bem jurídico, se não for indutor ou cúmplice, deve ser considerado autor. A teoria de Schmidt equipara, do ponto de vista normativo, a autoria direta à autoria mediata.[31]

Roxin pondera, no entanto, que diversos doutrinadores partiram da mesma premissa – conceituar "autor" com auxílio de uma abordagem valorativa – e chegaram a resultados distintos do apresentado por Schmidt, revelando-se a imprecisão do método.[32]

---
28. ROXIN, Claus. *Autoria y domínio del hecho*... p. 27; LISZT, Franz Von. *Tratado de Direito Penal Alemão*... p. 351.
29. ROXIN, Claus. *Autoria y domínio del hecho*... p. 27.
30. ROXIN, Claus. *Autoria y domínio del hecho*... p. 28.
31. Idem, ibidem.
32. Beling, principal representante da teoria objetivo-formal, expôs partir de uma formação teleológica de conceitos. Chegou, todavia, à conclusão de que autor seria somente o indivíduo que realizasse a ação típica, conforme sentidos comuns de linguagem. Grünhut, ainda sob invocação do método teleológico, chegou à suposta necessidade de complementar a teoria objetivo-formal com uma "teoria da supremacia", dedicada a esclarecer a autoria mediata (ROXIN, Claus. *Autoria y domínio del hecho*...p. 29).

Já sob a aplicação de uma abordagem ontológica, "autor", "cúmplice" e "instigador", são realidades que antecedem construções valorativas ou normativas, de sorte que os conceitos jurídicos devem apenas revelar a essência de cada uma dessas figuras. Para se chegar ao conceito de "autor", Hans Welzel construiu, antes, uma concepção ontológica de "ação", definindo-a como o fenômeno de exteriorização da vontade humana finalisticamente dirigida, pelo qual se opera o desenvolvimento do curso causal. Em desdobramento, autor seria o senhor da decisão criminosa e da respectiva execução; portanto, senhor do fato criminoso, sobre o qual somente o "autor" deteria o domínio finalístico.

Bem se considera que os partícipes deteriam igual senhorio sobre fatos próprios, mas estes consistiriam apenas nas próprias condutas de instigação e auxílio. O fato criminoso, em sua essência, restaria sujeito apenas ao domínio finalístico do autor.[33]

Enquanto a estrutura finalística é o elemento ontológico considerado por Welzel para definir "autor", outros doutrinadores partiram de critérios distintos. Hardwig propôs um conceito de autoria não a partir de estruturas materiais fixas, mas pela interpretação da ação à luz do conteúdo social das diferentes formas de cooperação. Para alcançar o conteúdo-valorativo social da ação, o autor propunha um recurso à linguagem comum, extraindo daí o sentido adequado, correspondente à realidade dos fenômenos, que se deve emprestar aos termos legais.[34]

As teorias ontológicas, compartilham de um mesmo problema das teleológicas – na multiplicidade das possíveis dimensões ontológicas, não explicam os autores porque esses e não outras referências substanciais proporcionariam as soluções para o problema da participação.

Refutando tais linhas teóricas, Claus Roxin adota um princípio reitor para determinar o conceito de autor, formulando que "o autor é a figura central do acontecer típico". Trata-se de um ponto de partida metodológico que dá sustentação às teorias da autoria, não de uma descrição de conteúdo. Autor, coautor e autor mediato seriam as figuras centrais, os protagonistas do fato criminoso, enquanto o partícipe surgiria como a figura marginal do acontecer típico.[35]

O conceito de autor é *primário*, por possuir significado central no acontecer típico. As formas de participação são meras causas de extensão da punibilidade, que só se aplicam quando ausentes as circunstâncias que caracterizariam o agente como autor.

---

33. Idem.
34. ROXIN, Claus. *Autoria y domínio del hecho*... p. 35.
35. Idem, p. 42.

No mundo fenomênico, a depender da forma de expressão da atividade delitiva, a caracterização de uma "figura central do acontecer típico", suficiente para identificação da autoria, pode assumir diferentes contornos, que comportam classificações a partir do estudo de grupos de casos.

Nesse sentido, a ideia reitora de autor como figura central emerge do "domínio do fato", aplicável fundamentalmente aos crimes comissivos dolosos; nos "delitos de dever", que exigem qualificação especial do autor, aos quais não se aplica a teoria do domínio do fato; e nos crimes de mão própria, que exigem a prática da ação delituosa pelas próprias mãos do sujeito ativo – indiscutível protagonista do acontecer típico.[36] Portanto, o critério que rege a definição de autoria concebido por Roxin tem alcance que se projeta para além da teoria do domínio do fato.

É por isso que, antes de analisar os possíveis desdobramentos da teoria do domínio do fato, resta pertinente apreciar as hipóteses nas quais sua incidência é incabível, a começar pelos tipos que exigem elemento pessoal de autor.

Sempre que o tipo penal exigir uma qualificação especial do sujeito ativo ou um elemento específico de ordem subjetiva, o detentor de tais fatores será a figura central do acontecer típico, portanto, seu autor. Algumas situações decorrem dessa formulação geral.

Em uma primeira construção, o tipo penal pode contar com elementos "objetivo-pessoais" da autoria, como quer Hans Welzel, colocando o sujeito ativo em uma posição especial de dever, característica dos delitos funcionais próprios.[37] Essa categoria corresponde parcialmente ao que Roxin chama de "delitos de dever".[38] Autor é o sujeito que viola o dever especial, ainda que terceiro detenha o domínio da ação. Aquele que concorrer para o crime sem ostentar o dever especial será mero partícipe.[39]

Situação adicional diz respeito à qualidade pessoal do cometimento do fato nos delitos de mão-própria, igualmente elemento especial de autoria,[40] a exigir

---

36. GRECO, Luís; LEITE, Alaor. Autoria como domínio do fato... p. 25.
37. WELZEL, Hans. *Süddeutsche Juristen-Zeitung* (crítica à teoria subjetiva da participação), Revista Eletrônica de Direito Penal e Política Criminal – UFRGS, Trad. Pablo Rodrigo Alflen, v. 2, n. 2, p. 109, 2014.
38. Alguns autores adotam uma concepção restritiva de delitos de infração de deber: "como candidatos para la categoría especial de delitos de infracción de deber restan únicamente algunos grupos dispares de tipos penales como, por ejemplo, los delitos de los titulares de un cargo público, la administración desleal y peculado conforme al derecho alemán o las lesiones corporales a menores por sus progenitores o personas a cargo de su educación" (SCHÜNEMANN, Bernd. Dominio sobre la vulnerabilidad del bien jurídico o infracción del deber en los delitos especiales. In: Revista de la Facultad de derecho, n. 81, 2018, dezembro-maio, p. 93-112). Já Roxin adota um conceito mais ampliativo, abrangendo até mesmo os crimes omissivos impróprios.
39. Idem. Ibidem. Igualmente: GRECO, Luís; LEITE, Alaor. Autoria como domínio do fato... p. 32. V., ainda: ROXIN, Claus. *Autoría y dominio del hecho*... p. 31-32.
40. WELZEL, Hans. *Süddeutsche Juristen-Zeitung* (crítica à teoria subjetiva da participação), Revista Eletrônica de Direito Penal e Política Criminal – UFRGS, Trad. Pablo Rodrigo Alflen, v. 2, n. 2, p. 109, 2014.

que o autor pratique pessoalmente a ação típica, restando impossíveis a autoria mediata e a coautoria. Assim, quem fornece informações falsas à testemunha, que, induzida em erro, incorpora-as ao seu depoimento, não pode ser autor do crime de falso testemunho por autoria mediata. Inexistindo também fato principal, pela ausência de dolo da "figura central", a ação ficaria impune.[41]

Vê-se, portanto, que a teoria do domínio do fato não tem uma pretensão de aplicação universal, não se propõe a resolver todos os problemas de autoria, o que cabe somente ao critério reitor e mais amplo de "autor como figura central do acontecer típico", do qual o domínio do fato é apenas um dentre outros possíveis desdobramentos.

3. POSSÍVEIS EXPRESSÕES DO DOMÍNIO DO FATO

Claus Roxin não adota um conceito fechado de "domínio do fato". Trata-se de uma concepção aberta,[42] a partir de descrições de grupos de casos. Em contraposição a um conceito fechado, o método de exposição eleito pelo autor tem o condão de se ajustar às peculiaridades de diferentes casos concretos. Pondera o autor:

> Quando se diz: tem domínio do fato quem faz *a, b, c* etc., não se subordinam obrigatoriamente as diferentes circunstâncias fáticas aos mesmos elementos, sem consideração a suas peculiaridades; ao contrário, a descrição se amolda ao conteúdo de sentido dos casos divergentes.[43]

Assim, uma descrição a partir de um agrupamento de casos pode atender melhor às distintas realidades empíricas do que a simples construção de um conceito abstrato e fechado, que poderia sofrer maiores problemas de ordem pragmática.

Para sistematização de sua teoria, Roxin coloca o "domínio do fato" à prova hipotética, diante de possíveis formas de intervenção no acontecimento típico. Com esse recorte, conclui que a teoria do domínio do fato é capaz de revelar a posição central do autor em relação ao acontecer típico por três formas de expressão: a) o domínio da ação; b) o domínio funcional do fato; e c) domínio da vontade.[44]

O "domínio da ação" se caracteriza pelo poder material exercido pessoalmente pelo autor sobre a prática delitiva. Quem, de forma livre de coação e dolosamente, realiza o tipo penal com suas próprias mãos é autor do fato. Trata-se da mais clara manifestação da figura central do acontecer típico, pois a conduta observada está imediatamente ligada ao fato. A realização do fato é expressão de domínio sobre

---

41. GRECO, Luís; LEITE, Alaor. Autoria como domínio do fato... p. 34.
42. Por "conceito aberto", Roxin define uma construção sem "indicação exaustiva de seus elementos imprescindíveis" e que não estaria fechada à admissão de novos elementos de conteúdo. (ROXIN, Claus. *Autoria y domínio del hecho...* p. 131).
43. ROXIN, Claus. *Autoria y domínio del hecho...* p. 130. Tradução livre.
44. Idem, p. 132.

ele. Sob esse aspecto, somente quem realiza todos os elementos do crime é autor e, quando os realiza, deve ser considerado "autor" sem qualquer exceção.

Nesses termos, ainda que intervenientes diversos sejam também "autores", o executor material que realizou pessoalmente o tipo não deixará igualmente de sê-lo.[45] Se, por exemplo o autor direto atuar por determinação de terceiro, se praticar a conduta sem coação, por si próprio, os motivos que o levaram a agir não serão suficientes para descaracterizar o seu domínio sobre o curso causal e sua relação de imediatidade com o acontecer típico, tampouco para refutar sua posição central na execução do crime.

Por essas premissas, critica-se doutrinariamente a sentença do *BGH (Bundesgerichtshof)* no caso *Staschynski (BGHSt* 18, 87), no qual o acusado, por suas próprias mãos, executou integralmente dois crimes de homicídio e, não obstante, foi considerado mero "partícipe", sob o pretexto de ter atuado a mando de governo estrangeiro.[46]

Caso se tivesse aplicado a teoria do domínio do fato, considerando que o executor não se encontrava sob coação, agiu pessoal e diretamente, restaria caracterizado a autoria imediata – pelo "domínio da ação".

Ao tratar do "domínio da ação", Roxin acena a Welzel, ao asseverar que não se trata de um conceito puramente objetivo, haja vista que "ao tratar da realização pessoal e imediata de todos os elementos típicos, está-se a imaginar um comportamento dirigido finalisticamente".[47] Por isso, especificamente sob essa ótica, não haveria equívoco no conceito de "domínio final do fato" de Hans Welzel.[48] Por outro lado, o critério de autoria pelo "domínio da ação" qualifica-se como objetivo, pois parte de uma apreciação da relação de imediatidade entre a conduta exteriorizada e a realização do tipo. É esse o elemento diferenciador em relação

---

45. Idem, p. 133.
46. BATISTA, Nilo. *Concurso de Agentes*. Rio de Janeiro: Lumen Juris, 2005, p. 68.
47. ROXIN, Claus. *Autoria y domínio del hecho...* p. 136.
48. Embora haja críticas dirigidas por Roxin a Welzel, por entender que o conceito de "domínio do fato finalista" seria vago e impreciso. Roxin formula toda uma teoria nova sobre "domínio do fato", diversa da antes erigida por Welzel. Em relação ao ponto aqui tratado, tem-se que Welzel sujeita a caracterização da autoria a dois pressupostos. Primeiro, pressupostos pessoais, que podem ser objetivos – como a posição especial de dever do autor – ou subjetivos – como as intenções especiais ou sentimentos (elementos subjetivos do injusto). Ao lado, o domínio final do fato seria o pressuposto fático da autoria. Nesses termos, em Welzel, "o domínio final do fato não é o único critério para determinar a autoria, mas tão só o seu pressuposto material" (ALFLEN, Pablo Rodrigo. Teoria do domínio do fato na doutrina e na jurisprudência brasileiras. *Universitas Jus*, v. 25, n. 2, p. 15-33, 2014). Já para Roxin, a ideia de domínio do fato se constrói sobre a premissa de que o autor é figura central do acontecimento executório, quem domina o fato dirigido à realização do delito. É nesse aspecto que há convergência pontual entre os autores, pois Roxin pondera que *o critério objetivo do domínio da ação não dispensa os elementos subjetivos do tipo e a conexão psíquica entre o indivíduo e o resultado delitivo*. Para maiores explanações sobre as divergências entre Roxin e Welzel: v. ALFLEN, Pablo Rodrigo. Teoria do domínio do fato... p. 18-21.

à figura do partícipe, que também atua dolosamente e com o desiderato final de alcançar o resultado.[49]

O "domínio funcional do fato", por sua vez, corresponde à hipótese de coautoria, com divisão de tarefas entre pelo menos dois agentes. Há cisão do trabalho criminoso, a partir de uma decisão conjunta de praticar o delito. Roxin estabelece três pressupostos para coautoria: a) planejamento comum do fato – tornando os coautores mutuamente interdependentes (dependência funcional); b) execução conjunta; c) que contribuição individual seja essencial.[50]

Ainda que o concorrente não pratique material e integralmente o acontecer típico, sua contribuição pode ser indispensável à realização do crime. Pode-se pensar na figura do coautor que segura a vítima, enquanto o comparsa lhe disfere punhalada fatal; do agente que, com arma de fogo em punho, verbaliza grave ameaça, para que o concorrente subtraia bens da casa.[51]

Schröder entende que, em casos tais, cada um dos concorrentes seria detentor de domínio exclusivo sobre o fato próprio, sobre parcela do todo, não do acontecer típico globalmente considerado. Por isso, a teoria do domínio do fato não se aplicaria satisfatoriamente à coautoria. Roxin afasta esse posicionamento, pela ponderação de que "cada indivíduo domina o acontecer global em cooperação com os demais". O coautor não detém, por si só, o domínio total do fato, mas também não exerce mero domínio parcial. Há domínio completo por todos os coautores, distribuído entre diferentes concorrentes. Estes só podem atuar conjuntamente, porém todos detêm em suas mãos o destino do fato global. Claus Roxin adere expressamente à ideia de Hans Welzel de que cada um dos concorrentes não é mero autor de uma parte, de sorte que "cada um é coautor do todo", embora divirja dos fundamentos subjetivos invocados por ele.[52]

Ademais, como antecipado, a contribuição essencial deve se operar no âmbito da execução do delito, não se caracterizando como coautor – mas possivelmente como partícipe – aquele que atua somente na fase de preparação do crime. Tomada a premissa de autor como figura central do acontecer típico, não poderá ser assim qualificado quem não tome parte na realização do fato, limitando-se a colaborar em condições antecedentes ao delito. Quem atua somente na preparação não domina o curso causal.[53]

---

49. Idem, ibidem.
50. ALFLEN, Pablo Rodrigo. Teoria do domínio do fato... p. 20. ROXIN, Claus. *Autoría y dominio del hecho*... p. 269-271.
51. ROXIN, Claus. *Autoría y dominio del hecho*... p. 270.
52. Idem, p. 271.
53. ROXIN, Claus. *Autoría y dominio del hecho*... p. 287.

Isolados, esses critérios de domínio funcional do fato não resolvem os problemas de persecuções penais que envolvem líderes de organizações criminosas. Se há necessidade de intervenção na execução delitiva para que o indivíduo seja considerado autor imediato (domínio da ação) ou coautor, pelo domínio funcional do fato, os líderes de organizações criminosas que emitissem ordens por meio da cadeia de comando delinquencial não seriam alcançados pela concepção de "autor".

No entanto, o líder de organização criminosa que traça um plano delitivo e deixa a execução a cargo de terceiros pode ser considerado "autor" por outra expressão do "domínio do fato" – a autoria mediata pelo "domínio da vontade". Há diferentes formas de expressão de domínio da vontade: a) por erro; b) por coação; ou c) por meio de "aparatos organizados de poder" ou "domínio da organização".

São as duas últimas hipóteses que mais interessam ao tratamento de organizações criminosas. Haverá autoria mediata quando o líder exercer coação sobre os subordinados, um "domínio coativo", bem como quando se valer da estrutura organizacional comandada para a realização mediata do acontecer típico.

4. DOMÍNIO DA VONTADE: "AUTORIA MEDIATA" E O CONTROLE DE "APARATOS ORGANIZADOS DE PODER"

Há autoria mediata nos casos em que um indivíduo se vale de interposta pessoa para a prática delitiva. O executor material funcionaria como um *instrumento* do homem de trás.[54] As situações mais claras de cometimento do crime por meio de um terceiro *instrumentalizado* são aquelas em que o "homem da frente" atua sob erro, coação ou se trata de indivíduo inimputável – como crianças ou doentes mentais.[55]

Ao contrário do que ocorre nas circunstâncias em que se verifica domínio funcional do fato, não há coautoria ou imputação recíproca nesta hipótese. Na autoria mediata por coação, há duas ordens de autoria diversas e íntegras. O co-acto mantém o "domínio da ação", ostentando centralidade frente ao acontecer típico, por tê-lo em suas mãos. O coator é igualmente figura central, por impor

---
54. ALFLEN, Pablo Rodrigo. Teoria do domínio do fato... p. 20.
55. Sobre a última hipótese de domínio do fato por autoria mediata: mucho de los casos llamados de "inducción" no son más que una forma de instrumentalización de personas irresponsables, generalmente inimputables, niños o enfermos mentales, pero también de personas que actúan correctamente, sin saber que están cometiendo un delito. Es evidente que en estos casos hay más que inducción y que el que verdaderamente controla la realización del delito, aunque no intervenga personalmente en du ejecución, es el que instrumentaliza al ejecutor, por tanto [...] se trata de un verdadero autor (CONDE, Francisco Muñoz. *La autoría mediata por dominio de un aparato de poder como instrumento para la elaboración jurídica del pasado*. Sevilla: Universidad Pablo Olavide, 2011, p. 99).

ao executor a materialização de sua vontade, que se expressa no acontecer típico. Há um "autor por trás do autor".[56]

Tem-se, assim, que o domínio do fato pelo coator se verifica de forma mediata, por intermédio da atuação do executor material do curso delitivo. Enquanto o coacto mantém uma relação direta com o acontecer típico, manipulando-o pessoalmente – pelo que detém "domínio da ação" – o coator o controla, subjugando sua vontade. Pelo poder imposto sobre a vontade do titular do "domínio da ação", o "autor mediato" mantém o seu "domínio do fato", indiretamente.

Ao autor imediato, diante de coações morais irresistíveis, reconhece-se a presença de exculpante por inexigibilidade de conduta diversa, como se depreende do artigo 22 do Código Penal brasileiro, preservando-se a responsabilidade penal do autor da coação.

A autoria mediata também pode se amparar no erro imposto ao executor material do curso delitivo. O domínio sobre a vontade do "homem da frente", nesse caso, parte do aproveitamento de um conhecimento superior, disponível exclusivamente ao "homem de trás" e ignorado por aquele que é induzido ou mantido em erro. Em exemplo, "A" cede uma arma carregada e em pronto emprego a "B". Dizendo que se trata de um simulacro, convence-o a "assustar" "C", mediante acionamento do gatilho, o que dá causa a disparo fatal.[57]

Nesse caso, a instrumentalização de "B" é ainda mais clara se comparada à do coacto. Não se pode sequer considerá-lo autor imediato pelo "domínio da ação", pois não detém domínio do curso delitivo aquele que não conhece as circunstâncias essenciais do fato. Ninguém domina aquilo que ignora. Não altera esse cenário eventual imprudência do executor material, considerando que a teoria do "domínio do fato" é aplicável exclusivamente aos crimes dolosos comissivos. Se for o caso de ação culposa de "B", este deve responder por homicídio culposo, enquanto a "A" se imputaria homicídio doloso por "autoria mediata", dada a instrumentalização do executor material e a ausência de vínculo subjetivo entre os agentes.[58] Não há concurso de pessoas. Cada qual responderá por sua própria ação.

Mas o ponto focal deste breve ensaio é a autoria mediata pelo controle de "aparatos organizados de poder". De início, o executor material no aparato organizado de poder não é, regra geral, um instrumento que atua sem dolo ou culpabilidade, mas alguém plenamente responsável, que deterá "domínio da ação" e deverá ser responsabilizado ao lado do autor mediato.

---

56. ROXIN, Claus. *Autoria y dominio del hecho*... p. 149.
57. GRECO, Luís; LEITE, Alaor. Autoria como domínio do fato... p. 26.
58. "En los casos de error, el sujeto de detrás es el único que dirige finalmente el acontecer hacia el resultado" (ROXIN, Claus. *Autoria y dominio del hecho*... p. 175).

Em suas reflexões iniciais, Roxin investigou a responsabilização do autor mediato que atua por meio de "estruturas de poder organizadas" a partir da observação de julgamentos que ocorreram posteriormente à Segunda Guerra Mundial, com referências aos casos de *Eichmann*[59] e *Staschynski*, este já citado neste texto. Portanto, o ponto de partida da teoria eram as "maquinarias estatais", estruturas de Estado organizadas e hierarquizadas que serviriam à prática de crimes, por autoria mediata, pelos detentores de poder de mando.[60]

Antes de expor a sistematização que levaria à identificação dos "aparatos organizados de poder", com potencial atribuição da qualidade de "autor" aos detentores de poder de comando, o autor partiu de constatação empírica, tomando por base fatos correlatos ao Holocausto.

Indo além, para evidenciar o absurdo que seria solucionar tais casos reconhecendo emissores de ordens como meros partícipes, asseverou: "a autoridade superior competente para organizar o extermínio massivo de judeus ou a direção de um serviço secreto encarregado de perpetrar atentados políticos domina a realização do resultado de maneira distinta de um mero indutor".[61]

E pela observância mais cautelosa da realidade, concluiu que as ditas estruturas organizadas dispunham de uma existência factual autônoma, própria, independente da identidade cambiante de seus integrantes. Organizada a maquinaria, seu funcionamento opera de forma automática, pouco importando a qualificação do executor material de delitos singulares. Nesses modelos, o detentor de poder de comando emite a ordem, que será executada pelo aparato de poder considerado como entidade. A identificação do executor imediato tem relevância secundária. Não há necessidade de se impor coação ou de induzir erro. O fator que proporciona o domínio sobre a vontade é a "fungibilidade" do executor, mas este atuará com as responsabilidades de quem detém o "domínio da ação" de forma direta. É assim que o sujeito "de trás", pela força autônoma da estrutura organizada de poder que dirige, posiciona-se como figura central do acontecer típico.[62]

O caso de Eichmann ilustra a relação dinâmica que se estabelece entre a estrutura hierarquizada, a cadeia de comando nela instalada – pela qual fluem as

---

59. Dentro do aparato organizado de poder da *SS* (*Schutzstaffel*), Eichmann figurava como um oficial de posição intermediária, um burocrata que ficou encarregado de organizar o transporte de milhares de judeus a campos de concentração e extermínio. Eichmann não executou pessoal e diretamente qualquer homicídio, mas foi considerado autor mediato dos crimes, por atuar como uma engrenagem relevante ao acontecer típico, exercendo poder de comando, ainda que em posição intermediária na estrutura hierárquica da *SS* (CONDE, Francisco Muñoz. *La autoría mediata por dominio de un aparato de poder como instrumento para la elaboración jurídica del pasado*. Sevilla: Universidad Pablo Olavide, 2011, p. 114).
60. ROXIN, Claus. *Autoría y dominio del hecho*... p. 238.
61. Idem. p. 240.
62. ROXIN, Claus. *Autoría y dominio del hecho*... p. 239.

ordens delinquenciais – e os fatos criminosos executados pela base da organização, larga, numerosa e composta por indivíduos substituíveis. Eichmann ocupava uma posição intermediária na estrutura hierárquico-piramidal dedicada à execução de judeus. Sobre ele, pairavam instâncias superiores de comando, mas o oficial também tinha subordinados que eram determinados a, de mão própria, realizar o transporte de presos e as execuções. As ordens percorriam essa cadeia de comando inserta na composição hierárquico-piramidal do governo nazista.

As teses defensivas apresentadas por Adolf Eichmann amparavam-se em duas linhas argumentativas principais. Primeiro, de que o membro da SS não poderia ser responsabilizado pelos homicídios por jamais tê-los executado pessoalmente. Seu trabalho, meramente burocrático, consistia em organizar o transporte dos judeus aos campos de concentração. O destino que outros membros da SS impunham às vítimas nesses locais não seria de sua responsabilidade. Se muito, Eichmann poderia ser responsabilizado a título de participação por cumplicidade, à luz da teoria subjetiva (*animus socii*).[63]

A defesa de Eichmann alegava, ainda, que o funcionamento da máquina nazista se tornara automatizado. Caso se recusasse a executar as ordens que recebia, estas seriam cumpridas por terceiros. Dessa maneira, a desobediência, sujeita a sanções, seria um "sacrifício inútil", do que se denota a ausência da relevância das ações individuais atribuídas ao oficial burocrata da SS.[64]

Refutados esses argumentos defensivos, preponderou o entendimento de que Eichmann aparecia em relação aos seus superiores como executor de ações, o que não se afetaria por eventual fungibilidade de sua posição. Quem comete um crime não fica isento de responsabilidade pelo argumento de que o fato teria sido, de qualquer forma, praticado por terceiros. Ademais, Eichmann também emitia determinações a seus subordinados, sendo-lhe aplicáveis os mesmos critérios que emprestam aos seus superiores a qualificação de "autores mediatos".[65]

Esse tipo de estruturação hierárquica das organizações implica peculiaridades em relação ao que se verifica nos casos de responsabilidade individual. Nesta, quanto mais distante o indivíduo está das vítimas e da ação típica imediata, menos poder existe sobre o fato delituoso. Nos casos de "aparatos organizados de poder", ocorre o oposto. A perda de proximidade com a execução delitiva é compensada pelo fato de que, quanto mais se ascende na escala hierárquica da organização, maior é o domínio organizativo – maior é o controle sobre a maquinaria delinquencial.[66]

---

63. CONDE, Francisco Muñoz. *La autoría mediata por dominio de un aparato de poder como instrumento para la elaboración jurídica del pasado*. Sevilla: Universidad Pablo Olavide, 2011, p. 96.
64. ROXIN, Claus. *Autoría y dominio del hecho...* p. 241.
65. Idem. Ibidem.
66. ROXIN, Claus. *Autoría y dominio del hecho...* p. 242.

Não surpreende que indivíduo detentor de autoridade de mando, embora muito distante da dinâmica delinquencial executiva, detenha absoluto domínio do fato na qualidade de autor mediato, usualmente preservando o poder de fazer cessar atividades criminosas.

Muito embora as reflexões iniciais de Claus Roxin tenham emergido pela análise de casos nos quais os aparatos organizados de poder se inseriam nas estruturas estatais,[67] a teoria evoluiu para alcançar organizações criminosas comuns – inclusive dedicadas a crimes patrimoniais como roubos e extorsões – bem como organizações terroristas sem vinculação com o Estado.[68]

Para ambas as formas de organização delinquencial – estatais e não estatais – os requisitos de caracterização são os mesmos. Deve haver uma estruturação rígida, organizada e que viabilize a continuidade das atividades, independentemente da modificação de seus membros. Mas não é só. Os fins visados pelo aparato organizado de poder devem ser ilícitos, contrariar o ordenamento jurídico e violar normas penais positivas. Só se pode aferir essas finalidades pela observação do aparato em seu conjunto, não por ações isoladas de indivíduos que nele atuam. Trata-se de um critério objetivo, vinculado ao ente abstrato – não a indivíduo concretamente considerado – e que se presta à identificação do "aparato organizado de poder" como tal, não à apreciação do tipo subjetivo.[69]

Por fim, o aparato deve funcionar de forma impessoal, ostentando autonomia em relação aos seus membros. Simples associações criminosas, com reunião de diversos indivíduos para cometer delitos em concurso, sem uma estrutura orga-

---

67. Diversos outros casos emblemáticos foram solucionados pela teoria de Roxin, diante do reconhecimento de "aparatos organizados de poder" em estruturas estatais. Na decisão de extradição de Alberto Fujimori para o Peru, a Sala Penal da Suprema Corte Chilena pontuou que o extraditando seria penalmente responsável, por autoria mediata, pelos crimes praticados por meio das Forças Armadas, sob seu comando, enquanto ditador do Peru, conforme exposto por Percy Cavero: "hay indicios claros de que Alberto Fujimori Fujimori, habría tenido, después del autogolpe, la concentración de todos los poderes del Estado y el mando superior de las Fuerzas Armadas y Servicios de Inteligencia, propició la creación de un organismo especial dentro de las Fuerzas Armadas para realizar operaciones en contra de personas sospechosas de subversión o de enemigos ideológicos del régimen" (CAVERO, Percy García. La autoria mediata por dominio de la voluntad en aparatos de poder organizados: el caso de Alberto Fujimori. *ZIS*, novembro de 2009, p. 596-602). Segundo o autor, a teoria foi necessária para que se pudesse emprestar relevância penal à conduta de Alberto Fujimori.
68. ROXIN, Claus. *Autoria y dominio del hecho...* p. 245.
69. Idem. Ibidem. De toda forma, a identificação de "domínio da organização" tem a perspectiva finalística adicional de, por meio da identificação do autor mediato, fundamentar que se dirija a devida responsabilidade penal a quem tiver agido dolosamente: Para exposição conceitual acerca do domínio do fato por meio do "domínio da organização", pondera Arthur Gueiros: "cuida-se, portanto, de aporte doutrinário elaborado para fundamentar a punição, a título de autor mediato, daquele ou daqueles que se encontram no ápice ou nas instâncias intermediárias retransmissoras – *top-down* – de uma ordem para delinquir, em uma estrutura organizada de poder à margem do Estado de Direito (SOUZA, Arthur de Brito Gueiros. Teoria do domínio do fato e sua aplicação na criminalidade empresarial: aspectos teóricos e práticos. *RBCCrim*, n. 105, novembro-dezembro de 2013, p. 59-93. Grifos nossos).

nizacional que empreste impessoalidade ao funcionamento da organização, não caracterizam um "aparato organizado de poder" que pode ser utilizado como "instrumento de domínio do fato" pelo autor mediato. "O fator decisivo é que os membros não atuem por conta própria, sim como *órgãos de cúpula diretiva*, cuja autoridade é reconhecida".[70] Daí a importância de se reconhecer a organização funcional das facções, com reconhecimento de suas células e segmentações orgânicas, como antecipado nas linhas introdutórias deste ensaio.

5. PRESSUPOSTOS DA AUTORIA MEDIATA PELO DOMÍNIO DE UM APARATO ORGANIZADO DE PODER

Após reconhecer que o "domínio da organização" constitui uma forma autônoma de autoria mediata, Claus Roxin desenhou os pressupostos para que esta se caracterize pelo manejo de um "aparato organizado de poder": a) poder de mando; b) que a organização atue dissociada da ordem jurídica; c) fungibilidade dos executores imediatos.[71]

Em algumas de suas obras e palestras, Roxin trata a "elevada predisposição dos executores à prática dos fatos", como um requisito tardiamente incorporado aos demais. Tem preponderado, contudo, que tal fator é um consectário dos três elementos antes referidos, não um pressuposto para a caracterização de um aparato organizado de poder.[72] A "atitude criminal coletiva" é produto do poder de mando e da disposição natural de obediência dos que aderem à estrutura delinquencial para pertencer à organização em postos mais baixos,[73] nos quais se deposita uma expectativa de acatamento às determinações superiores.[74]

---

70. ROXIN, Claus. Autoria y dominio del hecho… p. 245.
71. ROXIN, Claus. El Domínio de Organización Como Forma Independiente de Autoria Mediata. *Revista de Estudios de la Justicia*, n. 7, Anño 2006, p. 16
72. Em "*El Domínio de Organización...*", Roxin considera o referido elemento como "condição" para o "domínio da organização". Já em "*Autoria y Dominio del Hecho...*", o autor pondera que "a disposição para o fato não é um critério autônomo do domínio da organização, mas uma consequência dos três requisitos dessa figura, antes indicados" (2016, p. 693). No mesmo sentido, citando Meini Méndez: "para algunos autores, este requisito en realidad no es un cuarto elemento o presupuesto de la teoría de la autoría mediata por aparatos organizados de poder, sino que constituye el verdadero fundamento de la autoría por dominio de la organización" (CAVERO, Percy García. La autoria mediata por domínio de la voluntad en aparatos de poder organizados: el caso de Alberto Fujimori. *Zeitschrift für Internationale Strafrechtsdogmatik*, novembro de 2009, p. 600).
73. Nesse sentido: "En efecto, en primer lugar, desde el momento en que el sujeto se incorpora voluntariamente a una organización, su sola pertenencia a ella expresa ya que se encuentra dispuesto a ejecutar aquellas órdenes que formen parte del accionar regular del aparato. Es así porque precisamente para ello se inserta en el aparato" (MEINI, Iván. La autoría mediata por dominio de la organización en el caso Fujimori: comentario a la sentencia de fecha 7.4.2009 (Exp. a.v. 19 – 2001) emitida por la Sala Penal especial de la Corte Suprema. *Zeitschrift für Internationale Strafrechtsdogmatik*, 11/2009, p. 603).
74. AMBOS, Kai. *Dominio del hecho por dominio de voluntad en virtud de aparatos organizados de poder*. Trad. Cancio Meliá. Bogotá: Universidad Externado de Colombia, 1998, p. 18.

Por outro lado, somente quem detém autoridade de mando e efetivamente a exerce, para ordenar realizações típicas, pode ser considerado autor mediato. Aqueles que não detiverem posição de liderança na estrutura delinquencial não preencherão este requisito.

Questão a ser respondida é se a posição intermediária na cadeia de comando satisfaz esta exigência. Inexiste a exigência de que o integrante do aparato organizado ocupe o ponto mais alto possível da estrutura hierárquica para que se considere autor mediato. Basta que, na posição que ocupe, o agente detenha, sob sua célula, subordinados dispostos a cumprir sistematicamente suas determinações, por consectário do modelo organizativo em operação. É por isso que, nos distintos níveis de hierarquia delinquencial, nada obsta que haja diversos autores mediatos do fato, posicionados em cadeia.[75]

Quanto à desvinculação da ordem jurídica, não significa que a entidade não possa ter existência formal. Em verdade, esse pressuposto consiste na exigência de que a estrutura organizada, ainda que constituída formalmente, tenha desviado suas finalidades para a consecução de objetivos ilegais. É assim que as Forças Armadas, por exemplo, embora sejam entidades ontologicamente lícitas e regularmente reconhecidas pelo Estado, são tidas como "aparatos organizados de poder" quando suas finalidades são desviadas para a prática de crimes contra as liberdades civis, viabilizando o reconhecimento de "autoria mediata" em desfavor de quem detém, dentro da estrutura militar, poder de comando, exercendo-o de maneira desviada.

Roxin pondera, nessa esteira, que o "aparato de poder deve se haver desviado do direito não em toda sua relação, mas apenas no marco dos tipos penais realizados por ele". Como exemplo, recorda que o Estado nacional-socialista, em muitas searas, atuou dentro de um direito vigente perfeitamente válido. Quando se dirigiu a executar a "solução final da questão judia", entretanto, pôs-se a praticar atos dissociados do direito, revestindo-se, nesse âmbito, de roupagem de um "aparato ilícito de poder" para fins de incidência da teoria do domínio do fato.[76]

Ainda em relação às Forças Armadas, a aplicação das teorias ora em estudo permitiu que se reconhecessem oficiais de diferentes patentes como "autores me-

---

75. Idem. p. 16. A mesma leitura leva Kai Ambos a concluir que se "justifica o domínio da organização por um autor pertencente à hierarquia média de mando, dentro do seu próprio espaço de decisão" (AMBOS, Kai. *Sobre la "organización" en el domínio de la organización*. Revista para el Análisis del Derecho. Barcelona, Julho de 2011, p. 17).
76. ROXIN, Claus. *El Domínio de Organiazción Como Forma Independiente de Autoria Mediata*. Revista de Estudios de la Justicia, n. 7, año 2006, p. 16.

diatos", o que, na solução de memoráveis casos concretos, permitiu a imputação do tipo objetivo[77] àqueles que não seriam alcançados pelo fato.

Em 1994, o Supremo Tribunal Federal Alemão (*BGHSt*) considerou os membros do Conselho de Segurança Nacional da antiga Alemanha Oriental autores mediatos de homicídios praticados no muro que dividia o Estado Alemão. Os oficiais de Governo, em exercício de poder de comando sobre as Forças Armadas, determinaram que qualquer cidadão que tentasse transpor o muro fosse contido, mesmo que mediante fuzilamento. Os oficiais foram condenados como "autores mediatos" dos homicídios, visto que exerciam o domínio do "aparato organizado de poder", enquanto os "soldados do muro" (*Mauerschützen* – como ficou conhecido o caso) foram considerados autores diretos, pelo domínio da ação.[78]

A fungibilidade do executor implica a possibilidade de substituir os indivíduos posicionados em pontos baixos da organização hierárquica, sem qualquer prejuízo ao funcionamento do aparato organizado de poder. A característica orgânica impessoal do grupo criminoso é tão sólida que o cumprimento das ordens não corre risco – ocorrerá, de uma outra forma.

A fungibilidade não se afere diante de fato específico, mas pela análise global do funcionamento da facção e pode apresentar um caráter negativo ou positivo. Na fungibilidade positiva, o nível superior da facção pode escolher, para a execução do delito, as melhores opções entre diversos potenciais executores à disposição pelo aparato de poder. Na fungibilidade negativa, a abstenção de ação pela pessoa interposta designada para realizar o fato determinado não impede a execução, pois outro agente pode assumir prontamente o seu lugar.[79]

Para mais além, a fungibilidade dos executores força à conclusão de que o domínio da vontade verificado nos aparatos organizados de poder recai não sobre uma vontade concreta, mas sobre uma vontade indeterminada, qualquer que seja o executor. O autor imediato perde importância e ostenta um papel secundário.

---

77. Isso porque a teoria está amparada sobre a premissa de que o autor é a figura central do acontecer típico. A atribuição do rótulo de "autor mediato" ao concorrente o coloca como elemento protagonista do curso causal delitivo. A ele se atribui, assim, conduta relevante que emerge como causa do resultado proscrito. A responsabilização não prescindirá da demonstração do aspecto subjetivo da conduta.
78. CONDE, Francisco Muñoz. *La autoría mediata por dominio de un aparato de poder como instrumento para la elaboración jurídica del pasado*. Sevilla: Universidad Pablo Olavide, 2011, p. 96.
79. CAVERO, Percy García. La autoria mediata por domínio de la voluntad en aparatos de poder organizados: el caso de Alberto Fujimori. *ZIS*, novembro de 2009, p. 600. Aponta-se, no entanto, para uma necessária relativização desse conceito. Casos há em que as atividades ilícitas da organização criminosa demandam a intervenção de especialistas que, em essência, não seriam fungíveis. Na prática, também pode ocorrer de a ordem ser emitida, não ser executada pelo destinatário, tampouco por terceiro. Isso descaracterizaria o aparato organizado de poder? Obviamente, não. Portanto, não se trata de um requisito rígido e que deve ser analisado em abstrato, conforme explanado na nota de rodapé abaixo. Nesse sentido: AMBOS, Kai. Sobre la "organización" en el domínio de la organización. *Revista para el Análisis del Derecho*. Barcelona, Julho de 2011, p. 5 e 6.

Quem domina a organização, domina a maquinaria, domina a vontade anônima coletivizada de todos os indivíduos que a integram.[80]

Caracterizado o aparato organizado de poder, não basta que certo indivíduo esteja posto em posição de comando para que seja considerado "autor mediato". O "domínio do fato" pelo "domínio da organização" não admite responsabilização objetiva. Deve haver conduta – correspondente ao efetivo exercício da função de comando, usualmente emissão de ordem – dirigida à realização dos fatos típicos.[81] Exige-se atuar doloso do líder da organização criminosa ou do aparato estatal de poder. Ações isoladas empreendidas por subordinados, sem imposição do aparato organizado de poder, serão atos exclusivos dos detentores do "domínio da ação".

Nos *Mauerschützenprozesse*, por exemplo, se as execuções no Muro de Berlim tivessem partido de uma iniciativa não autorizada dos soldados ali posicionados, os oficiais superiores e membros do Conselho de Segurança Nacional não poderiam ter sido responsabilizados apenas por suas posições na hierarquia militar. A imputação do tipo objetivo aos líderes de organizações criminosas ou terroristas não estatais, nesse sentido, demanda efetivo desempenho do poder de comando, dirigido aos resultados delitivos verificados *in concreto*.

Isso não quer dizer que o detentor de poder sobre a cadeia de comando deva emitir uma ordem específica para cada crime. Quem determina a atuação sistemática de uma poderosa maquinaria criminosa, com capacidade de execução de múltiplos atos, deve responder por todos eles, desde que esteja preservado o nexo entre a ordem emitida e os resultados verificados, bem como que os fatos estejam na esfera de previsibilidade daquele que exerce a posição de comando. Haverá, nesses moldes, agir consciente e voluntário do "autor mediato" que, antevendo a multiplicidade de fatos, deseja as correspondentes realizações ou assume o risco de que aconteçam.

Os oficiais da Alemanha Oriental que determinaram que "qualquer um" que tentasse transpor o Muro de Berlim fosse fuzilado não precisam enxergar as vítimas de forma individualizada, tampouco aderir singularmente aos homicídios para que os resultados lhes sejam atribuídos.

---

80. AMBOS, Kai. *Dominio del hecho por dominio de voluntad en virtud de aparatos organizados de poder*. Trad. Cancio Meliá. Bogotá: Universidad Externado de Colombia, 1998, p. 41-42.
81. Em outros termos, a emissão de ordem não deve ser potencial, mas efetiva, e deve ser comprovada no caso concreto para que exista responsabilidade penal. Assim decidiu a Sala Penal Especial da Corte Suprema de Justiça do Peru, no caso Alberto Fujimori: El poder de mando del autor mediato no debe quedarse en una sola potencialidad, sino que, como lo precisa la Sala Penal Especial, debe manifestarse en una orden que dispone que el subordinado realice un hecho o cumpla una misión (CAVERO, Percy García. La autoría mediata por dominio de la voluntad en aparatos de poder organizados: el caso de Alberto Fujimori. *ZIS*, novembro de 2009, p. 601).

Os detentores do domínio sobre o "aparato organizado de poder" - no caso, as Forças Armadas – colocaram em funcionamento as engrenagens da maquinaria. Esta produziu os resultados conforme o determinado – tantos homicídios quantos fossem necessários para impedir qualquer transposição do muro. O emissor da ordem não precisa acompanhar as execuções, não precisa tomar ciência de cada ato, pois as mortes são consectário natural e previsível da atuação dirigida da estrutura organizacional sob seu poder.

Seria razoável isentar de responsabilidade quem determinou a execução sistemática de judeus pela estrutura da Alemanha Nazista, sob o argumento de que não tinha o conhecimento de um ato homicida específico e não emitiu ordem personalizada para a correspondente vítima?

Nos dois casos, há caracterização de "autoria mediata", nexo causal entre a ordem e os resultados – tantos quantos forem – bem como conduta consciente, voluntária e dolosa.

Transpondo esses parâmetros para a realidade das organizações criminosas brasileiras, pertinente recordar dos atentados e homicídios praticados contra agentes de Estado no ano de 2006. Por meio de uma ordem dirigida massivamente aos subordinados, os líderes de organização criminosa determinaram que agentes policiais fossem executados no Estado de São Paulo. Presos, os sujeitos que exerciam funções de comando não seriam autores imediatos, mas tinham por certo que o "domínio da organização" por eles exercido levaria aos resultados determinados.

A despeito da inexistência de renovação de ordens para cada fato singularizado, os líderes da facção detinham, mais do que cada executor dos homicídios, sujeitos fungíveis, domínio dos fatos, devendo por eles ser responsabilizados. Afinal, os homicídios individualmente perpetrados possuem uma origem comum – a ordem emitida pelos detentores de posição de comando. Na mesma medida, são desdobramentos naturais do fluxo criminoso deflagrado pelo membro de cúpula do "aparato organizado de poder".

6. CONCLUSÃO

A teoria do domínio do fato estabelece critérios para que se possa reconhecer o indivíduo que concorre para o crime como "autor" ou "partícipe", partindo-se da adoção de um sistema diferenciador. As construções que dela decorrem tomam como premissa que autor é a figura central do acontecer típico.

Apreciando-se a posição do indivíduo frente à dinâmica delitiva, o domínio do fato pode se expressar: a) pelo domínio da ação; b) pelo domínio funcional do fato; c) pelo domínio da vontade. Este, por sua vez, resta caracterizado nos casos em que o autor mediato se vale de terceiro, que funciona como mero instrumento, para a prática de crimes. Nas origens da teoria do domínio do fato, especialmente na forma concebida por Welzel, a autoria mediata só poderia ocorrer por meio de terceiro que age sem culpabilidade, por coação, erro ou por inimputabilidade. Roxin amplia as hipóteses de reconhecimento de autoria mediata pela constatação de que o domínio do fato pode ocorrer pelo manejo de "aparatos organizados de poder", ou seja, pelo "domínio da organização".

Quando das primeiras formulações da ideia de autoria mediata pelo domínio da organização, Roxin tinha como referência aparatos organizados de poder estatal, os quais eram utilizados por indivíduos detentores de poder de mando para a prática sistematizada de delitos. Como requisitos da autoria mediata nessas hipóteses, exigia--se: a) poder de comando; b) que organização fosse dissociada da ordem jurídica; c) fungibilidade dos executores imediatos. Como produto da articulação desses fatores, haveria a constituição de uma "atitude criminal coletiva", pela qual se poderia esperar a pronta execução das ordens emitidas pelos detentores de postos de comando.

Observações posteriores feitas por Kai Ambos e pelo próprio Claus Roxin evidenciaram que os mesmos critérios seriam aplicáveis às organizações criminosas não estatais, bem como a organizações terroristas, cujos líderes poderiam figurar como autores mediatos dos delitos perpetrados por meio da estrutura organizada. Mesmo autores que ocupam posições intermediárias na cadeia de comando da organização poderiam se enquadrar nos requisitos necessários à configuração da autoria mediata.

Os executores das ações delitivas materiais, por outro lado, seriam sujeitos fungíveis, facilmente substituíveis por terceiros. Daí emerge que os líderes das organizações criminosas dominam o acontecer típico pelo desempenho de um controle não sobre uma vontade concreta, mas sobre uma vontade indeterminada, qualquer que seja o executor disponível.

Pelo manejo do aparato organizado de poder, não basta que o indivíduo esteja posto em posição de comando para que seja considerado "autor mediato". O "domínio do fato" não admite responsabilização objetiva. Deve haver conduta – efetivo exercício da liderança – dirigida à realização dos fatos típicos. Por outro lado, não é necessário emissão de ordem específica para cada ato. Quem determina a atuação sistemática da maquinaria criminosa para a execução de múltiplos fatos responde por todos eles, bastando que haja nexo entre a ordem emitida e os resultados verificados, bem como que estes estejam na esfera de previsibilidade do emissor da ordem. Exige-se agir consciente e voluntário do autor mediato, que deseja os fatos praticados a partir de seu comando ou, pelo menos, os aceite.

Em conclusão, embora a simples posição de comando em organização criminosa não justifique a responsabilização pessoal do integrante da facção por fatos praticados por terceiros e, mesmo que se considere que a concepção da ideia de "aparatos organizados de poder" tem a finalidade de atender a necessidades do critério diferenciador, no âmbito do concurso de pessoas, o "domínio da organização" aferido concretamente é importante fator a justificar a responsabilização penal do autor mediato.

É isso que se extrai dos diversos casos concretos avaliados ao longo do texto e dos excertos doutrinários invocados. Preservados os critérios desenvolvidos pela doutrina alemã, necessários para afastar qualquer margem de responsabilização objetiva, o "domínio da organização" deve levar à responsabilização os líderes de organização criminosa que, de forma dolosa, provocam o funcionamento do aparato organizado para a prática de crimes.

7. REFERÊNCIAS

ALFLEN, Pablo Rodrigo. Teoria do domínio do fato na doutrina e na jurisprudência brasileiras. *Universitas Jus*, v. 25, n. 2, p. 15-33, 2014.

AMBOS, Kai. *Dominio del hecho por dominio de voluntad en virtud de aparatos organizados de poder*. Trad. Cancio Meliá. Bogotá: Universidad Externado de Colombia, 1998.

AMBOS, Kai. Sobre la "organización" en el domínio de la organización. *Revista para el Análisis del Derecho*. Barcelona, Julho de 2011.

BATISTA, Nilo. *Concurso de agentes*. Rio de Janeiro: Lumen Juris, 2005.

BITTENCOURT, Cezar Roberto; BUSATO, Paulo César. *Comentários à Lei de Organização Criminosa*. Disponível em: Minha Biblioteca, Editora Saraiva, 2014.

CAVERO, Percy García. La autoria mediata por domínio de la voluntad en aparatos de poder organizados: el caso de Alberto Fujimori. *Zeitschrift für Internationale Strafrechtsdogmatik*, novembro de 2009, p. 596-602.

CONDE, Francisco Muñoz. La autoría mediata por dominio de un aparato de poder como instrumento para la elaboración jurídica del pasado. Sevilla: Universidad Pablo Olavide, 2011. Disponível em: https://rio.upo.es/xmlui/bitstream/handle/10433/5134/Cahiers_2011-2012_PDF.pdf?sequence=1&isAllowed=y.

GRECO, Luís. *Cumplicidade através de ações neutras*: a imputação objetiva na participação. Rio de Janeiro: Renovar, 2004.

JESCHECK, Hans-Heinrich; WEIGEND, Thomas. **Tratado de Derecho Penal**: parte general. Trad. Miguel Olmedo Cardenete. Breña: Pacífico, 2014. v. I.

LEITE, Alaor; GRECO, Luís. O que é e o que não é a teoria do domínio do fato. Sobre a distinção entre autor e partícipe no direito penal. In: GRECO, Luís et. al. *Autoria como domínio do fato*. São Paulo: Marcial Pons, 2014.

LISZT, Franz Von. *Tratado de Direito Penal Alemão*. Brasília: Senado Federal, 2006. v. I.

MEINI, Iván. La autoría mediata por dominio de la organización en el caso Fujimori: comentario a la sentencia de fecha 7.4.2009 (Exp. a.v. 19 – 2001) emitida por la Sala Penal especial de la Corte Suprema. *Zeitschrift für Internationale Strafrechtsdogmatik*, 11/2009, 603-608.

ROXIN, Claus. *Autoría y dominio del hecho en derecho penal*. Madrid: Marcial Pons, 2016.

ROXIN, Claus. El Domínio de Organiazción Como Forma Independiente de Autoria Mediata. *Revista de Estudios de la Justicia*, n. 7, ano 2006, p. 11-22.

SCHÜNEMANN, Bernd. Dominio sobre la vulnerabilidad del bien jurídico o infracción del deber en los delitos especiales. *Revista de la Facultad de Derecho*, n. 81, 2018, dezembro-maio, p. 93-112.

SOUZA, Arthur de Brito Gueiros. Teoria do domínio do fato e sua aplicação na criminalidade empresarial: aspectos teóricos e práticos. *RBCCrim*, n. 105, novembro-dezembro de 2013, p. 59-93.

WELZEL, Hans. Süddeutsche Juristen-Zeitung (crítica à teoria subjetiva da participação), *Revista Eletrônica de Direito Penal e Política Criminal* – UFRGS, Trad. Pablo Rodrigo Alflen, v. 2, n. 2, 2014.

ALGUNS APONTAMENTOS SOBRE O CONFISCO ALARGADO NO BRASIL

Renee do Ó Souza

Mestre em Direito. Professor e autor de obras jurídicas. Promotor de Justiça em Mato Grosso. Membro Auxiliar do Conselho Nacional do Ministério Público.

Sumário: 1. Introdução – 2. Política de despatrimonialização do crime – 3. Pressupostos do confisco alargado – 4. Bens atingidos pela medida – 5. Constitucionalidade e convencionalidade do confisco alargado – 6. Aspectos práticos do confisco alargado; 6.1 Pedido na inicial; 6.2 Instrução probatória dos bens confiscados; 6.3 Sentença; 6.4 Recurso cabível – 7. O confisco no acordo de colaboração premiada – 8. Conclusões – 9. Referências.

1. INTRODUÇÃO

Em outubro de 2019, a Lei 13.886 introduziu o art. 63-F na Lei 11.343/2006 e inseriu no direito penal do Brasil o confisco alargado ou confisco ampliado ou perda alargada, que consiste na perda de bens considerados produto ou proveito do crime, desde que comprovado o envolvimento do agente com o tráfico de drogas.

Depois, a Lei 13.964/2019, conhecida como Lei Anticrime, inseriu disposição semelhante no art. 91-A do Código Penal, de modo a ampliar os casos de confisco alargado para condenações por outras infrações penais. Esta nova disposição, embora mais abrangente, possui algumas ligeiras diferenças para aquela prevista na Lei de Drogas, como pode ser analisado na tabela comparativa a seguir:

Lei de Drogas	Código Penal
Art. 63-F. Na hipótese de condenação por infrações às quais esta Lei comine *pena máxima superior a 6 (seis) anos de reclusão*, poderá ser decretada a perda, como produto ou proveito do crime, dos bens correspondentes à diferença entre o valor do patrimônio do condenado e aquele compatível com o seu rendimento lícito. (Incluído pela Lei 13.886, de 2019).	Art. 91-A. Na hipótese de condenação por infrações às quais a lei comine *pena máxima superior a 6 (seis) anos de reclusão*, poderá ser decretada a perda, como produto ou proveito do crime, dos bens correspondentes à diferença entre o valor do patrimônio do condenado e aquele que seja compatível com o seu rendimento lícito. (Incluído pela Lei 13.964, de 2019).
§ 1º A decretação da perda prevista no caput deste artigo fica condicionada à existência de elementos probatórios que indiquem conduta criminosa habitual, reiterada ou profissional do condenado ou sua vinculação a organização criminosa.	Sem correspondência

Lei de Drogas	Código Penal
§ 2º Para efeito da perda prevista no caput deste artigo, entende-se por patrimônio do condenado todos os bens: I – de sua titularidade, ou sobre os quais tenha domínio e benefício direto ou indireto, na data da infração penal, ou recebidos posteriormente; e II – transferidos a terceiros a título gratuito ou mediante contraprestação irrisória, a partir do início da atividade criminal.	§ 1º Para efeito da perda prevista no caput deste artigo, entende-se por patrimônio do condenado todos os bens: I – de sua titularidade, ou em relação aos quais ele tenha o domínio e o benefício direto ou indireto, na data da infração penal ou recebidos posteriormente; e II – transferidos a terceiros a título gratuito ou mediante contraprestação irrisória, a partir do início da atividade criminal.
§ 3º O condenado poderá demonstrar a inexistência da incompatibilidade ou a procedência lícita do patrimônio.	§ 2º O condenado poderá demonstrar a inexistência da incompatibilidade ou a procedência lícita do patrimônio.
Sem correspondência	§ 3º A perda prevista neste artigo deverá ser requerida expressamente pelo Ministério Público, por ocasião do oferecimento da denúncia, com indicação da diferença apurada.
Sem correspondência	§ 4º Na sentença condenatória, o juiz deve declarar o valor da diferença apurada e especificar os bens cuja perda for decretada. (Incluído pela Lei 13.964, de 2019)
Sem correspondência	§ 5º Os instrumentos utilizados para a prática de crimes por organizações criminosas e milícias deverão ser declarados perdidos em favor da União ou do Estado, dependendo da Justiça onde tramita a ação penal, ainda que não ponham em perigo a segurança das pessoas, a moral ou a ordem pública, nem ofereçam sério risco de ser utilizados para o cometimento de novos crimes.

O confisco é apontado como uma medida voltada, notadamente, ao eficaz combate aos crimes aquisitivos, entendidos como aqueles produtores de grande enriquecimento econômico dos agentes. Por isso deve ser considerado como medida de otimização no enfrentamento desta espécie de crimes porque: a) promove a asfixia econômica de certos crimes; b) supre a insuficiência e ineficiência das penas privativas de liberdade, que se mostra deficiente para prevenir e reprimir esta espécie de delitos; c) dificulta o investimento ou guarda de ativos para uso após o cumprimento da pena, seja pelos próprios autores dos crimes, seja por terceiros, como familiares, comparsas, procuradores etc.

Além de examinar as características principais do confisco alargado, mediante revisão bibliográfica, este trabalho procura identificar sua a conexão com a política criminal de enfrentamento à criminalidade organizada, notabilizada pela obtenção de grandes vantagens econômicas que a impulsionam.

2. POLÍTICA DE DESPATRIMONIALIZAÇÃO DO CRIME

A principal motivação para o confisco penal é a chamada despatrimonialização do criminoso de modo a incrementar um reproche econômico ao delito, objetivo diferente dos tradicionais efeitos dissuasórios e retributivos da sanção penal, notadamente àquelas categorias criminosas altamente rentáveis como o tráfico de drogas praticado por organizações criminosas.[1]

---

1. Calha citar aqui a lúcida ponderação de Canotilho: "é possível que o direito constitucional e o direito penal tenham de abrir-se a novos paradigmas, ou porque os cânones clássicos se revelam hoje inadequados,

Trata-se de estratégia de enfrentamento à criminalidade que parte da ideia de que determinadas crimes, ditos aquisitivos e lucrativos, são permeadas por um alto grau de escolha racional, em que o agente avalia e assume os riscos e desvantagens decorrentes de sua prisão frente o retorno e vantagens proporcionadas pelo delito. O elevado saldo patrimonial dessa equação de custo-benefício serve, senão como incentivo, para mantê-lo no intento criminoso. Essa análise econômica do crime indica que um sistema criminal eficaz deve impor riscos superiores às vantagens inerentes à prática do ilícito.

Richard Posner sustenta que determinadas espécies de crimes, nos quais se inserem os aquisitivos, deveriam ser sancionados com alguma pena pecuniária, pois ela representaria um custo social menor do que a prisão e se mostraria tão ou mais efetiva que essa.[2] Seja como for, ao atingir os bens e valores que gravitam em torno da conduta delituosa praticada pelo agente, o confisco alargado reveste-se de nítida feição econômica, é fruto de manejo eficacional do direito penal e está inserido em um modelo de política criminal funcionalista porque busca enfrentar, com outra mecânica, o sentimento social de impunidade que leva à perda, à prazo, da eficácia da própria ordem jurídica.

3. PRESSUPOSTOS DO CONFISCO ALARGADO

O confisco alargado não é cabível em qualquer condenação, mas desde que satisfeitos certos pressupostos que servem para afastar desde logo uma presunção de ilicitude de todo e qualquer bem adquirido por condenados por crimes graves. Por isso, a doutrina tem sustentado que, ao contrário do confisco tradicional, o confisco alargado não é efeito automático da condenação, regido por uma discricionariedade regrada do magistrado exercida no caso concreto.[3]

Do mesmo modo que ocorre com os demais efeitos penais da condenação, o confisco alargado é tão somente uma consequência anexa e direta do édito condenatório que, por opção político-criminal, se alastra para outras esferas e produz efeitos jurídicos mandamentais previstos na norma. Aqui, a sentença penal condenatória constitui-se em uma nova hipótese normativa (suporte fático) que produz outra consequência jurídica – por isso se diz tratar-se de efeito *ex lege*.

---

     ou porque se revela inútil a tentativa da sua adaptação aos novos pressupostos de facto" (CANOTILHO, José Joaquim Gomes. Terrorismo e direitos fundamentais. In: VALENTE, Manuel Monteiro Guedes (Coord.). *Criminalidade organizada e criminalidade de massa*. Interferências e ingerências mútuas. Coimbra: Edições Almedina, 2009. p. 28).

2. POSNER, Richard. Optimal Sentences for White-Collar Criminals. *American Criminal Law Review*. 1979-1980. p. 409.
3. MASSON, Cleber. *Direito Penal*: parte geral (arts. 4º a 120). 14. ed. Rio de Janeiro: Forense; São Paulo: Método, 2020. p. 718. v. 1.

Essa compreensão diz respeito à (des)necessidade de requerimento expresso na denúncia para ocorrência do confisco, ponto que voltaremos a tratar mais à frente.

Isso significa que, preenchidos os pressupostos legais, não é facultado ao prolator da decisão emitir qualquer juízo de valor acerca da adequação da produção de tais efeitos confiscatórios. É o que ocorre, por exemplo, com a perda do cargo nos casos de condenação do agente público por crime de tortura, efeito extrapenal automático previsto do § 5º do art. 1º da Lei 9.455/1997,[4] que para ser aplicado independe de constatação pelo juiz acerca da incapacidade moral do agente público para o desempenho de sua função pública. Nesses casos, o rompimento do vínculo funcional decorre automaticamente da sentença penal condenatória, sendo desnecessário fazer prova acerca da conveniência ou não da medida, aplicada inderrogavelmente, pela sentença condenatória.

O confisco alargado possui dois pressupostos principais a saber: condenação por crime com pena máxima superior a 06 anos e incompatibilidade do patrimônio com a renda lícita do agente. São pilares centrais que servem para delimitar cabimento da medida em casos específicos e que servem para estabelecer uma política-criminal coerente no enfrentamento aos crimes aquisitivos.

1º) condenação por crime com pena máxima superior a 06 anos

O pressuposto desencadeador do confisco alargado é uma condenação pela prática de crime que a lei comine pena máxima superior a 06 (seis) anos de reclusão. Naturalmente que, a fim de alcançar este *quantum*, devem ser levadas em conta, no caso de concurso de crimes, (concurso material, concurso formal ou continuidade delitiva), o total de pena cominada, seja pelo somatório, seja pela incidência da majorante.

O piso de seis anos indica que o confisco alargado somente é cabível em casos de média gravidade, compatibilizando-o com a proporcionalidade penal, aferida a partir da política criminal de despatrimonialização do criminoso o que incrementa as consequências econômicas à sanção criminal com vistas a dissuadir a prática destes delitos graves.

A legislação brasileira não vincula o confisco alargado a um rol específico de crimes, o que lhe confere uma a independência relativa frente aos efeitos sancionatórios aplicados na condenação e, ao mesmo tempo, ressalta a natureza extrapenal relacionada a situação patrimonial do condenado.

Anote-se que o Superior Tribunal de Justiça já teve a oportunidade de manter acórdão condenatório que determinou o confisco de bens dos réus, mesmos

---

4. Neste sentido já decidiu o Superior Tribunal de Justiça no AgRg no AREsp 1.131.443/MT, relator Ministro Ribeiro Dantas, 5ª T., j. em 09.12.2020, DJe de 14.12.2020.

sem a demonstração direta de que eles tinham sido adquiridos com o resultado da ação criminosa. O caso envolvia a perda de bens decretada na condenação da Operação Anaconda, envolvendo juiz do trabalho, agentes da Polícia Federal e advogados. O voto-condutor da Ministra Laurita Vaz utilizou como *ratio decidendi* a demonstração de inúmeras atividades criminosas e a desproporcionalidade entre o rendimento conhecido dos réus e extensa relação de bens apreendidos em nome deles.[5]

Observe-se também que a lei não exige o trânsito em julgado da condenação o que remete a pronta exequibilidade do confisco alargado às discussões já conhecidas referentes à execução da pena após a condenação em segunda instância.

2º) Incompatibilidade do patrimônio com a renda lícita do agente

Para a decretação do confisco alargado se faz necessária a demonstração da incompatibilidade ou desproporcionalidade do patrimônio do condenado com o seu rendimento lícito, ponto central para a aplicação da medida. E aqui o confisco alargado se diferencia dos demais tipos de confisco porque prescinde da relação instrumental ou de origem com o crime pelo qual o agente foi condenado. Basta, para sua incidência, além da condenação no patamar antes mencionado, a comprovação de existência de um patrimônio incompatível com sua renda lícita.

A questão deve ser bem compreendida, principalmente sob o ponto de visto do ônus da prova. Assentado nos elementos que constituem a norma, extrai-se que caberá ao órgão acusador comprovar a evolução incongruente do patrimonial em patamares desproporcionais à renda do agente. Por isso não há, propriamente, inversão do ônus da prova, pois a apresentação de justificativa razoável para o avanço patrimonial, em patamares superiores à renda percebida pelo agente, é típica matéria de defesa.[6] Isso significa que não haverá aplicação do confisco alargado nos casos em que restar demonstrada a compatibilidade entre o patrimônio do condenado com seus rendimentos lícitos.

Valem aqui as considerações de Duarte Alberto Rodrigues de que:

> Na determinação dos rendimentos lícitos, caso o arguido demonstre que outros membros do seu agregado familiar (também) auferem rendimentos lícitos, haverá que levar em conta a totalidade dos rendimentos do seu agregado familiar, pois o património pode ser incongruente com o rendimento lícito do arguido, mas já o não ser se se levar em conta o rendimento dos restantes membros do seu agregado familiar (maxime do cônjuge).[7]

---

5. STJ. Recurso Especial 827.940-SP.
6. BONFIM, Marcia Monassi Mougenot; BONFIM, Edilson Mougenot. *Lavagem de dinheiro*. 2. ed. São Paulo: Malheiros, 2008, p. 105.
7. NUNES, Duarte Alberto Rodrigues. Admissibilidade da inversão do ónus da prova no confisco "alargado" de vantagens provenientes da prática de crimes. *Julgar online*, 2017. p. 37.

Há quem sustente, todavia, que a lei criou uma hipótese de inversão do ônus da prova, o que, por si só, não enseja qualquer ilegalidade ou inconstitucionalidade. Como sustenta Norberto Avena, incumbir a acusação de comprovar a ilicitude do patrimônio importaria na inocuidade da regra ante a clandestinidade inerentes aos crimes em geral. Além disso, sustenta este escólio, não há nenhuma dificuldade ou prejuízo ao réu em demonstrar a aquisição e a origem lícita de seu patrimônio.[8]

Diferentemente do Código Penal, a Lei de Drogas, no art. 63-F, estabelece no § 1º uma condição especial para o confisco alargado, qual seja, existência de elementos probatórios que indiquem conduta criminosa habitual, reiterada ou profissional do condenado ou sua vinculação a organização criminosa.

A necessidade de restar provado que o condenado desempenha conduta criminosa habitual, reiterada ou profissional, deve ser entendida como a necessidade de verificar um repetido e rotineiro modo de vida delinquencial, o que pode ser caracterizado por meio da análise dos antecedentes criminais, inclusive relativo a fatos praticados antes da maioridade penal (STF. Decisão monocrática. RHC 134121 MC, Rel. Min. Luiz Fux, j. em 20.04.2016), e reincidência do condenado. Mas não é só. A conduta criminosa profissional distingue-se das outras porque designa desempenho de atividades que reclamam conhecimentos ou habilidades incomuns, usadas em atividades sofisticadas que se ressentem de uma preparação específica para a sua efetivação, como fabrico ou refino de determinada substância entorpecente sintética.

A medida é cabível também se restar comprovada a vinculação do acusado à organização criminosa, o que deságua no mesmo sentido da hipótese anterior – notadamente o modo de vida delinquencial –, porém, com certo grau de objetivação vez que a comprovação do envolvimento de alguém com uma organização criminosa é, em regra, feita de forma simplificada. Todavia, deve-se atentar ao fato de que a Lei não está a exigir que a sentença que aplica o confisco alargado contenha, necessariamente, uma condenação pelo crime do art. 2º da Lei 12.850/2013. É que a o dispositivo exige, como *standard* probatório a simples presença de elementos probatórios que indiquem conduta vinculada a organização criminosa.

4. BENS ATINGIDOS PELA MEDIDA

Observe-se que o confisco alargado abrange todos os bens do criminoso que não sejam compatíveis com a sua renda lícita de modo a reputá-los como produto (*producta sceleris*) e proveito do crime (*pretium sceleris*). Para ser mais preciso, a norma considera como produto ou proveito do crime, todos bens (corpóreos

---

8. AVENA, Norberto. *Processo penal*. 12. ed. Rio de Janeiro: Forense; São Paulo: Método, 2020. p. 2167.

ou incorpóreos) correspondentes à diferença entre o valor do patrimônio do condenado e aquele compatível com o seu rendimento lícito.

Ponto crucial para compreensão do tema é que a lei brasileira não exige vinculação entre os bens confiscados com a prática dos crimes pelo qual o agente foi condenado. Como destaca Duarte Alberto Rodrigues Nunes, o objeto do confisco alargado é uma determinada parte (ou a totalidade) do patrimônio do condenado e não sobre bens em concreto, pois está em causa a "expropriação" da parte incongruente deste patrimônio e não de bens determinados, sendo que, até perfazer o montante correspondente à parte incongruente, poderão ser confiscados bens obtidos, quer lícita quer ilicitamente.[9]

Embora o confisco alargado recaia sobre bens não conectados diretamente com o crime, caso em que constituir-se-iam em produto e proveito crime, é medida considerada como uma consequência da decisão proferida, daí porque tem natureza jurídica de efeito secundário da sentença penal condenatória, sem caráter punitivo e com finalidade compensatória, que atinge todos os demais ativos sobressalentes à receita legal do condenado e que não tiveram sua origem comprovada. Deve-se anotar, de forma assemelhada, que o Tribunal Regional Federal da 4ª Região, depois sufragado pelo Superior Tribunal de Justiça, entendeu que até mesmo o capital de origem lícita que, durante o processo de branqueamento, seja mesclado ao "dinheiro sujo" a ser lavado deve ser considerado por este contaminado e, por essa razão, confiscado.[10]

A desvinculação direta entre bens alcançados pelo confisco e crimes cometidos pelo condenado parece alocá-lo como uma verdadeira medida de cunho compensatório, que implica privação do criminoso do patrimônio amealhado em contrariedade com o ordenamento jurídico e dos meios e recursos necessários para a continuidade de atividade delitiva ou para a prática de novas infrações.[11]

Conforme se extrai do § 2º do art. 63-F da Lei de Drogas e o § 1º do art. 91-A do Código Penal, deve-se ter em conta que patrimônio aqui não deve ser compreendido apenas como o declarado pelo agente. Por isso que ambas disposições proclamam por patrimônio do condenado todos os bens de sua titularidade, ou sobre os quais tenha domínio e benefício direto ou indireto, na data da infração

---

9. NUNES, Duarte Alberto Rodrigues. Admissibilidade da inversão do ônus da prova no confisco "alargado" de vantagens provenientes da prática de crimes. *Julgar online*, 2017. p. 10.
10. TRF 4ª Região, Apelação Criminal 200770000208902, 8ª T., Des. Rel. Paulo Afonso, DJe: 16.09.2009. No STJ. REsp 1316694/PR, Rel. Min. Regina Helena Costa, 5ª T., j. em 17.12.2013, DJe 03.02.2014.
11. No tocante ao crime de tráfico de drogas, por exemplo, o confisco se justificaria como medida compensatória visto que o acréscimo patrimonial proporcionado ao traficante sofre uma contrapartida pela perda dos recursos públicos despendidos para remediar os danos à saúde pública e aos usuários de drogas, inegavelmente atingidos pela sua conduta ilícita.

penal, ou recebidos posteriormente; e os transferidos a terceiros a título gratuito ou mediante contraprestação irrisória, a partir do início da atividade criminal.

Sobre essa norma, bem observa Francisco Cardoso:

> deve-se ser efetivamente aplicado o conceito de beneficiário final ou beneficiário efetivo (beneficial ownership), de maneira a se buscar não apenas os bens que estejam registrados em nome do agente (como se sabe, poucos ou nenhum), mas todos aqueles que estejam sob seu domínio ou que por eles sejam controlados ou usufruídos. É o que costumamos chamar de patrimônio real e não o patrimônio declarado do agente delituoso. De acordo com as Recomendações do GAFI, impõe-se às instituições financeiras lato sensu, no âmbito das medidas de devida diligência ao cliente (CDD – Costumer Due Diligence) aplicadas, a obrigação de identificar o beneficiário efetivo das operações realizadas, adotando-se as medidas adequadas para verificar a sua identidade. Somente assim, podem as IFs ter um conhecimento satisfatório sobre a identidade do beneficiário efetivo da operação realizada. No caso de pessoas jurídicas, as IFs devem ainda adotar todas as medidas adequadas que lhes permitam compreender a estrutura de propriedade da figura jurídica, de forma a exercer o efetivo controle do cliente com o qual se relacionam. Isso quer dizer, não basta saber em nome de quem a operação está sendo realizada. Há a necessidade que os sujeitos obrigados efetivamente atuem de forma a identificar quem são os verdadeiros beneficiários ou controladores finais daquela operação. Tudo isso é feito justamente com a finalidade de se dar um espectro cada vez mais amplo na atividade estatal quando da identificação dos bens que compõem o patrimônio do agente. De modo que não escapem do radar dos órgãos de persecução criminal bens ou valores que tenham sido obtidos com a prática de crimes e que, pela complexidade de sua ocultação/dissimulação, não tenham sido descobertos e identificados quando da investigação criminal. No entanto, mesmo que cumprida adequadamente tal tarefa, identificando-se todos os bens que compõem o patrimônio real do criminoso, ainda mais complexa seria a atuação do Estado se a lei exigisse, para que tal patrimônio fosse atingido, a efetiva determinação de sua vinculação a uma prática criminosa específica.[12]

Trata-se de sistemática já empregada antes pelo legislador no art. 8º da Lei 13.344/2016 que prevê que, para a decretação de medidas assecuratórias no tocante a determinadas infrações, é indiferente se os bens, direitos ou valores pertencem ao próprio agente ou a terceiros, pois referida lei refere-se a "bens, direitos ou valores do investigado ou acusado, ou existentes em nome de interpostas pessoas".

Essas disposições são suficientes para o resguardo dos interesses de terceiros de boa-fé pois impedem que o confisco alargado recaia sobre os bens pertencentes àqueles que não se relacionam com o condenado.

Nem a Lei de Drogas, nem o Código Penal estabeleceram lapso de tempo apto ao alcance dos bens adquiridos antes da prática dos crimes aquisitivos.[13] Aliás, à

---

12. CARDOSO, Francisco de Assis Machado. Projeto de Lei Anticrime, o Confisco Alargado de demais medidas para aprimorar o perdimento do produto do crime. In: SANCHES, Rogério et al. *Projeto de Lei Anticrime*. Salvador: JusPodivm, 2019. p. 228-229.
13. A legislação estrangeira tem outras sistemáticas. Sobre o tema, confira a doutrina: "A perda alargada à portuguesa, assim como a inglesa e a americana, enquadra-se na segunda espécie, uma vez que limita os

luz do que prevê a legislação brasileira, não há qualquer dependência direta entre o patrimônio confiscado e os crimes pelo qual o agente foi condenado. Assim, dada a natureza compensatória inerente ao confisco alargado, quer nos parecer que podem ser alcançados bens adquiridos antes da prática do crime, mesmo que fruto de outras atividades do agente, forte no princípio que define que é o patrimônio do devedor que deve suportar os efeitos obrigacionais decorrentes dos atos ilícitos. É o que ocorre com o dever de reparar os danos, efeito extrapenal da condenação que não tem limitações temporais e que pode alcançar bens adquiridos antes da prática delitiva.

5. CONSTITUCIONALIDADE E CONVENCIONALIDADE DO CONFISCO ALARGADO

O ponto de partida para aferir a compatibilidade constitucional do confisco alargado é o art. 5º, XLVI, "b", da CF que prevê expressamente a possibilidade de perda de bens por ocasião de uma condenação criminal. Trata-se de regra constitucional que consagra que a ordem jurídica não tutela a propriedade obtida ou relacionada de algum modo com a prática de crimes.

Além disso, e especificamente quanto ao tráfico de drogas, deve-se anotar que o art. 243, *caput*, da CF, prevê o confisco de terras utilizadas para cultivo ilegal de plantas psicotrópicas e de todo o valor econômico apreendido em decorrência do tráfico, dispositivo que inclusive tem sido entendido pelo Supremo Tribunal Federal como um mandado de criminalização que justifica o perdimento de bens apreendidos em decorrência do tráfico, dispensando-se, inclusive, a prova da habitualidade ou de exclusividade na utilização dos bens apreendidos. Foi o que restou decidido no RE 638.491/PR, STF. Plenário. Rei. Min. Luiz Fux, julgado em 17.05.2017, em sede de repercussão geral, quando a Suprema Corte afirmou que é possível o confisco de todo e qualquer bem de valor econômico apreendido em decorrência do tráfico de drogas, sem a necessidade de se perquirir (investigar) a habitualidade, reiteração do uso do bem para tal finalidade, ou qualquer outro requisito além daqueles previstos expressamente no art. 243, parágrafo único, da Constituição de 1988. A decisão ainda invocou os princípios da unidade e da supremacia da Constituição para contextualizar o direito de propriedade com referido dispositivo constitucional.

Sob a perspectiva internacional, o instituto está previsto em algumas normas internacionais, merecendo destaque três específicas convenções da ONU: a

---

bens que podem ser confiscados àqueles que entraram na esfera de domínio nos cinco anos anteriores à constituição processual do sujeito como arguido, conforme se depreende do art. 7º, n. 2" (SOUZA, Cláudio Macedo de. CARDOSO, Luiz Eduardo Dias. A perda alargada em face da principiologia processual penal brasileira. *Revista Brasileira de Ciências Criminais*. v. 118/2016. p. 13. jan.-fev. 2016).

Convenção de Viena contra os Crimes de Tráfico de Substâncias Entorpecentes, a Convenção de Palermo contra a Criminalidade Organizada Transnacional e a Convenção de Mérida contra a Corrupção. Esta última, aliás, passou a prever, de forma expressa em seu artigo 31, § 8º, a necessidade da edição de normas legislativas por parte de seus Estados-Partes estabelecendo a aplicação do confisco alargado, in verbis: "Os Estados Partes poderão considerar a possibilidade de exigir de um delinquente que demonstre a origem lícita do alegado produto do delitos ou de outros bens expostos ao confisco, na medida em que ele seja conforma com os princípios fundamentais de sua legislação interna e com a índole do processo judicial ou outros processos.".

Também a Convenção de Palermo empresta compatibilidade sistêmica à medida, vez que estabelece que "Os Estados Partes adotarão, na medida em que o seu ordenamento jurídico interno o permita, as medidas necessárias para permitir o confisco a) do produto das infrações previstas na presente Convenção ou de bens cujo valor corresponda ao desse produto; b) dos bens, equipamentos e outros instrumentas utilizados ou destinados a ser utilizados na prática das infrações previstas na presente Convenção" (art. 12).

Referida convenção, inclusive, conforme já decidiu o Superior Tribunal de Justiça, pode amparar o cumprimento de uma sentença estrangeira para determinar a perda de bens imóveis situados no Brasil, por terem sido adquiridos com recursos provenientes da prática de crimes. Restou assentada na decisão que essa medida não ofende a soberania nacional, porquanto o confisco, além da Convenção das Nações Unidas contra o Crime Organizado Transnacional (Convenção de Palermo), promulgada pelo Decreto n. 5.015/2004, encontra arrimo no Tratado de Cooperação Jurídica em Matéria Penal, internalizado pelo Decreto n. 6.974/2009.[14]

Também não há que se falar em violação à presunção de inocência porque o confisco alargado é concebido como um efeito legal de uma sentença penal condenatória, portanto, depois de terem sido verificados elementos suficientes acerca da responsabilidade penal do condenado.[15]

---

14. Deve-se assentar que segundo restou decidido ainda, esses bens imóveis confiscados não seriam transferidos para a titularidade do país interessado, mas levados à hasta pública, nos termos do art. 133 do Código de Processo Penal. (Agravo Interno na Sentença Estrangeira Contestada 10.250- EX, STJ, Corte Especial, unânime, Rel. Min. Luis Felipe Salomão, j. em 15.05.2019, publicado no DJ em 23.05.2019).
15. Neste sentido sustenta a doutrina: "A leitura das Constituições brasileira e portuguesa endossa esta conclusão: a presunção de inocência é imanente ao juízo de responsabilidade criminal. E é por incorrer no equívoco de alongar, indevidamente, a extensão presunção de inocência que parte da doutrina não compreende que a aplicação da perda alargada não fere a presunção de inocência" (SOUZA, Cláudio Macedo de. CARDOSO, Luiz Eduardo Dias. A perda alargada em face da principiologia processual penal brasileira. *Revista Brasileira de Ciências Criminais*. v. 118. p. 18. jan.-fev. 2016).

Por fim, cabe refutar suposta violação ao princípio da pessoalidade da pena, hipótese aventada porquanto o confisco alargado aflige a família do condenado. Como bem reflete Paulo Busato que ao tratar da mesma alegação no tocante a pena restritiva de perda de bens e valores (CP, art. 46), conclui pela incorreção dessa linha de interpretação sob a simples constatação de que toda e qualquer pena aflige a família do condenado. Mesmo a privação da liberdade afasta a pessoa de seus familiares, que sofrem emocional e economicamente, principalmente ante a ausência da contribuição do sustento que o apenado prestava à sua família.[16] Trata-se assim, de efeito colateral ao sistema sancionatório, inerente aos direito penal, portanto.

6. ASPECTOS PRÁTICOS DO CONFISCO ALARGADO

6.1 Pedido na inicial

O Código Penal prevê, textualmente, que a perda dos bens por meio do confisco alargado deverá ser requerida expressamente pelo Ministério Público, por ocasião do oferecimento da denúncia, com indicação da diferença apurada (§ 3º do art. 91-A).

A nosso juízo, essa disposição legal contraria a natureza do confisco como um efeito imediato da sentença penal, caracterizado pela aplicação de outras medidas em face do condenado. Isso acontece porque, por vezes, além das penas expressamente cominadas ao tipo penal aplicado ao caso concreto, a legislação prevê que a sentença penal, por si só, irradia consequências de diferentes espécies.

É o que ocorre nos chamados efeitos secundários da condenação, previstos na legislação e que independem de requerimento expresso na denúncia, tais como (i) tornar certa a obrigação de indenizar o dano causado pelo crime, (ii) demais espécies de confisco, (iii) a perda de cargo, função pública ou mandato eletivo, (iv) a incapacidade para o exercício do poder familiar, da tutela ou da curatela nos crimes dolosos sujeitos à pena de reclusão cometidos contra outrem igualmente titular do mesmo poder familiar, contra filho, filha ou outro descendente ou contra tutelado ou curatelado, (v) a inabilitação para dirigir veículo, quando utilizado como meio para a prática de crime doloso, (vi) interdição para o exercício de função ou cargo público pelo prazo de 8 (oito) anos subsequentes ao cumprimento da pena, (vii) no tocante aos crimes falimentares, a inabilitação do condenado para o exercício de atividade empresarial, impedimento para o exercício de cargo ou função em conselho de administração, diretoria ou gerência das sociedades sujeitas a esta Lei e a impossibilidade de gerir empresa por mandato ou por gestão de negócio etc.

---

16. BUSATO, Paulo César. *Direito penal*: parte geral. 5. ed. São Paulo: Atlas, 2020. v. 1, p. 1158.

Contudo, de forma distinta, quanto ao confisco alargado, o legislador exigiu que a acusação deduza, na inicial, a imputação patrimonial com indicação da diferença apurada.

É verdade que, mesmo com algumas críticas, a jurisprudência vem consolidando o entendimento de que é necessário pedido expresso desde a inicial para a fixação, na sentença, do valor mínimo para reparação dos danos causados pela infração, considerando os prejuízos sofridos pelo ofendido (CPP, art. 387, IV).[17] Essa tendência jurisprudencial parece ter sido a motivação para a previsão do § 3º do art. 91-A do CP que visa, deste modo, assegurar à defesa a oportunidade de manifestar-se a respeito da circunstância fática concreta ensejadora do confisco no curso do processo. Isso implica ainda no dever de aditamento do pedido se, durante o curso do processo, outros bens não mencionados antes forem descobertos e serem considerados alcançados pelo confisco.

6.2 Instrução probatória dos bens confiscados

O levantamento dos bens que deverão ser alcançados pela decisão confiscatória deve ser feita após uma adequada investigação patrimonial voltada à localização dos ativos desproporcionais aos rendimentos do condenado.

Em razão da previsão do § 2º do art. 91-A, de que a imputação patrimonial deve constar na denúncia, decorre a conclusão de que cabe à acusação comprovar a ilicitude dos bens, direitos ou valores sujeitos ao confisco. Isso deve ser feito por meio de provas direta ou indiretas que demonstrem aquela ilicitude, o que deve ser feito por meio da investigação patrimonial. Assim, é na investigação patrimonial que a acusação deverá apurar a diferença entre o valor do patrimônio do agente/condenado e aquele compatível com seu rendimento lícito razão pela qual é fácil perceber que a frutificação do confisco alargado (e demais hipóteses de confisco) está diretamente ligada ao desenvolvimento de uma cultura a respeito da investigação patrimonial, ponto razoavelmente negligenciado pela agência de persecução do Brasil.

Em meio a escassez de normas sobre o tema, deve-se relembrar aqui a Resolução 181/2017 do Conselho Nacional do Ministério Público, que dispõe:

Art. 14. A persecução patrimonial voltada à localização de qualquer benefício derivado ou obtido, direta ou indiretamente, da infração penal, ou de bens ou valores lícitos equivalentes,

---

17. "Ao interpretar o artigo 387, inciso IV, do Código de Processo Penal, este Superior Tribunal de Justiça fixou a compreensão de que a fixação do valor mínimo para a indenização dos prejuízos suportados pelo ofendido depende de pedido expresso e formal, de modo a oportunizar a ampla defesa e o contraditório" (STJ. HC 321.279/PE, Rel. Min. Leopoldo de Arruda Raposo (Desembargador convocado do TJ/PE), 5ª T., j. em 23.06.2015, DJe 03.08.2015).

com vistas à propositura de medidas cautelares reais, confisco definitivo e identificação do beneficiário econômico final da conduta, será realizada em anexo autônomo do procedimento investigatório criminal.

§ 1º Proposta a ação penal, a instrução do procedimento tratado no *caput* poderá prosseguir até que ultimadas as diligências de persecução patrimonial.

§ 2º Caso a investigação sobre a materialidade e autoria da infração penal já esteja concluída, sem que tenha sido iniciada a investigação tratada neste capítulo, procedimento investigatório específico poderá ser instaurado com o objetivo principal de realizar a persecução patrimonial.

A previsão acima de que essa espécie de investigação é feita em apenso é salutar para evitar uma excessiva poluição do processo principal, em que são colhidas provas destinadas a responsabilidade do acusado. Isso porque, na maioria das vezes, ante a natureza *in rem* do confisco,[18] o rastreio patrimonial (*follow the money*), inerente à investigação patrimonial, alcança familiares e sócios, formais ou informais (ou chamados laranjas ou testas de ferro) dos acusados originais, o que torna sua documentação mais extensa e complexa.

Isso significa que durante o processo penal, a acusação deverá demonstrar a incompatibilidade entre os bens do acusado, o que reclama uma instrução probatória em procedimento autônomo, apto à liquidação do patrimônio alcançado pelo confisco alargado.

O exercício defensivo quanto à imputação patrimonial deve ser iniciado na resposta à acusação prevista no art. 396 do Código de Processo Penal, mas não só. Naturalmente que deve ser assegurado ao acusado deduzir pedidos e produzir provas acerca da origem lícita de eventual excessivo patrimonial incompatível com sua renda ordinária, o que pode implicar inclusive na oitiva de outras pessoas e produção de outras provas que deverão ser levadas em conta na decisão judicial final.

Aos terceiros de boa-fé atingidos pela investigação e apreensão patrimonial, que pretendam demonstrar a proveniência lícita de bens, cabe o ônus da prova de demonstrar, em sede de embargos, nos moldes dos artigos 129 e 130, II, do Código de Processo Penal, que os ativos lícitos podem ser separados do capital criminoso.

---

18. Neste sentido, ensina Olavo Pezzotti: "Compreende-se o confisco como medida in rem, caso seja concebido como um instituto cujos efeitos recaem primariamente sobre o objeto, considerado de maneira autônoma, e que se relaciona apenas de maneira secundária e reduzida com a pessoa ligada à res por meio de propriedade, posse ou detenção. O confisco, enquanto medida in rem, também guarda pouca sintonia com o próprio fato criminoso. Ilustre-se: o confisco se expressa como medida evidentemente in rem nos casos do art. 91, II, a, do Código Penal brasileiro. O fundamento da medida é a própria ilicitude do instrumento perdido, de sorte que pouco importa quem é o seu proprietário ou como se caracteriza ou se desenvolveu a atividade delitiva. O aspecto subjetivo da conduta, a culpabilidade e outros elementos típicos de culpa penal (em sentido lato), não repercutem em qualquer medida sobre o confisco, que incide diretamente sobre o objeto" (PEZZOTTI, Olavo Evangelista. Apontamentos sobre o confisco nos crimes de tráfico de entorpecentes e de lavagem de dinheiro. *Revista Fórum de Ciências Criminais*. RFCC, Belo Horizonte, ano 6, n. 11, p. 64, jan./jun. 2019).

Vale encerrar essa seção com o alerta feito por Vitor Cunha de que a prova necessária para procedência do confisco alargado não pode ser feita por meio de simples operação comparativa entre o patrimônio e os rendimentos lícitos do que à efetiva produção de prova:

> O enunciado fático é apenas o objeto da prova. Para que se repute comprovado, é necessário mais que o exercício comparativo. Imprescindível se faz a apresentação de elementos de provas lícitos e idôneos a corroborarem a hipótese fática. A depender do caso, especialmente em relação ao patrimônio submetido a estratégias de ocultação ou em nome de terceiros, não é a mera consulta documental que provará o fato base no nível de suficiência necessário. Portanto, não basta ao Ministério Público identificar o patrimônio, é necessário provar que o patrimônio pertence ao condenado. Além disso, é insuficiente que meramente se indique a incompatibilidade patrimonial, uma vez que ao órgão acusador cabe produzir provas que evidenciem a incongruência entre o patrimônio efetivo e os rendimentos lícitos.[19]

6.3 Sentença

O § 4º do art. 91-A do Código Penal prevê que o juiz deve declarar o valor da diferença apurada e especificar os bens cuja perda for decretada na sentença penal condenatória, disposição que levanta algumas considerações importantes.

O primeiro ponto é que na mesma sentença que aprecia a culpa do acusado, o juiz decreta o confisco. Isso significa que não há uma fase posterior de liquidação de sentença, o que aumenta a importância da investigação patrimonial e, no curso do processo, da discussão referente aos bens atingidos pela medida. A lei então exige uma sincronia entre o desfecho do pedido principal e secundário difícil de ser realizada na prática, o que somente aumentam as críticas à sua sistemática.

Mas a simultaneidade decisória não pode ser confundida como univocidade de *standard* de julgamentos quanto à condenação do acusado e quanto ao confisco.[20] Isso porque, diferente do que ocorre com o capítulo referente à condenação pela prática do crime, que exige um nível de provas acima de qualquer dúvida razoável, dada a natureza de efeito secundário da sentença condenatória, sem caráter punitivo e com finalidade compensatória, deve-se entender que *standard* probatório exigido para a decretação do confisco alargado é, meramente, o de preponderância de prova ou, de mero juízo de probabilidade prevalente.[21]

---

19. CUNHA, Vítor Souza. O confisco alargado no processo penal brasileiro: uma análise de suas regras probatórias. Revista Eletrônica de Direito Processual – REDP. Rio de Janeiro. ano 15. v. 22. n. 2. p. 804. maio-ago. 2021.
20. Os standards de prova expressam uma gradação, quantitativa e qualitativa, exigível para a formação do convencimento judicial (TONINI, Paolo; CONTI, Carlotta. *Il diritto delle prove penali*. Seconda edizione. Milano: Giuffrè, 2014. p. 72).
21. É a posição de parte da doutrina que já se debruçou sobre o tema: BERTONCINI, Mateus Eduardo Siqueira Nunes; GUARAGNI, Fábio André; DE MACEDO, Gustavo Henrique Rocha. *Modelos de constatação de provas em lides de improbidade administrativa e confisco alargado no processo penal*. Relações Internacionais no Mundo Atual, v. 3, n. 24, p. 405-426, 2019.

Assim sendo, para que seja decretado o confisco, basta que os elementos informativos colhidos na persecução penal – sejam eles "provas" indiretas, indiciárias, circunstanciais ou presunções – apontem pela incompatibilidade entre os bens correspondentes entre a diferença entre o valor do patrimônio do condenado e aquele que seja compatível com o seu rendimento lícito.

Neste sentido, vale citar a Diretiva 2014/42/EU, de 30.04.2013, do Parlamento Europeu e do Conselho da União Europeia que dispõe que o confisco alargado deve ser manejado mediante *standard* probatório de preponderância de probabilidades. Veja-se:

> Deverá ser possível decidir a perda alargada caso o tribunal conclua que os bens em causa derivaram de comportamento criminoso. O que precede não implica a obrigatoriedade de provar que os bens em causa provêm de comportamento criminoso. Os Estados-Membros poderão determinar que bastará, por exemplo, que o tribunal considere em função das probabilidades, ou possa razoavelmente presumir que é bastante mais provável, que os bens em causa tenham sido obtidos por via de um comportamento criminoso do que de outras atividades. Se assim for, o tribunal terá de ponderar as circunstâncias específicas do caso, incluindo os factos e as provas disponíveis com base nos quais poderá ser pronunciada uma decisão de perda alargada. O facto de os bens da pessoa serem desproporcionados em relação aos seus rendimentos legítimos poderá ser um dos elementos que levam o tribunal a concluir que os bens provêm de comportamento criminoso. Os Estados-Membros poderão também fixar um prazo durante o qual os bens possam ser considerados como provenientes de comportamento criminoso.[22]

Como bem pesquisou Vitor Cunha, o Tribunal Europeu de Direitos Humanos também já concluiu pela possibilidade de adoção de um *standard* probatório reduzido para fins de decretação de confisco alargado. Foi no caso Balsamo c. San Marino, julgado em 2020, que restou acolhida o uso de um *standard* de julgamento tipicamente civil para o confisco alargado, forte na sua natureza cível.[23] Trata-se de tese perfeitamente transplantável ao nosso ordenamento, especialmente porque compatível com a política-criminal necessária para o enfrentamento dos crimes lucrativos.

6.4 Recurso cabível

O confisco alargado é necessariamente decretado em meio a uma sentença penal condenatória, de modo que sua impugnação deve ser feita, à luz do que prevê o § 4º do art. 593 do Código de Processo Penal, por meio de apelação. Como se sabe,

---

22. PARLAMENTO EUROPEU E CONSELHO DA UNIÃO EUROPEIA. Diretiva 2014/42/EU. Versão em português disponível em: https://eur-lex.europa.eu/legal-content/PT/TXT/HTML/?uri=CELEX:32014L0042&from=. Acesso em: 23 jan. 2023.
23. CUNHA, Vítor Souza. O confisco alargado no processo penal brasileiro: uma análise de suas regras probatórias. *Revista Eletrônica de Direito Processual* – REDP. Rio de Janeiro. ano 15. v. 22. n. 2. p. 808. maio-ago. 2021.

é a disposição que consagra o princípio da unirrecorribilidade que tem a finalidade de evitar a interposição de vários recursos contra uma mesma decisão, ainda que ela contenha comandos que seriam impugnáveis por meios de vários recursos.[24]

7. O CONFISCO NO ACORDO DE COLABORAÇÃO PREMIADA

Conforme já decidiu o STF, havendo previsão em Convenções firmadas pelo Brasil para que sejam adotadas "as medidas adequadas para encorajar" formas de colaboração premiada (art. 26.1 da Convenção de Palermo) e para "mitigação da pena" (art. 37.2 da Convenção de Mérida), no sentido de abrandamento das consequências do crime, o acordo de colaboração, ao estabelecer as sanções premiais a que fará jus o colaborador, pode dispor sobre questões de caráter patrimonial, como o destino de bens adquiridos com o produto da infração pelo agente colaborador. (Habeas Corpus 127.483-PR, STF, Plenário, unânime, Rel. Min. Dias Toffoli, julgado em 26.08.2015, publicado no DJ em 04.02.2016).

8. CONCLUSÕES

Como foi demonstrado, o confisco alargado é uma medida penal importante e ganha relevância no contexto atual de virada tecnológica no direito processual, principalmente em razão da disseminação de novas ferramentas tecnológicas aptas a pesquisa de informações e investigação de bens adquiridos mediante a prática de atos ilícitos, crescentemente realizadas em outros países, tais como Reino Unido, Bélgica e Holanda, por meio dos *Asset Recovery Offices* ou escritórios de recuperação de ativos.

Trata-se de uma inovação legislativa que se insere em uma nova mentalidade de enfrentamento aos crimes, principalmente os aquisitivos, porque atinge seu braço operacional e financeira, espécie de criminalidade notabilizada pela quase irrelevância ou insuficiência da pura e simples pena de prisão dos seus autores.

9. REFERÊNCIAS

AVENA, Norberto. *Processo penal*. 12. ed. Rio de Janeiro: Forense; São Paulo: Método, 2020.

BERTONCINI, Mateus Eduardo Siqueira Nunes; GUARAGNI, Fábio André; DE MACEDO, Gustavo Henrique Rocha. Modelos de constatação de provas em lides de improbidade administrativa e confisco alargado no processo penal. *Relações Internacionais no Mundo Atual*. v. 3, n. 24, p. 405-426, 2019.

BONFIM, Marcia Monassi Mougenot; BONFIM, Edilson Mougenot. *Lavagem de dinheiro*. 2 ed. São Paulo: Malheiros, 2008.

---

24. PACELLI, Eugênio. FISCHER, Douglas. *Comentários ao Código de Processo Penal e sua Jurisprudência*. 13. ed. São Paulo: Atlas, 2021. p. 2552.

BUSATO, Paulo César. *Direito penal*: parte geral. 5. ed. São Paulo: Atlas, 2020. v. 1.

CANOTILHO, José Joaquim Gomes. Terrorismo e direitos fundamentais. In: VALENTE, Manuel Monteiro Guedes (Coord.). *Criminalidade organizada e criminalidade de massa*. Interferências e ingerências mútuas. Coimbra: Edições Almedina, 2009.

CARDOSO, Francisco de Assis Machado. Projeto de Lei Anticrime, o confisco alargado de demais medidas para aprimorar o perdimento do produto do crime. In: SANCHES, Rogério et al. *Projeto de Lei Anticrime*. Salvador: JusPodivm, 2019.

CUNHA, Vítor Souza. O confisco alargado no processo penal brasileiro: uma análise de suas regras probatórias. *Revista Eletrônica de Direito Processual* – REDP. Rio de Janeiro. ano 15. v. 22. n. 2. maio-ago. 2021.

MASSON, Cleber. *Direito Penal*: parte geral (arts. 4º a 120). 14. ed. Rio de Janeiro: Forense; São Paulo: Método, 2020. v. 1.

NUNES, Duarte Alberto Rodrigues. Admissibilidade da inversão do ónus da prova no confisco "alargado" de vantagens provenientes da prática de crimes. *Julgar online*, 2017.

PACELLI, Eugênio. FISCHER, Douglas. *Comentários ao Código de Processo Penal e sua Jurisprudência*. 13. ed. São Paulo: Atlas, 2021.

PEZZOTTI, Olavo Evangelista. Apontamentos sobre o confisco nos crimes de tráfico de entorpecentes e de lavagem de dinheiro. *Revista Fórum de Ciências Criminais*. RFCC, Belo Horizonte, ano 6, n. 11, p. 61-101, jan./jun. 2019.

POSNER, Richard. Optimal Sentences for White-Collar Criminals. *American Criminal Law Review*. 1979-1980.

SOUZA, Cláudio Macedo de. CARDOSO, Luiz Eduardo Dias. A perda alargada em face da principiologia processual penal brasileira. *Revista Brasileira de Ciências Criminais*. v. 118. p. 233-271. jan.-fev. 2016.

TONINI, Paolo; CONTI, Carlotta. *Il diritto delle prove penali*. Seconda edizione. Milano: Giuffrè, 2014.

WHISTLEBLOWING E O ENFRENTAMENTO ÀS ORGANIZAÇÕES CRIMINOSAS

Anderson de Paiva Gabriel

Doutor e Mestre em Direito Processual pela Universidade do Estado do Rio de Janeiro (UERJ). Pesquisador Visitante (Visiting Scholar) na Stanford Law School (Stanford University) e na Berkeley Law School (University of California-Berkeley). Foi Juiz Auxiliar da Presidência do Conselho Nacional de Justiça – CNJ na gestão do Ministro Luiz Fux, exercendo as atribuições de Coordenador Processual (2020/2022). Juiz de Direito do Tribunal de Justiça do Estado do Rio de Janeiro (TJRJ), aprovado em 1º lugar no XLVII Concurso. Anteriormente, atuou como Delegado de Polícia do Estado do Rio de Janeiro e como Delegado de Polícia do Estado de Santa Catarina. Graduação em Ciências Jurídicas e Sociais pela Universidade Federal do Rio de Janeiro (UFRJ), tendo recebido diploma de dignidade acadêmica Cum Laude. Especialização em Direito Público e Privado pelo Instituto Superior do Ministério Público (ISMP), especialização em Direito Constitucional pela Universidade Estácio de Sá (UNESA) e especialização em Gestão em Segurança Pública pela Universidade do Sul de Santa Catarina (UNISUL). Professor de Direito Processual Penal da Escola da Magistratura do Estado do Rio de Janeiro (EMERJ) e da Escola de Administração Judiciária (ESAJ). Já foi membro do Comitê de Integridade do Poder Judiciário (CINT) e da Câmara de Regulação do Agente Regulador do Operador Nacional do Registro Imobiliário eletrônico (ONR). É integrante do Comitê Gestor de Proteção de Dados Pessoais (CGPDP) do TJRJ desde 2020, tendo participado anteriormente o Comitê Gestor de Segurança da Informação (CGSI) do TJRJ (2019/2020). Integrante do Conselho Editorial da Revista da Escola Nacional de Magistratura (ENM) e da Revista da Escola da Magistratura do Estado do Rio de Janeiro (EMERJ), além de parecerista da Revista Eletrônica do CNJ. Integra, ainda, o Fórum Permanente de métodos adequados de Resolução de conflitos e o Fórum Permanente de Direito e Economia, ambos da EMERJ. Membro do Instituto Brasileiro de Direito Processual (IBDP). Membro honorário do Conselho da HSSA (Humanities e Social Sciences Association) da University of California-Berkeley.

Sumário: 1. Introdução – 2. *Whistleblowing* – 3. *Whistleblowing* como ferramenta de combate à corrupção – 4. Conclusão – 5. Referências.

1. INTRODUÇÃO

O World Justice Project (WJP) Law Index 2022 é o relatório mais recente de uma série anual que mede o Estado de Direito em 140 países e jurisdições, com base nas experiências e percepções do público em geral (mais de 154.000 cidadãos) e de especialistas de todo o mundo (3.600 profissionais jurídicos), em oito fatores: 1 – Limitações aos poderes governamentais; 2 – Ausência de corrupção; 3 – Governo aberto; 4 – Direitos Fundamentais; 5 – Ordem e segurança; 6 – Cumprimento das leis; 7 – Justiça Civil, e; 8 – Justiça Criminal.[1]

---

1. World Justice Project (WJP) Rule of Law Index 2022 report. Disponível em: https://worldjusticeproject.org/rule-of-law-index/. Acesso em: 29 out. 2022.

Lamentavelmente, o Brasil se encontra na 81ª posição geral entre os 140 países pesquisados, tendo inclusive caído 4 posições em relação ao último ano (já havia decaído três no penúltimo). No entanto, quando examinamos a Justiça Criminal, o cenário é ainda pior, sendo o fator em que o Brasil teve o pior desempenho, amargando a desoladora 112ª posição no ranking de 140 países pesquisados.[2]

Por sua vez, a Transparência internacional publicou, também em 2022, relatório denominado "*Exporting Corruption*",[3] envolvendo 47 países. Infelizmente, mais uma vez o Brasil foi rebaixado e passou a figurar no grupo de países que fazem cumprir, apenas de forma muito limitada, a Convenção AntiCorrupção da OCDE.

Entre as razões apontadas para tal, foi salientado que no período de 2018-2021, o Brasil abriu apenas cinco investigações, iniciou um único caso e concluiu dois aplicando sanções, e, em especial, a existência de fragilidades na estrutura legal, com inadequação dos mecanismos de denúncia e de proteção aos *whistleblowers*.[4]

Nesse contexto, imperioso examinar o que seria *Whistleblowing*,[5] qual o seu delineamento legal em nosso país e como podemos aprimorar a nossa Justiça Criminal e, inclusive, melhorar a percepção internacional.[6]

Prevalece, contemporaneamente, que se trata da revelação por membros de uma organização, ou por quem já a integrou, de práticas ilegais, imorais ou ilegítimas por parte daqueles que a dominam.[7] Os alicerces históricos do instituto remontam séculos atrás. Com base em uma antiga construção inglesa, aprovou-se a primeira lei de *whistleblowing*[8] nos Estados Unidos durante a Guerra Civil, como forma de complementar os esforços governamentais no combate às fraudes. Na época, havia contratados do governo que, entre outras coisas, estavam vendendo

---

2. Idem.
3. Disponível em: https://www.transparency.org/en/publications/exporting-corruption-2022. Acesso em: 23 out. 2022.
4. Disponível em: https://www.transparency.org/en/publications/exporting-corruption-2022. Acesso em: 23 out. 2022.
5. "Whistleblower, em tradução literal, é o assoprador de apito. Na comunidade jurídica internacional, o termo refere-se a toda pessoa que espontaneamente leva ao conhecimento de uma autoridade informações relevantes sobre um ilícito civil ou criminal. As irregularidades relatadas podem ser atos de corrupção, fraudes públicas, grosseiro desperdício de recursos público, atos que coloquem em risco a saúde pública, os direitos dos consumidores etc. Por ostentar conhecimento privilegiado sobre os fatos, decorrente ou não do ambiente onde trabalha, o instituto jurídico do whistleblower, ou reportante, trata-se de auxílio indispensável às autoridades públicas para deter atos ilícitos. Na grande maioria dos casos, o reportante é apenas um cidadão honesto que, não tendo participado dos fatos que relata, deseja que a autoridade pública tenha conhecimento e apure as irregularidades". ENCCLA. *O que é o whistleblower?* Disponível em: http://enccla.camara.leg.br/noticias/o-que-e-o-whistleblower. Acesso em: 1º jun. 2019.
6. GABRIEL, Anderson de Paiva. *O Pragmatismo como paradigma do Direito Processual Penal contemporâneo*: tecnologia, consenso e whistleblowing. Londrina: Thoth, 2022. p. 414-441.
7. VAUGHN, Robert G. *The Successes and Failures of Whistleblower Laws*. Washington: Edward Elgar, 2014. p. 457-486.
8. Act of Mar. 2, 1863, ch. 67, § 6, 12 Stat. 696; False Claims Act, 31 U.S.C. §§ 3729-33 (1988) (formerly the False Claims Act of March 2, 1863, 31 U.S.C. §§ 3729-3 (1988).

serragem como pólvora.[9] Por sua vez, o termo teria surgido no século XIX, decorrendo do uso de apitos para comunicar algum tipo de evento negativo, seja a violação de regras em um esporte ou até mesmo a prática de crime em uma rua. Vladimir Passos de Freitas narra que a palavra caiu no gosto dos jornalistas em 1960, e, na década seguinte, passou a ser utilizada no âmbito jurídico, como forma de substituir o termo "delator", cuja conotação é pejorativa.[10-11]

2. *WHISTLEBLOWING*[12]

As leis de proteção de denunciantes nos Estados Unidos (EUA) hoje abarcam os setores público e privado, sendo que uma das principais, a Lei Federal de Reivindicações Falsas ("FCA" – 31 U.S.C. §§ 3729), foi promulgada originalmente em 1863, para permitir que *whistleblowers* (geralmente integrantes das organizações) entrassem com ações judiciais, em nome do governo federal, contra empresas que fizeram alegações falsas para obterem pagamentos do governo.

No entanto, o *whistleblowing* já foi adotado ou está sendo considerado em inúmeros outros países. De fato, a década passada testemunhou um aumento dramático nas disposições nacionais e internacionais para proteger os *whistleblowers*, a exemplo da Austrália,[13] Canadá,[14] Nova Zelândia,[15] África do

---

9. STACEY VANEK SMITH, Stacey Vanek. How A Law From The Civil War Fights Modern-Day Fraud. *NPR*, 01 out. 2014. Disponível em: https://www.npr.org/sections/money/2014/10/01/352819369/how-a-law-from-the-civil-war-fights-modern-day-fraud. Acesso em: 22 jul. 2019.
10. GABRIEL, Anderson de Paiva. *O Pragmatismo como paradigma do Direito Processual Penal contemporâneo*: tecnologia, consenso e whistleblowing. Londrina: Thoth, 2022. p. 414-441.
11. FREITAS, Vladimir Passos de. *O whistleblower (informante do bem) na ordem jurídica brasileira*. Disponível em: https://www.conjur.com.br/2019-nov-03/whistleblower-informante-bem-ordem-juridica-brasileira. Acesso em: 1º jun. 2019.
12. GABRIEL, Anderson de Paiva. *O Pragmatismo como paradigma do Direito Processual Penal contemporâneo*: tecnologia, consenso e whistleblowing. Londrina: Thoth, 2022. p. 414-441.
13. Na Austrália, por exemplo, existem pelo menos 11 atos ou leis permitindo denúncias com base no interesse público: Public Service Act 1999 (Cth) s 16; Public Interest Disclosures Bill 2007 (Cth); Public Interest Disclosure Act 1994 (ACT); Public Interest Disclosure Bill 2006 (ACT); Protected Disclosures Act 1994 (NSW); Public Interest Disclosure Bill 2005 (NT); Whistleblowers Protection Act 1994 (Qld); Whistleblowers Protection Act 1993 (SA); Public Interest Disclosures Act 2002 (Tas); Whistleblowers Protection Act 2001 (Vie); Public Interest Disclosure Act 2003 (WA).Workplace Relations Act, 1996, § 170(C) (2) (e) (Austl.); see also Public Service Act, 1999, c. 16, § 16 (Austl.).
14. Cite-se: Public Servants Disclosure Protection Act, SCC 2005, c 46; Final Report of the Former Public Service Integrity Office of 2005/2006 (2006). Disponível em: http://www.psio-bifp.gc.ca/media/communique/2004-11-17 e.php. Acesso em: 22 jul. 2019. A Carta Canadense de Direitos e Liberdades (The Canadian Charter of Rights and Freedoms, Part 1 of the Constitution Act, 1982, being Schedule B to the Canada Act 1982 (UK) 1982), também protege a Liberdade expressão de servidores públicos. Existem leis de whistleblower em diversas províncias do Canadá, como New Brunswick, Manitoba and Ontario. O "Employment Standards Act, SNB 1982, c E-7.2, s 28" enseja a maior parte das proteções para denunciantes existentes nas províncias canadenses: ARCHER, Keith. From Rhetoric to Reality: Protecting Whistleblowers in Alberta (2005) The Parkland Institute. Destaque-se, ainda, Bill S-6, Public Service Whistleblowing Act, 2001, 1st Session, 37th Parliament (Can.); e Bill C-206, 2001 (1st Session, 37th Parliament); David Johansen, Bill S-6: Public Service Whistleblowing Act, Parliamentary Research Branch (2001).
15. Protected Disclosure Act, 2000 Uan. 1, 2000) (N.Z.).

Sul,[16] Reino Unido,[17] França,[18] Índia[19] e Japão.[20] A proteção de denunciantes segue se espraiando pela Europa,[21] Ásia e América Latina, de forma que vários instrumentos internacionais, incluindo tratados multilaterais, regulamentos institucionais, e códigos de conduta[22] agora incluem proteções para denunciantes.

Nesse diapasão, embora não exista um conjunto oficial de critérios para um regime bem-sucedido de whistleblowing, a maioria dos estudiosos acredita que os melhores sistemas tendem a compartilhar os seguintes recursos: (1) legislação ampla e clara; (2) mecanismos adequados de divulgação; (3) proteção da confidencialidade; (4) proteção contra retaliação.[23]

Embora os detalhes variem, é evidente que a ideia de fomentar a realização de denúncias como mecanismo de controle organizacional está se espalhando pelo mundo, ainda que não de forma tão forte e eficiente quanto nos Estados Unidos, onde amplas recompensas são oferecidas aos *whistleblowers*, alcançando até 30% do valor recuperado pelo governo.[24]

De fato, oferecer incentivos e recompensas por relatar irregularidades no setor público são mecanismos cada vez mais incluídos nos regimes legais por potencializarem o instituto. É o caso da Coreia do Sul, onde a Lei Anticorrupção permite que os denunciantes recebam até 20% do valor recuperado.[25]

No Brasil, a positivação se deu por meio da Lei Anticrime (13.964/19[26]). Claramente inspirada no *Whistleblowing* americano, a figura veio insculpida no art. 15 e vem sendo denominada pela doutrina brasileira como "Informante do Bem", embora a expressão popular mais aproximada seja "botar a boca no trombone".[27]

---

16. Protected Disclosures Act 2000 (South Africa).
17. Public Interest Disclosure Act, 1998, c. 23 (U.K.) (amending the Employment Rights Act, 1996, c. 18).
18. A Lei Auroux, aprovada na França em 23 de dezembro de 1982, reconhece o direito de notificação e retirada de um funcionário.
19. Public Interest Disclosure (Protection of Informers) Bill 2002.
20. Whistleblower Protection Act 2004 (Japan).
21. European Commission, Reforming the Commission: Consultative Document. Disponível em: http://europa.eu.int/eur-lex/en/com/pdf/2000/actOO10enO3/1.pdf. Acesso em: 22 jul. 2019.
22. World Bank, Standards and Procedures for Inquiries and Investigations.
23. BANISAR, David. Whistleblowing: International Standards and Developments. In: SANDOVAL, Irma. *Corruption and Transparency*: Debating the Frontiers Between State, Market, and Society. Washington, DC: World Bank Institute for Social Research, 2011.
24. DWORKIN, Terry Morehead. Whistleblowing, MNCs, and Peace. *Vanderbilt Journal of Transnational Law*, v. 35, n. 2, p. 457-486. March 2002.
25. G20. *Study on Whistleblower Protection Frameworks, Compendium of Best Practices and Guiding Principles for Legislation*. Disponível em: https://www.oecd.org/g20/topics/anti-corruption/48972967.pdf. Acesso em: 1º jun. 2019.
26. BRASIL, Planalto. Lei 13.964/19. Disponível em: http://www.planalto.gov.br/ccivil_03/_ato2004-2006/2006/decreto/d5687.htm. Acesso em: 01 jun. 2019.
27. Claudia Maria Dadico, após salientar que a expressão popular mais aproximada no Brasil seja "botar a boca no trombone", registra que diversas instâncias internacionais também passaram a destacar o papel dos denunciantes como mecanismo de detecção e controle da corrupção e a necessidade da criação de

Registre-se, como seus precursores, a disposições contidas no art. 3º, § 8º[28] da Convenção Interamericana contra a Corrupção, acolhida no Brasil por meio do Decreto 4.410/2002,[29] bem como no art. 33[30] da Convenção da Nações Unidas para o Combate da Corrupção, aprovada pela Assembleia Geral da ONU em 2003.[31] Aliás, saliente-se também que a sua implementação já era há muito defendida pela Estratégia Nacional de Combate à Corrupção e à Lavagem de Dinheiro (ENCCLA).

Nos termos delineados no Brasil, "informante do bem" seria qualquer indivíduo que, tendo ciência ou informações sobre crimes contra a administração pública, ilícitos administrativos ou quaisquer condutas lesivas ao interesse público, relata tais fatos e possíveis envolvidos à autoridade competente:[32]

a) podendo receber até 5% (cinco por cento) do valor recuperado;

b) ficando isento quanto à eventual responsabilização civil ou penal em relação ao relato;

c) tendo direito à preservação de sua identidade, a qual será revelada apenas em caso de relevante interesse público ou interesse concreto para a apuração

---

mecanismos para a sua proteção, sendo oportuno citar os seguintes documentos: a Resolução 1729 de 2010 e a Recomendação 1060 de 2010, ambas do Conselho da Europa; o Ponto 7 do Plano Anticorrupção do G-20, adotado em Seoul em 2010; os Princípios Diretores Anticorrupção do G-20, de 2011 e o Repositório de Boas Práticas e Princípios Diretores da Organização para a Cooperação e Desenvolvimento Econômico (OCDE) de 2011. Cabe citar, dentre outros, no âmbito da Organização das Nações Unidas (ONU), a Convenção contra a Corrupção – Convenção de Mérida, de 2003, promulgada no Brasil pelo Decreto 5.687/2006... Essas diretivas do direito internacional resultaram na adoção, por diversos países em seus ordenamentos jurídicos, de legislações específicas de incentivo e proteção ao "whistleblowing", sendo pertinente citar, os exemplos do Chile (Ley 20.205/2007), do Reino Unido (PIDA – Public Interest Disclosure Act), além dos já citados textos normativos da França e dos Estados Unidos, dos quais releva o denominado Foreign Corrupt Practices Act (FCPA), de aplicação extraterritorial em determinadas hipóteses. Disponível em: https://www2.camara.leg.br/atividade-legislativa/comissoes/grupos-de-trabalho/56a-legislatura/legislacao-penal-e-processual-penal/documentos/audiencias-publicas/NotaTecnica.pdf. Acesso em: 22 jul. 2019.

28. "Artigo III – Medidas preventivas – Para os fins estabelecidos no artigo II desta Convenção, os Estados Partes convêm em considerar a aplicabilidade de medidas, em seus próprios sistemas institucionais destinadas a criar, manter e fortalecer:...8. Sistemas para proteger funcionários públicos e cidadãos particulares que denunciarem de boa-fé atos de corrupção, inclusive a proteção de sua identidade, sem prejuízo da Constituição do Estado e dos princípios fundamentais de seu ordenamento jurídico interno".

29. BRASIL, Planalto. Decreto 4.410/2002. Disponível em: http://www.planalto.gov.br/ccivil_03/decreto/2002/D4410.htm. Acesso em: 01 jun. 2019.

30. Artigo 33. Proteção aos denunciantes – Cada Estado Parte considerará a possibilidade de incorporar em seu ordenamento jurídico interno medidas apropriadas para proporcionar proteção contra todo trato injusto às pessoas que denunciem ante as autoridades competentes, de boa-fé e com motivos razoáveis, quaisquer feitos relacionados com os delitos qualificados de acordo com a presente Convenção.

31. ONU. Convenção das Nações Unidas para o Combate da Corrupção. Disponível em: https://www.unodc.org/documents/lpo-brazil//Topics_corruption/Publicacoes/2007_UNCAC_Port.pdf. Acesso em: 1º jun. 2019.

32. GABRIEL, Anderson de Paiva. Whistleblower no Brasil: O informante do bem. *Jota*, Rio de Janeiro, 20 abr. 2020. Disponível em: https://www.jota.info/opiniao-e-analise/colunas/juiz-hermes/whistleblower-no-brasil-o-informante-do-bem-20042020#_edn6. Acesso em: 22 jul. 2019.

dos fatos, mediante comunicação prévia ao informante e com sua concordância formal.

d) gozando de proteção integral contra retaliações, o que abrange o direito de ser ressarcido em dobro por eventuais danos materiais, sem prejuízo de danos morais.

3. *WHISTLEBLOWING* COMO FERRAMENTA DE COMBATE À CORRUPÇÃO[33]

Como já se pode perceber, um dos grandes desafios contemporâneos que o Brasil enfrenta, se não o maior, certamente é o combate a corrupção e às organizações criminosas, cujos custos e nocividade social já foram salientados pelo Ministro do STF Luís Roberto Barroso em célebre artigo:[34]

> O fenômeno vem em processo acumulativo desde muito longe e se disseminou, nos últimos tempos, em níveis espantosos e endêmicos. Não foram falhas pontuais, individuais. Foi um fenômeno generalizado, sistêmico e plural, que envolveu empresas estatais, empresas privadas, agentes públicos, agentes privados, partidos políticos, membros do Executivo e do Legislativo. Havia esquemas profissionais de arrecadação e distribuição de dinheiros desviados mediante superfaturamento e outros esquemas. Tornou-se o modo natural de se fazerem negócios e de se fazer política no país. A corrupção é fruto de um pacto oligárquico celebrado entre boa parte da classe política, do empresariado e da burocracia estatal para saque do Estado brasileiro... De acordo com a Transparência Internacional, em 2016 o Brasil foi o 96º colocado no ranking sobre percepção da corrupção no mundo, entre 168 países analisados. Em 2015, havíamos ocupado o 79º lugar. Em 2014, o 69º. Ou seja: pioramos. Estatísticas como essas comprometem a imagem do país, o nível de investimento, a credibilidade das instituições e, em escala sutil e imensurável, a autoestima das pessoas. A corrupção acarreta custos financeiros, sociais e morais. No tocante aos custos financeiros, apesar das dificuldades de levantamento de dados – subornos e propinas geralmente não vêm a público –, noticiou-se que apenas na Petrobras e empresas estatais investigadas na Operação Lava-jato os pagamentos de propina chegaram a 20 bilhões de reais... O pior custo, todavia, é provavelmente o custo moral, com a criação de uma cultura de desonestidade e espertaza, que contamina as pessoas ou espalha letargia. O modo de fazer política e de fazer negócios no país passou a funcionar mais ou menos assim: (i) o agente político relevante indica o dirigente do órgão ou da empresa estatal, com metas de desvio de dinheiro; (ii) o dirigente indicado frauda a licitação para contratar empresa que seja parte no esquema; (iii) a empresa contratada superfatura o contrato para gerar o excedente do dinheiro que vai ser destinado ao agente político que fez a indicação, ao partido e aos correligionários. Note-se bem: este não foi um esquema isolado! Este é o modelo padrão. A ele se somam a cobrança de propinas em empréstimos públicos, a venda de dispositivos em medidas provisórias, leis ou decretos; e os achaques em comissões parlamentares de

---

33. GABRIEL, Anderson de Paiva. *O Pragmatismo como paradigma do Direito Processual Penal contemporâneo*: tecnologia, consenso e whistleblowing. Londrina: Thoth, 2022. p. 414-441.
34. BARROSO, Luís Roberto. *Trinta anos da Constituição Federal: a República que ainda não foi*. Disponível em: https://www.conjur.com.br/2018-out-06/barroso-30-anos-constituicao-republica-ainda-nao-foi. Acesso em: 1º jun. 2019.

inquérito, para citar alguns exemplos mais visíveis. Nesse ambiente, faz pouca diferença saber se o dinheiro vai para a campanha, para o bolso ou um pouco para cada um. Porque o problema maior não é para onde o dinheiro vai, e sim de onde ele vem: de uma cultura de desonestidade que foi naturalizada e passou a ser a regra geral.

Outra não é a posição do Ministro do STF Luiz Fux, ao enfatizar que o combate a corrupção deve ser uma prioridade nacional e que cada cidadão tem relevância nesse processo,[35] bem como ao destacar, com a lucidez que lhe é peculiar, que "A cada desvio do dinheiro público, mais uma criança passa fome, mais uma localidade fica sem saneamento, mais um hospital fica sem leito".[36]

De acordo com a Federação das Indústrias de São Paulo, o custo da corrupção é de cerca de 1,38% a 2,3% do PGB, e isso significa perdas anuais entre R$ 41,5 e R$ 69,1 bilhões.[37] Nesse diapasão, a figura do "informante do bem", ainda que longe de uma panaceia, certamente pode configurar importante arma, à disposição do cidadão, para combater a corrupção.

Trata-se de uma possibilidade de "fazer o que é certo", contribuindo para a superação de uma cultura de corrupção e construção de um país melhor, recebendo, ainda, não só proteção estatal, mas também, como forma de reconhecimento pelo serviço prestado, uma premiação.

Forçoso admitir que "botar a boca no trombone" não é fácil. Laços profissionais e sociais, bem como uma cultura institucional que fomenta a lealdade à empresa ou instituição, além do medo de retaliações, podem obstar que isso ocorra. Efetivamente, um dos principais temores dos *whistleblowers* consiste em ter a carreira destruída. Muitos denunciantes são censurados, disciplinados, difamados e, às vezes, processados por aqueles que tentam encobrir os erros expostos. Em alguns casos, isso resulta em estresse, pressão mental, ansiedade e angústia.

Registre-se que pesquisas empíricas demonstram os elevados riscos pessoais.[38] Em estudo abarcando 23 denunciantes, constatou-se que 90% foram demi-

---

35. "A agenda prioritária no Brasil para sermos respeitados como nação é combatermos constantemente a corrupção. Os senhores podem confiar que o combate à corrupção é irreversível. O trabalho que a sociedade vem fazendo está dando resultado, não pode parar". RIZÉRIO, Lara. "O combate à corrupção no Brasil é irreversível". *InfoMoney*. Florianópolis, 22 nov. 2019. Disponível em: https://www.infomoney.com.br/politica/o-combate-a-corrupcao-no-brasil-e-irreversivel-afirma-luiz-fux/. Acesso em: 1º jun. 2019.
36. OLIVEIRA, Mariana. PASSARINHO, Nathalia. Luiz Fux vota por condenação de Cunha, Pizzolato e grupo de Valério. *G1*, Brasília, 27 ago. 2013. Disponível em: http://g1.globo.com/politica/mensalao/noticia/2012/08/luiz-fux-vota-por-condenacao-de-5-reus-por-desvios-na-camara-e-bb.html. Acesso em: 1º jun. 2019.
37. FIESP. *Corrupção*: custos econômicos e propostas de combate. São Paulo: mar. 2010. Disponível em: http://az545403.vo.msecnd.net/uploads/2012/05/custo-economico-da-corrupcao-final.pdf. O custo da corrupção é de R$ 41,5 bilhões a R$ 69,1 bilhões.
38. MELLOR, Bill. Integrity and Ruined Lives. *Time Australia*, 21 October 1991, p. 46-51.

tidos ou rebaixados; 27% enfrentaram ações judiciais, geralmente por quebra de confiança ou difamação; 25% precisaram de tratamento médico ou psiquiátrico e um número semelhante admitiu abuso de álcool; 17% perderam suas casas, 15% se divorciaram, 10% tentaram suicídio e 8% acabaram falindo.[39]

A despeito do trágico contorno apontado, os *whistleblowers* costumam apontar as seguintes razões como motivação: 1 – sensação de dever moral de informar; 2 – o desejo de ver os transgressores punidos; 3 – evitar eventual punição pessoal; 4 – esperança de recompensa; 5 – a aspiração de se tornar um herói.[40]

Realmente, pessoas que fazem denúncias de corrupção, fraude e abuso em suas próprias organizações se tornaram muito populares nos Estados Unidos, atraindo admiração e alcançando a fama. Em 2002, três *whistleblowers* foram nomeados "Pessoas do Ano" pela revista Time, e, além disso, são alvos frequentes dos cartoons da New Yorker, de filmes de Hollywood e até de histórias infantis.[41] A presença habitual dos informantes nos noticiários e jornais contribuiu para glorificar a sua atuação e tornar a maioria dos americanos familiarizada com o instituto.

Em tempos de pandemia, cumpre trazer à baila os exemplos de dois médicos chineses. Jiang Yanyong era Cirurgião-chefe de um Hospital de Pequim e em 2003 denunciou para a mídia ocidental a epidemia do SARS, reportando que o Governo Chinês estava subnotificando assustadoramente o número de casos.[42] Por sua vez, Li Wenliang foi o médico responsável por alertar o mundo, em 2019, quanto ao fatídico COVID-19, enfatizando ser altamente contagioso e com elevada taxa de letalidade.[43]

Ambos foram celebrados no ocidente como heróis, porém Li Weliang foi convocado pela polícia chinesa logo depois de lançar o alarme e veio a morrer semanas depois em um hospital em decorrência do Coronavirus,[44] enquanto Jiang Yanyong está em prisão domiciliar desde 2019.[45]

---

39. JOS, Philip H.; TOMPKINS, Mark E.; HAYS, Steven. In Praise of Difficult People: A Portrait of the Committed Whistleblower. *Public Administration Review*, v. 49, n. 6, p. 552-561.
40. LATIMER, Paul. Whistleblowing in the Financial Services Sector. *University of Tasmania Law Review*, v. 21, n. 1, 2002, p. 39-61.
41. JOHNSON, Roberta Ann. Whistleblowing and the Police. *Rutgers Journal of Law and Urban Policy*, v. 3, n. 1, 2006, p. 74-83.
42. KAHN, Joseph. China Releases the SARS Whistle-Blower. *NYT*, Nova Iorque, 21 jul. 2004. Disponível em: https://www.nytimes.com/2004/07/21/world/china-releases-the-sars-whistle-blower.html. Acesso em: 22 jul. 2019.
43. THOMET, Laurent. Morte de médico que denunciou o coronavírus faz aumentar revolta contra governo na China. *Globo*, Pequim, 07 fev. 2020. Disponível em: https://oglobo.globo.com/sociedade/coronavirus/morte-de-medico-que-denunciou-coronavirus-faz-aumentar-revolta-contra-governo--na-china-24235628. Acesso em: 22 jul. 2019.
44. BUCKLEY, Chris; MOZUR, Paul. A New Martyr Puts a Face on China's Deepening Coronavirus Crisis. NYT, Wuhan, 07 fev. 2020. Disponível em: https://www.nytimes.com/2020/02/07/world/asia/china-coronavirus-doctor-death.html. Acesso em: 22 jul. 2019.
45. YU, Verna. Doctor who exposed Sars cover-up is under house arrest in China, family confirms. *The Guardian*, Hong Kong, 09 fev. 2020. Disponível em: www.theguardian.com/world/2020/feb/09/sar-

Edward Snowden, um dos mais famosos *whistleblowers*, divulgou documentos de inteligência da Agência de Segurança Nacional americana (NSA), desencadeando debates mais amplos sobre a violação da privacidade dos cidadãos com lastro na segurança nacional e sobre a espionagem internacional. Cumpre salientar que entre os documentos que Snowden publicou, havia uma apresentação de slides que revelou que o CSEC (Communications Security Establishment Canada) havia se envolvido em espionagem econômica contra o Ministério de Minas e Energia do Brasil.

Chegando a ter sido o "homem mais procurado do mundo", Snowden se tornou uma das figuras mais polarizadoras da história moderna. Isso é particularmente verdadeiro nos Estados Unidos, onde os debates relativos aos vazamentos de informações classificadas não poderiam ser mais controversos. Muitos americanos, incluindo altos funcionários do governo, argumentaram publicamente que Snowden é um traidor covarde e sustentaram que ele deveria voltar para os Estados Unidos e enfrentar uma infinidade de acusações criminais, incluindo as da Lei de Espionagem de 1917. Sem embargo, muitos outros apoiaram Snowden, ajudando-o em seu objetivo de trazer à luz alguns dos mais flagrantes abusos de vigilância e espionagem já divulgados na esfera pública.[46]

De fato, muitos *whistleblowers* são demitidos e considerados traidores ou delatores, mesmo que as informações divulgadas sejam de interesse público. Com efeito, a linha entre herói e traidor pode se mostrar tênue a depender da narrativa. Seriam os denunciantes heróis que expõem conduta ilegal e corrupta, má administração e conduta, ou traidores porque divulgam informações e práticas confidenciais? E qual o relevo dessa concepção para o êxito do instituto no Brasil?

Se vistos como traidores, os denunciantes podem se tornar vítimas de represálias e retaliações, assédio e má gestão, enquanto, ao serem vistos como heróis, eles podem promover altos padrões na vida pública e nos órgãos públicos. Sem dúvida, sociedades informadas alicerçam a democracia e, como corolário lógico, sociedades democráticas devem incentivar, apoiar e proteger os denunciantes. Realmente, o *whistleblowing* só funciona de forma efetiva quando o corpo social e político apoia a transparência, a divulgação e a prestação de contas.[47]

---

s-whistleblower-doctor-under-house-arrest-in-china-family-confirms-jiang-yangyong. Acesso em: 22 jul. 2019.
46. ALATI, Daniel. Cowardly Traitor or Heroic Whistleblower – The Impact of Edward Snowden's Disclosures on Canada and the United Kingdom's Security Establishments. *Lincoln Memorial University Law Review*, 3, 2015, p. 91-114.
47. DENKER, Inker. Corruption Perceptions Index 2007 (2007) Transparency International: the Global Coalition against Corruption: http://www.transparency.org/policyresearch/surveysindices/cpi/2007. At 16 August 2008.

Um denunciante que viva em uma ditadura e pense em divulgar redes de suborno e corrupção provavelmente retrocederá pelo medo de possível represália e morte.[48] Assim, leis de *whistleblower* devem ser vistas no contexto da cultura e não podem ser exportadas para ambientes hostis, sendo pressuposto para a sua adoção que se esteja em um estado democrático de direito, com um judiciário independente.[49]

Outra não é a razão pela qual os países que inicialmente o adotaram possuem sistemas legais ligados à Common Law e sociedades que valorizam o individualismo. Embora "delatar" geralmente não seja bem visto, a ideia de que a cooperação com as instituições em prol da fiel execução das leis é dever decorrente da cidadania tem raízes históricas no Reino Unido e nos Estados Unidos, e, assim, a denúncia de crimes tem sido defendida como uma maneira de controlar grandes organizações há mais de trinta anos.[50]

Nesse sentido, os legisladores e tribunais de todo o mundo vêm tentando conciliar o dever de lealdade de um funcionário ao empregador com o interesse público na divulgação e supressão de atividades ilegais.[51] Servidores públicos e funcionários honestos e socialmente conscientes são a principal fonte potencial

---

48. OZIEWICZ, Estanislao, 'Polonium is Costly, Undetectable, Trillion Times More Toxic than Cyanide', *Globemail*: www.theglobeandmail.com. Acesso em: 22 jul. 2019.
49. A Transparency International é uma coalizão global não governamental contra a corrupção, sediada em Berlim, que coleta e divulga dados e informações sobre tendências de governança e índices de corrupção em todo o mundo. Constatou em um relatório recente que não existiam leis abrangentes de denúncias em países como Argentina, Alemanha, Gana, Guatemala, Indonésia, Itália, Quênia, Panamá, Filipinas, Ucrânia e Venezuela. O relatório não menciona países como Brasil, México, Namíbia, Nigéria, Portugal, Rússia, Turquia e Zimbábue Isso se correlaciona com o Índice de Percepção de Corrupção da Transparency International, que em 2006 que classificou a Finlândia, a Dinamarca e a Nova Zelândia como os países menos corruptos do mundo e colocou o Iraque, Mianmar e Somália no extremo oposto do espectro .Transparency International: the Global Coalition against Corruption, Transparency International's National Integrity System Approach http:l/www.transparency.org/policyresearch/nis. Acesso em: 22 jul. 2019.
50. Em alguns países ocidentais, como França, Grécia e Luxemburgo, todavia, o whistleblowing é visto sob um prisma político, relacionado ao totalitarismo e a entrega de dissidentes, sendo reprovado pela população. A ideia de relatar as más ações de alguém é estranha para culturas nas quais a participação em grupos e não o individualismo é a norma. No Japão, por exemplo, as tradições de consenso, mentalidade da empresa e emprego vitalício tornam a denúncia quase inédita e altamente arriscada. Um ex-engenheiro da Honda que desafiou essa tradição acabou saindo do país e agora é testemunha e perito em processos contra a Honda movidos nos Estados Unidos. Uma explicação para essas visões pode ser extraída de vários estudos que mostram diferenças básicas nos sistemas de valores entre as culturas nacionais. DWORKIN, Terry Morehead. Whistleblowing, MNCs, and Peace. *Vanderbilt Journal of Transnational Law*, v. 35, n. 2, March 2002, p. 457-486.
51. Ver, por exemplo, Supreme Court of Canada in Merk v International Association of Bridge, Structural, Ornamental and Reinforcing Iron Workers, Local 771 [2005] 3 SCR 425, [26], citando autoridades europeias, da Nova Zelândia e do Reino Unido, que incluíam a chamada Carta dos Denunciantes de 1999 na União Europeia, administrada pelo Gabinete de Luta Antifraude da Comissão Europeia, que estabelece que os funcionários devem primeiro exercer todos os caminhos internos para denunciar má conduta antes que possam denunciar.

de informações necessárias para reduzir a má administração pública e a má conduta. Eles continuarão relutantes em avançar até estarem confiantes de que não serão prejudicados.[52]

A percepção pública geralmente depende de vários fatores determinantes, incluindo o contexto e a disponibilidade de meios alternativos para a divulgação pública.[53] No entanto, na maioria dos casos os denunciantes que expõem corrupção e suborno são bem-vindos pelo público e pelas autoridades, uma vez que tais condutas são consideradas inaceitáveis em todo o mundo democrático. Ademais, os denunciantes podem desempenhar um papel fundamental ao desvendarem esquemas complexos de corrupção, seja permitindo a aplicação da lei com valorosa economia de recursos, tempo e energia, seja revelando atos de corrupção que jamais seriam descobertos. Isso ilustra a razão pela qual, desde o início dos anos 90, os países da Organização para Cooperação e Desenvolvimento Econômico (OCDE) têm introduzido várias leis que oferecem proteção aos denunciantes.

Apenas a título de exemplo, a operação lava-jato, que só se tornou possível graças as colaborações premiadas realizadas por participantes dos esquemas criminosos, redundou na devolução de 4.000.000.000,00 reais (4 bilhões de reais), com a previsão de se alcançar um total de 14.300.000.000,00 reais (14,3 bilhões de reais).[54] Aqui consignamos a pergunta: Será que se já tivéssemos o instituto do "informante do bem" na legislação, teríamos de ter recorrido a colaboração dos criminosos envolvidos? Gize-se que a recompensa a um cidadão que "botasse a boca no trombone" poderia alcançar, com base nesses números, 715.000.000,00 reais (715 milhões de reais).

O instituto certamente tem campo fértil no Brasil. Vale lembrar que muitas tragédias nacionais também já foram palco de escândalos de corrupção, como revelam algumas manchetes que tivemos o desgosto de ler no passado, envolvendo, por exemplo, o desvio de verbas[55] e até de 17 milhões da ajuda da Cruz Vermelha à cidades serranas do Rio de Janeiro que haviam sofrido com deslizamentos,[56]

---

52. FOX, Richard G. Protecting the Whistleblower. *Adelaide Law Review*, v. 15, n. 2, 1993, p. 137-164.
53. VAUGHN, Robert G., et al. The Whistleblower Statute Prepared for the Organization of American States and the Global Legal Revolution Protecting Whistleblowers. *George Washington International Law Review*, v. 35, n. 4, 2003, p. 857-902.
54. MPF. *Caso Lava Jato*. Disponível em: http://www.mpf.mp.br/grandes-casos/lava-jato/resultados. Acesso em: 1º jun. 2019.
55. MP investiga desvio de verba destinada a tragédia. *Veja*, Nova Friburgo, 13 fev. 2013. Disponível em https://veja.abril.com.br/politica/mp-investiga-desvio-de-verba-destinada-a-tragedia/. Acesso em: 1º jun. 2019.
56. AJUDA da Cruz Vermelha a cidades da serra do RJ foi desviada. *G1*, Rio de Janeiro, 25 jul. 2014. Disponível em: http://g1.globo.com/rio-de-janeiro/noticia/2014/07/ajuda-da-cruz-vermelha-cidades-da-serra-do-rj-foi-desviado-diz-auditoria.html. Acesso em: 1º jun. 2019.

crimes ambientais[57] e golpes nas indenizações da tragédia de Brumadinho.[58] Mesmo antes da pandemia envolvendo o Covid-19, o setor de saúde também já era rotineiramente alvo de organizações criminosas, que fraudam o fornecimento de remédios do SUS[59] e licitações,[60] o que demonstra como whistleblowers, sejam servidores públicos ou empregados das empresas envolvidas, podem ser essenciais para estancar essa sucessão de crimes contra a sociedade e desbaratar essas abomináveis quadrilhas.

Também a Bolsa de Valores e a Comissão de Valores Mobiliários podem ser beneficiadas com o instituto, espelhando-se no sucesso da SEC americana. Roga-se, assim, que criem um programa de whistleblower e, municiada por informações de denunciantes, atuem de maneira mais incisiva. Inúmeros são os escândalos recentes envolvendo fraudes e erros em balanços de empresas listadas na Bovespa e que causaram prejuízos a milhares de acionistas, podendo-se citar a IRBR,[61] CVC,[62] Via Varejo[63] e OGX,[64] que talvez pudessem ter sido evitados por meio do mecanismo em tela. No malfadado caso da OGX, Eike Batista foi condenado pelo Judiciário, mas chegou a ser absolvido em processo administrativo da CVM, tendo a juíza sentenciante apontado que:" ao contrário da CVM, a SEC é proativa no combate à manipulação de mercado, com regras rígidas que invia-

---

57. MALLMAN, Daniela. Brumadinho: MP denuncia 16 pessoas por homicídio doloso e crimes ambientais. *UOL*, Belo Horizonte, 21 jan. 2020. Disponível em: https://noticias.uol.com.br/cotidiano/ultimas-noticias/2020/01/21/brumadinho-mp-denuncia-16-pessoas-por-homicidio-doloso-e-crimes-ambientais.htm. Acesso em: 1º jun. 2019.
58. VALE, João Henrique do. Mais um político é preso por tentar golpe das indenizações da tragédia de Brumadinho. *Estado de Minas*, Belo Horizonte, 08 ago. 2019. Disponível em: https://www.em.com.br/app/noticia/gerais/2019/08/08/interna_gerais,1075879/politico-preso-golpe-indenizacoes-da-tragedia-de-brumadinho-vereador.shtml. Acesso em: 1º jun. 2019.
59. PF combate fraude no fornecimento de medicamento pelo SUS. *PF*, Porto Alegre, 11 mai. 2016. Disponível em: http://www.pf.gov.br/agencia/noticias/2016/05/pf-combate-fraude-no-fornecimento-de-medicamento-pelo-sus. Acesso em: 22 jul. 2019.
60. FANTÁSTICO mostra como é feita fraude em licitações de saúde pública. *G1*, Rio de Janeiro, 18 mar. 2012. Disponível em: http://g1.globo.com/rio-de-janeiro/noticia/2012/03/fantastico-mostra-como-e-desvio-de-dinheiro-em-um-hospital-publico.html. Acesso em: 1º jun. 2019.
61. JUSTIÇA manda IRB Brasil mostrar que tem R$ 1 bilhão para ressarcir perdas de acionistas. *Reuters*, São Paulo, 15 jun. 2020. Disponível em: https://www.moneytimes.com.br/justica-manda-irb-brasil-mostrar-que-tem-r1-bilhao-para-ressarcir-perdas-de-acionistas/. Acesso em: 22 jul. 2019.
62. LAIER, Paula Arend. CVC Brasil desaba após indícios de erros em balanço; Bradesco BBI corta preço-alvo. *UOL*, São Paulo, 02 mar. 2020. Disponível em: https://economia.uol.com.br/noticias/reuters/2020/03/02/cvc-brasil-desaba-apos-indicios-de-erros-em-balanco-bradesco-bbi-corta-preco-alvo.htm. Acesso em: 22 jul. 2019.
63. VIA Varejo encontra evidências de fraudes contábeis com impacto de R$ 1,19 bilhão no balanço. *Valor*, São Paulo, 26 mar. 2020. Disponível em: https://valorinveste.globo.com/mercados/renda-variavel/empresas/noticia/2020/03/26/via-varejo-encontra-evidncias-de-fraudes-contbeis-com-impacto-de-r-119-bilho-no-balano.ghtml. Acesso em: 22 jul. 2019.
64. MORENO, Felipe. Investidor que alertou sobre vendas de Eike explica "truque" da put da OGX. *Infomoney*, São Paulo, 9 set. 2013. Disponível em: https://www.infomoney.com.br/mercados/investidor-que-alertou-sobre-vendas-de-eike-explica-truque-da-put-da-ogx/. Acesso em: 22 jul. 2019.

bilizam que companhias divulguem ao mercado de valores mobiliários notícias baseadas em dados artificiais, sem qualquer embasamento concreto".[65] Assim, por meio do fortalecimento da confiança do investidor brasileiro e internacional nas empresas brasileiras, lograr-se-á o próprio desenvolvimento econômico nacional.

A corrupção e a violência policial, igualmente recorrentes no noticiário nacional e causa de convulsões sociais nos EUA (como na morte de George Floyd),[66] também são um fecundo campo para aplicação do instituto, tendo em vista a dificuldade que as investigações internas encontram para identificar abusos, práticas danosas e ilícitos.

Como sugere James Q. Wilson, além de "o trabalho dos policiais nem sempre deixar rastro de papel", como decorrência de perigos compartilhados surgem vínculos emocionais entre eles e prevalece uma cultura informal que abomina delações. Um ex-chefe de polícia americano se refere a isso como um "véu de silêncio em torno das agências policiais".[67]

Sem dúvida, o mais famoso *whistleblower* policial foi o detetive da polícia de Nova York, Frank Serpico, que integrou o departamento nos anos 1960 e início dos anos 1970, tendo vindo a público denunciar a corrupção na instituição, expondo a prática de policiais que usavam suas posições para extrair dinheiro e presentes. A história que narrou sua coragem foi popularizada no filme de Hollywood de 1973 "Serpico", estrelado por Al Pacino.[68]

Com efeito, a implementação de uma legislação de *whistleblower*, que proteja o denunciante de forma efetiva de retaliações, pode levar mais policiais a darem esse decisivo passo, denunciando más práticas e, inclusive, criminosos travestidos de policiais, evitando crimes nefastos como o que vitimou a Juíza Patrícia Acioly, assassinada em 2011 em razão de sua atuação contra o crime organizado por policiais que comandavam organização criminosa e esquemas de corrupção de dentro de um Batalhão da Polícia Militar.[69]

---

65. PIMENTA, Guilherme. Sentença de Eike traz à tona norma polêmica sobre suspensão de ações na bolsa. *Jota*, Brasília, 24 jun. 2020. Disponível em: https://www.jota.info/tributos-e-empresas/mercado/eike-batista-cvm-b3-24062020. Acesso em: 22 jul. 2019.
66. HUBLER, Shawn; BOSMAN, Julie. A Crisis That Began With an Image of Police Violence Keeps Providing More. *NYT*, Nova Iorque, 05 jun. 2020. Disponível em: https://www.nytimes.com/2020/06/05/us/police-violence-george-floyd.html. Acesso em: 22 jul. 2019.
67. JOHNSON, Roberta Ann. Whistleblowing and the Police. *Rutgers Journal of Law and Urban Policy*, v. 3, n. 1, 2006, p. 74-83.
68. HIRSH, Michael. Serpico on Police Racism: 'We Have This Virus Among Us'. *FT*, Nova Iorque, 11 jun. 2020. Disponível em: https://foreignpolicy.com/2020/06/11/george-floyd-protests-serpico-police-racism-good-cop/. Acesso em: 22 jul. 2019.
69. LEITÃO, Leslie. Como a juíza Patrícia Acioli se tornou a inimiga número um da quadrilha do coronel Claudio. *Veja*, Rio de Janeiro, 2 out. 2011. Disponível em: https://veja.abril.com.br/brasil/como-a-juiza-patricia-acioli-se-tornou-a-inimiga-numero-um-da-quadrilha-do-coronel-claudio/. Acesso em: 22 jul. 2019.

Compartilhamos da visão esperançosa e confiante do Ministro do STF Luís Roberto Barroso em artigo supracitado acerca da mudança paradigmática e cultural que vem ocorrendo na nossa pátria:[70]

> É impossível não sentir vergonha pelo que aconteceu no Brasil. Por outro lado, poucos países no mundo tiveram a coragem de abrir as suas entranhas e enfrentar o mal atávico da corrupção com a determinação que boa parte da sociedade brasileira e uma parte do Poder Judiciário têm demonstrado. Para isso têm contribuído mudanças de atitude das pessoas e das instituições, assim como alterações na legislação e na jurisprudência ... A cidadania, no Brasil, vive um momento de tristeza e de angústia. Uma fotografia do momento atual pode dar a impressão de que o crime compensa e o mal venceu. Mas seria uma imagem enganosa. O país já mudou e nada será como antes... Há uma imensa demanda por integridade, idealismo e patriotismo na sociedade brasileira, e esta é a energia que muda paradigmas e empurra a história... Uma semente foi plantada. O trem já saiu da estação.

Na medida em que exista uma correlação entre corrupção, pobreza e violência, a necessidade de mecanismos de *whistleblowing* é ainda mais importante em países subdesenvolvidos como o Brasil, uma vez que por meio da capacitação de indivíduos para defesa do interesse público, denunciar-se-á decisões políticas tomadas para ganho pessoal em prejuízo da coletividade, permitindo-se a liberação de mais recursos para aqueles na parte inferior da escala socioeconômica, além de reforçar a transparência, incentivar o investimento estrangeiro e afastar as economias – especialmente as de transição – da dependência de relacionamentos e subornos pessoais.

A instituição do "informante do bem" também traz notável função dissuasória, uma vez que a sua simples existência já redundará em maior temor para os envolvidos em ilícitos de serem denunciados por alguém, evitando o ilícito ou, ao menos, reduzindo o número ou grau dos atos lesivos em razão do aumento do risco de ser exposto. Além do risco da prisão, dependendo da natureza da infração, empresários podem também temer ver arruinada a reputação de seus negócios, prejudicados os interesses de seus acionistas e impactada a participação no mercado ou lucratividade, como ocorreu nos casos da Enron e da WorldCom, em que as exposições de irregularidades e ilegalidades financeiras culminaram inclusive em falências.[71]

Cumpre trazer aqui as lições do Ministro do STF Luiz Fux acerca da colaboração premiada (artigo 4º da Lei 12.850/13), no paradigmático voto proferido no julgamento da Ação Penal 470,[72] que se aplicam, por analogia, ao *whistleblowing*:

---

70. BARROSO, Luís Roberto. *Trinta anos da Constituição Federal: a República que ainda não foi.* Disponível em: https://www.conjur.com.br/2018-out-06/barroso-30-anos-constituicao-republica-ainda-nao-foi. Acesso em: 1º jun. 2019.
71. DWORKIN, Terry Morehead. Whistleblowing, MNCs, and Peace. *Vanderbilt Journal of Transnational Law*, v. 35, n. 2, March 2002, p. 457-486.
72. STF. Voto proferido pelo Ministro Luiz Fux no julgamento da Ação Penal 470. Disponível em http://www.stf.jus.br/portal/cms/verNoticiaDetalhe.asp?idConteudo=220033. Acesso em: 12 nov. 2018.

[...] A certeza da impunidade é o maior combustível da criminalidade. Neste sentido, a pura e simples punição de um delinquente, descoberto, para seu azar, em sua empreitada criminosa, não é suficiente para o atendimento, em plenitude, das finalidades preventiva e repressiva da pena, estas fixadas pelo art. 59 do Código Penal. [...] A mera previsão legal da delação premiada é suficiente para instaurar a mútua desconfiança entre os membros da organização – ou até mesmo para evitar que elas se formem. A potencial traição de um comparsa é fator que desestimula a associatividade entre os que delinquem e fragiliza as quadrilhas existentes. E, ao contrário do que sustentam alguns críticos do instituto, nada há de imoral em trair o crime para ser leal ao direito. [...]

De fato, a despeito de o "informante do bem" e a "colaboração premiada" não se confundirem, o utilitarismo inerente a ambos é um traço comum, bem como a matriz filosófica pragmática.

Indubitavelmente, a previsão legislativa do instituto no Brasil demanda aprimoramentos diversos e suscitará muitas dúvidas em sua aplicação, carecendo ainda de adequada regulamentação. Como mencionado, nos Estados Unidos a SEC (Comissão de Valores Imobiliários) está autorizada a conceder recompensas que podem atingir entre 10% e 30% do dinheiro arrecadado,[73] enquanto no Brasil o teto foi fixado em apenas 5%, o que pode não ser suficiente para incentivar cidadãos a darem o corajoso passo à frente para denunciar e, por tal razão, esse é um dos muitos pontos nos quais pugnamos por alteração.

No mesmo passo, as legislações que preveem o *Whistleblower* geralmente estabelecem a divulgação protegida para autoridades como o Ouvidor Geral, o Corregedor de Justiça, a autoridade anticorrupção, membros do parlamento e a polícia, chegando até mesmo a permitir que a revelação seja feita a particulares, por exemplo, que integrem a mídia.[74] Desventuradamente, não há maiores notícias ou publicidade envolvendo as unidades de ouvidoria ou correição cuja criação e manutenção a Lei 13.964/19 instou. De fato, há imposição legal nesse sentido tanto aos entes federativos quanto às autarquias, fundações, empresas públicas e sociedades de economia mista, mas não foi fixado qualquer prazo. Eis, portanto, mais um ponto que entendemos demandar aprimoramento.

Por fim, sem prejuízo da adequada regulamentação e fomento pelos entes e pessoas jurídicas supracitados, sustentamos,[75] com absoluta convicção, que o instituto do "informante do bem", já é integralmente aplicável, de forma que qualquer cidadão pode fazer os relatos de crimes contra a administração pública, ilícitos administrativos ou quaisquer condutas lesivas ao interesse público diretamente

---

73. SEC. *Office of the Whistleblower*. Disponível em: https://www.sec.gov/whistleblower. Acesso em: 1º jun. 2019.
74. LATIMER, Paul; BROWN, A. J. Whistleblower Laws: International Best Practice. *University of New South Wales Law Journal*, v. 31, n. 3, 2008, p. 766-794.
75. GABRIEL, Anderson de Paiva. *O Pragmatismo como paradigma do Direito Processual Penal contemporâneo*: tecnologia, consenso e whistleblowing. Londrina: Thoth, 2022. p. 414-441.

ao Ministério Público, gozando, desde o início da vigência da Lei, das proteções conferidas e da possibilidade da recompensa.

No ponto, apesar da importância que as ouvidorias teriam para o desenvolvimento do *whistleblower* brasileiro, vale lembrar que, nos termos dos artigos 127 e 129, I e III, da CRFB/88, incumbe ao Ministério Público a defesa da ordem jurídica, do regime democrático e dos interesses sociais e individuais indisponíveis, sendo sua função institucional promover, privativamente, a ação penal pública, bem como promover o inquérito civil e a ação civil pública, para a proteção do patrimônio público e social.

4. CONCLUSÃO

A despeito de todas as críticas passíveis de serem feitas à configuração inicial do "informante do bem" e suas eventuais lacunas, inegavelmente a positivação do whistleblower no Direito brasileiro foi um importante passo rumo a um ordenamento mais efetivo, eficiente e pragmático, consubstanciando valorosa ferramenta para o enfrentamento às organizações criminosas.[76]

Com efeito, ainda que não tenham sido adequadamente estruturadas as unidades de ouvidoria ou correição, bem como devidamente regulamentados os programas de "informantes do bem", consideramos já ser possível o relato diretamente ao Ministério Público e que a recompensa seja jurisdicionalmente conferida.[77]

Conhecida citação atribuída a Edmund Burke, assenta que "tudo que é preciso para o triunfo do mal é que os bons homens não façam nada". Nesse passo, rogamos pela ascensão da figura do "Informante do Bem" como forma de revolucionar o combate às organizações criminosas, em especial no tocante aos crimes contra a administração pública e a outras condutas lesivas ao interesse público, clamando, dessa forma, que muitos cidadãos efetivamente "botem a boca no trombone".[78]

5. REFERÊNCIAS

ALATI, Daniel. Cowardly Traitor or Heroic Whistleblower – The Impact of Edward Snowden's Disclosures on Canada and the United Kingdom's Security Establishments. *Lincoln Memorial University Law Review*, 3, p. 91-114. 2015.

BAER, Miriam H. Reconceptualizing the Whistleblower's Dilemma. *U.C. Davis Law Review*, v. 50, no. 5, p. 2215-2280. June 2017.

BANISAR, David. Whistleblowing: International Standards and Developments. In: SANDOVAL, Irma. *Corruption and Transparency: Debating the Frontiers Between State, Market, and Society*. Washington, DC: World Bank Institute for Social Research, 2011.

---

76. Idem.
77. GABRIEL, Anderson de Paiva. *O Pragmatismo como paradigma do Direito Processual Penal contemporâneo*: tecnologia, consenso e whistleblowing. Londrina: Thoth, 2022. p. 414-441.
78. Idem.

BARROSO, Luís Roberto. *Trinta anos da Constituição Federal: a República que ainda não foi*. Disponível em: https://www.conjur.com.br/2018-out-06/barroso-30-anos-constituicao-republica-ainda-nao-foi. Acesso em: 1º jun. 2019.

BOULTON, Susie; CATLING, Christopher. *Venice e The Veneto*. Eyewitness, 2003. p. 88-89.

BUCKLEY, Chris; MOZUR, Paul. A New Martyr Puts a Face on China's Deepening Coronavirus Crisis. NYT, Wuhan, 07 fev. 2020. Disponível em: https://www.nytimes.com/2020/02/07/world/asia/china-coronavirus-doctor-death.html. Acesso em: 22 jul. 2019.

CLARK, Kathleen; MOORE, Nancy J. Financial Rewards for Whistleblowing Lawyers. *Boston College Law Review*, v. 56, n. 5, p. 1697, November 2015.

DEMARIA, William. Whistleblowing. *Alternative Law Journal*, v. 20, n. 6, Dezembro, p. 270-281, 1995.

DENKER, Inker. Corruption Perceptions Index 2007 (2007) Transparency International: the Global Coalition against Corruption. Disponível em: http://www.transparency.org/policyresearch/surveys indices/cpi/2007. Acesso em: 22 jul. 2019.

DWORKIN, Terry Morehead. Whistleblowing, MNCs, and Peace. *Vanderbilt Journal of Transnational Law*, v. 35, n. 2, p. 457-486. March 2002.

EBERSOLE, Dave. Blowing the Whistle on the Dodd-Frank Whistleblower Provisions. *Ohio State Entrepreneurial Business Law Journal*, v. 6, n. 1, p. 123-174. 2011.

FIESP. *Corrupção*: custos econômicos e propostas de combate. São Paulo: mar. 2010. Disponível em: http://az545403.vo.msecnd.net/uploads/2012/05/custo-economico-da-corrupcao-final.pdf.

FOX, Richard G. Protecting the Whistleblower. *Adelaide Law Review*, v. 15, n. 2, p. 137-164. 1993.

FRANCO, Marcela. 'Auxílio coronavírus' e outros golpes no WhatsApp atingem 2 milhões. *Techtudo*, 23 mar. 2020. Disponível em: https://www.techtudo.com.br/noticias/2020/03/auxilio-coronavirus-e-outros-golpes-no-whatsapp-atingem-2-milhoes.ghtml. Acesso em: 1º jun. 2019.

FREITAS, Vladimir Passos de. *O whistleblower (informante do bem) na ordem jurídica brasileira*. Disponível em: https://www.conjur.com.br/2019-nov-03/whistleblower-informante-bem-ordem-juridica-brasileira. Acesso em: 1º jun. 2019.

FUX, Luiz. *Voto parcial do ministro Luiz Fux no item VI da Ação Penal 470*. Disponível em: http://www.stf.jus.br/portal/cms/verNoticiaDetalhe.asp?idConteudo=220033. Acesso em: 1º jun. 2019.

GABRIEL, Anderson de Paiva. *O Pragmatismo como paradigma do Direito Processual Penal contemporâneo*: tecnologia, consenso e whistleblowing. Londrina: Thoth, 2022.

GABRIEL, Anderson de Paiva. Whistleblower no Brasil: O informante do bem. *Jota*, Rio de Janeiro, 20 abr. 2020. Disponível em: https://www.jota.info/opiniao-e-analise/colunas/juiz-hermes/whistleblower-no-brasil-o-informante-do-bem-20042020#_edn6. Acesso em: 22 jul. 2019.

GARCÍA MORENO, Beatriz. Whistleblowing e canais institucionais de denúncia. In: MARTÍN NIETO, Adán; SAAD-DINIZ, Eduardo; GOMES, Rafael Mendes (Coord.). *Manual de cumprimento normativo e responsabilidade penal das pessoas jurídicas*. 2. ed. São Paulo: Tirant lo Blanch, 2019.

GILLIGAN, George. Whistleblowing protections and judicial activism in the US Supreme Court. *Law and Financial Markets Review*, n. 8, p. 4-7. 2014.

GONÇALVES, Eduardo. Suspeitas de fraudes em contratos da área da saúde atingem dezoito estados. *Veja*, Brasília, 10 jul. 2020. Disponível em: https://veja.abril.com.br/brasil/suspeitas-de-fraudes-em-contratos-da-area-da-saude-atingem-dezoito-estados/.

HAUSER, Peter. Whistleblowing: Chance or Risk – New Tendencies in Europe. *European Insurance Law Review*, n. 1, p. 51-59. 2013.

HIRSH, Michael. Serpico on Police Racism: 'We Have This Virus Among Us'. *FT*, Nova Iorque, 11 jun. 2020. Disponível em: https://foreignpolicy.com/2020/06/11/george-floyd-protests-serpico-police-racism-good-cop/. Acesso em: 22 jul. 2019.

HUBLER, Shawn; BOSMAN, Julie. A Crisis That Began With an Image of Police Violence Keeps Providing More. *NYT*, Nova Iorque, 05 jun. 2020. Disponível em: https://www.nytimes.com/2020/06/05/us/police-violence-george-floyd.html. Acesso em: 22 jul. 2019.

JOHNSON, Roberta Ann. Whistleblowing and the Police. *Rutgers Journal of Law and Urban Policy*, v. 3, n. 1, p. 74-83. 2006.

JOS, Philip H.; TOMPKINS, Mark E.; HAYS, Steven. In Praise of Difficult People: A Portrait of the Committed Whistleblower. *Public Administration Review*, v. 49, n. 6, p. 552-561.

KAHN, Joseph. China Releases the SARS Whistle-Blower. *NYT*, Nova Iorque, 21 jul. 2004. Disponível em: https://www.nytimes.com/2004/07/21/world/china-releases-the-sars-whistle-blower.html. Acesso em: 22 jul. 2019.

KIM, Jisoo. Confessions of a Whistleblower: The Need to Reform the Whistleblower Provision of the Sarbanes-Oxley Act. *John Marshall Law Review*, v. 43, n. 1, p. 241-264. Fall 2009.

LAIER, Paula Arend. CVC Brasil desaba após indícios de erros em balanço; Bradesco BBI corta preço-alvo. *UOL*, São Paulo, 02 mar. 2020. Disponível em: https://economia.uol.com.br/noticias/reuters/2020/03/02/cvc-brasil-desaba-apos-indicios-de-erros-em-balanco-bradesco-bbi-corta-preco-alvo.htm. Acesso em: 22 jul. 2019.

LATIMER, Paul. Whistleblowing in the Financial Services Sector. *University of Tasmania Law Review*, v. 21, n. 1, p. 39-61. 2002.

LATIMER, Paul; BROWN, A. J. Whistleblower Laws: International Best Practice. *University of New South Wales Law Journal*, v. 31, n. 3, 2008, p. 766-794.

LEITÃO, Leslie. Como a juíza Patrícia Acioli se tornou a inimiga número um da quadrilha do coronel Claudio. *Veja*, Rio de Janeiro, 2 out. 2011. Disponível em: https://veja.abril.com.br/brasil/como-a-juiza-patricia-acioli-se-tornou-a-inimiga-numero-um-da-quadrilha-do-coronel-claudio/. Acesso em: 22 jul. 2019.

MALLMAN, Daniela. Brumadinho: MP denuncia 16 pessoas por homicídio doloso e crimes ambientais. *UOL*, Belo Horizonte, 21 jan. 2020. Disponível em: https://noticias.uol.com.br/cotidiano/ultimas-noticias/2020/01/21/brumadinho-mp-denuncia-16-pessoas-por-homicidio-doloso-e-crimes-ambientais.htm. Acesso em: 1º jun. 2019.

MELLOR, Bill. Integrity and Ruined Lives. *Time Australia*, 21 October 1991.

MOREHEARD, Terry; NEAR, Janet P. Whistleblowing Statutes: Are They Working? *American Business Law Journal* 25, n. 2, p. 241-264. 1987.

MORENO, Felipe. Investidor que alertou sobre vendas de Eike explica "truque" da put da OGX. *Infomoney*, São Paulo, 9 set. 2013. Disponível em: https://www.infomoney.com.br/mercados/investidor-que-alertou-sobre-vendas-de-eike-explica-truque-da-put-da-ogx/. Acesso em: 22 jul. 2019.

MPF. *Caso Lava Jato*. Disponível em: http://www.mpf.mp.br/grandes-casos/lava-jato/resultados. Acesso em: 1º jun. 2019.

OLIVEIRA, Mariana. PASSARINHO, Nathalia. Luiz Fux vota por condenação de Cunha, Pizzolato e grupo de Valério. *G1*, Brasília, 27 ago. 2013. Disponível em: http://g1.globo.com/politica/

mensalao/noticia/2012/08/luiz-fux-vota-por-condenacao-de-5-reus-por-desvios-na-camara-e-bb.html. Acesso em: 1º jun. 2019.

ONU. *Convenção das Nações Unidas para o Combate da Corrupção*. Disponível em: https://www.unodc.org/documents/lpo-brazil//Topics_corruption/Publicacoes/2007_UNCAC_Port.pdf. Acesso em: 1º jun. 2019.

PIMENTA, Guilherme. Sentença de Eike traz à tona norma polêmica sobre suspensão de ações na bolsa. *Jota*, Brasília, 24 jun. 2020. Disponível em: https://www.jota.info/tributos-e-empresas/mercado/eike-batista-cvm-b3-24062020. Acesso em: 22 jul. 2019.

SEC. *Office of the Whistleblower*. Disponível em: https://www.sec.gov/whistleblower. Acesso em: 1º jun. 2019.

SOARES, Christopher N. The Whistleblower Protection Statute: Its Impact on Chief Compliance Officers. *Rutgers Law Record*, 46, p. 73-102. 2018-2019.

SOUZA, Rafael Nascimento de; SCHMIDT, Selma; ARAÚJO, Vera. Organização criminosa atuava dentro da Secretaria Estadual de Saúde do Rio, diz promotor. *Veja*, Rio de Janeiro, 18 jun. 2020. Disponível em: https://extra.globo.com/noticias/rio/organizacao-criminosa-atuava-dentro-da-secretaria-estadual-de-saude-do-rio-diz-promotor-24485199.html. Acesso em: 22 jul. 2019.

SOUZA, Renee do Ó. Projeto de lei "anticrime" e a figura do informante do bem ou whistleblower. In: SUXBERGER, Antonio Henrique Graciano; SOUZA, Renee do Ó; CUNHA, Rogério Sanches (Coord.). *Projeto de lei anticrime*. Salvador: JusPodivm, 2019.

STACEY VANEK SMITH, Stacey Vanek. How A Law From The Civil War Fights Modern-Day Fraud. *NPR*, 01 out. 2014. Disponível em: https://www.npr.org/sections/money/2014/10/01/352819369/how-a-law-from-the-civil-war-fights-modern-day-fraud. Acesso em: 22 jul. 2019.

STOCK, Matthew R. Dodd-Frank Whistleblower Statute: Determining Who Qualifies as a Whistleblower. *Florida State University Business Review*, 16, p. 131-152. 2017.

THOMET, Laurent. Morte de médico que denunciou o coronavírus faz aumentar revolta contra governo na China. *Globo*, Pequim, 07 fev. 2020. Disponível em: https://oglobo.globo.com/sociedade/coronavirus/morte-de-medico-que-denunciou-coronavirus-faz-aumentar-revolta-contra-governo-na-china-24235628. Acesso em: 22 jul. 2019.

VALE, João Henrique do. Mais um político é preso por tentar golpe das indenizações da tragédia de Brumadinho. *Estado de Minas*, Belo Horizonte, 08 ago. 2019. Disponível em: https://www.em.com.br/app/noticia/gerais/2019/08/08/interna_gerais,1075879/politico-preso-golpe-indenizacoes-da-tragedia-de-brumadinho-vereador.shtml. Acesso em: 01 jun. 2019.

VAUGHN, Robert G. *The Successes and Failures of Whistleblower Laws*. Washington: Edward Elgar, 2014. p. 457-486.

VAUGHN, Robert G. The Whistleblower Statute Prepared for the Organization of American States and the Global Legal Revolution Protecting Whistleblowers. *George Washington International Law Review*, v. 35, n. 4, p. 857-902. 2003.

YEOH, Peter. Whistle-Blowing Laws in the UK. *Business Law Review*, v. 34, n. 6, p. 218-224. 2013.

YU, Verna. Doctor who exposed Sars cover-up is under house arrest in China, family confirms. *The Guardian*, Hong Kong, 09 fev. 2020. Disponível em: www.theguardian.com/world/2020/feb/09/sars-whistleblower-doctor-under-house-arrest-in-china-family-confirms-jiang-yangyong. Acesso em: 22 jul. 2019.

AS TÉCNICAS DE INVESTIGAÇÃO PREVISTAS NA LEI DE ORGANIZAÇÃO CRIMINOSA PARA APURAÇÃO DOS CRIMES ELEITORAIS

Larissa Bezerra Luz do Vale Cerqueira

Professora de cursos jurídicos. Promotora de Justiça MPDFT. Atualmente Membro Colaborador do CNMP. Ouvidora da FESMPDFT.

Luciana Fernandes de Freitas

Professora de cursos jurídicos. Promotora de Justiça MPMT. Atualmente Membro Auxiliar do CNMP. Especialista em Segurança Pública (UnB).

Sumário: 1. Introdução – 2. A importância dos crimes eleitorais e sua persecução penal no Brasil – 3. As técnicas de investigação previstas na lei do crime organizado – 4. Aplicabilidade dos instrumentos de investigação previstos na Lei 12.850/13 para a apuração dos crimes eleitorais – 5. Conclusão – 6. Referências.

1. INTRODUÇÃO

Uma das primordiais funções das normas jurídicas é precisamente organizar e conferir segurança para a sociedade, entretanto, são as próprias dinâmicas sociais que comunicam ao direito as necessidades de transformações legislativas. Em todas as épocas, as mudanças sociais sempre foram – e ainda são – muito mais velozes do que a produção normativa. Com as comunicações globais e a fluidez da era digital, esses processos são vistos de forma ainda mais evidente. Como assevera João Bosco Sá Valente:

> Constata-se que a delinquência contemporânea se caracteriza como uma criminalidade não convencional, cujo perfil assume inúmeras formas de manifestação, exigindo do aplicador do direito a árdua missão de rever conceitos tradicionais, adequando os mesmos ao tempo e ao espaço, através do filtro da eficiência penal.[1]

No âmbito das leis penal e processual penal, especificamente no tocante aos crimes eleitorais, a tutela dos bens jurídicos – finalidade do Direito Penal pela vertente

---

1. VALENTE, João Bosco Sá Valente. Crime organizado: uma abordagem a partir do seu surgimento no mundo e no Brasil. Disponível em: https://www.mpam.mp.br/centros-de-apoio-sp-947110907/combate-ao-crime-organizado/doutrina/418-crime-organizado-uma-abordagem-a-partir-do-seu-surgimento-no-mundo-e-no-brasil. Acesso em: 20 jan. 2023.

funcionalista –[2] tem sido ainda mais desafiadora, como restou demonstrado no findo processo eleitoral de 2022, com a proliferação de *fake news* (art. 323 do Código Eleitoral), da violência política (art. 359-P do Código Penal), assim como pelos recentes episódios das depredações de prédios públicos em Brasília (art. 359-L do Código Penal, entre outros). Para a investigação desses crimes, que almejam proteger bens coletivos e muitas vezes difusos e imateriais, como a democracia e a lisura das eleições, restou patente que a só utilização dos meios tradicionais de investigação criminal, como o interrogatório e depoimento testemunhal, torna a apuração obsoleta.

Portanto, tais acontecimentos nos demonstraram a agilidade que se requer das instituições jurídicas para interpretação e subsunção dos fatos às normas, e o grande desafio que se apresenta à investigação e persecução penal para tutela de bens jurídicos imateriais e coletivos, como a democracia e a lisura dos processos eleitorais. É nesse sentido, da eficácia das investigações e da apuração e persecução penal dos crimes afetos à dinâmica eleitoral, que surgiu a importante questão de se refletir sobre a aplicabilidade, no cenário dos eleitorais, dos instrumentos de investigação e meios de obtenção da prova previstos no artigo 3º da Lei das Organizações Criminosas.

Com o advento da Lei 12.850/13, fundamentada nas obrigações advindas da Convenção de Palermo, foi inaugurado no Brasil o conceito legal de organização criminosa, além de terem sido inseridas técnicas específicas de investigação, como a colaboração premiada, ação controlada, infiltração de agentes policiais (art. 3º), de forma a tornar eficazes as investigações relacionadas ao crime organizado.

Assim, com reflexões advindas da ponderação dos bens jurídicos protegidos pelos crimes eleitorais, diálogo de fontes e a necessária proteção social a que se destina o processo penal, é que se destina o presente artigo a analisar a aplicação desses meios especiais de investigação previstos na lei das organizações criminosas, para a apuração dos crimes eleitorais.

2. A IMPORTÂNCIA DOS CRIMES ELEITORAIS E SUA PERSECUÇÃO PENAL NO BRASIL

Os crimes eleitorais estão previstos tanto no Código Eleitoral, como no Código Penal e em leis extravagantes, sendo sua essência característica serem tipos penais destinados a tutelar, como finalidade precípua, a lisura do processo eleitoral em toda a sua extensão.[3] Como salienta José Jairo Gomes:[4]

---

2. PIEDADE, Antônio Sergio Cordeiro; SOUZA, Renee do Ó. A colaboração premiada como instrumento de política criminal funcionalista. *Revista Jurídica ESMP-SP*, v. 14, 2018: 100 – 121.
3. HAMMERSCHMIDT, Denise. *Crimes eleitorais comentados e processo eleitoral*. Curitiba: Juruá editora, 2022, p. 17.
4. GOMES, José Jairo. *Crimes e processo penal eleitorais*. 4. ed. São Paulo: Atlas, 2020, p. 9.

na verdade, os ilícitos eleitorais visam resguardar bens e valores clara e especificamente definidos em lei, tais como a higidez do processo eleitoral, a lisura do alistamento e da formação do corpo eleitoral, princípios como a liberdade do eleitor, a veracidade da votação e do resultado das eleições, a representatividade do eleito.

Para Fávila Ribeiro,[5] os crimes eleitorais possuem como bens jurídicos tutelados a autenticidade do processo eleitoral; o funcionamento do serviço eleitoral; a liberdade eleitoral e os padrões éticos ou igualitários nas atividades eleitorais. Como as etapas do processo eleitoral são realizadas de forma concatenada e destinadas a conferir regularidade para a realização das eleições, oportunidade em que se busca a concretização da democracia, desvelada com o poder de escolha do eleitor e a representatividade do eleito, tem-se que, ainda que de forma mediata, os crimes eleitorais almejam proteger, em última *ratio*, a democracia.

Assim sendo, ainda que mediatamente, a finalidade dos crimes eleitorais é proteger a lisura do processo eleitoral e, portanto, a própria democracia, a importância dessa tutela penal é demonstrada por si só. Bem por isso, Leonardo de Medeiros Fernandes[6] aponta que:

> Há, pois, um Direito Penal Eleitoral ou Direito Eleitoral Penal, que consiste no conjunto de normas reguladoras de condutas antijurídicas que impõe uma sanção penal aos criminosos, aos que perturbam e ofendem, por seus comportamentos a democracia, a representação e o Estado de Direito.

Embora com entendimentos diversos,[7] é possível dizer que os delitos eleitorais são classificados como comuns, ou seja, não se referem a crimes políticos, de acordo com a corrente majoritária afinada com o entendimento do STF, e que tutelam a ordem política do Estado e o processo democrático.[8]

Ao se falar sobre crime eleitoral, as referências mais corriqueiras nos remetem aos ilícito de corrupção eleitoral (a famosa compra de votos), de transporte de irregular de eleitores, previsto no art. 10 da Lei 6.091/74 e à fraude no alistamento. Contudo, no atual cenário, é possível observar um processo de atualização legislativa relacionado aos crimes eleitorais, deflagrado para fazer frente às intensas dinâmicas sociais. Bem por isso, a título exemplificativo, foram inseridas no microssistema eleitoral as figuras típicas do crime de violência política, violência política contra a mulher, as *fakes news* eleitorais relacionadas a partidos ou

---

5. RIBEIRO, Fávila. *Pressupostos Constitucionais do Direito Eleitoral. No caminho da sociedade participativa.* Porto Alegre: Sergio Antonio Fabris, 1990.
6. FERNANDES, Leonardo de Medeiros. *Crimes eleitorais.* Disponível em: https://www.mpam.mp.br/attachments/article/3181/Crimes_Eleitorais_Por_Leonardo_Fernandes.pdf. Acesso em: 21 jan. 2023.
7. Nesse sentido, RIBEIRO, Fávila. *Direito Eleitoral.* 5. ed. Rio de Janeiro: Forense, 2000.
8. FREITAS, Luciana Fernandes de. *Direito Eleitoral.* Rio de Janeiro: Editora Método, 2022, p. 283.

candidatos, observando-se que todas impõem penas em patamares acima do que normalmente previsto para crimes eleitorais.[9]

Diante das novas formas de criminalidade eleitoral, como visto nos recentes episódios de invasão e depredação da Praça dos Três Poderes em Brasília, classificados como atentados ao Estado Democrático de Direito (art. 359-L do Código Penal), e ao, que se apurou por ora, inclusive com financiamento privado, passando pela disseminação de notícias falsas e a prática de violência política, é que se evidencia a dificuldade de investigação desses crimes, porquanto os meios da investigação tradicionais não conseguem, sozinhos, alcançar um desfecho rápido e eficiente à sociedade.

Como regra, o inquérito policial eleitoral, conforme estabelece o art. 144, § 1º, IV, da Constituição Federal, será instaurado de ofício ou requisitado pelo Ministério Público Eleitoral e presidido pela Polícia Federal, órgão responsável pela investigação dos crimes eleitorais. No entanto, quando no local da infração não existirem órgãos da Polícia Federal, a Polícia do respectivo Estado terá atuação supletiva (art. 2º, parágrafo único, da Resolução 23.640/21 do TSE).

Importa salientar que o Código Eleitoral não dispõe de regras específicas para a investigação criminal eleitoral, por isso, a autoridade policial deve aplicar integralmente as normas do Código de Processo Penal para elucidar a infração penal, inclusive com observância das restrições de reserva de jurisdição, como a busca e apreensão, interceptação telefônica, quebra de sigilo fiscal, entre outras.[10]

Por isso que, diante dessa nova criminalidade eleitoral, e por igual, em razão da importância dos bens jurídicos que estão sob a guarida do ordenamento jurídico eleitoral, é importante refletir sobre a utilização das formas de investigação previstas na Lei do Crime Organizado, como a ação controlada, o acesso a registros de ligações telefônicas e telemáticas, a dados cadastrais constantes de bancos de dados públicos ou privados e a informações eleitorais ou comerciais, a infiltração, por policiais, em atividade de investigação, e a cooperação entre instituições e órgãos federais, distritais, estaduais e municipais na busca de provas e informações de interesse da investigação ou da instrução criminal, nas investigações criminais eleitorais.

---

9. Em que pese não seja o escopo do presente trabalho, é importante registrar uma aparente desproporção nas penas atribuídas pelo legislador aos crimes eleitorais pois, de uma forma geral, são penas que acabam por submeter a persecução ao rito do Juizado Especial Criminal, não compatível, à primeira vista, com a gravidade da lesão aos bens jurídicos tutelados pelo direito penal eleitoral.
10. CASAROTTO, Moisés. Processo penal eleitoral. *Crimes eleitorais comentados e processo eleitoral*. Curitiba: Juruá editora, 2022, p. 537.

3. AS TÉCNICAS DE INVESTIGAÇÃO PREVISTAS NA LEI DO CRIME ORGANIZADO

Assim como ocorre atualmente com as novas modalidades de crimes eleitorais, marcadas pelo dinamismo da atual sociedade globalizada e digital, no que concerne ao crime organizado e suas práticas, quando suas manifestações surgiram nos anos 90 de forma mais proeminente, era preciso que o direito passasse a ter disciplina sobre os tipos penais e suas formas de prevenção e repressão. A partir daí, surgiu a necessidade de modelos de investigação aptos a responder de forma mais adequada e eficiente à sociedade, dentro dos parâmetros do devido processo legal, onde a busca pela eficiência jamais pode atropelar inconstitucionalmente direitos e garantias fundamentais.

Os institutos tradicionais de investigação e os meios de obtenção de prova tradicionais mantém sua importância, diante da comprovada eficácia ao longo da história, contudo, são insuficientes para o enfrentamento desses novos moldes de prática criminal, que se distanciam dos etiquetados como crimes do colarinho azul,[11] dos delitos de rua, daqueles ocasionais, levando-se em consideração a organização, a sofisticação, a logística, a dissimulação, a tecnologia e o profissionalismo com que têm sido praticados.

A esse respeito, bem assentou Antônio Scarance Fernandes:

> essencial para a sobrevivência da organização criminosa que ela impeça a descoberta dos crimes que prática e dos membros que a compõem, principalmente dos seus líderes. Por isso ela atua de modo a evitar o encontro de fontes de prova de seus crimes: faz com que desapareçam os instrumentos utilizados para cometê-los e com que prevaleça a lei do silêncio entre os seus componentes; intimida testemunhas; rastreia por meio de tecnologias avançadas os locais onde se reúne para evitar interceptações ambientais; usa telefones e celulares de modo a dificultar a interceptação, preferindo conversar por meio de dialetos ou línguas menos conhecidas. Por isso, os Estados viram-se na contingência de criar formas especiais de descobrir as fontes de provas, de conservá-las e de permitir produção diferenciada da prova para proteger vítimas, testemunhas e colaboradores.[12]

A lógica do pensamento a respeito da investigação e colheita das provas no processo penal brasileiro foi consubstanciada tendo por foco a realidade das infrações penais comuns (homicídio, roubo, furto, estupro etc.), denominados delitos de colarinho azul, e em razão disso, nos habituamos com a produção das provas diretas, testemunhas oculares, confissões e prisões em flagrante, padrões de provas tradicionalmente presentes no Direito Processual Penal. No entanto, bem assevera Paulo Augusto Moreira Lima, ao pontuar que: "A análise do modus

---

11. MASSON, Cleber; MARÇAL, Vinícius. *Crime organizado*. São Paulo: Editora Método, 2018, p.154.
12. Apud PEREIRA, Frederico Valdez. *Delação premiada*: legitimidade e procedimento. 3. ed. Curitiba: Juruá, 2016. p. 27.

operandi destes 'velhos delitos' é suficiente a demonstrar que raramente virão à tona por confissão, prova testemunhal ou flagrante. (...) nos casos pertinentes à macrocriminalidade impera forte código de silêncio na instrução criminal.[13]

Para sufragar esse anseio, a Lei 9.034/95 foi a primeira a dispor sobre a criminalidade organizada, estabelecendo diretrizes sobre a investigação e obtenção de provas dos crimes praticados no contexto dessas organizações. Por outro lado, o legislador não definiu o que seria de fato uma organização criminosa, permanecendo a discussão jurídica sobre o conceito de organização criminosa.[14] Com a incorporação ao ordenamento pátrio da Convenção das Nações Unidas contra o Crime Organizado Transnacional, conhecida também por Convenção de Palermo, promulgada internamente pelo Decreto Presidencial 5.015/2004, que em seu bojo traz um conceito de organização criminosa, a questão jurídica passou a ter novos parâmetros e uma nova discussão: o conceito de organização criminosa da Convenção de Palermo poderia ser utilizado para a punição desse tipo penal no Brasil?

Depois de intensas divergências acadêmicas e jurisprudenciais a respeito do tema, a Lei 12.694/2012, passou a dispor sobre o processo e o julgamento colegiado em primeiro grau de jurisdição dos crimes praticados por organizações criminosas. Para além, trouxe a definição do que vem a ser organização criminosa, não tipificando, contudo, como crime (art. 2º). Dessa forma, estávamos diante do conceito, mas não detínhamos uma figura incriminadora que definisse as respectivas condutas. Nesse cenário, a lume a Lei 12.850/2013, que, além de revogar a Lei 9.034/1995 (art. 26), definiu organização criminosa (art. 1º, § 1º), dispôs sobre investigação e procedimento criminal, meios de obtenção da prova, e tipificou as condutas de "promover, constituir, financiar ou integrar, pessoalmente ou por interposta pessoa, organização criminosa" (art. 2º) e outras correlatas,[15] resolvendo, portanto, as celeumas anteriores.

A Lei 12.850/2013, além de tipificar o crime de organização criminosa, dispôs sobre a investigação e sobre os meios específicos de obtenção da prova, permitindo a condução de meios de investigação mais sofisticados ao dispor, em suma, que em qualquer fase da persecução penal, serão permitidos os seguintes meios de obtenção da prova: I – colaboração premiada; II – captação ambiental de sinais eletromagnéticos, ópticos ou acústicos; III – ação controlada; IV – acesso a registros de ligações telefônicas e telemáticas, a dados cadastrais constantes de

---

13. LIMA, Paulo Augusto Moreira. A prova diabólica no processo penal. In: SALGADO, Daniel de Resende; QUEIROZ, Ronaldo Pinheiro de (Org.). *A prova no enfrentamento à macrocriminalidade*. Salvador: JusPodivm, 2015. p. 126.
14. MASSON, Cleber; MARÇAL, Vinícius. *Crime organizado*. São Paulo: Editora Método, 2018, p.20.
15. CUNHA, Rogério Sanches; PINTO, Ronaldo Batista. *Crime organizado*: comentários à nova lei sobre o crime organizado – Lei 12.850/2013. Salvador: JusPodivm, 2014. p. 14.

bancos de dados públicos ou privados e a informações eleitorais ou comerciais; V – interceptação de comunicações telefônicas e telemáticas, nos termos da legislação específica; VI – afastamento dos sigilos financeiro, bancário e fiscal, nos termos da legislação específica; VII – infiltração, por policiais, em atividade de investigação, na forma do art. 11; VIII – cooperação entre instituições e órgãos federais, distritais, estaduais e municipais na busca de provas e informações de interesse da investigação ou da instrução criminal.

A colaboração premiada, entendida como uma manifestação do chamado "direito premial", pode ser conceituada como negócio jurídico extraprocessual que se caracteriza como uma técnica especial de investigação, por meio da qual o agente criminoso confessa a autoria do delito e fornece aos órgãos responsáveis pela persecução penal, informações objetivamente eficazes para a consecução de um dos objetivos previstos em lei, recebendo, em contrapartida, determinado prêmio legal.[16] Sua previsão não é exclusividade da Lei 12.850/2013, pois também fora disciplinada em outros diplomas normativos, ainda que não estivessem sob o título desse *nomen juris*, como o Art. 8º da Lei 8.072/1990, o art. 25, § 2º da Lei 7.492/1986, dentre outros. Importante destacar, não obstante não haver previsão específica para sua utilização na esfera penal eleitoral.

A par de diversas críticas à sua utilização e de questões controversas que não fazem parte do aprofundamento desse estudo, vale destacar a utilidade prática e eficiência do instituto. Nas palavras do Min. Ricardo Lewandowski, "um instrumento útil, eficaz, internacionalmente reconhecido, utilizado em países civilizados" (HC 90.688/ PR) e plasmado nas Convenções de Palermo (art. 26) e de Mérida (art. 37), como medida apta a trazer eficácia ao combate ao crime organizado e à corrupção.

A segunda técnica investigatória prevista na Lei 12.850/2013 é a captação ambiental, também conhecida por "vigilância eletrônica", uma vez que permite que "os agentes de polícia ou eventualmente do Ministério Público [...] instalem aparelhos de gravação de som e imagem em ambientes fechados (residências, locais de trabalho, estabelecimentos prisionais etc.) ou abertos (ruas, praças, jardins públicos etc.), com a finalidade de não apenas gravar os diálogos travados entre os investigados (sinais acústicos), mas também de filmar as condutas por eles desenvolvidas (sinais óticos). Ainda poderão os policiais registrar sinais emitidos através de aparelhos de comunicação, como rádios transmissores (sinais eletromagnéticos), que tecnicamente não se enquadram no conceito de comunicação telefônica, informática ou telemática".[17]

---

16. PIEDADE, Antônio Sergio Cordeiro; SOUZA, Renee do Ó. A colaboração premiada como instrumento de política criminal funcionalista. *Revista Jurídica ESMP-SP*, v. 14, 2018: 100 – 121.
17. MASSON, Cleber; MARÇAL, Vinícius. *Crime organizado*. São Paulo: Editora Método, 2018, p. 380.

Essa técnica de investigação foi também contemplada pela denominada Lei Anticorrupção, que acrescentou o artigo 8º-A na Lei das Interceptações Telefônicas, regulamentando sua utilização. In verbis:

> Art. 8º-A. Para investigação ou instrução criminal, poderá ser autorizada pelo juiz, a requerimento da autoridade policial ou do Ministério Público, a captação ambiental de sinais eletromagnéticos, ópticos ou acústicos, quando: (Incluído pela Lei 13.964, de 2019)
>
> I – a prova não puder ser feita por outros meios disponíveis e igualmente eficazes; e (Incluído pela Lei 13.964, de 2019)
>
> II – houver elementos probatórios razoáveis de autoria e participação em infrações criminais cujas penas máximas sejam superiores a 4 (quatro) anos ou em infrações penais conexas. (Incluído pela Lei 13.964, de 2019)
>
> § 1º O requerimento deverá descrever circunstanciadamente o local e a forma de instalação do dispositivo de captação ambiental. (Incluído pela Lei 13.964, de 2019)

A técnica da ação controlada, também objeto da inovação legislativa sob comento, conforme dispõe o art. 8º, *caput*, da Lei do Crime Organizado, consiste "em retardar a intervenção policial ou administrativa relativa à ação praticada por organização criminosa ou a ela vinculada, desde que mantida sob observação e acompanhamento para que a medida legal se concretize no momento mais eficaz à formação de provas e obtenção de informações". A ação controlada também encontra previsão na Lei de Drogas (art. 53, II e parágrafo único), na Lei de Terrorismo e na Lei do Tráfico de Pessoas – de forma remetida – (art. 16 da Lei 13.260/2016 425 e art. 9º da Lei 13.344/2016) e, para alguns, na Lei de Lavagem de Dinheiro (art. 4º-B da Lei 9.613/1998).

Importante salientar que a ação controlada não consiste apenas no ato de deixar momentaneamente de efetuar a prisão em flagrante, englobando, ainda, as hipóteses de "não se cumprir mandado de preventiva, não se cumprir mandado de prisão temporária, não se cumprir ordens de sequestro e apreensão de bens", tudo "para que o investigado tenha a falsa impressão de que ele está incólume, quando na realidade o Estado está monitorando todos os seus passos, exatamente para que a ação repressiva estatal venha, em bloco contra seus comparsas, fornecedores, distribuidores etc."[18]

A investigação por meio de acesso a registros de ligações telefônicas e telemáticas, a dados cadastrais constantes de bancos de dados públicos ou privados e a informações eleitorais ou comerciais, por sua vez, está regulamentada no art. 15 da Lei 12.850/2013 que, de forma semelhante aos arts. 17-B da Lei 9.613/1998 448 e 13-A do Código de Processo Penal (inserido no CPP pela Lei 13.344/2016,

---

18. GOMES, Luiz Flávio; SILVA, Marcelo Rodrigues da. *Organizações criminosas e técnicas especiais de investigação* – questões controvertidas, aspectos teóricos e práticos e análise da Lei 12.850/2013. Salvador: JusPodivm, 2015. p. 379-380.

art. 11), disciplina o poder requisitório dos membros do Ministério Público e do delegado de polícia, independentemente de autorização judicial, nos seguintes moldes: "O delegado de polícia e o Ministério Público terão acesso, independentemente de autorização judicial, apenas aos dados cadastrais do investigado que informem exclusivamente a qualificação pessoal, a filiação e o endereço mantidos pela Justiça Eleitoral, empresas telefônicas, instituições financeiras, provedores de internet e administradoras de cartão de crédito".[19]

Esse poder requisitório alcança, portanto, o conteúdo dos dados cadastrais referentes à qualificação pessoal (nome, número de RG e CPF, estado civil, naturalidade, profissão, número de telefone, endereços etc.) mantidos pela Justiça Eleitoral, empresas telefônicas, instituições financeiras, provedores de internet e administradoras de cartão de crédito (art. 15); e os bancos de dados de reservas (nome do passageiro, hotel de hospedagem etc.) e registro de viagens mantidos pelas empresas de transporte (aéreo, terrestre ou marítimo) de passageiros ou cargas, que deverão ficar disponíveis pelo prazo de cinco anos.[20]

É necessário sublinhar que por registros telefônicos entende-se os extratos das chamadas efetuadas e recebidas, com informações sobre os números de telefones que mantiveram contato com a linha-alvo da investigação, data, hora e tempo da duração das chamadas (quebra do sigilo de dados telefônicos), não abrangendo, portanto, o método da interceptação telefônica, que trata da interferência nas comunicações telefônicas em curso.

Trata-se de técnica de investigação que também já contava com previsão no art. 17-B da Lei de Lavagem de Dinheiro, no art. 13-A do Código de Processo Penal. Do ponto de vista institucional, registre-se que também há previsão, no tocante ao Ministério Público da União, na Lei Complementar 75/1993 (art. 8°, II e VIII e § 2°), que como concretização do princípio da unidade constitucional do Ministério Público, alcança Ministérios Públicos estaduais por força do art. 80 da Lei 8.625/1993.

Por sua vez, a interceptação de comunicações telefônicas e telemáticas como meio de investigação não é, de fato, exclusividade da lei das organizações criminosas, sendo a sua disciplina legal estabelecida em legislação própria, a Lei 9.296/96, que determina os requisitos específicos para sua utilização, independente da modalidade de crime:

> Art. 2° Não será admitida a interceptação de comunicações telefônicas quando ocorrer qualquer das seguintes hipóteses:
> I – não houver indícios razoáveis da autoria ou participação em infração penal;

---

19. MASSON, Cleber; MARÇAL, Vinícius. *Crime organizado*. São Paulo: Editora Método, 2018, pag. 451.
20. Ibidem, p. 420.

II – a prova puder ser feita por outros meios disponíveis;

III – o fato investigado constituir infração penal punida, no máximo, com pena de detenção.

A investigação com a técnica da infiltração de agentes consiste no procedimento por meio do qual um (ou mais) agente de polícia, judicialmente autorizado, ingressa, ainda que virtualmente, em determinada organização criminosa, forjando a condição de integrante, com o escopo de alcançar informações a respeito de seu funcionamento e de seus membros.[21] Referida técnica está prevista, também, na Lei 11.343/2006 (Lei de Drogas), sendo que a infiltração policial virtual foi disciplinada, posteriormente, pela Lei 13.441/17, que alterou o Estatuto da Criança e do Adolescente.

Por fim, no que diz respeito à cooperação entre instituições e órgãos federais, distritais, estaduais e municipais, percebe-se não ser efetivamente um meio probatório, sendo, antes disso, "uma estratégia que pode possibilitar a obtenção de provas constantes nos arquivos dos entes estatais referidos".[22]

Nesse passo, apresentadas as técnicas especiais de investigação disciplinadas pela lei do crime organizado, rememorando não ser objeto de análise desse artigo um estudo aprofundado sobre cada uma delas, é importante refletir sobre a possibilidade de utilização dos referidos instrumentos investigatórios para a apuração dos crimes eleitorais.

4. APLICABILIDADE DOS INSTRUMENTOS DE INVESTIGAÇÃO PREVISTOS NA LEI 12.850/13 PARA A APURAÇÃO DOS CRIMES ELEITORAIS

Após refletirmos sobre o advento de novas formas de criminalidade e da importância do bem jurídico tutelado na esfera dos crimes eleitorais, é importante avaliar a possibilidade de utilização das técnicas de investigação do crime organizado para a apuração dos ilícitos penais eleitorais.

Primeiramente, em relação aos crimes eleitorais praticados por organizações criminosas ou a crimes conexos a delitos previstos na Lei 12.850/13, não resta margem de dúvidas quanto a permissão legal para utilização das referidas técnicas, *ex vi* do que dispõe o artigo 1º e seu § 2º.

A questão que se revela crucial responder é justamente quando os delitos eleitorais não são praticados no contexto albergado pela Lei 12.850/13. Seria possível utilizar a colaboração premiada ou a ação controlada, para a investigação

---

21. Ibidem, p. 622.
22. Ibidem, p. 740.

de um delito de violência política (art. 359-P do CP[23]), por exemplo? A resposta, ao nosso entendimento, deve ser dividida em duas partes.

No tocante à captação ambiental de sinais eletromagnéticos, ópticos ou acústicos, interceptação de comunicações telefônicas e telemáticas, nos termos da legislação específica e cooperação entre as instituições, não há dúvidas sobre a possibilidade de investigação do crime eleitoral.

Conforme salientado anteriormente, a Lei Anticorrupção acrescentou o artigo 8º-A na Lei das Interceptações Telefônicas, regulamentando e permitindo o manejo da captação ambiental de uma forma geral, podendo ser utilizada, sem qualquer empecilho, para a apuração de crimes eleitorais. Da mesma forma, a interceptação telefônica vem prevista em legislação específica e seus contornos são aplicáveis a quaisquer modalidades criminosas, desde que preenchidos os requisitos do art. 2º da Lei 9.296/96 (I – não houver indícios razoáveis da autoria ou participação em infração penal; II – a prova puder ser feita por outros meios disponíveis; III – o fato investigado constituir infração penal punida, no máximo, com pena de detenção). A cooperação entre as instituições, em verdade, se refere mais a uma troca de informações públicas dos órgãos, do que especificamente uma técnica de investigação, não havendo óbice legal para a utilização em qualquer procedimento investigativo criminal.

Diferentemente é o pensamento com relação à colaboração premiada, a ação controlada e ao agente infiltrado. Isso porque, com relação a tais institutos, o legislador foi específico em prevê-lo no ordenamento jurídico vinculando-o a determinados tipos criminais, como aqueles previstos na própria lei das organizações criminosas, na lei de drogas, lei de lavagem de dinheiro. Portanto, não contam com uma disciplina geral para utilização em crimes eleitorais.

Nada obstante, considerando a envergadura dos bens jurídicos tutelados pelos delitos eleitorais e a vedação da proteção insuficiente, é plausível a utilização das referidas técnicas de investigação na seara criminal eleitoral, desde que respeitados os preceitos e contornos específicos de cada instrumento investigativo. Podemos colacionar como exemplo, o episódio ocorrido na Praça dos Três Poderes, porque mais recente. A par de quaisquer discussões de ideologias políticas envolvidas, o Procurador-Geral da República ofertou denúncia, em desfavor de diversos autores, pela prática do crime estabelecido no artigo 359-L do Código Penal, que pode ser considerado um crime eleitoral. Com essa linha, teria lugar

---

23. Art. 359-P. Restringir, impedir ou dificultar, com emprego de violência física, sexual ou psicológica, o exercício de direitos políticos a qualquer pessoa em razão de seu sexo, raça, cor, etnia, religião ou procedência nacional: Pena: reclusão, de 3 (três) a 6 (seis) anos, e multa, além da pena correspondente à violência.

de importância a investigação com a utilização das referidas técnicas, muito mais eficazes do que os métodos tradicionais.

A democracia e a regularidade do processo eleitoral são sempre bens tutelados pelos crimes eleitorais, portanto, ainda que de forma mediata, estão resguardados pela norma penal.

Não se olvide que a vítima e a sociedade têm relevância para o ordenamento jurídico, inclusive porque não podem exercer a autotutela penal, razão pela qual o Estado, malgrado não tenha papel de vingador, deve mostrar à sociedade que a reprimenda criminal fez frente à violação sofrida pela vítima. E essa resposta, obviamente pautada pelo devido processo legal, deve ser célere e eficiente, sendo imprescindível, para tanto, uma investigação profícua.[24]

Poderia ser perquirido se, havendo a disposição específica com relação a essas técnicas investigativas, a especialidade impediria a utilização delas para apuração de outros delitos, como os eleitorais. A resposta para essa indagação poderia ser encontrada na teoria do diálogo das fontes.

Essa teoria propõe, como instrumento de tutela de situações configuradoras de vulnerabilidades normativas, a aplicação conjugada de normas jurídicas, superando, mas não desprezando, o manejo dos critérios previstos na LINDB, como o princípio da especialidade, tudo com o intuito de conciliar as prescrições normativas e concretizar os escopos da ordem jurídica, como a efetividade na persecução penal diante de bens jurídicos de tamanha importância para a sociedade.[25]

Nessa linha, é relevante destacar que o processo penal, englobando, portanto, as investigações, funciona, a um só tempo, como instrumento de salvaguarda de interesses do cidadão e como ferramenta de proteção de bens jurídicos selecionados e tutelados pela via do Direito Penal no Estado Democrático de Direito.[26] Portanto, o foco da atuação investigativa e processual deve estar atrelado à proteção e à concretização de direitos, tanto do réu, como da vítima e da sociedade. A utilização das técnicas investigativas da lei do crime organizado entrega efetividade a apuração dos crimes eleitorais, sem ferir qualquer direito do cidadão investigado, uma vez que respeitadas as regras já estabelecidas na legislação para tanto. Ademais, o alcance de um processo justo também guia a influência dialógica entre normas processuais internas que, em conjunto, integram o sistema processual penal.

---

24. TELES, Fernando Hugo Miranda. Princípio da vedação da proteção: uma proposta de aplicação ao COM. *Revista do Ministério Público Militar*. Disponível em: https://revista.mpm.mp.br/ler-artigo/. Acesso em: 18 jan. 2023.
25. BENJAMIN, Antonio Herman V; MARQUES, Claudia Lima; BESSA, Leonardo Roscoe. *Manual de direito do consumidor*. 8. ed. São Paulo: Ed. RT, 2017, p. 159.
26. RAMOS, André de Carvalho. *Curso de direitos humanos*. São Paulo: Saraiva, 2014.

De *lege ferenda*, com o contexto de revisão e atualização das leis eleitorais, sobretudo com a tramitação avançada no congresso nacional do projeto de novo Código Eleitoral, importante serem refletidas essas premissas para adoção legislativa de técnicas mais avançadas na apuração dos crimes eleitorais, com todos os contornos jurídicos pertinentes.

5. CONCLUSÃO

O crescimento e desenvolvimento de novas formas graves de criminalidade, reflexos do dinamismo social, tem colocado o Processo Penal em situação desafiadora, uma vez que a persecução penal realizada nos moldes tradicionais, com métodos de investigação já amplamente conhecidos, vem se demonstrando insuficiente no tocante ao combate à delinquência moderna.[27] Nesse contexto, e diante da envergadura dos bens jurídicos tutelados pelo direito penal eleitoral, a questão proposta analisou a possibilidade de utilização das técnicas de investigação previstas na lei do crime organizado, na apuração dos delitos eleitorais.

Se o crime eleitoral foi praticado por uma organização criminosa ou conexo a algum crime da Lei 12.850/13, não restam dúvidas sobre a possibilidade de utilização dos referidos métodos especiais. Contudo, caso não tenham essa ligação com o crime organizado, mas considerando a dinâmica dialógica do processo penal, entende-se possível essa utilização, desde que respeitadas as regras disciplinadas para os demais crimes.

Considerando a relevância do bem jurídico tutelado pelo direito penal eleitoral, é possível a utilização das técnicas de investigação próprias da persecução penal do crime organizado para a investigação dos crimes eleitorais, com fundamento no diálogo das fontes, na função de proteção social que desempenha o processo penal e sua vedação da proteção deficiente dos bens jurídicos, em especial a democracia.

6. REFERÊNCIAS

CUNHA, Rogério Sanches; PINTO, Ronaldo Batista. *Crime organizado*: comentários à nova lei sobre o crime organizado – Lei 12.850/2013. Salvador: JusPodivm, 2014.

FERNANDES, Leonardo de Medeiros. *Crimes eleitorais*. Disponível em: https://www.mpam.mp.br/attachments/article/3181/Crimes_Eleitorais_Por_Leonardo_Fernandes.pdf. Acesso em: 21 jan. 2023.

FREITAS, Luciana Fernandes de. *Direito Eleitoral*. Rio de Janeiro: Editora Método, 2022.

GOMES, José Jairo. *Crimes e processo penal eleitorais*. 4. ed. São Paulo: Atlas, 2020.

---

27. PEREIRA, Flávio Cardoso. *Agente encubierto como medio extraordinario de investigación* – perspectivas desde el garantismo procesal penal. Bogotá: Grupo Editorial Ibañez, 2013. p. 619 – tradução livre.

GOMES, Luiz Flávio; SILVA, Marcelo Rodrigues da. *Organizações criminosas e técnicas especiais de investigação* – questões controvertidas, aspectos teóricos e práticos e análise da Lei 12.850/2013. Salvador: JusPodivm, 2015.

HAMMERSCHMIDT, Denise. *Crimes eleitorais comentados e processo eleitoral*. Curitiba: Juruá editora, 2022.

LIMA, Paulo Augusto Moreira. A prova diabólica no processo penal. In: SALGADO, Daniel de Resende; QUEIROZ, Ronaldo Pinheiro de (Org.). *A prova no enfrentamento à macrocriminalidade*. Salvador: JusPodivm, 2015.

MASSON, Cleber; MARÇAL, Vinícius. *Crime organizado*. São Paulo: Editora Método, 2018.

PEREIRA, Frederico Valdez. *Delação premiada*: legitimidade e procedimento. 3. ed. Curitiba: Juruá, 2016.

PEREIRA, Flávio Cardoso. *Agente encubierto como medio extraordinario de investigación* – perspectivas desde el garantismo procesal penal. Bogotá: Grupo Editorial Ibañez, 2013.

PIEDADE, Antônio Sergio Cordeiro; SOUZA, Renee do Ó. A colaboração premiada como instrumento de política criminal funcionalista. *Revista Jurídica ESMP-SP*, v. 14, 2018: 100 – 121.

RAMOS, André de Carvalho. *Curso de direitos humanos*. São Paulo: Saraiva, 2014.

RIBEIRO, Fávila. *Pressupostos constitucionais do direito eleitoral*. No caminho da sociedade participativa. Porto Alegre: Sergio Antonio Fabris, 1990.

VALENTE, João Bosco Sá Valente. Crime organizado: uma abordagem a partir do seu surgimento no mundo e no Brasil. Disponível em: https://www.mpam.mp.br/centros-de-apoio-sp-947110907/combate-ao-crime-organizado/doutrina/418-crime-organizado-uma-abordagem-a-partir-do-seu-surgimento-no-mundo-e-no-brasil. Acesso em: 20 jan. 2023.

EFICÁCIA NORMATIVA DA CONVENÇÃO DAS NAÇÕES UNIDAS CONTRA O CRIME ORGANIZADO INTERNACIONAL NA ORDEM JURÍDICA BRASILEIRA

Marcelle Rodrigues da Costa e Faria

Mestre em Direito pela UFMT. Promotora de Justiça do Estado de Mato Grosso. Presidente da Confraria do Júri (Associação Nacional dos Promotores do Júri do Brasil).

Sumário: 1. A Convenção das Nações Unidas contra o crime organizado transnacional – 2. O ingresso da Convenção das Nações Unidas contra o crime organizado transnacional (Convenção de Palermo) no ordenamento jurídico brasileiro – 3. Convenção das Nações Unidas contra o crime organizado transnacional (Convenção de Palermo) como Tratado Internacional de Direitos Humanos – 4. Do princípio da reserva legal no direito penal e a Convenção de Palermo – 5. As normas processuais penais previstas na convenção que devem ser aplicadas de forma imediata – 6. Conclusão – 7. Referências.

1. A CONVENÇÃO DAS NAÇÕES UNIDAS CONTRA O CRIME ORGANIZADO TRANSNACIONAL

A necessidade de discutir e repreender o crime organizado transnacional exsurge como mais um fenômeno da pós modernidade, marcada pela alteração dos vínculos sociais em decorrência do desenvolvimento tecnológico, econômico e social, que têm exigido dos Estados Soberanos e de suas instituições uma resposta adequada à violação de direitos humanos perpetrados por esse tipo requintado e complexo de criminalidade.

Isso porque a sociedade pós-moderna que enfrenta a globalização econômica caracterizada pelo capital flutuando no "espaço de fluxos" global, livre da política, como assevera Zygmunt Bauman, sente o enfraquecimento do poder político e a soberania do Estado, consequentemente, a legitimidade das instituições fenecem.[1]-[2]

---

1. BAUMAN, Zygmunt. *Danos Colaterais. Desigualdades sociais numa era global.* Rio de Janeiro: Zahar, 2013. p. 32.
2. O poder econômico suplanta o poder político, os Estados vão perdendo sua força para as demandas do mercado, e para Zygmunt Bauman: "Agora temos o poder livre da política e política destituída de poder. O poder já é global; a política, por lástima, permanece local. Os Estados-nação territoriais são delegacias de polícia locais no estilo 'lei e ordem', assim como latas de lixo, cortadores de gramas e

Com o enfraquecimento político, a globalização econômica traz consigo a globalização da criminalidade, perpetrada por organizações criminosas que atuam de forma a desconsiderar as fronteiras territoriais, vilipendiando direitos humanos de mais de um Estado Soberano ao mesmo tempo, o que tem dificultado o enfrentamento de sua atuação, sem que haja cooperação mútua dos Estados agredidos com essas condutas criminosas.

Da mesma forma a revolução tecnológica fez surgir requintadas condutas delituosas, com novas formas de criminalidade. Os institutos processuais de colheitas de prova não conseguem alcançar essa nova forma delitiva, o que levou à necessidade de evolução do processo penal, para garantir o efetivo combate a esses delitos. Somente com utilização de técnicas especiais de investigação é possível revelar o modo de atuação do crime organizado e a identidade de seus membros.[3]

O cenário retratado, qual seja, dificuldade de enfrentamento, repressão, investigação e justa punição das ações dessa criminalidade transnacional organizada tem ocasionado descréditos nas instituições estatais e ameaça para as democracias, razão pela qual o problema passou a integrar a agenda da Organização das Nações Unidas, culminado na Convenção das Nações Unidas contra o Crime Organizado Transnacional.

A Assembleia Geral, órgão principal das Nações Unidas, composto por representantes de todos os Estados-membros, valendo-se do seu papel relevante em relação à proteção de direitos humanos,[4] aprovou a Convenção das Nações Unidas contra o Crime Organizado Transnacional, conhecida popularmente como Convenção de Palermo em 15 de novembro de 2000, e após a ratificação dos Estados, entrou em vigor no dia 29 de setembro de 2003.

A terminologia *convenção* denota que o conteúdo do tratado internacional foi debatido em conferência antes de se tornar norma geral de Direito Internacional Público, demonstrando a uniformidade da vontade dos Estados-membros que aderiram ao ato multilateral e solene.

---

usinas de reciclagem locais para riscos e problemas globalmente produzidos. (BAUMAN, Zygmunt. *Danos colaterais. Desigualdades sociais numa era global.* Rio de Janeiro: Zahar, 2013. p. 32). Celso Fernandes Campilongo nesse contexto pontua: Com a globalização, os Estados perderam força em face de condicionamentos políticos que escapam de seus controles (sistema financeiro internacional, dívidas externas, fluxos do comércio mundial, sistema de produção globalizado etc.), mas, simultaneamente devem ser fortes o suficiente para implementar reformas que os ajustem às necessidades da nova economia (CAMPILONGO, Celso Fernandes. *Direito na sociedade complexa.* 2. ed. São Paulo: Saraiva, 2011. p. 118).

3. MASSON, Cleber; MARÇAL, Vinícius. *Crime Organizado.* 3. ed. São Paulo: Método, 2016. p. 110
4. Art. 13, § 1º, da Carta da ONU: Artigo 13 – 1. A Assembleia Geral iniciará estudos e fará recomendações, destinados a: a) promover cooperação internacional no terreno político e incentivar o desenvolvimento progressivo do direito internacional e a sua codificação; b) promover cooperação internacional nos terrenos econômico, social, cultural, educacional e sanitário e *favorecer o pleno gozo dos direitos humanos e das liberdades fundamentais, por parte de todos os povos, sem distinção de raça, sexo, língua ou religião.*

Além da Convenção, três protocolos que a integram abordam áreas específicas do crime organizado e foram aprovados em Assembleia Geral, quais sejam: o Protocolo Relativo à Prevenção, Repressão e Punição do Tráfico de Pessoas, em Especial Mulheres e Crianças; o Protocolo Relativo ao Combate ao Tráfico de Migrantes por Via Terrestre, Marítima e Aérea; e o Protocolo contra a fabricação e o tráfico ilícito de armas de fogo, suas peças e componentes e munições.

O Protocolo Relativo à Prevenção, Repressão e Punição do Tráfico de Pessoas, aprovado pela resolução da Assembleia Geral 55/25 que entrou em vigor em 25 de dezembro de 2003, uniformiza o conceito de tráfico de pessoas e torna-se um instrumento de tutelar a dignidade humana das vítimas, assistindo-as.[5]-[6]

O Protocolo Relativo ao Combate ao Tráfico de Migrantes por Via Terrestre, Marítima e Aérea, aprovado na mesma Resolução 55/25 da Assembleia Geral, em vigor a partir de 28 de janeiro de 2004, consiste em outro mecanismo de proteção à dignidade humana quando coíbe a atuação de grupos criminosos organizados para o contrabando de migrantes, promovendo a cooperação entre os países signatários de forma a prevenir a exploração desse grupo vulnerável.[7]

O Protocolo contra a fabricação e o tráfico ilícito de armas de fogo, suas peças e componentes e munições, aprovado por resolução da Assembleia Geral n.º 55/255 de 31 de maio de 2001, consiste num aparato para promover, facilitar e reforçar a cooperação entre os Estados, com objetivo de prevenir, combater e erradicar a fabricação e o tráfico ilícito de armas de fogo, componentes e munições.[8]

O Estado-membro que ratifica estes instrumentos se compromete internacionalmente a enfrentar o crime organizado transnacional, adotando as medidas prenunciadas, não somente dá um passo no enfrentamento a esse deletério comportamento criminoso como também compreende a necessidade premente de promover e reforçar a cooperação internacional para evitar as graves violações de direitos humanos.

---

5. Art. 3 º: a) Por "tráfico de pessoas" entende-se o recrutamento, o transporte, a transferência, o alojamento ou o acolhimento de pessoas, recorrendo à ameaça ou ao uso da força ou a outras formas de coacção, ao rapto, à fraude, ao engano, ao abuso de autoridade ou de situação de vulnerabilidade ou à entrega ou aceitação de pagamentos ou benefícios para obter o consentimento de uma pessoa que tem autoridade sobre outra, para fins de exploração. A exploração deverá incluir, pelo menos, a exploração da prostituição de outrem ou outras formas de exploração sexual, o trabalho ou serviços forçados, a escravatura ou práticas similares à escravatura, a servidão ou a extracção de órgãos; b) O consentimento dado pela vítima de tráfico de pessoas tendo em vista qualquer tipo de exploração descrito na alínea a) do presente artigo, deverá ser considerado irrelevante se tiver sido utilizado qualquer um dos meios referidos na alínea a); c) O recrutamento, o transporte, a transferência, o alojamento ou o acolhimento de uma criança para fins de exploração deverão ser considerados "tráfico de pessoas" mesmo que não envolvam nenhum dos meios referidos na alínea a) do presente artigo; d) Por "criança" entende-se qualquer pessoa com idade inferior a dezoito anos.
6. Promulgado no Brasil pelo Decreto 5.017, de 12 de março de 2004.
7. Promulgado no Brasil pelo Decreto 5.016, de 12 de março de 2004.
8. Promulgado no Brasil pelo Decreto 5.941, de 26 de 0utubro de 2006.

2. O INGRESSO DA CONVENÇÃO DAS NAÇÕES UNIDAS CONTRA O CRIME ORGANIZADO TRANSNACIONAL (CONVENÇÃO DE PALERMO) NO ORDENAMENTO JURÍDICO BRASILEIRO

Conforme a processualística constitucional de celebração de tratados no Brasil, o poder constituinte originário atribuiu ao Presidente da República, responsável pela política externa, a competência para celebrar tratados, convenções e atos internacionais, sujeitos a referendo do Congresso Nacional (Art. 84, VIII, CF), incluindo uma fase legislativa no ato complexo desenhado no Texto Magno.

Isso porque a democracia impôs a necessidade de aquiescência do Poder Legislativo para conclusão dos tratados, de forma que a vontade do Executivo não se aperfeiçoará enquanto o Congresso Nacional, exercendo a função de controle e fiscalização dos atos executivos, não decidir sobre a viabilidade de se aderir àquelas normas. Assim a Constituição da República determina que *todos* os tratados internacionais, celebrados pelo Estado Brasileiro, devem ser submetidos ao crivo do Parlamento, decidindo definitivamente (art. 49, I da CF).

Dessa forma, encerrada a conferência, discussão e negociação da Convenção das Nações Unidas contra o Crime Organizado Internacional, o Presidente da República submeteu o conteúdo da convenção à apreciação do Congresso Nacional brasileiro, que o aprovou juntamente com os dois Protocolos (Combate ao Tráfico de Migrantes por Via Terrestre, Marítima e Aérea e o Relativo à Prevenção, Repressão e Punição do Tráfico de Pessoas, em Especial Mulheres e Crianças), nos termos do art. 59, VI, da CF, através do Decreto-Legislativo 231, de 29 de maio de 2003, posteriormente promulgado pelo Presidente do Senado Federal.

Contudo, o referendo do Poder Legislativo materializado na promulgação do Decreto-Legislativo não é suficiente para que a convenção seja incorporada ao direito interno, uma vez que o ato somente autoriza, e não obriga, o Presidente da República a ratificar o tratado internacional.[9]

Portanto, a Convenção de Palermo somente passou a ter vigência no ordenamento jurídico nacional quando o governo brasileiro depositou o instrumento de ratificação junto à Secretaria Geral da ONU, em 29 de janeiro de 2004 e con-

---

9. Valério de Oliveira Mazzuoli explicando a sistemática de incorporação dos tratados internacionais na ordem jurídica brasileira afirma: "No que diz respeito ao Estado brasileiro, os tratados, acordos e convenções internacionais, para que sejam incorporados ao ordenamento interno, isto é, para que sejam ratificados e posteriormente promulgados, *necessitam* de previa aprovação do Poder Legislativo, que exerce a função de controle e fiscalização dos atos do Executivo. Assim, visa-se a atender a consideração de que os tratados têm, no mínimo, um *status* de lei interna, devendo por isso ser respeitados da mesma forma que se respeita a legislação vigente no ordenamento doméstico. Por outro lado, o referendo do Parlamento aos tratados internacionais atendo ao disposto no art. 2º da Constituição, que diz serem independentes e harmônicos entre si, os Poderes Executivo, Legislativo e Judiciário" (MAZZUOLI, Valério de Oliveira. *Direito Internacional Público*. 13. ed. São Paulo: Forense, 2020. p. 290).

sequente promulgação pelo Presidente da República, através do Decreto 5.015 de 12 de março de 2004.

A partir de então, a Convenção e seus Protocolos referendados e promulgados passaram a vigorar no território nacional, revogando-se disposições em contrário. A descrição da processualística constitucional de celebração de tratados no Brasil é imprescindível para o presente estudo para fundamentar seu âmbito, sua eficácia e sua aplicação, para que não reste dúvida de que todas as suas disposições devam ser integralmente cumpridas, como qualquer lei em vigor no país.

No entanto, no que concerne à hierarquia dos Tratados Internacionais em relação as normas internas, a Constituição quedou-se silente, o que fez a doutrina e jurisprudência a debruçarem no estudo, nem sempre acertado.

Desde 1977 o Supremo Tribunal Federal entende que o tratado internacional ingressa no ordenamento jurídico brasileiro com *status* de lei ordinária, podendo revogar as disposições em contrário e ser revogado em caso de lei posterior.[10]

A Suprema Corte hodiernamente, após o advento da Constituição de 1988, mantém o entendimento que qualquer tratado internacional que ingresse no ordenamento jurídico brasileiro possui paridade com leis ordinárias, conforme já decidiu na Extradição 662-2:[11]

> Tratados e convenções internacionais – tendo-se presente o sistema jurídico existente no Brasil (RTJ 83/809) – *guardam estrita relação de paridade normativa com as leis ordinárias editadas pelo Estado brasileiro*. A normatividade emergente dos tratados internacionais, dentro do sistema jurídico brasileiro, permite situar esses atos de direito internacional público, no que concerne à hierarquia das fontes, no mesmo plano e no mesmo grau de eficácia em que se posicionam as leis internas do Brasil.

Em sendo assim, considerando-se que a Convenção das Nação Unidas contra o Crime Organizado Transnacional constitui-se em tratado internacional *comum* (que não trata de direitos humanos), ela ingressa na ordem jurídica nacional, conforme entendimento da Suprema Corte, com *status* de *lei ordinária*.

Partindo dessa interpretação, em caso de conflito entre lei interna e a Convenção, adota-se o critério comum, qual seja, *lex posterior derogat priori*, o que faz com que a nova referencias norma revogue todas as disposições em contrário a seu conteúdo, uma vez que a lei posterior sempre deve prevalecer.

Consequentemente, em face da omissão constitucional em relação ao conflito de normas entre tratados internacionais e leis internas, a jurisprudência atual adotada pelo Supremo Tribunal Federal, em última análise, admite a revogação da

---

10. STF, *RE* 80.0004/SE, julg. 1º.06.1977, *RTJ* 83/809.
11. STF, *Ext* 662, julg. 28.11.1996 *in*, DJ 30.05.1997 PP-23176.

Convenção (expressa ou tacitamente) em razão de promulgação de lei ordinária posterior, o que a doutrina chama de *treaty override*.[12]

Ocorre que a compreensão do STF despreza sobejamente normas de direito internacional, mormente a Convenção de Viena para Tratados, uma vez que tratados internacionais possuem sua forma própria de revogação, qual seja, a denúncia: o ato unilateral pelo qual um partícipe em dado tratado internacional exprime firmemente a sua vontade de deixar de ser parte no acordo anteriormente firmado.[13]

Além disso, o Supremo Tribunal Federal, órgão do Poder Judiciário, que compõe o Estado brasileiro, admite um descumprimento *interno* de um compromisso *externo* assumido pelo próprio Estado, possibilitando consequências avassaladoras na política externa para além de responsabilidades internacionais.

Se o Estado brasileiro, ratifica a Convenção das Nações Unidas contra o Crime Organizada Transnacional, através do Presidente da República com referendo do Congresso Nacional, o faz em delegação do poder do povo (art. 1º da Constituição da República), portanto inconcebível juridicamente que o *povo* se comprometa no cenário internacional e não na ordem interna.

Valério Mazzuoli, fundamentando o seu posicionamento em relação à interpretação do Supremo Tribunal Federal assevera categoricamente:

> Admitir que um compromisso internacional perca vigência em virtude de edição de lei posterior que com ele conflite (*treaty override*) é permitir que um tratado possa, unilateralmente ser revogado por um dos Estados-partes, o que não é jurídico e tampouco compreensível.[14]

Mazzuoli ainda lembra que, após aprovação de um Tratado Internacional, o referendo do Congresso Nacional traduz num comprometimento implícito a não editar leis a ele contrárias, e pensar ao contrário corresponde além da irresponsabilidade internacional, um verdadeiro absurdo, completando:

> Na época atual, admitir-se possa a Legislativo, por lei, contrariar o tratado, que aprovou, é, em suma, reconhecer o predomínio das Assembleias, em franca oposição a dispositivo constitu-

---

12. MAZZUOLI, Valério de Oliveira. *Direito Intern.* p. 312.
13. A Convenção de Viena ingressou no ordenamento jurídico brasileiro após o Congresso Nacional aprova-la no Decreto-Legislativo 496 de 17 de julho de 2009, oportunidade em que o Governo Brasileiro depositou o instrumento de ratificação junto ao Secretário Geral das Nações Unidas em 25 de setembro de 2009 e foi promulgada por Decreto Presidencial 7.030 de 14 de dezembro de 2009, e dispõe no seu art. 56 que trata da Denúncia, ou Retirada do Tratado Internacional:1. Um tratado que não contém disposição relativa à sua extinção, e que não prevê denúncia ou retirada, não é suscetível de denúncia ou retirada, a não ser que: a)se estabeleça terem as partes tencionado admitir a possibilidade da denúncia ou retirada; ou b)um direito de denúncia ou retirada possa ser deduzido da natureza do tratado. 2. Uma parte deverá notificar, com pelo menos doze meses de antecedência, a sua intenção de denunciar ou de se retirar de um tratado, nos termos do parágrafo 1.
14. MAZZUOLI, Valério de Oliveira. *Direito Intern.* p. 314.

cional que declara harmônicos e independentes os Poderes do Estado, se não há, para tanto, expressa autorização da Lei Maior.

(...)Se o Congresso Nacional dá aquiescência ao conteúdo do compromisso firmado, é porque implicitamente reconhece que, se ratificando o acordo, está *impedido* de editar normas posteriores que o contradigam. Assume o Congresso, por conseguinte, verdadeira *obrigação negativa*, qual seja, a de se abster de legislar em sentido contrário às obrigações assumidas internacionalmente.[15]

Do que se acabou de afirmar, pelos argumentos expostos, a Convenção das Nações Unidas contra o Crime Organizado Transnacional e seus Protocolos, após referendo do Congresso Nacional, ratificação e promulgação pelo Presidente da República *não* podem ser revogados por lei ordinária ou qualquer outra norma infralegal, o que leva a concluir que possuem nível supralegal, como os demais tratados internacionais *comuns* que se incorporam à ordem jurídica nacional.[16]

3. CONVENÇÃO DAS NAÇÕES UNIDAS CONTRA O CRIME ORGANIZADO TRANSNACIONAL (CONVENÇÃO DE PALERMO) COMO TRATADO INTERNACIONAL DE DIREITOS HUMANOS

Consoante o art. 5º § 2º da Constituição da República, os direitos e *garantias* expressos nesta Constituição não excluem outros decorrentes do regime e dos princípios por ela adotados, ou dos tratados internacionais em que a República Federativa do Brasil seja parte.

Conforme já esclarecido a Convenção de Palermo e seus Protocolos correspondem a tratados internacionais ratificados pelo Estado brasileiro, que por esse motivo, já ostenta nível hierárquico superior à legislação doméstica ordinária. Agora, passa a perquirir se a Convenção e seus protocolos traduzem um instrumento de garantia de direitos humanos nos termos da Carta Magna.

Como sabido as garantias são *meios* a serviço de um direito substancial, e, conforme lição de Paulo Bonavides, configuram as disposições assecuratórias, que são as que, em defesa dos *direitos*, limitam o poder. Para o doutrinador:

> De nada valeriam os direitos ou as declarações de direitos se não houvesse pois as garantias constitucionais para fazer reais e efetivos esses direitos. A garantia constitucional é, por conseguinte, a mais alta das garantias de um ordenamento jurídico, ficando acima das garantias das leis ordinárias, em razão da superioridade das regras da Constituição, perante as quais se curvam, tanto o legislador comum, como os titulares de qualquer dos Poderes, obrigados ao respeito e acatamento de direitos que a norma suprema protege.[17]

---

15. Idem.
16. Idem.
17. BONAVIDES, Paulo. *Curso de Direito Constitucional*. 32. ed. São Paulo: Malheiros, 2017. p. 542.

Convenção de Palermo e seus protocolos referentes ao tráfico de pessoas e migrantes, no entanto, não são limitadoras de poder, mas *obrigações positivas* para o Estado brasileiro, que possuem como objetivo a tutela da dignidade humana na medida em que impõem compromisso internacional de repreender de forma efetiva graves violações de direitos perpetrados por organizações criminosas transnacionais.

> Sob o prisma das obrigações positivas em matéria penal, os Estados devem concretizar os deveres de adotar efetivas medidas de prevenção de ofensas a direitos humanos, de maneira a evitar a ocorrência de violações dessa natureza em desfavor dos seus jurisdicionados. Sendo certo que, nas hipóteses em que as referidas lesões a direitos humanos se consumarem, devem os Estados adotar providências efetivas de plena investigação pela sua prática, além, quando possível, de reparação dos danos decorrentes de tais violações.[18]

O direito internacional público, após as atrocidades das duas Grandes Guerras, vem estabelecendo padrões mínimos de proteção de direitos humanos, com especial cuidado das minorias e dos grupos vulneráveis,[19] a serem adotados pelos Estados na construção de uma sociedade global justa, sem preconceito, discriminação, tendente a diminuir as desigualdades.

O Estado Brasileiro, nessa toada humanista global, estabeleceu a dignidade da pessoa humana como fundamento de sua República Federativa, já no seu dispositivo inaugural (art. 1º, III CR) e ainda, traçou como objetivos da república brasileira: I – construir uma sociedade livre, justa e solidária; II – garantir o desenvolvimento nacional; III – erradicar a pobreza e a marginalização e reduzir as desigualdades sociais e regionais; IV – promover o bem de todos, sem preconceitos de origem, raça, sexo, cor, idade e quaisquer outras formas de discriminação. (art. 3º, CR).

Em sendo assim, todas as ações dos poderes estatais (legislativo, executivo e judiciário) e todos os seus órgãos, nas suas atribuições, competência e ação devem fazê-lo no intuito de alcançar os objetivos traçados no Texto Magno, sob pena de ilegitimidade.

---

18. OLIVEIRA, Kledson Dionisyo de. *Processo Penal Convencional e fundamentos das obrigações positivas do Estado em matéria penal*. Belo Horizonte: D'Placido, 2022.
19. Para Valerio Mazzuoli, "*Minorias* são grupos de pessoas que não têm a mesma representação política que os demais cidadãos de um Estado ou, ainda, que sofrem histórica e crônica discriminação por guardarem entre si características essenciais à sua personalidade que demarcam a sua singularidade no meio social, tais como etnia, nacionalidade, língua, religião ou condição pessoal; trata-se de grupos de pessoas com uma identidade coletiva própria, que os torna 'diferentes' dos demais indivíduos do âmbito de um mesmo Estado (*v.g.* os povos indígenas, a comunidade LGBT, os refugiados etc.). *Grupos vulneráveis*, por sua vez, são coletividades mais amplas de pessoas que, apesar de não pertencerem propriamente às 'minorias', eis que não possuidoras de uma identidade coletiva específica, necessitam, não obstante, de proteção especial em razão de sua fragilidade ou indefensabilidade (*v.g.*, as mulheres, os idosos, as crianças e adolescentes, as pessoas com deficiência, os consumidores" (MAZZUOLI, Valerio de Oliveira, *Curso de Diretos Humanos*. 6. ed. São Paulo: Editora Método, 2019. p. 283-284).

Além disso, a República Federativa do Brasil rege-se nas suas relações internacionais pela prevalência dos direitos humanos e cooperação entre os povos para o progresso da humanidade (art. 4º, CR).

Estados Soberanos concebidos formalmente iguais na ordem jurídica internacional, quando assumem voluntariamente compromissos internacionais, fazem com que o Direito Internacional ingresse no seu ordenamento jurídico interno, para garantir proteção de direitos humanos, promover a justiça social e fomentar a cooperação entre os povos.

A Convenção das Nações Unidas contra o Crime Organizado Transnacional incorporou ao direito interno, portanto, o seu advento paralisa todo ordenamento jurídico e a legislação doméstica tem que ser interpretada e aplicada nos termos da Convenção.[20]

É nesse momento que se estabelece a importante questão relacionada à eficácia do direito internacional público, quando ele dispõe de forma diversa do direito interno, oportunidade em que analisa a aplicação da norma.

Das diversas teorias que pretendem solucionar a antinomia apontada, sobressaem as teorias dualistas e monistas, que discutem se o Direito Internacional e o Direito Interno são duas ordens jurídicas distintas (teoria dualista) e independentes ou, ao contrário, são dois sistemas que derivam um do outro (teoria monista).[21]

Para os dualistas o direito interno dos Estados e o direito internacional público são ordens jurídicas distintas e independentes que não se interceptam, de forma que as normas de direito internacional não influenciam o direito interno, não havendo, portanto, antinomia normativa.

Entendem os dualistas que, somente quando há edição de norma interna, com o respectivo processo legislativo, contemplando o compromisso internacional firmado pelo Estado Soberano, é que as responsabilidades assumidas perante a ordem internacional, passam a ter valor, fenômeno que a doutrina denomina "transformação" ou "adoção".

Por considerar os deveres assumidos internacionalmente somente como obrigação moral, que resulta "somente" numa responsabilização internacional, devendo o direito interno ser aplicado, mesmo quando contrário ao direito internacional, é que a teoria dualista é duramente criticada.

---

20. MAZZUOLI, Valério; FARIA, Marcelle; OLIVEIRA, Kledson. *Controle de Convencionalidade pelo Ministério Público*. São Paulo: Forense, 2021.
21. MAZZUOLI, Valerio de Oliveira, *Curso de Diretos Humanos*. 6. ed. São Paulo: Editora Método, 2019. p. 31.

Principalmente pela explícita incoerência em aceitar que o Estado, diante da antinomia, aplique o direito interno em detrimento do direito internacional, mesmo sabedor de que será responsabilizado internacionalmente.

A teoria monista defendida por Hans Kelsen, diversamente da dualista, entende a unicidade do sistema, em que o Direito interno e o Direito Internacional integram o mesmo ordenamento jurídico:

> A unidade ente Direito Internacional e Direito Estadual pode, no entanto ser produzida de dois modos diferentes, do ponto de vista gnosiológico. E, quando consideramos ambos estes Direitos como ordenamentos de normas vinculantes simultaneamente válidas, não o poderemos fazer por qualquer outra forma que não seja abrangendo a ambos, por uma forma ou por outra, em um sistema descritível em proposições jurídicas não contraditórias.[22]

Os modos diferentes dessa unicidade, mencionados por Kelsen, têm a ver com a predominância dos ramos do direito, quando a teoria monista se divide ora no primado da ordem jurídica estatal, ora no primado da ordem jurídica internacional.

Os monistas nacionalistas, consoante Valerio Mazzuoli, "aceitam a integração do direito das gentes ao Direito interno, mas sob o ponto de vista do primado da ordem jurídica estatal, valendo tal integração somente na medida em que o Estado reconhece como vinculante em relação a si a obrigação contraída." Dessa forma, evidente que, os monistas nacionalistas levam em consideração a Soberania e a Supremacia Constitucional.[23]

Os monistas internacionalistas, como Hans Kelsen, sustentam a primazia do Direito Internacional, de forma que o direito interno deriva daquele que representa uma ordem jurídica hierarquicamente superior:

> Os representantes do primado da ordem jurídica internacional afirmam, a partir daí, que o direito internacional está supraordenado ao Direito Estadual, que aquele é, em face deste, a ordem jurídica mais elevada, que em consequência, em caso de conflito entre os dois, o Direito Internacional goza de prevalência – quer dizer, o Direito estadual que o contradiga é nulo.[24]

A doutrina monista internacionalista foi contemplada no art. 27 da Convenção de Viena sobre o Direito do Tratado (1969), quando prevê que o Estado "não pode invocar as disposições de seu direito interno para justificar o inadimplemento de um tratado."

---

22. KELSEN. Hans. *Teoria Pura do Direito*. 6. tir. São Paulo: Martins Fontes, 2018. p. 368.
23. MAZZUOLI, Valerio de Oliveira. *Curso de Direito Internacional Público*. 11. ed. Rio de Janeiro: Forense, 2018. p. 39.
24. KELSEN. Hans. *Teoria Pura do Direito*. 6. tir. São Paulo: Martins Fontes, 2018. p. 381.

Diferenciando as normas internacionais pelo seu conteúdo, mormente em relação às normas internacionais de proteção aos Direitos Humanos, Valerio Mazzuoli apresenta a teoria monista internacionalista dialógica, da seguinte maneira:

> Se é certo que à luz da ordem jurídica internacional os tratados internacionais sempre prevalecem à ordem jurídica interna (concepção monista internacionalista clássica), não é menos certo que em se tratando dos instrumentos que versam direitos humanos pode haver coexistência e diálogo entre eles e as normas de Direito interno. Em outros termos, no que tange às relações entre os tratados internacionais de direitos humanos e as normas domésticas, é correto falar num "diálogo das fontes". Os próprios tratados de direitos humanos (bem assim a prática dos organismos regionais de direitos humanos, v. g., da Comissão e da Corte Interamericana de Direitos Humanos) têm contemplado esse 'diálogo' internormativo textualmente, quando exigem seja aplicada a norma 'mais favorável' ao ser humano.[25]

Conclui-se então que, a partir da teoria monista internacionalista dialógica, aplica-se o princípio *pro homine*, sempre quando houver antinomia entre a norma de Direito Internacional e a norma de Direito interno, decidindo-se pela mais favorável à proteção dos direitos do homem.

Por isso entendo que o monismo dialógico deve ser aplicada no Brasil, uma vez que encontra-se fundamentado no texto da Convenção Americana dos Direitos do Homem, quando no art. 29, *b*, prevê que "nenhuma disposição da Convenção pode ser interpretada para limitar o gozo e exercício de qualquer direito ou liberdade que possam ser reconhecidos em virtude de leis de qualquer dos Estados-partes ou em virtude de Convenções em que seja parte um dos referidos Estados."

O dispositivo transcrito já evidencia a prevalência da norma internacional sobre a interna, quando a Convenção Internacional é que autoriza a aplicação da lei interna mais benéfica, caracterizando:

> concessão da própria norma internacional que lhe é superior, o que estaria a demonstrar sim a existência de uma hierarquia, típica do monismo internacionalista, contudo muito mais fluida (transigente) e totalmente diferenciada da existente no Direito Internacional tradicional.[26]

Nesse contexto, é salutar que se faça um diálogo entre as normas de direito interno com as normas de direito internacional, para a construção de soluções interpretativas que considerem a experiência comparada como fonte ou gênero na leitura do sentido e do alcance de direitos e garantias constitucionalmente assegurados.[27]

---

25. MAZZUOLI, Valerio de Oliveira. *Curso de Direito Internacional Público*. 11. ed. Rio de Janeiro: Forense, 2018. p. 46.
26. Idem.
27. SUXBERGER, Antonio Henrique Graciano. *Acordo de não persecução penal. O exercício da ação penal e a questão prisional como problema público*. Brasília: Fundação Escola, 2019. p. 65.

A Convenção das Nações Unidas contra o Crime Organizado Internacional, ingressa no ordenamento jurídico brasileiro como tratado internacional do qual o Brasil é parte, criando obrigações positivas para o Estado Brasileiro, para atingir os objetivos da República apostos no art. 3º do Texto Magno, prevendo instrumentos para repreender violações de direitos humanos, mormente os que atingem a dignidade humana, ressaltando o funcionalismo do direito internacional no direito interno.

A funcionalização do direito internacional, conforme a doutrina de Valerio Mazzuoli, citando o Constitucionalista Português, Jorge Miranda, constitui uma tendência evolutiva do direito internacional, na medida em que ele extravasa o âmbito das relações externas entre os Estados, penetrando, com frequência, em matérias relativas ao Direito Interno, assumindo tarefas de regulamentação e solução dos problemas saúde, meio ambiente, trabalho.[28]

Essa funcionalização do direito internacional, mormente em relação ao combate à criminalidade e efetivação da justiça criminal, deve-se aos problemas enfrentados pelos Estados Soberanos, e nesta oportunidade é imperioso destacar que todas as vezes em que o Brasil fora condenado pela Corte Interamericana de Direitos Humanos decorreu da falta de resposta penal, ou seja, pela impunidade, conforme já escrito.

Portanto, cumprido o procedimento constitucional para que um tratado de direito internacional ingresse no ordenamento jurídico brasileiro, em todas as suas esferas de atuação, ele tem eficácia imediata, devendo ser hierarquicamente superior à lei ordinária e no caso da Convenção de Combate aos Crimes Organizados transnacionais, para além da aplicabilidade, deve servir de orientação para o legislador interno.

Se considerar a Convenção das Nações Unidas contra o crime organizado transnacional instrumento de enfrentamento à violação de direitos humanos, portanto, garantia, nos termos do art. 5º, § 2º da Constituição, a supralegalidade decorre do entendimento do Supremo Tribunal Federal,[29] quando no julgamento do Recurso Extraordinário RE 466343, em voto paradigmático o Ministro Gilmar Ferreira Mendes esclareceu:

---

28. MAZZUOLI, Valerio de Oliveira. *Curso de Direito Internacional Público*. 11. ed. Rio de Janeiro: Forense, 2018. p. 16
29. Ementa: Prisão civil. Depósito. Depositário infiel. Alienação fiduciária. Decretação da medida coercitiva. Inadmissibilidade absoluta. Insubsistência da previsão constitucional e das normas subalternas. Interpretação do art. 5º, inc. LXVII e §§ 1º, 2º e 3º, da CF, à luz do art. 7º, § 7º, da Convenção Americana de Direitos Humanos (Pacto de San José da Costa Rica). Recurso improvido. Julgamento conjunto do RE 349.703 e dos HCs 87.585 e 92.566. É ilícita a prisão civil de depositário infiel, qualquer que seja a modalidade do depósito.
(RE 466343, Relator(a): Cezar Peluso, Tribunal Pleno, julgado em 03.12.2008, Repercussão Geral – Mérito DJe-104 Divulg 04.06.2009 Public 05.06.2009 Ement Vol-02363-06 PP-01106 RTJ VOL-00210-02 PP-00745 RDECTRAB v. 17, n. 186, 2010, p. 29-165).

Por conseguinte, parece mais consistente a interpretação que atribui a característica de supralegalidade aos tratados e convenções de direitos humanos. Essa tese pugna pelo argumento de que os tratados sobre direitos humanos seriam infraconstitucionais, porém, diante de seu caráter especial em relação aos demais atos normativos internacionais, também seriam dotados de um atributo de supralegalidade.

Advertiu ainda o Ministro Gilmar Mendes que equiparar as Convenções de Direitos Humanos à legislação ordinária seria subestimar o seu valor especial no contexto do sistema de proteção dos direitos da pessoa humana.

Portanto, a Convenção de Palermo ingressaria na ordem jurídica nacional com *status* de norma constitucional de garantia e proteção de direitos humanos à luz do art. 5º § 2º, *supralegal,* vinculando todos os órgãos do Estado brasileiro e que estão obrigados a:

> velar a que os efeitos das disposições da Convenção não se vejam diminuídos pela aplicação de normas contrárias a seu objeto e fim, pelo que os juízes e órgãos vinculados à administração da Justiça em todos os níveis têm a obrigação de exercer *ex officio* um 'controle de convencionalidade' entre as normas internas e a Convenção Americana, evidentemente no âmbito de suas respectivas competências e das regras processuais correspondentes, e nesta tarefa devem levar em conta não somente o tratado, senão também a interpretação que do mesmo tem feito a Corte Interamericana, intérprete última da Convenção Americana.[30]

Contudo, independentemente de ser a Convenção de Palermo garantia de direitos humanos sob a égide do art. 5º, § 2º, ou tratado internacional *comum,* ela traduz em obrigação positiva do Estado brasileiro de repreender a criminalidade organizada transnacional com intuito de proteger a dignidade humana. De uma forma ou de outra, a Convenção ingressa no ordenamento jurídico brasileiro com hierarquia supralegal, portanto, deve ser cumprida por todos os órgãos e poderes do Estado brasileiro.

4. DO PRINCÍPIO DA RESERVA LEGAL NO DIREITO PENAL E A CONVENÇÃO DE PALERMO

O princípio da legalidade previsto no art. 5º, XXXIX impõe que "não há crime sem lei anterior que o defina, nem pena sem prévia cominação legal" e dele desdobra-se três postulados: da reserva legal; determinação taxativa e irretroatividade da lei penal.[31]

Fruto do iluminismo que preconizava a limitação do poder do estatal em resposta ao absolutismo monárquico, o Estado estabelecido pelo contrato social

---

30. Corte IDH, *Caso Gelman vs. Uruguai,* Mérito e Reparações, sentença de 24 de fevereiro de 2011, Série C, n. 221, § 193.
31. LUISI, Luiz. *Os Princípios Constitucionais Penais.* Porto Alegre: Sérgio Antonio Fabris Editor, 1991. p. 13.

tem sua função materializada como instrumento de garantia dos chamados direitos dos homens, assegurando aos cidadãos uma faixa de ação, qual seja, o que a lei não proíbe.

Dessa forma, com a superação dos estados absolutistas e a instituição das democracias, o postulado da reserva legal passou a ser previsto nos textos constitucionais e códigos penais mormente na Constituição da Filadélfia, de 1784 e nas de Virginia e Maryland em 1786 e na Declaração Francesa dos Direitos do Homem e do Cidadão três anos depois.

Após os horrores da Segunda Guerra Mundial, com a nova formação das relações internacionais no mundo, é relevante dizer que "o postulado da Reserva Legal é um patrimônio comum da legislação penal dos povos civilizados, estando, inclusive, presentes nos textos legais internacionais mais importantes".[32]

A Declaração Universal dos Direitos do Homem aprovada pela Assembleia Geral das Nações Unidas em 10 de dezembro de 1948, expressamente dispõe:

> Art. 11. 2. Ninguém poderá ser culpado por qualquer ação ou omissão que, no momento, não constituíam delito perante o direito nacional ou internacional. Também não será imposta pena mais forte de que aquela que, no momento da prática, era aplicável ao ato delituoso.

Com isso, conclui-se que o princípio da reserva legal afasta os costumes e a analogia das fontes do Direito Penal, assegurando ao cidadão que somente pelos fatos previamente fixados em lei como delituosos e naquelas penas previamente definidas pode ser ele processado e condenado.

No Brasil, a dogmática jurídica sustenta que o postulado penal é da Reserva Legal Absoluta, em que somente a lei pode disciplinar a matéria criminal, excluindo-se qualquer tipo de norma, como decretos, medidas provisórias, portarias etc.

Portanto, a palavra *lei* para realização do postulado da reserva legal se aplica à *lei formal*, "ato legislativo emanado dos órgão de representação popular e elaborado de conformidade com o processo legislativo previsto na Constituição (arts. 59 a 69)".[33]

Conforme a Carta Magna, nem mesmo haverá possibilidade de que a matéria criminal seja regulada por ato equiparado à lei formal, no caso, leis delegadas (art. 68) e medidas provisórias convertidas em lei (art. 62).

Ocorre que a discussão não se aprofunda quando se perquiri a respeito da possibilidade de um Tratado Internacional prever a conduta proibida. A Reserva Legal Absoluta exclui os Tratados Internacionais que se equiparam à lei ordinária? E quanto às Convenções de Direitos Humanos? A Reserva Legal Absoluta exclui

---

32. LUISI. Luiz. *Os Princípios Constitucionais Penais*. Porto Alegre: Sérgio Antonio Fabris Editor, 1991. p. 16.
33. SILVA, José Afonso da. *Curso de Direito Constitucional Positivo*. 31. ed. São Paulo: Malheiros, 2007. p. 421.

a eficácia da Convenção de Palermo para prever condutas proibidas? Tratados de Direitos Humanos podem ser fonte de direito penal?

José Afonso da Silva é categórico quando assevera que "é absoluta a reserva constitucional de lei quando *a disciplina da matéria é reservada pela Constituição à lei, com exclusão, portanto, de qualquer outra fonte infralegal*, o que ocorre quando ela emprega fórmulas como: 'a lei regulará', 'a lei disporá', 'a lei complementar organizará', 'a lei criará', 'a lei poderá definir' etc." (grifo nosso)

Quis, portanto, o Poder Constituinte Originário que as matérias criminais, limitadoras de direitos fundamentais, fossem, *no mínimo*, exercício da soberania do povo, através de órgão institucionalmente legitimado pela Constituição para agir autonomamente em nome do povo para o povo, materializadas na *lei formal*, e não oriundas de poder de regulamentação ou delegação, todos infralegais.

Considerando então, como já explicado, que os Tratado Internacionais são hierarquicamente superiores a lei ordinária, nada impede que possam tipificar condutas, desde que, é claro, estabeleçam o tipo penal (consoante o princípio da taxatividade) e a pena a ser imposta.

Isso porque a Constituição da República não impediu que as condutas proibidas pela norma penal fossem definidas em normas *supralegais*, oriundas do mesmo poder soberano, pelos seus representantes nos Poderes Executivo e Legislativo, formalmente diversas da lei, contudo hierarquicamente superiores a *ela*.

Conforme já exposto, a Convenção de Palermo ingressa no ordenamento jurídico brasileiro seguindo o processo legislativo previsto no texto magno, inclusive com aprovação no Congresso Nacional, formado pelos representantes do Povo e dos Estados Federados, o que representa a vontade geral, não havendo plausibilidade de que não seja fonte de direito, mormente de direito penal.

O que impede que as condutas previstas na Convenção sejam aplicadas de forma imediata no Brasil é tão somente a ausência de previsão da pena a ser imposta, uma vez que não previu o preceito secundário da norma, esbarrando no postulado da taxatividade e não da reserva legal.

Como sabido, a taxatividade constitui postulado dirigido ao legislador, vetando a elaboração de tipos penais com utilização de expressões ambíguas, equívocas e vagas, impondo uma norma incriminadora clara e precisa.[34]

Ainda que se considerar a Convenção como Tratado Internacional sem a aplicação do art. 5º, § 2º se houvesse previsão da conduta delituosa e da pena, seria inegável fonte de direito penal, pois, conforme entendimento da Suprema Corte,

---

34. LUISI, Luis. *Os princípios constitucionais penais*. Porto Alegre: Sergio Antonio Fabris Editor, 1991.

equipara-se a lei ordinária, até mesmo para revogá-la ou derrogá-la, afastando a sua aplicação.

Ademais, ressaltando que o Tratado Internacional apresenta os elementos suficientes para a sua exequibilidade como fonte de direito penal, a própria Constituição da República, prevendo a competência da justiça federal, elencou a possibilidade de tratados instituírem tipos penais quando previu:

> Art. 109. Aos juízes federais compete processar e julgar:
> – *os crimes previstos em tratado ou convenção internacional*, quando, iniciada a execução no País, o resultado tenha ou devesse ter ocorrido no estrangeiro, ou reciprocamente;

Mas como obrigação positiva do Estado brasileiro, gozando de supralegalidade, não somente possui aplicabilidade imediata, como também ilumina e norteia a interpretação e aplicação do ordenamento jurídico brasileiro, de forma a impedir, inclusive, projetos de leis que ofereçam conteúdos dissonantes dos compromissos brasileiros perante o ordenamento jurídico internacional.

Deixar de cumprir a convenção alegando antinomia coma legislação interna, seja ela de direito penal ou processual penal, configura irresponsabilidade perante a ordem mundial, inconcebível para um estado democrático de direito, que se fundamenta na dignidade humana e tem como princípio justiça social e prevalência dos direitos humanos.

5. AS NORMAS PROCESSUAIS PENAIS PREVISTAS NA CONVENÇÃO QUE DEVEM SER APLICADAS DE FORMA IMEDIATA

Ainda que possa haver discussão em relação às condutas previstas na Convenção das Nações Unidas contra organização criminosa transnacional e seus protocolos referentes às condutas ilícitas previstas, em relação às normas procedimentais não haveria de existir.

Isso porque o Código de Processo Penal brasileiro impõe a eficácia normativa dos tratados internacionais no seu artigo inaugural, quando estabelece que o processo penal reger-se-á por suas normas, ressalvados os tratados e convenções e regras de direito internacional.

Portanto desde 1941 com o advento do Código de Processo Penal que encerra a fase pluralista do processo penal brasileiro, reunificando o sistema processual penal, as normas internacionais integradas ao direito brasileiro devem prevalecer sobre a lei processual penal, ainda que esta seja superveniente àquelas.[35]

---

35. NOGUEIRA, Carlos Frederico Coelho. *Comentários ao Código de Processo Penal e aos dispositivos correlatos de toda a legislação especial inclusive o Código Penal Militar*. Bauru, SP: Edipro, 2002. v. 01, arts. 1º ao 91, p. 70.

Da mesma forma o Código de Processo Penal Militar (Decreto-Lei 1002, de 21.10.1969) prevê regra específica a respeito no art. 1º § 1º, conforme o qual, havendo conflito entre suas normas e as de tratado ou de convenção internacional prevalecerão estas.

Em sendo assim, as normas processuais trazidas pela Convenção das Nações Unidas contra o Crime Organizado Transnacional, possuem natureza de supralegalidade quando cessado o processo legislativo de incorporação de um tratado internacional no ordenamento jurídico brasileiro.

Isso porque, em que pese a omissão da Constituição da República de 1988 em relação ao conflito entre tratados internacionais e leis internas, Supremo Tribunal Federal, durante décadas sustentou a primazia do Direito Internacional sobre o direito interno, até mudar o seu posicionamento em 1977,[36]-[37] conforme relatado acima.

Portanto, para exemplificar, o art. 20 da Convenção que trata de técnicas especiais de investigação no combate ao crime organizado, como a entrega vigiada, que consiste em permitir que remessas ilícitas ou suspeitas saiam do território de um ou mais Estados, os atravessem ou neles entrem, com o conhecimento e sob o controle das suas autoridades competentes, com a finalidade de investigar infrações e identificar as pessoas envolvidas na sua prática, está em pleno vigor na ordem jurídica nacional, podendo ser utilizada nas investigações que pesam contra organizações criminosas com tentáculos no território brasileiro.

Da mesma forma a colaboração premiada, uma das técnicas de investigação prevista na Convenção das Nações Unidas, incorporada na legislação brasileira nos termos da Lei 12.850/13 no art. 3º, quando necessária para obter resultado positivo para esclarecer o crime e a forma de atuação da organização, deve ser implementada pelo Estado que se compromete em enfrentar o crime organização e promover justiça social.

Por conseguinte, o Supremo Tribunal Federal, enfrentando os questionamentos relacionados à constitucionalidade do instituto, tem se pronunciado favoravelmente a essa técnica de investigação, a saber:

> Questão de ordem em petição. Colaboração premiada. I. Decisão inicial de homologação judicial: limites e atribuição. Regularidade, legalidade e voluntariedade do acordo. Meio de obtenção de prova. Poderes instrutórios do relator. RISTF. Precedentes. II. Decisão final de mérito. Aferição dos termos e da eficácia da colaboração. Controle jurisdicional diferido. Competência colegiada no supremo tribunal federal. 1. Nos moldes do decidido no HC 127.483, Rel. Min. Dias Toffoli, Tribunal Pleno, DJe de 3.2.2016, reafirma-se a atribuição ao Relator,

---

36. STF, *RE* 80.004/SE, julg. 01.06.1977, *in* RTJ 83/809.
37. MAZZUOLI, Valério de Oliveira. *Direito Intern.* p. 313

como corolário dos poderes instrutórios que lhe são conferidos pelo Regimento Interno do STF, para ordenar a realização de meios de obtenção de prova (art. 21, I e II do RISTF), a fim de, monocraticamente, homologar acordos de colaboração premiada, oportunidade na qual se restringe ao juízo de regularidade, legalidade e voluntariedade da avença, nos limites do art. 4º, § 7º, da Lei n. 12.850/2013. 2. O juízo sobre os termos do acordo de colaboração, seu cumprimento e sua eficácia, conforme preceitua o art. 4º, § 11, da Lei n. 12.850/2013, dá-se por ocasião da prolação da sentença (e no Supremo Tribunal Federal, em decisão colegiada), não se impondo na fase homologatória tal exame previsto pela lei como controle jurisdicional diferido, sob pena de malferir a norma prevista no § 6º do art. 4º da referida Lei n. 12.850/2013, que veda a participação do juiz nas negociações, conferindo, assim, concretude ao princípio acusatório que rege o processo penal no Estado Democrático de Direito. 3. Questão de ordem que se desdobra em três pontos para: (i) resguardar a competência do Tribunal Pleno para o julgamento de mérito sobre os termos e a eficácia da colaboração, (ii) reafirmar, dentre os poderes instrutórios do Relator (art. 21 do RISTF), a atribuição para homologar acordo de colaboração premiada; (iii) salvo ilegalidade superveniente apta a justificar nulidade ou anulação do negócio jurídico, acordo homologado como regular, voluntário e legal, em regra, deve ser observado mediante o cumprimento dos deveres assumidos pelo colaborador, sendo, nos termos do art. 966, § 4º, do Código de Processo Civil, possível ao Plenário analisar sua legalidade.
(Pet 7074 QO, Relator(a): Edson Fachin, Tribunal Pleno, julgado em 29.06.2017, Acórdão Eletrônico DJe-085 Divulg 02.05.2018 Public 03.05.2018).[38]

Inegável que o instituto se constitui um forte instrumento no combate às organizações criminosas, como forma de obtenção de dados e subsídios informativos, superando os meios tradicionais que não vinham garantindo a eficiência das investigações e a verdadeira responsabilização dos mentores do crime.

Nota-se, portanto, que todos instrumentos legais, especialmente provenientes de tratados internacionais, devem ser utilizados no enfrentamento à criminalidade contemporânea, para punir violadores de direitos humanos e promover a paz e a justiça social, objetivos da República Federativa do Brasil.

6. CONCLUSÃO

As organizações criminosas estão atuantes no Brasil e no mundo, ameaçando a dignidade dos cidadãos e violando direitos humanos e fundamentais, de forma a exigir uma conduta positiva do Estado no enfrentamento de suas ações criminosas para proteger de forma eficaz e eficiente os direitos humanos e o regime democrático.

A necessidade de enfrentamento da criminalidade contemporânea passou a ser compromisso do Estado brasileiro no cenário internacional, por conseguinte, com reflexos inegáveis no ordenamento jurídico interno, com o advento da Convenção das Nações Unidas para o combate ao Crime Organizado Transnacional e seus Protocolos.

---

38. STF, Petição 7074. Tribunal Pleno, julg. em 29.06.2017, Publ. 03.05.2018.

O compromisso na esfera internacional, uma vez realizado por quem tem atribuição conforme determinou o Poder Constituinte originário, traduz numa obrigação positiva do Estado brasileiro na defesa da dignidade humana com intuito de atingir os objetivos traçados no art. 3º da Carta Magna com prevalência dos direitos humanos (art. 4º, CR).

De modo consequente, eventual antinomia entre a legislação interna e a Convenção de Palermo, há que prevalecer a norma que oferece o maior espectro de proteção ao direito violado (monismo dialógico) e ofereça meios eficazes de enfrentamento às violações de direitos humanos e fundamentais.

Outrossim, por tudo que foi explanado, lei interna posterior deve ter como patamar mínimo de enfrentamento de organização criminosa, a Convenção das Nações Unidas contra o crime organizado transnacional, de forma que ela só pode ser afastada (e não revogada), quando a nova norma interna apresentar meios de investigação, processamento e punição mais eficazes

7. REFERÊNCIAS

BAUMAN, Zygmunt. *Danos Colaterais. Desigualdades sociais numa era global*. Rio de Janeiro: Zahar, 2013. p.

BONAVIDES, Paulo. *Curso de Direito Constitucional*. 32. ed. São Paulo: Malheiros, 2017.

CAMPILONGO, Celso Fernandes. *Direito na sociedade complexa*. 2. ed. São Paulo: Saraiva, 2011

KELSEN. Hans. *Teoria Pura do Direito*. 6. tir. São Paulo: Martins Fontes, 2018.

GOMES,, Rodrigo Carneiro. *O crime organizado na visão da Convenção de Palermo*. Belo Horizonte: Del Rei, 2009.

LUISI. Luiz. *Os Princípios Constitucionais Penais*. Porto Alegre: Sérgio Antonio Fabris Editor, 1991.

MAZZUOLI, Valério de Oliveira. *Direito Internacional Público*. 13. ed. São Paulo: Forense, 2020.

MAZZUOLI, Valério de Oliveira. *Curso de Direitos Humanos*. 9. ed. São Paulo: Forense, 2020.

MAZZUOLI, Valério de Oliveira; FARIA, Marcelle Rodrigues da Costa; OLIVEIRA, Kledson Dionysio de. *Controle de Convencionalidade pelo Ministério Público*. São Paulo: Forense, 2021

NOGUEIRA, Carlos Frederico Coelho. *Comentários ao Código de Processo Penal e aos dispositivos correlatos de toda a legislação especial inclusive o Código Penal Militar*. Bauru, SP: Edipro, 2002. v. 01, arts. 1º ao 91.

OLIVEIRA, Kledson Dionysio. *Processo Penal Convencional e fundamentos das obrigações positivas do Estado em matéria penal*. Belo Horizonte: D'Placido, 2022.

PIOVESAN, Flávia; FACHIN, Melina e; MAZZUOLI, Valério de Oliveira. *Comentários à Convenção Americana de Direitos Humanos*. Rio de Janeiro: Forense, 2019.

SÁNCHEZ, Jesús-María Silva. *La expansion del Derecho Penal. Aspectos de la política criminal em las sociedades postindustriales*. Madrid: Civitas Ediciones, S.L., 1999.

SILVA, José Afonso. *Curso de Direito Constitucional Positivo*. 31. ed. São Paulo: Malheiros, 2007.

O TRATAMENTO DE DADOS PESSOAIS NAS INVESTIGAÇÕES DE ORGANIZAÇÕES CRIMINOSAS

João Paulo Gabriel de Souza

Mestrando em Direito Processual Penal pela Faculdade de Direito do Largo de São Francisco – Universidade de São Paulo (USP). Especialista em Direito Penal pela Escola Superior do Ministério Público de São Paulo (2020). Especialista em Direito Público pela Universidade Anhanguera-Uniderp (2009). Integrante e Relator do Grupo de Trabalho do Ministério Público do Estado de São Paulo sobre a proteção de dados e o seu tratamento na área penal (Nota Técnica 05/2021-PGJ). Promotor de Justiça do Ministério Público do Estado de São Paulo. Membro do Grupo de Atuação Especial de Combate ao Crime Organizado, Secretário Executivo do Núcleo de São José do Rio Preto. http://lattes.cnpq.br/4822404562413070.

Sumário: 1. Introdução – 2. A mudança de paradigma da persecução penal; 2.1 A mudança de paradigma da investigação criminal e o tratamento de dados pessoais – 3. Organizações criminosas; 3.1 Características das organizações criminosas; 3.1.1 Distinção entre criminalidade de massa e criminalidade organizada; 3.1.2 Invisibilidade e intangibilidade: atuação sigilosa e dificuldade probatória; 3.2 Incremento do risco e eficiência propiciados pelas novas tecnologias; 3.2.1 Espaços de ação cosmopolizados; 3.2.2 Sociedade em rede; 3.2.3 *Shell companies* como redes criminosas – 4. Tratamento de dados pessoais como técnica de investigação das organizações criminosas; 4.1 A estratégia internacional de confisco do *capital* das organizações criminosas e a não oposição de sigilo de dados da rede financeira: a ocupação estatal dos "espaços de ação cosmopolizados"; 4.2 Tratamento preditivo de dados pessoais pela unidade de inteligência financeira: a fiscalização sobre as "redes" financeiras; 4.3 Os parâmetros jurisprudenciais do Supremo Tribunal Federal para o compartilhamento intraestatal de dados pessoais; 4.4 O processamento automatizado de dados pessoais como técnica investigativa para a identificação das *shell companies* e das organizações criminosas como seus beneficiários finais – 5. Conclusão – 6. Referências.

1. INTRODUÇÃO

O Ministério Público que se pretende *estratégico* e *resolutivo* no enfrentamento das organizações criminosas precisa concretizar o seu papel de "instituição de garantia dos direitos fundamentais",[1] para usar as palavras do jurista italiano

---

1. Nas palavras do jurista italiano Luigi Ferrajoli, após um estudo sobre o novo perfil constitucional do Ministério Público no *direito comparado*, notadamente aos modelos latino-americanos, em especial ao perfil constitucional brasileiro, definiu o Ministério Público sob a ótica do seu "papel garantista", como "uma instituição de garantia dos direitos fundamentais", atribuindo como uma de suas características "a clara separação e independência dos poderes políticos do governo que são condições indispensáveis ao exercício de suas funções de garantia". Explica o ilustre jurista que "Essa independência se baseia em duas razões. Em primeiro lugar, sobre o fato de que todas essas funções, como funções de garantia dos

Luigi Ferrajoli, e exercer com eficiência o seu "dever de proteção estatal", para citar Robert Alexy,[2] como titular da ação penal face ao fenômeno social que se apresenta entre os maiores "detratores do projeto constitucional brasileiro e principal obstáculo ao pleno exercício do cidadão aos seus *status* constitucionalmente assegurados".[3]

Ao longo das mais de três décadas da Constituição, no âmbito criminal, o Ministério Público abdicou da atuação meramente *burocrática* e *reativa* – as demandas outorgadas pela Polícia, e passou a agir de forma *dinâmica* e *ativa*, especializando as suas funções – em Grupos de Atuação Especial, Promotorias especializadas e Forças Tarefas – desenvolvendo investigações próprias ou em conjunto com outros órgãos de fiscalização, unidades de inteligência e segurança pública estatais, conforme os interesses prementes da sociedade.

O desenvolvimento de novas tecnologias incrementou risco e eficiência sob o campo de atuação das organizações criminosas. Por outro lado, também potencializou as formas de controle e repressão da criminalidade organizada pelos órgãos de persecução penal.

Em vista do recorte proposto, o primado da análise será sob a ótica da *metamorfose* social e dos potenciais tecnológicos em uma releitura sob o âmbito da *ação* criminosa e da *reação* estatal, com os desenvolvimentos jurídicos sobre a proteção de dados apenas como pano de fundo.[4] No cerne do debate, o trata-

---

direitos são sempre, virtualmente, como os próprios direitos garantidos, contra as maiorias contingenciais. Em segundo lugar, sobre o caráter tendencialmente cognitivo da ação do Ministério Público, assim como da jurisdição, ambas legitimadas pela correta e imparcial averiguação da verdade, a qual pode ser distorcida e deformada pelos vínculos e dependência ou dos condicionamentos políticos". *Per um Pubblico Ministero come Istituzione di Garanzia*. 2015, p. 27.

2. Compreendido como o direito do cidadão, "titular de direitos fundamentais em face do Estado a que este o projeta contra intervenções de terceiros". *Teoria dos direitos fundamentais*. Trad. Virgílio Afonso da Silva. 2. ed. São Paulo: Malheiros Editores, 2011, p. 450. Sobre a temática, vide p. 450-469.
3. GABRIEL DE SOUZA, João Paulo. Os parâmetros entre a tutela da privacidade e o dever de comunicação de ilícitos aos órgãos de persecução penal. Escola Superior do Ministério Público do Estado de São Paulo, São Paulo, 2020, p. 27.
4. O Brasil, a despeito de possuir legislação atinente há inúmeras possibilidades de intervenções estatais sobre dados pessoais (interceptações telefônicas e telemáticas, registros de conexão e de acesso a aplicações de internet, dados cadastrais etc.), ainda carece de *lei geral* que estabeleça regras gerais, princípios e pormenorize a autorização de intervenção com requisitos mais claros e adequados ao âmbito de proteção dessa nova formatação de direito. A missão promete ser concretizada em parte pelo órgão legiferante infraconstitucional, conforme anunciado pelo artigo 4º, inciso III, a e d, da Lei 13.709, de 14 de agosto de 2018 – Lei Geral de Proteção de Dados, ainda em fase embrionária no Parlamento brasileiro. Para fins ilustrativos, portanto, serão adotados conceitos, regras e princípios extraídos da Lei Geral de Proteção de Dados brasileira, como representação nacional sobre a regulamentação da matéria. Citar-se-á também o Regulamento Geral de Proteção de Dados na União Europeia – GDPR – *General Data Protection Regulation*, em especial, sob a *Diretiva (UE) 2016/680* – direcionada ao campo penal, face a sua representatividade comunitária e internacional e a forte influência do seu equivalente cível (Regulamento 2016/679) sobre a legislação brasileira.

mento de dados pessoais e o seu processamento automatizado como técnica de investigação para o enfrentamento dos desafios oriundos da nova morfologia da criminalidade organizada.

2. A MUDANÇA DE PARADIGMA DA PERSECUÇÃO PENAL

2.1 A mudança de paradigma da investigação criminal e o tratamento de dados pessoais

A sociedade contemporânea sofre uma *metamorfose*, conforme nomeou Ulrich Beck, oriunda principalmente dos fenômenos atuais da *internet*, globalização e revolução dos meios tecnológicos de comunicação em massa e desafiam o "nosso modo de estar no mundo, de pensar sobre o mundo, de imaginar e fazer política".[5]

A estrutura social foi reconstituída sob o entorno *informacional* e *digital*. A *virtualização* da *informação* e do *capital* propiciaram novas formas de atuação de organizações criminosas, em "espaços de ação cosmopolizados"[6] e atuação em "rede",[7] com o incremento de *risco* e eficiência sobre as ações criminosas, causadores de inúmeras mazelas sociais, políticas e econômicas a nível global.

O aparato instrumental para a ação preventiva e repressiva frente aos *imperativos de ação* estabelecidos por essa *metamorfose* necessita de releitura.

A Lei 12.850 de 2013 oferece aos órgãos de persecução penal uma pluralidade de meios de obtenção de prova. Destaca-se os instrumentos plurais de obtenção de dados pessoais[8] e a atuação cooperativa com instituições distintas da persecução penal, com o incentivo ao compartilhamento informacional intraestatal.[9]

A dinâmica integrativa das instituições de controle não conduz apenas a criação temporária de *Task Force*. Encampa a tendência da transmutação e refor-

---

5. Concepção extraída da sua obra A metamorfose do mundo: novos conceitos para uma nova realidade, publicada em 2018 pela Zahar. Prossegue. "*Sobre metamorfose*: a origem da palavra é latina, via grego – *meta* ("mudança") + *morphe* "forma") –, e forma mutante é a chave (em inglês encontrada pela primeira vez em 1530, com relação à magia ou feitiçaria). O sinônimo que melhor lhe corresponde é a transfiguração, não reconfiguração. Assim, a noção de "metamorfose" pode ser definida como uma grande mudança para algo diferente e implica uma transformação completa num tipo diferente, uma realidade diferente, um modo diferente de estar no mundo, ver o mundo e fazer política". p. 19.
6. A expressão "espaços de ação cosmopolizados" foi extraída da obra Ulrich Beck, em especial das páginas 15 a 37, da obra do item 5, e será mais bem detalhada nos tópicos seguintes.
7. A expressão "rede" foi extraída da obra de Manuel Castells, A sociedade em rede e será abordada nos tópicos seguintes.
8. Citam-se os incisos II, IV, V, VI, VII (c.c. art. 10-A) e VII, do artigo 3º, da referida Lei.
9. A "cooperação entre instituições e órgãos federais, distritais, estaduais e municipais na busca de provas e informações de interesse da investigação ou da instrução criminal" (artigo 3º, VIII) reveste especial atenção ao recorte deste artigo: a legislação permite o compartilhamento *intraestatal* de informações entre os órgãos da Administração Pública com os órgãos da persecução penal.

matação silenciosa e permanente sobre a política criminal e o *controle* do crime, agora, distribuído sob a tutela de diversos regimes jurídicos, com a potencial *interconexão* entre os seus bancos de dados.

O jurista alemão Ulrich Sieber[10] alertou sobre essa mudança de paradigma da política criminal na *sociedade de risco global*.[11]

As mudanças objetivas ocasionadas pelas novas ameaças e os novos tipos complexos, como o terrorismo, o crime organizado e o cibercrime, com impactos sociais significativos, promoveram também mudanças subjetivas nos níveis de bem-estar das pessoas, ou seja, o aumento e a percepção do *medo*.

A combinação desses fatores objetivos, subjetivos e também políticos, na visão de Sieber, remodelaram a política criminal: "o controle do crime não é mais dominado pelas questões tradicionais de culpabilidade e punição, mas pelas questões de risco e periculosidade e pelos temas orientados para o futuro de prevenção e segurança".[12]

O controle social possui um novo paradigma: "fornecer segurança por meio da prevenção precoce".[13] O "conceito tradicional de direito penal está mudando em áreas importantes, de um instrumento repressivo e punitivo para ser uma ferramenta principalmente preventiva destinada a minimizar perigos e riscos".[14]

Nas observações de Sieber, o aspecto preventivo aplicado ao *processo penal* induz o aproveitamento probatório coletado por instrumentos oriundos de regimes jurídicos alheios à persecução penal.[15]

---

10. As referências ao pensamento de Ulrich Sieber derivam da sua palestra West University of Timisoara, 30th March 2016, com a seguinte publicação: *The paradigm shift in the global risk society: from criminal law to global security law – an analysis of the changing limits of crime control*, 2016.
11. Indica-se para o aprofundamento da teoria da sociedade global de risco as obras e teorias de Ulrich Beck, especialmente Sociedade de risco: rumo a uma outra modernidade. Tradução de Sebastião Nascimento. 2. ed. São Paulo: Editora 34, 2011 e Sociedade de risco mundial: em busca da segurança perdida. Lisboa: Edições 70, 2015.
12. SIEBER, 2016, p. 14. Tradução livre do original, *in verbis*: [...] *crime control is no longer dominated by the traditional questions of culpability and punishment but rather by the issues of risk and dangerousness and by the future-oriented themes of prevention and security.*
13. SIEBER, 2016, p. 14. Tradução livre do original, *in verbis*: [...] *providing security by means of early prevention.*
14. SIEBER, 2016, p. 15. Tradução livre do original, *in verbis*: [...] *The traditional concept of criminal law is changing in important areas from being a repressive, punitive instrument to being a primarily preventive tool designed to minimize dangers and risks.*
15. SIEBER, 2016, p. 15. *in verbis*: *A corresponding preventive aspect of criminal law can also be found in the field of criminal procedure: many clandestine powers for secret surveillance available in police law and intelligence law are now also used in criminal procedure or law enforcement. These powers represent the procedural equivalent to preparatory inchoate offenses in substantive criminal law as they facilitate the investigation of activities in this preparatory phase. Such powers are found not only in many legal orders but they also dominate the criminal policies of international organizations. They threaten the balance between security and liberty, a balance essential to democratic societies.*

O penalista alemão Winfried Hassemer denomina essa intervenção precoce como "pré-investigações". "O "combate preventivo ao crime" como objetivo da atividade policial acaba por aplainar os limites entre prevenção e repressão, entre prevenção de perigos e combate ao crime que, até então separaram nitidamente os domínios policial e processual penal."[16]

A intervenção na esfera dos direitos fundamentais sob a ótica do controle do crime não se inicia mais sob a luz dos *indícios,* mas dos *riscos.* Em especial, as "medidas técnicas de vigilância e a coleta, armazenamento e mineração de grandes quantidades de dados pessoais", como denomina Sieber, em tom crítico, possui o potencial de gerar "novos conceitos de investigação e prevenção".[17]

A atuação integrada e o compartilhamento de dados pessoais entre as múltiplas instituições atuantes frente o fenômeno criminal, entretanto, não equivalem em sua transformação imediata em *informação* e *prova.* Em vista de seu vultoso volume, os dados precisam ser estruturados, organizados e contextualizados. A *mineração* demanda o emprego de técnicas de processamento automatizados dos dados sob a luz de *tipologias de risco* conforme as características do *contexto investigado.* Somente assim a extração de informações será útil à persecução penal.

3. ORGANIZAÇÕES CRIMINOSAS

3.1 Características das organizações criminosas

A construção estratégica dessas *tipologias de risco* com o fito em conceber eficiência ao tratamento de dados pessoais na investigação criminal impele a compreensão sobre o fenômeno da criminalidade organizada e a sua nova *morfologia* assumida pela *metamorfose* social e os seus avanços tecnológicos.

3.1.1 Distinção entre criminalidade de massa e criminalidade organizada

O penalista alemão Winfried Hassemer propôs uma distinção interessante, ainda que preliminar, entre "criminalidade de massa" e "criminalidade organizada".

A "criminalidade de massa" seria o fenômeno das "manifestações da criminalidade afetam-nos diretamente, seja como vítimas reais ou possíveis". Citam-se os "assaltos de rua, invasões de apartamentos, comércio de drogas, furtos de bicicletas ou delinquência juvenil", "roubo e outros tipos de violência contra os

---

16. Segurança pública no Estado de Direito. 1993, p. 69.
17. SIEBER, 2016, p. 16. Tradução livre do original, *in verbis:* [...] *technical surveillance measures and the collection, storage, and mining of massive amounts of personal data lead to new concepts of investigation and prevention* [...].

mais fracos nas ruas". O debate sobre política criminal e estratégias de combate à criminalidade de massa "se aproxima das necessidades cotidianas dos seres humanos de liberdade e segurança." Isso porque, os seus "efeitos não são apenas físicos e econômicos, mas sobretudo atingem nosso equilíbrio emocional e nosso senso normativo: trata-se da sensação de desproteção e de debilidade diante de ameaças e perigos desconhecidos, que nos leva a duvidar da força do Direito."[18]

Já a "criminalidade organizada" seria "menos visível que a criminalidade de massas". Atribui a sua categoria apenas os grupos com capacidade para *tolher* ou *paralisar* a ação repressiva dos poderes estatais. Em outras palavras, "quando Legislativo, Executivo ou Judiciário se tornem extorquíveis ou venais."[19]

3.1.2 Invisibilidade e intangibilidade: atuação sigilosa e dificuldade probatória

As características próprias das organizações criminosas dificultam a identificação e produção de provas sobre a sua estrutura, a interligação das suas ações, a responsabilidade de seus autores intelectuais e principais beneficiários financeiros.

O penalista alemão Winfried Hassemer bem sintetizou que as dificuldades de compreensão do fenômeno social da criminalidade organizada derivam das suas próprias características,[20] entre elas: a) ser um fenômeno cambiante, mutável; b) compreender infrações penais sem vítimas imediatas ou difusas; c) intimação das vítimas individualizáveis, quando existentes; d) possui tradicionais solos férteis em bases nacionais e, em outras latitudes, não viceja ou produz resultados diverso; e) dispõe de múltiplos meios de disfarce e simulação.

---

18. HASSEMER, 1993, p. 64-65.
19. "Este potencial eu vejo no assalto, usurpação ou infiltração de instâncias centrais da ordem estatal, procedido por organizações criminosas. Somente quando seja possível influenciar criminosamente a definição, a elucidação ou o julgamento de violações penais é que a estrutura criminosa ter-se-á estabilizado. Neste momento confundem-se os limites entre criminalidade e combate à criminalidade que constituem um Estado de Direito. Tenho a impressão de que é precisamente esta corrupção da persecução penal estatal por meios criminosos, a exemplo de práticas mafiosas, que de uma forma inédita nos sobressaltam profundamente." HASSEMER, 1993, p. 66-67. Os desfechos históricos das operações *Mani Pulite* italiana e *Lava Jato* brasileira, a reboco de dezenas de outras investigações, denotam a dificuldade em se fazer prevalecer o Estado de Direito frente a grandes organizações criminosas. Bem elucida o professor Manuel Monteiro Guedes Valente que "Se tivermos consciência, esta criminalidade organizada destrói o Estado de direito, e muito mais, o Estado constitucional democrático material e social. Face a esta criminalidade, todo o sistema de justiça criminal é inoperante e incapaz de penetrar na mesma, pois ela domina-o de forma direta ou indireta. Podemos dizer que é o fim do Estado, a substituição do Estado enquanto ordem jurídica consistente sistemática por uma nova ordem não jurídica, vazia de valores e de princípios". Criminalidade organizada: tópico juscriminológico supranacional, p. 149.
20. HASSEMER, 1993, p. 64-65.

Emblemático o registro histórico da máfia italiana – em especial a *Costa Nostra* siciliana – sobre a *Omertá*.[21]

O processualista português Manuel Guedes Monteiro Valente encampa a posição de Hassemer e aponta "quatro grandes traços identificativos da criminalidade organizada que paralisam as estruturas políticas, executivas e judiciárias dos Estados".[22]

O primeiro, a "*intangibilidade* e *impenetrabilidade* dos operadores judiciários no seio da organização criminosa";[23] o segundo, "a *invisibilidade dos agentes principais* – cérebros e administradores da organização – e *visibilidade* de *alguns atores materiais*";[24] o terceiro, a "*indeterminabilidade das vítimas* dos crimes base da organização, em especial não violenta – a difusidade do objeto criminógeno gera uma difusidade das vítimas";[25] o quarto e último, "a *elevada lesividade* societária a médio e a longo prazo com efeito negativo prorrogado no tempo e, quase sempre, no espaço".[26]

Essas características oriundas do fenômeno da criminalidade organizada se potencializaram frente aos efeitos da modernidade *reflexiva*.

3.2 Incremento do risco e eficiência propiciados pelas novas tecnologias

3.2.1 Espaços de ação cosmopolizados

Em pleno Século XXI, como resultado de uma verdadeira *Virada copernicana 2.0*, nomeada por Beck, a "nação", a "perspectiva nacional", não representa mais o eixo, "a estrela fixa em torno da qual o mundo gira". A *digitalização*, como "efeito colateral da modernização bem-sucedida", reconfigurou a visão de mundo nacional. Em um mundo digital, em que "em que fronteiras se tornaram líqui-

---

21. "Omertà – Lei do silêncio: nas áreas em que o crime organizado é muito difuso é uma atitude comum entre cumplices, que não falam sobre seus crimes nem comprometem seus comparsas, recusando-se a colaborar com a justiça, dificultando as investigações e preservando os próprios interesses do grupo (N. do T.)." In: PADOVANI, Marcelle. *Coisas da Cosa Nostra*, 2012, p. 34.
22. Criminalidade organizada: tópico juscriminológico supranacional, 2017, p. 148.
23. E prossegue: "A forma como se organiza, se integra na sociedade e se entrelaça nas estruturas legais dos Estados – confundindo-se com as estruturas legais – dificulta ou impossibilita a tangibilidade e a penetrabilidade dos operadores judiciários do Estado". 2017, p. 148.
24. "A organização criminosa é composta por autores morais e autores materiais. Aqueles são invisíveis, os materiais são visíveis quando em ação concreta da operação típica, ilícita e culpável". 2017, p. 148.
25. Segundo ainda o autor, quando "todos são titulares do bem jurídico ofendido e, quando todos são titulares, ninguém é titular do bem ofendido". Excepciona ainda o conceito com as vítimas *diretas* da criminalidade violenta "como é o caso do tráfico de seres humanos e de órgãos humanos." 2017, p. 148.
26. "A ofensividade ou lesividade dos bens jurídicos é elevada, mas a percepção concreta desse efeito negativo só é sentido na sociedade muito tempo após as várias ações humanas negativas concretas. Temos uma criminalidade com efeito deferido no tempo". 2017, p. 149.

das e flexíveis" as nações giram "em torno das novas estrelas fixas de "mundo" e "humanidade".[27]

"Os espaços de ação são cosmopolizados,[28] o que significa que o enquadramento da ação não é mais apenas nacional e integrado, mas global e desintegrado, contendo as diferenças entre regulações nacionais no direito, na política, na cidadania, nos serviços etc."[29]

Esses espaços transfronteiriços da ação humana colocaram o fenômeno das organizações criminosas sob uma nova perspectiva.

Enquanto os "espaços de ação cosmopolizados" passaram a ser exercidos e suas vantagens absorvidas pela criminalidade organizada, com perspectivas de arregimento, ações, conexões e escoamentos de recursos a nível global e transfronteiriço, a ação estatal se manteve regida pelas balizas do Estado-nação, a soberania e a territorialidade.

Na constatação de Ulrich Beck, "aqueles que tomam o imperativo nacional como imperativo para sua ação – isto é, que se detêm em fronteiras nacionais – são os perdedores no mundo cosmopolizado".[30] Bem contextualiza que "Estados que reagem ao "criminoso cosmopolita" apenas do ponto de vista nacional deixam escapar fundamentalmente a cosmopolização da criminalidade. Só é possível reagir adequadamente à (e lidar com a) situação se observarmos e compreendermos os espaços de ação cosmopolizados de criminosos e corporações que agem "translegalmente"."[31]

3.2.2 Sociedade em rede

As organizações criminosas se valem da "nova morfologia social de nossas sociedades",[32] as *redes*.

Em sua obra sociedade em rede, o sociólogo espanhol Manuel Castells emprega a definição de *rede* como o papel central da caracterização da sociedade na era da informação.

---

27. BECK, 2018, p. 19 e 20.
28. Esses espaços[...] existem mesmo que não sejam percebidos e usados por atores. [...] devem ser compreendidos como não institucionalizados num enquadramento nacional. Eles são *não* integrados, *não* limitados e *não* exclusivos. Incluem recursos transnacionais, transfronteiriços, para a ação, como as diferenças entre regimes jurídicos nacionais, desigualdades radicais e diferenças culturais. Já a ação [...] combina reflexão, status e percepção exercidos por atores [...]. Por fim, [...] "cosmopolizados" vem da teoria da "cosmopolização" e não deve ser confundido com "cosmopolita", que se refere ao "cosmopolitismo" como uma norma. BECK, 2018, p. 26.
29. BECK, 2018, p. 23.
30. BECK, 2018, p. 23.
31. BECK, 2018, p. 23-24.
32. CASTELLS, Manuel. *Sociedade em rede*: a era da informação: economia, sociedade e cultura. 2020, p. 553.

"Rede é um conjunto de nós interconectados. Nó é o ponto no qual uma curva se entrecorta". Concretamente, "o que um nó é depende do tipo de redes concretas de que falamos". Exemplifica o sociólogo que, no tráfico de drogas, os *nós* podem se estabelecer entre "[...] campos de coca e de papoula, laboratórios clandestinos, pistas de aterrissagem secretas, gangues de rua e instituições financeiras para lavagem de dinheiro na rede de tráfico de drogas que invada as economias, sociedades e Estados no mundo inteiro".[33]

A "morfologia da rede" também é uma "fonte de drástica reorganização de poder." As "conexões que ligam as redes (por exemplo, os fluxos financeiros assumindo o controle de impérios da mídia que influenciam os processos políticos) representam os instrumentos privilegiados do poder". Assim, "os conectores são os detentores do poder".[34]

A sociedade em rede é ainda "caracterizada pela primazia da morfologia social sobre a ação social". Na visão do sociólogo, a "lógica das redes gera uma determinação social em nível mais alto que a dos interesses sociais específicos expressos por meio dessas redes: o poder dos fluxos é mais importante que os fluxos do poder. A presença na rede ou a ausência dela e a dinâmica de cada rede em relação às outras são fontes cruciais de dominação e transformação de nossa sociedade".[35]

As características das organizações criminosas informadas por Hassemer e Manuel Valente e os seus espaços de ação e resultados se potencializam frente a arquitetura em *rede* e o poder dos seus fluxos financeiros.

As organizações criminosas exercem o seu domínio sobre a arquitetura organizacional estabelecida em *rede*. A estrutura criminosa atua sob o sistema financeiro global com a *sobreposição* aos mecanismos de prevenção. Os detentores do poder criminoso ostentam domínio sobre a constituição do desenho/*layout* estabelecido entre os *nós* da rede. Eles conectam os atores envolvidos na rede criminosa, direcionados para a consecução do resultado almejado em seu benefício, com capacidade de mudança de rotas e substituição de vínculos interpessoais frente as novas exigências da dinâmica social para o alcance do resultado.

Castells aponta que "a topologia definida por redes determina que a distância (ou intensidade e frequência da interação) entre dois pontos (ou posições sociais) é menor (ou mais frequente, ou mais intensa), se ambos os pontos forem nós de uma rede do que se não pertencerem à mesma rede".[36] *Mutatis mutandis*, os *nós* instituídos pela organização criminosa promovem a *hiper aceleração* entre eles.

---

33. CASTELLS, 2020, p. 553.
34. CASTELLS, 2020, p. 554.
35. CASTELLS, 2020, p. 553.
36. CASTELLS, 2020, p. 553.

Os detentores do poder se tornam invisíveis perante o sistema financeiro pois diluem a sua ação criminosa sobre toda a *rede*. A visão geral, acessível apenas ao núcleo criminoso com poder decisório, dificulta a colaboração dos parceiros criminosos com as agências de investigação, assim como o seu mapeamento, pois são *flexíveis* e *líquidas*, facilmente ajustáveis frente a movimentação estatal.

3.2.3 Shell companies como redes criminosas

As organizações criminosas são as beneficiárias ocultas do patrimônio circulante entre *redes* de "empresas de fachada",[37] em especial, sob a forma de *shell companies*.[38]

As *shell companies* apresentam características específicas.[39] Sob a sua titularidade formal e com o objetivo em ocultar os reais beneficiários, ostentam sócios "laranjas", com histórico de capacidade econômica reduzida ou registrados com "documentos falsos". As sedes se situam em endereços residenciais, incompatíveis com a atividade econômica ou estão aglomeradas com outras empresas. Os objetos sociais são múltiplos e frequentemente distintos entre si. As empresas também não possuem empregados registrados. O capital social possui reduzido valor e tampouco é integralizado.

As organizações criminosas estabelecem *redes* de *shell companies* com sedes registradas em diversas regiões em um mesmo país e, inclusive, nações distintas, mormente em *paraísos fiscais*. Quando não, se valem de estruturas organizadas por lavadores de dinheiro profissionais. Essas "empresas fantasmas" utilizam o sistema financeiro para movimentar os recursos ilícitos da organização, ocultar e blindar patrimônios e anular a ação preventiva e repressiva estatal.

As *shell companies*, entre outras atividades, atuam como empresas "noteiras". Emitem notas fiscais de compra e venda de bens e prestação de serviços fictícios, como dissimulação de atos negociais para conferir lastro a circulação do capital

---

37. A expressão "empresas de fachada" foi empregada com o seu significado usual e genérico brasileiro, com abrangência sobre todas essas espécies de empresas (fantasma, fachada e fictícia etc.).
38. O recorte temático abordará a subespécie "shell company" ou "empresas fantasmas", na tradução portuguesa, conforme definições extraídas do *Financial Action Task Force* (FATF) e o *Egmont Group of Financial Intelligence Units* que possuem tipologias específicas sobre as diversas formas características assumidas por esses tipos de empresas, *in verbis*: "Shell company – incorporated company with no independent operations, significant assets, ongoing business activities, or employees. Front company – fully functioning company with the characteristics of a legitimate business, serving to disguise and obscure illicit financial activity. Shelf company – incorporated company with inactive shareholders, directors, and secretary and is left dormant for a longer period even if a customer relationship has already been established". Fonte: FATF – Egmont Group (2018), Concealment of Beneficial Ownership, FATF, Paris, France, p. 5.
39. As características citadas não exaurem o rol de circunstâncias indicativas da existência das empresas de fachada, mormente, por ser fenômeno intercambiável.

de origem ilícita ou realizar a "blindagem patrimonial". Não raras vezes geram créditos tributários fictícios para as empresas principais da organização criminosa. Como empresa "noteira", não recolhe tributos. E com frequência é "descartada" e "substituída" na rede criminosa. A administração fazendária não consegue executar com eficiência essas dívidas, uma vez que a empresa e os seus sócios não possuem patrimônio e a complexidade da rede e a constante mudança de sua configuração dificulta a identificação do real beneficiário.

As redes de conexões financeiras estabelecidas pelas *shell companies* se valem do *sigilo* estabelecido para o sistema bancário para movimentar valores milionários oriundos da ação criminosa e seu financiamento. As transações bancárias por vezes são fragmentadas, técnica conhecida como *smurfing*, com o intuito em desviar a incidência dos parâmetros estabelecidos pelas unidades de inteligência financeira.

A multiplicidade de movimentações pela *rede*, com valores vultosos, remetentes e destinatários diversos e estabelecidos em regiões e países distintos, sob a insígnia de empresas registradas sob as mais diferentes atividades empresariais, tornam a visão estatal opaca e de difícil compreensão integral. As contas bancárias são apenas instrumentos de "passagens" dos recursos que, virtualizados, se movimentam com celeridade singular.

A organização criminosa detentora do *poder dos fluxos* remodela a *morfologia* da *rede* criminosa conforme as *shell companies* são identificadas pela fiscalização estatal. A atuação estatal "atomizada" impede a visualização sobre o quadro integral.

4. TRATAMENTO DE DADOS PESSOAIS COMO TÉCNICA DE INVESTIGAÇÃO DAS ORGANIZAÇÕES CRIMINOSAS

4.1 A estratégia internacional de confisco do *capital* das organizações criminosas e a não oposição de sigilo de dados da rede financeira: a ocupação estatal dos "espaços de ação cosmopolizados"

É cediço que o *capital* movimenta o mundo. Governos capitalistas e comunistas, organizações de pacificação social e grupos terroristas, Estados democráticos e ditatoriais, todos sobrevivem e se desenvolvem às custas do *capital*. O uso indevido de recursos financeiros destrói democracias, corrompe os sistemas eleitorais e políticos, afasta os Estados nacionais da busca da concretização do projeto constitucional, financia organizações criminosas e terroristas causadores de inúmeras mazelas sociais e responsáveis pelo subdesenvolvimento humanos de inúmeras sociedades.[40]

---

40. GABRIEL DE SOUZA, 2020, p. 34-35.

A "rede de fluxos financeiros" se constituiu em "redes de interações eletrônicas", o que tornou o "capital global" que age em seu "hiperespaço de pura circulação". "O capital funciona globalmente como uma unidade em tempo real; e é percebido, investido e acumulado principalmente na esfera de circulação, isto é, como capital financeiro".[41] "Qualquer lucro (de produtores, consumidores, tecnologia, natureza e instituições) é revertido para a metarrede de fluxos financeiros, no qual todo o capital é equalizado na democracia da geração de lucros transformada em *commodities*." Para Manuel Castells, "em todo o mundo, a lavagem de dinheiro de negócios criminosos diversos flui para esta mãe de toda a acumulação que é a rede financeira global".[42]

A necessidade estatal em preencher os "espaços de ação cosmopolizados" remodelaram o enfrentamento da criminalidade organizada.

As Nações Unidas editaram diversos tratados internacionais, com o fito em conferir a orientação de uniformidade de medidas e instrumentos de controle e prevenção. As Convenções das Nações Unidas contra o Crime Organizado Transnacional[43] (Convenção de Palermo, art. 12.6), Tráfico Ilícito de Entorpecentes e Substâncias Psicotrópicas[44] (Convenção de Viena, art. 5, 5.3), contra a Corrupção[45] (Convenção de Mérida, art. 40) e para a para Supressão do Financiamento do Terrorismo[46] aderiram essencialmente ao *confisco* como estratégia para suprimir a ação de organizações criminosas e terroristas e a não oposição do *sigilo* sobre documentos bancários, financeiros e comerciais para o cumprimento de duas disposições.

A não oposição do *sigilo* deve ser compreendida como a sua configuração como direito não absoluto, sem prevalência *a priori* e irrestrita, com a possibilidade de restrição legal e proporcional pelo Estado para finalidades legítimas.

Outra estratégia internacional foi a criação, em 1989, do Grupo de Ação Financeira Internacional – GAFI (*Financial Action Task Force* – FATF[47]) e Grupo de Egmont de Unidades de Inteligência Financeira entre os países pertencentes a Organização para a Cooperação e Desenvolvimento Econômico (OCDE) e outros

---

41. CASTELLS, 2020, p. 555.
42. CASTELLS, 2020, p. 557.
43. Assinada pelo Brasil em 29 de janeiro de 2004 e promulgada pelo Decreto 5.015, de 12 de março de 2004.
44. Promulgada pelo Estado brasileiro por intermédio do Decreto 154, de 26 de janeiro de 1991
45. Foi assinada pelo Brasil em 9 de dezembro de 2003, promulgada pelo Decreto 5.687, de 31 de janeiro de 2006.
46. Assinada pelo Brasil em 10 de novembro de 2001, promulgada pelo Decreto 5.640, de 26 de dezembro de 2005. Ainda dispôs que as "instituições financeiras a obrigação de informar prontamente às autoridades competentes quaisquer transações de grande porte complexas e incomuns, bem como padrões incomuns de transação, sem propósito econômico aparente ou propósito legal óbvio" (artigo 18, 1, b, iii).
47. http://www.fatf-gafi.org/about.

associados. O Brasil passou a integrar o GAFI em 1999,[48] responsável por estabelecer padrões internacionais de prevenção sobre a lavagem de dinheiro e financiamento de terrorismo, em especial, incentivar os Estados a promover reformas legislativas para atuar com eficiência sobre a identificação e perseguição de "fundos ilícitos".

O GAFI/FATF demonstra atual preocupação pela expansão uso das *shell companies* pelas organizações criminosas e terroristas para ocultar e dissimular os seus lucros ilícitos. Em março de 2022, o GAFI reeditou a 24ª recomendação[49] atinente a *transparency and beneficial ownership of legal persons*, com o fito em conferir maior eficiência sobre a identificação dos reais beneficiários.[50] Duas questões se destacam nesta Recomendação: a primeira, "assegurar que haja informações adequadas, precisas e atualizadas a respeito da propriedade e do controle de pessoas jurídicas"; a segunda, "possam ser obtidas ou acessadas de maneira tempestiva pelas autoridades competentes".

A *Avaliação Nacional de Riscos* – ANR brasileira, em relatório apresentado em 2021, apontou a dificuldade na identificação do beneficiário final em operações complexas, em particular a utilização de empresas de fachada e o uso de laranjas, como um dos principais fatores transversais de vulnerabilidade para facilitar ou viabilizar a lavagem de dinheiro.[51]

4.2 Tratamento preditivo de dados pessoais pela unidade de inteligência financeira: a fiscalização sobre as "redes" financeiras

O Brasil aderiu a estratégia internacional. O sistema de controle se concretiza pela unidade de inteligência financeira brasileira, o COAF. A Lei 9.613, de 03 de

---

48. Desde 2000, também faz parte do Grupo de Ação Financeira da América do Sul contra a Lavagem de Dinheiro e o Financiamento do Terrorismo (GAFISUD), agora denominado Grupo de Ação Financeira da América Latina (GAFILAT).
49. Texto antes da modificação, traduzido para o português, *in verbis*: 24. Transparência e propriedade de pessoas jurídicas* Os países deveriam adotar medidas para prevenir o uso indevido de pessoas jurídicas para a prática de lavagem de dinheiro e de financiamento de terrorismo. Deveriam também assegurar que haja informações adequadas, precisas e atualizadas a respeito da propriedade e do controle de pessoas jurídicas e que possam ser obtidas ou acessadas de maneira tempestiva pelas autoridades competentes. Em particular, os países onde haja pessoas jurídicas que possam emitir ações ao portador ou certificados de ações ao portador, ou que permitam acionistas ou diretores indicados, deveriam adotar medidas efetivas para garantir que não sejam usadas indevidamente para lavagem de dinheiro ou financiamento do terrorismo. Os países deveriam considerar medidas para facilitar o acesso a informações de propriedade e controle por instituições financeiras e APNFDs que sigam as obrigações definidas nas Recomendações 10 e 22. Consulte o texto após a sua modificação, apenas em inglês, disponível em: https://www.fatf-gafi.org/en/publications/Fatfrecommendations/Fatf-recommendations.html.
50. Sobre as alterações citadas, recomenda-se a seguinte leitura: ARAS, Vladimir. Lavagem de dinheiro: alterada recomendação 24 do GAFI sobre a identificação de benefícios finais. Disponível em: https://vladimiraras.blog/2022/03/12/lavagem-de-dinheiro-alterada-a-recomendacao-24-do-gafi-sobre-a--identificacao-de-beneficiarios-finais. Acesso em: 27 jan. 2023.
51. https://www.gov.br/coaf/pt-br/centrais-de-conteudo/publicacoes/avaliacao-nacional-de-riscos.

março de 1998 autorizou a intervenção proporcional na esfera da privacidade e relativizou o sigilo bancário e financeiro para a fiscalização mais eficiente sobre setores vulneráveis para a prática de lavagem de capitais.

O sistema foi edificado com *filtros* para a constituição dos *bancos de dados* e *pertinência* temática das informações compartilhadas. *Setores sensíveis* (art. 9º) estão obrigados a colaborar com o poder público para a prevenção da lavagem de capitais, mormente pessoas físicas e jurídicas que desempenham atividades consideradas de risco.

As obrigações basicamente são divididas em dois grupos e seguem as *tipologias de risco* recomendadas pelo GAFI/FATF.

O primeiro se refere a formalização da atividade e seus negócios jurídicos, com a obrigatoriedade em manter registros internos com cadastros de *identificação de clientes*, bem como a *manutenção de registros de transações* efetuadas como núcleo da atividade (artigo 10º). O segundo, a necessidade de comunicação ao COAF ou ao órgão regulador da respectiva atividade sobre operações com "sérios indícios dos crimes previstos nesta Lei, ou com eles relacionar-se" ou cujos valores ou referenciais ultrapassarem os limites estabelecidos em atos normativos (artigo 11).

Após superadas essas etapas e existindo indícios de atos ilícitos, as informações são compartilhadas com os órgãos de persecução penal por via *espontânea* com a emissão do Relatório de Inteligência Financeira, em cumprimento ao disposto no artigo 15, da referida Lei. Os órgãos de persecução penal também podem *provocar* a iniciativa da unidade de inteligência financeira, como diligência formalizada em procedimento investigatório.[52]

4.3 Os parâmetros jurisprudenciais do Supremo Tribunal Federal para o compartilhamento intraestatal de dados pessoais

O Supremo Tribunal Federal,[53] alinhado com o desenvolvimento da temática na Europa, em especial embasado no célebre julgamento pelo *Tribunal Constitucio-*

---

52. A Corregedoria Nacional do Ministério Público, por intermédio da Recomendação de Caráter Geral CN-CNMP 04, de 07 de agosto de 2017, reconheceu que os Relatórios de Inteligência Financeira espontâneos – ou seja, aqueles emitidos pelo COAF *ex officio* – possuem natureza de notícia de fato e, por sua vez, "devem ser imediatamente registrados como Notícias de Fato e distribuídos ao órgão de execução com atribuições para a instauração do procedimento apuratório cabível, observadas as regras de distribuição aplicáveis" (artigo 1º). Já os Relatórios de Inteligência Financeira emitidos por *provocação* do Ministério Público, "devem ser formalizados como diligência investigatória, com juntada no caderno procedimental correspondente" (artigo 5º).
53. Conforme julgamento conjunto da Medida Cautelar nas Ações Diretas de Constitucionalidade 6387, 6388, 6389, 6390 e 6393 (IBGE), proferida pela Ministra Rosa Weber (data do julgamento 24.04.2020), posteriormente referendada pelo Pleno, e no julgamento da Medida Cautelar da Arguição de Descumprimento de Preceito Fundamental 695 (SERPRO e ABIN) pelo Ministro Gilmar Mendes (data do julgamento 24.06.2020).

nal alemão em 1983[54] (BVerfGE 65, 1), reconheceu - antes mesmo da formalização pelo Congresso Nacional (artigo 5º, LXXIX, EC 115/2022[55]) –, o *direito geral de personalidade* extraído da interpretação conjunta dos incisos X e XII da Constituição brasileira que, além da proteção à esfera privada, concebem o "poder de decisão do indivíduo" sobre o tratamento ou não dos seus dados pessoais, ou seja, a sua *autodeterminação informacional*, alçada à categoria de *fundamento* da Lei 13.709, de 14 de agosto de 2018 – Lei Geral de Proteção de Dados (art. 2º, I e II).

A Corte Suprema tem estabelecido parâmetros gerais para o compartilhamento intraestatal de dados pessoais, pois, como direito fundamental, o tratamento redunda em restrição sob o seu âmbito de proteção. Citam-se a necessidade de *justificativa constitucional*, a *excepcionalidade da restrição*, as máximas parciais da *proporcionalidade*, em especial a *adequação* e *necessidade* (pertinentes e necessários ao mínimo necessário à finalidade) que também se enquadram entre os princípios específicos da proteção de dados pessoais,[56] bem como os relevantes princípio da *finalidade* (propósitos legítimos, específicos, explícitos e tratamento posterior compatível com essas finalidades), *segurança* (contra o acesso não autorizado e o registro de acesso), a *prevenção*, entre outros.

Em especial sobre o compartilhamento de dados sigilosos, como os bancários, fiscais e financeiros, a Corte Suprema reconheceu inexistir cláusula de reserva jurisdicional imposta pela Constituição e declarou a constitucionalidade do compartilhamento de dados sigilosos sem autorização judicial prévia entre as "instituições financeiras com a Administração tributária e sua Procuradoria",[57] bem como entre a administração tributária e unidades de inteligência financeira com os órgãos de persecução penal.[58] A posição do Supremo Tribunal Federal, inclusive, originou a Tese de Repercussão Geral 990.[59]

---

54. Medida Cautelar na ADPF 695, Ministro Gilmar Mendes: "O Tribunal Constitucional reconheceu a existência de um direito constitucional de personalidade que teria como objeto de proteção o poder do indivíduo de "decidir sobre a divulgação e o uso dos seus dados pessoais" (*„selbst über die Preisgabe und Verwendung seiner persönlichen Daten zu bestimmen"*), de "decidir sobre quando e dentro de quais limites os fatos da sua vida pessoal podem ser revelados" (*„zuentscheiden, wann und innerhalb welcher Grenzen persönliche Lebenssachverhalte offenbart werden"*) e ainda "de ter conhecimento sobre quem sabe e o que sabe sobre si, quando e em que ocasião" (*„wissenkönnen, wer was wann und bei welcher Gelegenheit über sie weiß"*). (FRANZIUS, op. cit., p. 259)".
55. LXXIX - é assegurado, nos termos da lei, o direito à proteção dos dados pessoais, inclusive nos meios digitais. (Incluído pela Emenda Constitucional 115, de 2022).
56. Para uma visão completa dos princípios, consulte Artigo 6º, Lei 13.709, de 14 de agosto de 2018 – Lei Geral de Proteção de Dados brasileira, Artigo 4º, da Diretiva (UE) 2016/680, da União Europeia.
57. No julgamento conjunto das Ações Diretas de Constitucionalidade 2.390, 2.386, 2.397 e 2.859.
58. No julgamento da Repercussão geral de questão constitucional no Recurso Extraordinário 1.055.941.
59. Tese de Repercussão Geral 990: 1. É constitucional o compartilhamento dos relatórios de inteligência financeira da UIF e da íntegra do procedimento fiscalizatório da Receita Federal do Brasil, que define o lançamento do tributo, com os órgãos de persecução penal para fins criminais, sem a obrigatoriedade de prévia autorização judicial, devendo ser resguardado o sigilo das informações em procedimentos

A Corte constitucional reconheceu que não haveria propriamente a quebra de sigilo, mas "uma transferência de dados sigilosos de um determinado portador, que tem o dever de sigilo, para outro, que mantém a obrigação de sigilo, permanecendo resguardadas a intimidade e a vida privada". Isso porque, o dever de sigilo é transmitido em conjunto com as informações sigilosas.

Observa-se que o compartilhamento de informações sigilosas entre a administração tributária, a unidade de inteligência financeira e os órgãos de persecução penal ocorre em razão de prévia autorização legal e após filtros proporcionais e preditivos sobre os dados pessoais coletados. Denota-se *pertinência temática* entre os dados sigilosos compartilhados pela administração com as investigações desenvolvidas pelos órgãos de persecução penal.[60]

4.4 O processamento automatizado de dados pessoais como técnica investigativa para a identificação das *shell companies* e das organizações criminosas como seus beneficiários finais

O tratamento automatizado de dados pessoais das pessoas físicas e jurídicas pode ser capaz em conferir maior eficiência sobre o controle preventivo e repressivo das *shell companies* e identificar os seus reais beneficiários.

Dado pessoal é "a informação relacionada a pessoa natural identificada ou identificável".[61] Os dados pessoais são concretizados por seus múltiplos "identificadores", não apenas aqueles oriundos dos dados qualificativos integrantes de um *cadastro pessoal*, mas também todos os registros e referências que possam *construir* um *perfil*, uma *identidade digital* sobre preferências e relações interpessoais e *reconstruir comportamentos*.[62]

---

formalmente instaurados e sujeitos a posterior controle jurisdicional. 2. O compartilhamento pela UIF e pela RFB, referente ao item anterior, deve ser feito unicamente por meio de comunicações formais, com garantia de sigilo, certificação do destinatário e estabelecimento de instrumentos efetivos de apuração e correção de eventuais desvios., vencido o Ministro Marco Aurélio, que não referendava a tese. Presidência do Ministro Dias Toffoli. Plenário, 04.12.2019.

60. É certo que as legislações julgadas pelo STF são anteriores a consciência sobre a proteção de dados pessoais como direito fundamental e a necessidade em garantir a concretização de seus princípios. Aguarde-se, com isso, a especificação legal para adequar o sistema de compartilhamento intraestatal de dados pessoais as exigências da LGPD e dos parâmetros internacionais sobre a matéria, com a finalidade em trazer maior transparência e proteção sobre o tratamento desses dados e segurança jurídica ao Estado e cidadãos.
61. Artigo 5º, I, LGPD; Artigo 3º, 1, Diretiva (UE) 2016/680.
62. Os dados pessoais ainda podem ser classificados por sua *natureza* como "sensíveis". Cita-se a informação sobre "origem racial ou étnica, convicção religiosa, opinião política, filiação a sindicato ou a organização de caráter religioso, filosófico ou político, dado referente à saúde ou à vida sexual, dado genético ou biométrico, quando vinculado a uma pessoa natural" (Artigo 5º, II, LGPD). Cedo se observa que a proteção sobre os dados pessoais se posiciona como *garantia* para uma pluralidade de outros direitos e garantias fundamentais, como igualdade e a não discriminação, a liberdade, a participação democrática, a privacidade, entre outros.

Três elementos são necessários para a compreensão sobre as potencialidades e vulnerabilidades do tratamento dessas informações oriundas do seu processo de *digitalização* para a identificação das redes estabelecidas pelas organizações criminosas: i) a conversão de todos os aspectos da vida cotidiana e da personalidade em dados digitais; ii) a exposição desses dados em plataformas abertas ou em espaços restritos, porém, custodiados e tratados por terceiros, entes estatais ou privados; iii) mecanismos tecnológicos que possibilitam o tratamento automatizado de dados, capazes de reconstruir fatos e construir perfis, com grande capacidade e velocidade de armazenamento e análise, transmissão e resgate de informações.[63]

Com frequência os Relatórios de Inteligência Financeira – *espontâneas* ou por *provocação* – confeccionados pelo Coaf apresentam conexões financeiras entre dezenas e até centenas de pessoas físicas e jurídicas, delimitadas em torno do objeto investigativo. O compartilhamento demanda outra etapa de tratamento das informações: a identificação das *redes*, os vínculos entre as *shell companies* e a identificação dos beneficiários finais das operações suspeitas.

Como se observou, as *shell companies* e demais pessoas jurídicas utilizadas pelas organizações criminosas para ocultar o patrimônio ilícito ostentam inúmeras características típicas que podem ser estruturadas como *tipologias de risco* para direcionar a extração de informações em bancos de dados.

A definição de *perfis* sobre as *shell companies* com a estruturação de dados cadastrais, bancários e financeiros auxiliam na identificação da *rede* e os seus beneficiários finais.

A definição de *perfis* se refere a "qualquer forma de tratamento automatizado de dados pessoais que consista em utilizar esses dados pessoais para avaliar certos aspectos pessoais de uma pessoa singular, nomeadamente para analisar ou prever aspectos relacionados com o seu desempenho profissional, a sua situação económica, saúde, preferências pessoais, interesses, fiabilidade, comportamento, localização ou deslocações" (Artigo 3º, 4, Diretiva (UE) 2016/680).

A construção adequada de *perfis* demanda que os bancos de dados – conjunto estruturado de dados pessoais[64] – se constituam com informações *adequadas, precisas* e *atualizadas*.[65] Em outras palavras, o atendimento ao princípio da "qua-

---

63. Citam-se como exemplos emblemáticos e extremos os escândalos da *Cambridge Analytica* e do programa *Prism*, sistema de vigilância global da National Security Agency (NSA).
64. Artigo 5º, IV, LGPD. Artigo 3º, 6, Diretiva (UE) 2016/680.
65. Segundo o GAFI, sobre a identificação dos beneficiários efetivos, em tradução livre, a "Informação *adequada* é aquela que é suficiente para identificar a(s) pessoa(s) física(s) que é(são) o(s) beneficiário(s) efetivo(s) e os meios e mecanismos através dos quais eles exercem a propriedade efetiva ou o controle. Informações *precisas* são informações que foram verificadas para confirmar sua precisão, verificando a identidade e o status do beneficiário efetivo usando documentos, dados ou informações confiáveis e obtidos de forma independente. A extensão das medidas de verificação pode variar de acordo com

lidade" (artigo 6º, V, LGPD⁶⁶) ou "exatidão dos dados" (artigo 4º, 1., *d*, Diretiva (UE) 2016/680⁶⁷).

A *estruturação* ainda deve permitir a *interconexão* entre bancos de dados distintos, pois a análise *isolada* demonstra apenas uma imagem *parcial* do perfil. Cita-se a complementação as informações fornecidas via Relatório de Inteligência Financeira com os bancos de dados cadastrais fornecidos pelos órgãos registradores e controladores, por exemplo.

Trata-se do sistema *interoperável*.

A necessidade da atuação *integrada* em ambiente público por sistema *interoperável* já é uma realidade identificada pela própria Lei 13.709, de 14 de agosto de 2018 – Lei Geral de Proteção de Dados brasileira ao estabelecer que "os dados deverão ser mantidos em formato interoperável e estruturado para o uso compartilhado".⁶⁸ Em sentido semelhante, no âmbito da segurança pública, a Lei 13.675, de 11 de junho de 2018, estabeleceu como diretriz do *Sistema Único de Segurança Pública* a "sistematização e compartilhamento das informações de segurança pública, prisionais e sobre drogas, em âmbito nacional"⁶⁹ entre os seus órgãos, inclusive com o "Sistema Brasileiro de Inteligência (Sisbin)",⁷⁰ com possibilidade de "acesso recíproco aos bancos de dados".⁷¹

É certo que esse compartilhamento deve respeito às regras da proteção de dados pessoais e aos contornos constitucionais definidos pelo Supremo Tribunal Federal. Em outras palavras, o acesso deve ser *justificado, restrito* e *proporcional*.

Com o potencial tecnológico, esses sistemas precisam ser desenvolvidos e adequados para que concretizem os parâmetros de proteção de dados pessoais como *default* em sua própria concepção – *privacy by design*,⁷² com restrição ao processamento de dados ao mínimo necessário, sem prejuízo da necessária eficiência da investigação criminal.

---

o nível específico de risco. Informações *atualizadas* são informações tão atuais e atualizadas quanto possível, e são atualizadas dentro de um período razoável (por exemplo, dentro de um mês) após qualquer alteração". Fonte: The Fatf Recommendations, 2022, p. 93.

66. Artigo 6º, V, LGPD, *in verbis*: "V – qualidade dos dados: garantia, aos titulares, de exatidão, clareza, relevância e atualização dos dados, de acordo com a necessidade e para o cumprimento da finalidade de seu tratamento".
67. Artigo 4º, 1, d, Diretiva (UE) 2016/680, *in verbis*: "d) Exatos e atualizados sempre que necessário; devem ser tomadas todas as medidas razoáveis para que os dados inexatos, tendo em conta as finalidades para as quais são tratados, sejam apagados ou retificados sem demora".
68. Artigo 25, LGPD.
69. Artigo 5º, inciso VIII.
70. Artigo 10, inciso IV.
71. Artigo 10, § 4º.
72. CAVOUKIAN, Ann. *Privacy by design*: the 7 foundation principles: implementation and mapping of fair information practices.

Esse sistema poderá contribuir para, a um só tempo, garantir a eficiência na gestão do dado, especialmente o sigiloso e o sensível, e proporcionar um alto nível de proteção, com o histórico de registros de acessos pessoais, controle sobre a finalidade e, inclusive, a possibilidade de controle *a posteriori*.

A proposta atenderia aos princípios da *finalidade*, *adequação*, *necessidade*, a *segurança*, a *prevenção* e a *responsabilização e prestação de contas*, imprescindíveis para o tratamento de dados pessoais, sem prescindir da necessária eficiência estatal na gestão do crime organizado, pois a construção dos *perfis* precisa ser célere e eficaz para acompanhar a dinâmica difusa e territorialmente distribuída da rede criminosa. A etapa final seria o processamento automatizado dessas informações e a construção de *perfis* de *risco* frente às pessoas jurídicas com características de *shell companies* identificadas nas redes financeiras apontadas pelo COAF.

5. CONCLUSÃO

A hesitação e timidez presente neste artigo revela a dificuldade do operador do Direito em compreender e compatibilizar a metamorfose social e os seus avanços tecnológicos com o arcabouço de preceitos democráticos edificados sob o manto do *due process of law*. A aproximação entre as ciências parece ser o passo inaugural para a busca de soluções que contemplem as necessidades dos procedimentos técnicos com a imprescindível tutela dos direitos fundamentais e as garantias processuais.

O Direito não poderá ser apenas *contemplativo* nesse processo e *limitado* aos mecanismos já desenvolvidos pelas soluções tecnológicas. Deve ser capaz de orientar o próprio desenvolvimento de mecanismos de análise de dados para que em um futuro próximo, os *softwares* possam aplicar a privacidade como *default* em sua própria concepção – *privacy by design*, com restrição ao processamento de dados ao mínimo necessário, sem prejuízo da necessária eficiência da investigação criminal.

Essa orientação se coaduna com a atuação garantista e eficiente que se espera de um Ministério Público *estratégico* e *resolutivo*, máxime, face ao enfrentamento dessa nova morfologia das organizações criminosas e os seus deletérios gravames sociais.

6. REFERÊNCIAS

ALEXY, Robert. Teoria dos direitos fundamentais. Trad. Virgílio Afonso da Silva. 2. ed. São Paulo: Malheiros Editores, 2011.

BECK, Ulrich. *A metamorfose do mundo: novos conceitos para uma nova realidade*. Trad. Maria Luiza X. de A. Borges, revisão técnica Maria Claudia Coelho. Rio de Janeiro: Zahar, 2018.

BECK, Ulrich. *Sociedade de risco*: rumo a uma outra modernidade. Trad. Sebastião Nascimento. 2. ed. São Paulo: Editora 34, 2011.

BECK, Ulrich. *Sociedade de risco mundial*: em busca da segurança perdida. Lisboa: Edições 70, 2015.

CASTELLS, Manuel. *A sociedade em rede*: a era da informação: economia, sociedade e cultura. Trad. Roneide Venancio Majer. 21. ed., rev. e ampl. São Paulo: Paz e Terra, 2020.

CAVOUKIAN, Ann. *Privacy by design*: the 7 foundation principles: implementation and mapping of fair information practices. Disponível em: https://iapp.org/resources/article/privacy-by-design-the-7-foundational-principles/.

FATF – Egmont Group (2018). Concealment of Beneficial Ownership. FATF, Paris, France. Disponível em: www.fatf-gafi.org/publications/methodandtrends/documents/concealment-beneficial-ownership.htm. Acesso em: 26 jan. 2022.

FATF (2012-2022). International Standards on Combating Money Laundering and the Financing of Terrorism & Proliferation. FATF, Paris, France. Disponível em: www.fatf-gafi.org/recommendations.html. Acesso em: 26 jan. 2022.

FERRAJOLI, Luigi. *Per um Pubblico Ministero come Istituzione di Garanzia*. CALABRICH, Bruno; FISCHER, Douglas; PELELLA, Eduardo. *Garantismo penal integral*: questões penais e processuais, criminalidade moderna e aplicação do modelo garantista no Brasil. 3. ed. São Paulo, Atlas, 2015.

GABRIEL DE SOUZA, João Paulo. *Os parâmetros entre a tutela da privacidade e o dever de comunicação de ilícitos aos órgãos de persecução penal*. Biblioteca da Escola Superior do Ministério Público do Estado de São Paulo, São Paulo, 2020.

HASSEMER, Winfried. *Segurança pública no Estado de Direito*. Trad. Carlos Eduardo Vasconcelos. Três temas de direito. Porto Alegre: Publicações Fundação Escola Superior do Ministério Público. 1993.

PADOVANI, Marcelle. *Coisas da Cosa Nostra*: a máfia vista por seu pior inimigo: Giovanni Falcone. Trad. Luís Paula. Rio de Janeiro: Rocco, 2012.

SIEBER, Ulrich. The paradigm shift in the global risk society: from criminal law to global security law – an analysis of the changing limits of crime control. *Journal of Eastern-European Criminal Law*, n. 1, 2016.

VALENTE, Manuel Monteiro Guedes. Criminalidade organizada: tópico juscriminológico supranacional. In: PEREIRA, Eliomar da Silva; WERNER, Guilherme Cunha; VALENTE, Manuel Monteiro Guedes (Coord.). *Criminalidade organizada*: investigação, direito e ciência. São Paulo: Almedina, 2017.

CADEIA DE CUSTÓDIA E A PROVA DIGITAL ENVOLVENDO ORGANIZAÇÕES CRIMINOSAS

Paulo Guilherme Carolis Lima

Promotor de Justiça do Ministério Público do Estado de São Paulo (MPSP). Integrante do Grupo de Atuação Especial de Combate ao Crime Organizado (GAECO). Promotor de Justiça Assessor do Centro de Apoio à Execução do Ministério Público do Estado de São Paulo (CAEX).

Sumário: 1. Introdução – 2. Provedores de acesso e de aplicações – *big data* passível de coleta e sua adequação/necessidade – 3. Marco civil da internet e lei de organizações criminosas – 4. Da cadeia de custódia, força probatória da evidência digital e seu ônus – 5. Conclusão – 6. Referências.

1. INTRODUÇÃO

Pensado para sua época, década de 40,[1] o Código de Processo Penal tratou no Capítulo XI da Busca e da Apreensão, elencando no art. 240 que será "... domiciliar ou pessoal".[2] O pressuposto da cautelar probatória, bem se vê, versa sobre ação física de vasculhar imóvel ou pessoal, localizar coisas,[3] identificá-lo e trazê-lo para os autos pela Autoridade responsável pela investigação.

Essa concepção adequa-se perfeitamente à definição clássica de vestígio, esculpida no art. 158, *caput*, do Código de Processo Penal, entendido como sinônimo do resultado deixado pela prática da infração penal, vinculado à materialidade delitiva, tendo como consequência a necessidade de realização de exame de corpo de delito diante de sua identificação.

O contexto factual era evidente: as relações interpessoais massivamente presenciais e meios de comunicação tradicionais, o que refletia na prática delitiva e seus ajustes, determinando um ritmo específico de atuação criminosa. A coleta de evidências respeitava a lógica da época, de forma que a apreensão física, "o vasculhar", era praticamente a única forma para angariar elementos probatórios sobre organizações ou associações criminosas[4] e suas diversas formações.[5]

---

1. Publicado em 13.10.1941.
2. Código de Processo Penal – Lei 3.689, de 3 de Outubro de 1941.
3. Descritas no art. 240, § 1º, alíneas *a* a *h*, e § 2º, ambos do Código de Processo Penal.
4. Pensadas, à época, simplesmente como quadrilhas.
5. Sobre as formas de organização criminosa, consultar MENDRONI, Marcelo B. *Crime organizado – Aspectos gerais e mecanismos legais*. 7. ed. Grupo GEN, 2020, p. 93.

Atualmente as interações sociais ocorrem por incontáveis instrumentos disponíveis na rede mundial de computadores; informações circulam em quantidade inimaginável décadas atrás e numa velocidade inviável de se contabilizar; fatos recentes se tornam passados num piscar de olhos.

O mundo atual se movimenta em *flashs*, valendo-se as organizações criminosas desses potentes instrumentos de comunicação e circulação de dados para se estruturar, moldar sua atividade criminosa e coordenar os executores das deliberações da estrutura diretiva do organismo criminoso.

Daí fácil concluir que um documento que contenha instruções para determinando seguimento da organização criminosa, como por exemplo uma indicação de conta para depósito de valores ou o modo de se dispersar o capital ilícito obtido, possa ser transmitido via aplicativos de comunicação[6] e, em questão de segundos, desaparecer, com a consequente destruição da imagem compartilhada e do documento físico elaborado (se é que ele existiu, já que editores de texto podem muito bem substituir o papel).

Neste contexto, a busca e apreensão do art. 240, focada no vestígio, na coisa, como resultado da infração penal, se revelaria medida ineficaz ou fragilizada. O vestígio despareceu e, ressalvada uma eventual e improvável prova testemunhal supletiva[7] (art. 167 do CPP), de nada adiantaria a atividade de vasculhar na busca de documentos, por exemplo.

A norma continua útil. Inviável imaginar-se que assim não seria, pois o mundo fenomênico não prescinde da matéria, do vestígio propriamente dito. Porém sua eficácia, na acepção de produzir efeitos na maioria das hipóteses delitivas, não é mais a mesma de outrora para determinadas infrações penais, em especial para as organizações criminosas.

A atualização legislativa[8] trouxe a definição de formas diversas de vestígios, visíveis ou latentes, sendo todo objeto, constatado ou recolhido, que tenha relação com a infração penal. Abarcou, portanto, dentro da acepção jurídica de vestígios instrumentos contemporâneos de comunicação e utilizados para a prática de infração penal, como *smartphones* (continente, responsável pelo armazenamento de inúmeras informações e documentos relacionados a infração penal), bem como a prova digital, aquela coletada mediante entrega de dados por provedores de aplicações (*Google, Microsoft, Apple* etc.).

---

6. *WhatsApp, Telegram*, dentre outros.
7. Ainda que numa concepção alargada para incluir eventual colaboração premiada, já que tecnicamente os colaboradores não são testemunhas.
8. Lei 13.964/19, publicada em 30 de abril de 2021.

Porém, a percepção é clara: a norma procedimental, aquela responsável por regular o trâmite do vestígio no momento de sua obtenção, foi confeccionada apenas para a apreensão física, o que é explícito nos art. 158-A e seguintes do CPP, quando se percebe a utilização de expressões como "local de crime", "isolar e preservar o ambiente", "posição na área de exames", por exemplo.

O diagnóstico da situação também ocorre quando se constata que as fases da cadeia de custódia, previstas no art. 158-B, incisos I a X, do CPP, pensadas como de costume na apreensão de coisas, não se adequa a coleta de vestígios digitais obtidos remotamente, os quais simplesmente são entregues à autoridade responsável pela investigação ou ao juízo, conforme será melhor explorado a frente.

Enfim, a legislação processual penal foi moldada para a busca e apreensão de objetos, o mencionado vasculhar, mas não para sua obtenção mediante a entrega de terceiro contratado pelo próprio investigado para ser aquele que custodia seus dados.

A própria Lei 12.965/14 (Marco Civil da Internet), embora regulamente a obtenção de registro de conexões e dados por autoridades com atribuição para tanto, não trata da questão.

Portanto, sem pretensões de esgotar a questão, tarefa esta inviável, buscar-se-á traçar elementos fácticos/jurídicos relacionados à prova digital, concentrada naquela obtida remotamente, na tentativa de propor soluções para o vácuo legal e sempre considerando a peculiaridade técnica do vestígio digital: a proposta deve ser compatível com a possibilidade técnica de obtenção do vestígio, sob pena de inviabilizar sua obtenção e utilização em investigações de organizações criminosas.

2. PROVEDORES DE ACESSO E DE APLICAÇÕES – *BIG DATA* PASSÍVEL DE COLETA E SUA ADEQUAÇÃO/NECESSIDADE

Estruturada como tradicionalmente a conhecemos, a internet conecta dispositivos (computadores, *smartphones*, *smartwatches* etc.) a provedores de acesso (empresa fornecedora do serviço de internet) os quais, por sua vez, estabelecem conexão com os provedores de serviços (Google, Microsoft, Apple, Yahoo etc.[9]). A cada dispositivo é atribuído um IP público e único, como regra,[10] que o individualiza num emaranhado infindável de usuários.

Esse sistema possibilita ao usuário gozar de todos os serviços disponíveis em rede, como criação e utilização de contas de e-mail, de nuvens, utilização de serviços de pagamento, realização de compras, de cursos, ou seja, praticamente

---

9. As chamadas *Big Techs*.
10. Para consultar possíveis variações, vide, dentre outros, o site www.ipv6.br.

todas as atividades disponíveis no mundo contemporâneo. Tal atividade produz informação relevante para uma investigação, como dados pessoais de determinado usuário, serviços utilizados, local de sua conexão, conteúdo de comunicações, rotina de horários, costumes de consumo, dados bancários, vínculos subjetivos, capacidade econômica real, dentre outros.

Atores fundamentais neste cenário são os provedores de acesso e os provedores de aplicação. Provedores de acesso coletam dados vinculados ao usuário da rede. Assim, mantêm sob sua custódia dados cadastrais do usuário ao qual foi atribuído determinado IP, compreendendo, por exemplo, dados pessoais, endereço, conta de e-mail utilizada, terminal telefônico e local de instalação da rede.

Já os provedores de aplicação coletam informações a partir da utilização de determinado serviço pelo usuário, compreendendo, por exemplo, contas de e-mail usadas no cadastro, telefone do usuário, formas de pagamento e costume de consumo, IP do usuário. Os provedores de aplicação também oferecem serviços que se destinam a armazenar os dados que o usuário deseja, como é o caso de conta de e-mail e nuvem. Assim, determinado provedor de serviço de nuvem ou e-mail tem capacidade de entregar ao poder público, por ordem judicial, o conteúdo armazenado pelo usuário.[11]

Há uma relação de coleta e troca de informações entre provedores de acesso e provedores de aplicação que é capaz de identificar e desvendar conteúdo de comunicações armazenada,[12] vínculos subjetivos e estrutura de funcionamento de determinada organização criminosa.

O domínio dessa dinâmica é fundamental nas investigações de organizações criminosas. Afinal, estar-se-á diante de um verdadeiro *Big Data*[13] que pode revelar todo o funcionamento de organismos criminosos complexos.

Aliás, a presença de significativos conjuntos de dados não só será provável, como recorrente. Irrazoável exigir do investigador a delimitação da quantidade de dados ou, ainda, o exercício de um *múnus* inventivo para acertar, com eficácia exigida de todo agente público, quais as exatas contas de e-mail ou nuvem dos investigados são utilizadas para a prática delitiva.

---

11. Especificamente sobre estes serviços de armazenamento de dados (nuvem) ou e-mail, cada provedor de aplicação fornece um tipo de conteúdo, o qual pode estar associado a metadados relevantes para formação de vínculos, estabelecimento de datas e respectiva contextualização temporal para instrumentalizar uma eventual ação penal.
12. Importante ressaltar que não se está tratando, aqui, da interceptação das comunicações, da coleta de dados durante seu fluxo, mas sim da coleta dos dados estáticos, já armazenados pelo usuário, ou seja, dados passados.
13. Significativos conjuntos de dados.

O cenário comum é a identificação de várias contas (e-mail ou nuvem) vinculadas ou utilizadas por determinado usuário/investigado e, considerando a existência de indícios de seu envolvimento na organização criminosa, pleitear-se o levantamento de sigilo de todas elas.

Há, geralmente, uma necessidade de se produzir, em maior ou menor intensidade, conforme a complexidade do organismo coletivo criminoso e a necessidade de aprofundamento nos vínculos, um *Big Data* para o desenvolvimento de uma investigação criminal eficaz em face de organizações criminosas que da rede mundial de computadores fazem uso.

O respeito a proporcionalidade em sentido estrito deve existir, de modo a afastar levantamento de sigilo de dados desarrazoados, entendidos aqueles que resultam em vulneração de intimidade sem apresentação de indícios de autoria e prática delitiva mínimos.

Referida limitação, porém, não pode inviabilizar a coleta de massa de dados necessária para a investigação de uma organização criminosa, desde que demonstrada pela autoridade investigatória a necessidade da análise das comunicações armazenadas de determinado usuário, contextualizando-o na prática delitiva. A proteção a direitos fundamentais não pode atingir o ponto de inviabilizar a atividade de segurança pública, obviamente. A persecução penal é atividade das mais relevantes do Estado, merecendo o zelo adequado, já que por ela também se garante direitos fundamentais.

Aliás, nesse sentido, ressalte-se que "... direitos fundamentais formalmente ilimitados (isto é, desprovidos de reserva) podem ser restringidos caso isso se revelar imprescindível para a garantia de outros direitos constitucionais, de tal sorte que há mesmo quem tenha chegado a sustentar a existência de uma verdadeira 'reserva geral imanente de ponderação'".[14]

3. MARCO CIVIL DA INTERNET E LEI DE ORGANIZAÇÕES CRIMINOSAS

A Lei 12.965/14 (Marco Civil da Internet), como instrumento que estabelece princípios, garantias, direitos e deveres para o uso da *Internet* no Brasil, trouxe algumas definições importantes e corroborou, no âmbito infraconstitucional, aquilo já admitido em nosso cenário jurídico: a proteção dos dados está conectada com o direito à intimidade (art. 5º, X, da CF/88) e a sua obtenção pode ocorrer com ordem judicial, não se restringindo à seara penal e processual penal.

---

14. Comentários à Constituição do Brasil, p. 201.

Além do tratamento dado pela legislação ao conteúdo das comunicações privadas armazenadas (art. 7º, III c/c art. 10, § 2º, da Lei 12.965/14), ponto fulcral da análise que virá, conceitos importantes e esculpidos no art. 5º e incisos da Lei 12.965/14 serão tratados, sendo os mais relevantes os registros de conexão (inciso VI) e os registros de acesso a aplicações de internet (VIII) e respectivo regime jurídico, categorias estas representativas dos dados que são coletados e podem ser fornecidos pelos provedores de acesso e provedores de aplicação, conforme já explorado.

Inicia-se, contudo, por uma interseção existente entre a Lei 12.965/14 e a Lei 12.850/13, qual seja, os dados cadastrais de determinado usuário da rede. A Lei 12.850/13, em seu art. 15, permite ao delegado de polícia e ao Ministério Público acesso, independente de autorização judicial, aos dados cadastrais mantidos pela Justiça Eleitoral, empresas telefônicas, instituições financeiras, provedores de internet e administradoras de cartão de crédito. Por sua vez, a Lei 12.965/14, no art. 10, §3º, garante o acesso aos mesmos dados cadastrais, sem necessidade de autorização judicial, pelas autoridades administrativas que detenham competência legal para a sua requisição, o que se adequa a previsão explícita de competência da Lei de Organizações Criminosas.

Noutros termos, os dados cadastrais podem ser obtidos pelo delegado de polícia ou Ministério Público de forma administrativa em casos de investigações de organizações criminosas.

De outro lado, a obtenção da categoria de dados nominada de registros depende de autorização judicial, conforme disposto nos arts. 13, § 5º (registos de conexão[15]), e 15, § 3º (registros de acesso a aplicações [16]), ambos da Lei 12.965/14. Conforme disposição legal, os primeiros devem ser guardados pelos provedores pelo prazo de 01 (um) ano e os segundos pelo prazo de 06 (seis) meses.[17]

Técnica de investigação interessante é a preservação de dados.[18] A autoridade policial ou o Ministério Público podem solicitar diretamente aos provedores que guardem os registros por prazo superior aos mencionados acima, desde que medida judicial para acesso aos registros seja proposta no prazo de 60 (sessenta) dias, contados do requerimento de preservação. Há uma espécie de congelamento paralelo de informações, procedimento pelo qual o provedor realiza um *backup* dos dados existentes até o momento da solicitação de preservação, que possibilita

---

15. "O conjunto de informações referentes à data e hora de início e término de uma conexão à internet, sua duração e o endereço IP utilizado pelo terminal para o envio e recebimento de pacotes de dados".
16. "O conjunto de informações referentes à data e hora de uso de uma determinada aplicação de internet a partir de um determinado endereço IP".
17. Arts. 13 e 15, *caput*, da Lei 12.965/14.
18. Art. 13, §§ 2º, 3º e 4º, e art. 15, § 2º, ambos da Lei 12.965/14.

ao investigador um retrato imutável de determinada situação que possa se mostrar relevante no desenrolar da investigação.

Embora prevista explicitamente apenas para os registros de conexão e de acesso a aplicação de internet, a técnica de preservação de dados também pode ser aplicada ao conteúdo das comunicações privadas armazenadas. Para evitar conclusões equivocadas, antes das razões jurídicas, aprofundar-se-á naquilo que efetivamente significa a preservação de dados, ou seja, quais os atos praticados pelos provedores e quais os procedimentos por eles adotados.

Fosse necessário a escolha de apenas uma palavra para explicar a preservação de dados, ela seria *backup*. Não por menos. Mediante interesse da autoridade investigatória no conteúdo de determinada conta de e-mail ou nuvem e a respectiva comunicação ao provedor, este último simplesmente faz uma imagem dos dados e os preserva em seus servidores, fornecendo um código de preservação à autoridade solicitante, código este que, sendo apresentado ao provedor juntamente com decisão judicial autorizando acesso ao conteúdo, facilitará e agilizará a obtenção dos dados no futuro.

Não há impedimento ou interferência na gestão da conta do usuário, que poderá apagar dados ou tomar qualquer atitude em relação aos serviços que contratou. Tampouco há fumaça do conteúdo das comunicações privadas armazenadas levada ao conhecimento das autoridades investigatórias, mas apenas a garantia de que, mediante a obtenção de decisão judicial dentro de determinado prazo, o provedor fornecerá aqueles dados cuja preservação se solicitou.

Esse procedimento é novo para os provedores de aplicação? Obviamente que não. A atividade de *backup* de dados do usuário é corriqueira aos provedores, afinal, eles são obrigados por contrato a armazenar os dados de seus clientes. Além do mais, questões de segurança determinam tal *backup* para, por exemplo, remediar um eventual ataque *hacker* que possa causar significativos danos aos usuários.

Fato é que é rotineiro aos provedores a realização de *backups* dos dados de seus usuários. Ora, se assim o é, fácil perceber que a preservação de dados significa, simplesmente, a realização de um *backup* padrão, porém a pedido de um terceiro, qual seja, a autoridade investigatória.

Considerando as informações acima, fácil perceber que a autoridade investigatória que solicita a preservação de dados sequer resvala em violação a intimidade do usuário, seja porque apenas solicita ao provedor que faça um *backup* para uma finalidade específica de interesse público, ou pela singela razão de que não tem acesso às comunicações privadas armazenadas neste momento.

O fundamento jurídico é o poder geral de cautela da autoridade a impedir a perda de oportunidade e a cumprimento do dever inerente a sua atuação diante do conhecimento da prática de crimes e da existência de evidências sobre sua ocorrência, de forma a buscar a preservação e garantir que uma eventual decisão judicial possa surtir efeito.

Os postulados do poder geral de cautela e da inadmissibilidade da perda de oportunidade estão claramente previstos no art. 6º, inciso III, do Código de Processo Penal, que esculpe uma regra simples, porém que dá concretude a ambos:

> Art. 6º Logo que tiver conhecimento da prática da infração penal, a autoridade policial deverá:
> (...)
> III – colher todas as provas que servirem para o esclarecimento do fato e suas circunstâncias.
> (...).

Ora, a situação fática da preservação de dados é perfeitamente subsumida à regra acima, geral e que abarca todas as situações possíveis de coleta de evidência que possam se apresentar diante da autoridade investigatória. Note-se que o dispositivo fala em "colher", ou seja, ato mais invasivo do que a preservação de evidências. Evidente, portanto, a adequação fática (necessidade da medida considerando as peculiaridades técnicas das evidências que se busca coletar) e a jurídica do procedimento administrativo de preservação do conteúdo das comunicações privadas armazenadas.

Enfim, admitindo-se o movimento rápido, fluído e complexo de uma organização criminosa, a preservação de dados pode significar prova de determinado contato, de vínculo, localização, acesso a conteúdo ou serviço, ou seja, inúmeras atividades pertinentes à investigação, assegurando-se ao investigador a possibilidade de seguir com as diligências mais urgentes, aquelas sobre as quais o tempo incide de forma a prejudicar a coleta[19] e a autoridade não tem medidas correlatadas que garantam a preservação da evidência, mas mantendo intacto o quadro de conexões e vínculos decorrentes dos registros de conexão e acesso. Não raro essas informações serão fundamentais para o cotejo com evidências coletadas em campo na atividade própria da busca e apreensão, de forma a resultar no cenário de autoria e comprovação delitiva necessários para o oferecimento da denúncia.

Interessante posição assume o endereço IP, definido pela legislação como "o código atribuído a um terminal de uma rede para permitir sua identificação, definido segundo parâmetros internacionais" (art. 5º, III, da Lei 12.965/14). O endereço IP tanto pode ser um registro de conexão (art. 5º, inciso VI), como um registro de acesso a aplicações da internet (art. 5º, inciso VIII); porém, quando a atribuição do IP ao usuário ocorre para coletar dados de cadastro, ou seja, sua vinculação se dá ao perfil cadastral de criação de terminada conta, ele assume a

---

19. Busca e apreensão, por exemplo.

natureza de dado cadastral de determinado provedor e visa fornecer, apenas, o endereço e identificação de usuário específico na internet. Nesta situação, aplicável à espécie o art. 10, § 3º, da Lei do Marco Civil da Internet, possibilitando a coleta do dado de forma administrativa pela autoridade policial ou Ministério Público.

Lembre-se que a própria legislação, ao falar de IP, utiliza a expressão "endereço de protocolo de internet", e que na definição legal de IP não há qualquer categorização de sua natureza fora a indicada em seu próprio nome, de endereço, sendo o IP nomeado explicitamente dentro dos registros de conexão e aplicação apenas diante de uma perspectiva concreta funcional, ou seja, de sua funcionalidade no contexto dos serviços prestados por aqueles provedores, o que reforça o argumento de que também pode ser simplesmente um dado cadastral, de acordo com sua funcionalidade sob o ângulo o ângulo técnico.

É dizer: para os provedores o endereço de IP pode ser um dado cadastral, um registro de acesso ou registro de aplicação, a depender do momento de sua coleta e a sua finalidade. Tal distinção influencia no regime jurídico para sua obtenção, dispensando ou não decisão judicial.

Encerrando a categoria de registros, as regras do art. 22 da Lei 12.965/14 devem ser observadas. Em princípio, ressalte-se que a Seção IV trata da "requisição judicial de registros" e que o *caput* é explícito: a normativa que virá a seguir, no parágrafo, incisos e artigo 23, versará sobre o "... fornecimento de registros de conexão ou registros de acesso a aplicações de internet", não sobre o conteúdo das comunicações privadas. Esse alerta é importante para posterior análise: o dispositivo legal não se aplica ao conteúdo das comunicações privadas armazenadas.

O dispositivo em comento disciplina o conteúdo que o requerimento judicial para acesso ao registro deve possuir, sob pena de inadmissibilidade. O requerimento deve descrever: os fundados indícios da ocorrência do delito; justificativa motivada da utilidade dos registros solicitados para fins de investigação ou instrução probatória; período ao qual se referem os registros.

As exigências são lógicas e condizentes com a natureza de seu objeto, conforme o alerta feito na introdução deste arrazoado. As duas primeiras dispensam comentários, já que devem estar presentes em qualquer solicitação de levantamento de sigilo judicial e suas peculiaridades não encontram maiores obstáculos aos operadores do direito.

Contudo, a terceira exigência, referente ao "período ao qual se referem os registros", deve ser cuidadosamente explorada, até para delimitar o âmbito de sua aplicabilidade. Ora, os registros nada mais são do que uma sequência temporal de metadados de determinada atividade, que relevam não o conteúdo de uma comunicação, mas sim qual o horário, dia e local determinado usuário se comunicou, acessou determinado site ou simplesmente se conectou à rede mundial de computadores. Novamente advirta-se: não revela o conteúdo de uma comunicação.

Vê-se, portanto, que a coleta do registro busca obter, como principal resultado, um dado objetivo aferível de plano numa dimensão de espaço-tempo. Aliás, o espaço-tempo é a única coisa que interessa para coletar o registro. É como se o investigador, na busca de legitimar ou descartar um álibi, perguntasse ao investigado ou a determinada testemunha, na tentativa de obter a única informação que precisa: eu quero saber a hora, o local e com quem você conversou em determinado dia,[20] apenas isto; não quero saber o conteúdo da comunicação, já que esta questão só poderá ser relevante se o álibi não for confirmado. O que se busca no exemplo é uma dimensão espaço-tempo, pouco importando o conteúdo neste primeiro momento. É por isso que o inciso III, do p. único, do art. 22 da Lei 12.965/14, exige que o requerimento delimite o período (tempo) do dado que se deseja coletar, já que é de sua essência: dá-se ao provedor uma solicitação para que ele te informe o registro inserido naquele contexto factual, período sem o qual o provedor sequer poderá buscar a informação. Pela mesma razão, a legislação fixa prazo obrigatório para preservação dos registros, conforme explorado.

Diferente é a situação da coleta do conteúdo das comunicações privadas armazenadas, onde a dimensão espaço-tempo não se tem de plano, mas pode ser revelada com o conteúdo da comunicação armazenada e consequente conhecimento do funcionamento da organização criminosa. Não há, *a priori*, uma delimitação de local, dia e hora sobre a questão de interesse, ou seja, não há como saber, com o simples registro, quando a organização criminosa se formou e em quais circunstâncias.

Por isso, a busca se dará pelos motivos, constituição e o *modus operandi* da ação criminosa, dados estes que estão presentes, comumente, muito antes de uma prática delitiva de natureza decorrente[21] e que por revelarem o nascedouro de um organismo coletivo de crimes, são essenciais para desvendar a sua criação, estruturação, funcionamento e respectiva divisão de funções. Afinal, o delito de organização criminosa prescinde de resultado material e se consuma com o simples ajuste (*societas criminis*), qualificado pela presença de todos os elementos descritos no art. 1º, § 1º, da Lei 12.850/13.[22] Ressalte-se que, "tratando-se de delito autônomo, a punição da organização independe da prática de qualquer

---

20. Ou, no mundo digital, a hora, os IPs do remetente e do destinatário, dispensando-se o conteúdo da comunicação.
21. Crimes decorrentes da organização criminosa, ou seja, praticados por ela.
22. Art. 1º, §1º, da Lei 12.850/13 – "... a associação de 4 (quatro) ou mais pessoas estruturalmente ordenada e caracterizada pela divisão de tarefas, ainda que informalmente, com objetivo de obter, direta ou indiretamente, vantagem de qualquer natureza, mediante a prática de infrações penais cujas penas máximas sejam superiores a 4 (quatro) anos, ou que sejam de caráter transnacional".

crime pela associação, o qual, ocorrendo, gera o concurso material (art. 69 do CP), cumulando as penas".[23]

Além do mais, conforme advertido, as conformidades jurídicas em relação a prova digital devem possuir estreita vinculação com questões técnicas, de modo a não inviabilizar sua coleta por um descompasso com a realidade. Nesse sentido, vale conferir citação abaixo, pela sua precisão, fazendo o recorte perfeito sobre a questão técnica a justificar posição específica da legislação de regência, aqui defendida:

> (...)
> Imagine-se que há, no destino eletrônico acessado, backup de diálogos estabelecidos por meio de aplicativos de mensagem (WhatsApp, Telegram, Signal etc.). É provável que esses arquivos estejam organizados não por data, mas por interlocutor ou por outro parâmetro. Ainda, que constem todas as caixas de um bloco único de informações, que devem ser organizadas e indexadas depois do acesso. É impossível fazer isso antes.
>
> Nas caixas de diálogo organizadas por aplicação ou por interlocutor, não há separação das mensagens em arquivos organizados por data, mas a composição de arquivos únicos que compreendem toda a atividade pretérita. Como regra, não é possível acessar o suporte de armazenamento para coletar os diálogos estabelecidos pelo usuário entre os dias X e Y, porque esse recorte não pode ser promovido antes do acesso. Então, se nessa base de dados for encontrada a caixa de diálogos entre os interlocutores α e β, todo o registro histórico salvo do diálogo lá estará.[24]

Posicionada a questão, vê-se que a obtenção das comunicações privadas armazenadas deve contar com decisão judicial, nos termos do art. 7º, III, da Lei 12.965/14. Além do mais, por óbvio, o *fumus comissi delicti* deve estar presente, como requisito essencial para toda cautelar probatória, sendo de fundamental presença em especial para afastar a proteção da intimidade prevista no art. 5º, X, da CF/88.

Neste ponto, convém ressaltar a necessidade da utilização do postulado da ponderação de interesses, que "... consiste num método destinado a atribuir pesos a elementos que se entrelaçam, sem referência a pontos de vista materiais que orientem esse sopesamento. Fala-se, aqui e acolá, em ponderação de bens, de valores, de princípios, de fins, de interesses".[25]

É inegável que o acesso às comunicações privadas armazenadas representa uma vulneração da intimidade do usuário. Justamente por isso, o custo-benefício do rompimento episódico de um direito fundamental deve ser bem fundamentado na necessidade da medida para a investigação e na coesão lógica com o delito praticado.

---

23. CUNHA, Rogério Sanches e PINTO, Ronaldo Batista. *Crime organizado*, p. 18.
24. Técnicas avançadas de investigação, p. 253.
25. Teoria dos Princípios, p. 145.

Equivocada é a invocação de qualquer dos requisitos da Lei 9.296/96 para a coleta das comunicações privadas armazenadas. A razão é simples: o regime jurídico de referido diploma normativo só se aplica para a coleta do fluxo de dados, jamais para situações em que os dados estão armazenados. Há um descompasso temporal de situações que delimitam as normas aplicáveis: a coleta do dado contemporâneo, em movimento, a interceptação do fluxo, deve se sujeitar a Lei 9.296/96; à coleta do dado armazenado, cuja ação do investigador não é contemporânea ao momento da comunicação, não se aplica referida legislação, mas sim, tratando-se de dado da rede mundial de computadores, a Lei 12.965/14.

Nem se pode exigir, para concessão da medida, a demonstração de que a prova não poderia ser feita por outros meios, que não pela coleta das comunicações privadas armazenadas.[26] Forçoso reconhecer que o legislador, quando da confecção de recente diploma legal e considerando todo nosso sistema jurídico, não restringiu a aplicabilidade da Lei 12.965/14 ao direito penal e processo penal. Se assim não o fez, é evidente que buscou afastar o regime do marco civil da internet da Lei 9.296/96. Tanto o é, que reconheceu no art. 7º, II, que a coleta dos dados em fluxo se submete a lei especial, sendo justamente a lei de interceptação telefônica. Fez o legislador, portanto, a devida ponderação de direitos em âmbito legislativo, descolando a Lei 12.965/14 da Lei 9.296/96, explicitamente.

4. DA CADEIA DE CUSTÓDIA, FORÇA PROBATÓRIA DA EVIDÊNCIA DIGITAL E SEU ÔNUS

Compreendidas as peculiaridades da prova digital remota, aquela obtida pelo órgão investigatório mediante entrega de um provedor, obviamente que a percepção é de que a cadeia de custódia deve ser respeitada, porém as disposições dos arts. 158-A a 158-E do CPP do Código de Processo Penal, referentes a documentação da cadeia de custódia das evidências, não se aplicam à sua obtenção, já que o legislador não tratou em qualquer dispositivo de fluxos, procedimentos ou métodos relacionados a referida evidência. Necessário, portanto, ter o domínio sobre a distinção entra cadeia de custódia e prova da cadeia de custódia, diferenciação muito bem explicada abaixo.

> (...) a cadeia de custódia da prova é a corrente histórica ou sequência da posse de uma dada prova. A *cadeia de custódia* não se confunde com a *prova da cadeia de custódia*. A prova da cadeia de custódia consiste na reconstrução cronológica da corrente histórica da posse de uma dada prova, retratando-a desde sua geração até seu aporte aos autos, expondo cada um dos elos dessa corrente, por cujas mãos a detenção da prova foi passada.[27]

---

26. Raciocínio aplicaria à hipótese a disposição do art. 2º, II, da Lei 9.296/96.
27. "A prova da cadeia de custódia, nesse sentido, não deixa de ser uma prova de segundo grau ou metaprova, pois é uma prova sobre uma prova" – p. 436. SALGADO, Daniel de Resende e QUEIROZ, Ronaldo Pinheiro (Org.). *A prova no enfretamento à macrocriminalidade*. 2. ed. Salvador: JusPodivm, 2016.

Não é porque o legislador se omitiu especificamente sobre a categoria das evidências digitais obtidas via remota, que a cadeia de custódia (sequência de custódia da evidência) não deve ser preservada: apenas não se aplicam à hipótese a literalidade dos arts. 158-A a 158-E do CPP, ou seja, a forma de documentação da cadeia de custódia. Há, contudo, questões técnicas peculiares que, acaso adotadas, garantem o mesmo ou maior respeito a autenticidade e autenticação da prova em relação aos demais tipos de evidências.

O dever do órgão investigatório se centra na documentação da história cronológica do vestígio, como regra. É que a maioria dos provedores de aplicações remetem os dados solicitados por acesso exclusivo em suas plataformas de *Law Enforcement* e mediante *download* da autoridade responsável pela investigação. Tal fluxo deve ser documentado, bastando à autoridade a apresentação do pacote de dados original em juízo.

Ressalte-se, contudo, que questões técnicas, geralmente presentes nos dados enviados pelos provedores, tornam ainda mais confiável o procedimento acima mencionado. Refere-se aos dados criptografados ou protegidos por senha, comumente fornecidos pelos provedores, além do indicativo à autoridade do respectivo *hash* dos arquivos.

Hash é um conceito técnico e que resulta num número identificador obtido mediante a aplicação de um algoritmo sobre o pacote de dados desejado, em sua integralidade. Cada pacote de dados diferente possui um número identificador, de forma que não pode mudar, salvo se o pacote de dados for adulterado ou modificado, o que provocará número identificador *hash* diverso daquele originariamente obtido. O *Hash* é perfeitamente verificável pelos setores de tecnologia da informação dos órgãos investigatórios, sendo que sua confirmação representa, matematicamente, a comprovação da autenticidade do vestígio digital. Note-se, portanto, que a verificação de *hash* é um selo de autenticação dos dados.

Convém pontuar que "o uso do *hash* criptográfico serve apenas para identificar arquivos já conhecidos, que já foram catalogados e que fizeram parte do que chamamos de base de valores *hash*, que é a lista de valores utilizada como comparação. Por outro lado, quando arquivos são identificados por essa técnica, a taxa de acerto é de praticamente 100%, desde que a base de valores *hash* seja confiável".[28]

Assim, aos órgãos de investigação basta a documentação cronológica do vestígio, com a juntada dos dados brutos enviados pelos provedores. Havendo questionamentos, possível a realização da verificação do *hash* fornecido pelo provedor (que ao apresentar os dados já os catalogou e aplicou a função *hash*).

---

28. Tratado de Computação Forense, p. 259.

A atuação dos setores de tecnologia da informação, no sentido de realizar a indexação do pacote de dados, portanto, representa apenas a forma como o órgão investigatório deliberou por apresentar os dados em juízo, possibilitando ao investigado e ao magistrado a perfeita visualização e análise dos dados enviados, quando necessário. Ressalte-se que tal indexação não se revela essencial em todas as situações, já que muitos dados podem ser perfeitamente visualizados como qualquer outro arquivo do dia a dia do usuário de computadores.

Enfim, o pacote de dados bruto permanece inalterado e verificável a qualquer tempo, pela confirmação do *hash*, sendo que possível será aos investigados, caso desejem, realizar por meios próprios uma indexação diversa ou simples leitura dos arquivos.

Bem se vê, portanto, que documentada a cronologia da obtenção do pacote de dados e juntado este em sua forma original (bruta, tal como enviada pelo provedor), com eventual verificação da função *hash* (caso haja questionamentos nesse sentido), a prova digital assume uma robustez incomum, já que sua autenticação representa a manifestação externa da autenticidade matemática dos dados obtidos. Sua valoração, portanto, em perfeito estado técnico de obtenção e documentação, deve considerar referida peculiaridade.

Nada obstante os comentários sobre a função *hash*, não significa dizer que sua verificação se afigura obrigatória pelos órgãos de investigação, pois ela não é a única forma de fixação segura da autenticidade do vestígio. Embora aconselhável quando possível de ser realizada, a verificação de *hash* não é condição para a produção da prova ou sua valoração. As razões são diversas, jurídicas e fáticas.

Cuidando-se de atividade probatória, a documentação da coleta de vestígios digitais, tal como de qualquer espécie de vestígio, se submete ao princípio reitor da liberdade probatória (art. 155, parágrafo único, do Código de Processo Penal).

Por consequência, já que inspirada pela liberdade probatória, a atividade desenvolvida sobre a documentação da cadeia de custódia deve ser orientada pela seguintes premissas: que a tomada de decisões no âmbito jurídico se insere num contexto de incertas e que a busca da verdade deve ter em mente o conceito de correspondência (relativização, pela análise daquilo que foi possível se produzir nos autos, ou seja, pela formação de convicção sobre os elementos disponíveis a juízo em determinado momento). Fixando os exatos termos dos enunciados acima:

A única coisa que parece razoável derivar da nota de incerteza que caracteriza a tomada de decisões no âmbito da prova jurídica é, pois, uma relativização da confirmação do valor de verdade que podemos atribuir às conclusões que alcançamos nesse âmbito. Entenda-se bem:

não quero dizer que não se possa atribuir valor de verdade à proposições que são declaradas provadas em um processo; quero destacar, isto sim, que o conjunto de provas de que se dispõe nesse permite unicamente atribuir um determinado grau de confirmação ou de probabilidade de que essa proposição seja verdadeira.[29]

Posto isto, condicionar a autenticação da prova digital à verificação ou apresentação de *hash* seria flagrante desrespeito ao sistema da liberdade probatória. Mais do isso. Tal entendimento representaria uma afronta a princípio basilar do processo penal, já que é o juízo o destinatário da prova, que a sopesa com base em seu livre convencimento motivado (art. 155 do Código de Processo Penal) realizado sobre os elementos disponíveis nos autos e claramente com uma noção de probabilidade. Nenhuma razão plausível existe para limitar, a *priori*, a produção da prova digital em seu aspecto valorativo por exigência não especificada em lei.

A compreensão correta de referida questão é fundamental e apresenta reflexos práticos. É que alguns provedores não apresentam pacote da dados com a função *hash*, apenas enviam ao órgão de investigação os dados brutos, vezes protegidos por senha, noutras não.

Reforça-se, portanto, que a documentação cronológica da obtenção do pacote de dados pelo órgão de investigação, dentre ofícios de requisição, encaminhamento de decisões judiciais, recebimento dos dados e sua juntada aos autos, será em regra o conjunto documental de que se dispõe para dar, fora de qualquer dúvida razoável, o caráter de autenticidade à evidência.

Submetido aos princípios da liberdade probatória e do livre convencimento motivado e tendo como finalidade a demonstração da identidade do vestígio e sua conservação, a documentação da cadeia de custódia não respeita a taxatividade, de forma que qualquer meio de prova em direito admitido pode suprir irregularidades documentais.[30]

A distribuição do ônus probatório, portanto, ocorre normalmente como na coleta de outras evidências: aos órgãos de investigação incumbem o ônus da documentação suficiente, de forma a gerar um juízo inicial de autenticidade e intangibilidade do vestígio, de forma que qualquer alegação de irregularidade

---

29. FERRER, Jordi. *Valoração Racional da Prova*. Trad. Vitor de Paula Ramos. Salvador: JusPodivm, 2021. p. 38.
30. Nesse sentido, vale conferência de BADARÓ, Gustavo. A cadeia de custódia e sua relevância para a prova penal. In: LOPES, Ricardo; BEZERRA, Anderson (Org.). *Temais atuais da investigação preliminar no processo penal* – SIDI. Belo Horizonte: Editora D'Plácido, 2017. p. 535. Para referido autor, embora o reconhecimento de "... uma profunda degeneração do livre convencimento...", nos sistemas da *civil law*, "mesmo com tais riscos, defende-se que as irregularidades da cadeia de custódia não são aptas a causar a ilicitude da prova, devendo o problema ser resolvido, com redobrado cuidado e muito maior esforço justificativo, no momento da valoração".

na documentação deve indicar a correlação entre o alegado defeito e o impacto causado sobre a força probatória do vestígio, sendo este o ônus da Defesa.

5. CONCLUSÃO

A prova digital, coletada via entrega de dados pelos provedores às autoridades investigatórias, é cada vez mais relevante nas investigações envolvendo organizações criminosas, considerando a velocidade de comunicação e a capacidade de tráfego de dados que os instrumentos da rede mundial de computadores propiciam àqueles que os usam.

As ferramentas tecnológicas são inúmeras, demandando ao órgão de investigação o pleno domínio de técnicas específicas para produção de elementos de convicção, adequadas à especificidade da prova digital.

Obviamente, dotadas de capacidade econômica significativa e de extrema agilidade e inventividade, as organizações criminosas estarão quase sempre à frente dos Estados em sua atividade persecutória, deixando aos órgãos investigatórios o enorme desafio da perene capacitação e acompanhamento das formas de interação na rede mundial computadores, na busca de técnicas para obtenção de evidências contemporâneas à prática delitiva, tanto quanto se afigure possível.

Tal contexto impõe aos operadores do direito esforço hermenêutico para a indispensável adaptação das situações fáticas em constante mutação em razão da evolução frenética de tecnologia, de forma a preencher vácuos legislativos considerando a peculiaridade para a obtenção do vestígio em relação à tecnologia a ele relacionada.

De fato. Ainda que o legislador busque a agilidade na atualização de diplomas normativos, jamais conseguirá abarcar a maioria das situações possíveis de forma contemporânea ao estágio tecnológico.

O enfrentamento da macrocriminalidade organizada, contudo, não pode esperar, cabendo aos órgãos de investigação utilizar dos instrumentos que possuem e dos princípios gerais do sistema jurídico para, evitando ilegalidades, realizar uma investigação eficaz e ágil.

Esta compreensão será essencial para o enfrentamento do próximo estágio da rede mundial de computadores. Refere-se aqui à internet descentralizada, operada via *blockchain*, que nada obstante mencionada como próximo estágio, já vigora e é muito utilizada em determinados nichos, sendo o exemplo mais recente das rápidas mudanças tecnológicas a afetar as investigações criminais, já impondo a necessidade de atualização e descoberta de técnicas investigatórias específicas, a par do próprio conhecimento sobre o funcionamento deste novo caminho de tráfego de dados e, por consequência, da prática de crimes.

6. REFERÊNCIAS

ÁVILA, Humberto. Teoria dos *Princípios da definição à aplicação dos princípios jurídicos*. São Paulo-SP: Malheiros Editores Ltda. 2009.

BADARÓ, Gustavo. A Cadeia de Custódia e sua relevância para a prova penal. In: LOPES, Ricardo; BEZERRA, Anderson (Org.). *Temas Atuais da Investigação Preliminar no Processo Penal* – SIDI. Belo Horizonte: Editora D'Plácido, 2017.

CANOTILHO, J. G.; MENDES, G. F.; SARLET, I. W.; & STRECK, Lenio L. (Coord.). *Comentários à Constituição do Brasil*. São Paulo-SP: Saraiva/Almedina. 2013.

CUNHA, Rogério Sanches; PINTO, Ronaldo Batista. *Crime organizado*. Comentários à nova lei sobre Crime Organizado – Lei 12.850/2013. Salvador: Juspodivm, 2013.

FERRER, Jordi. *Valoração racional da prova*. Trad. Vitor de Paula Ramos. Salvador: JusPodivm, 2021.

MENDRONI, Marcelo B. *Crime organizado* – Aspectos gerais e mecanismos legais. 7. ed. Grupo GEN, 2020.

PEZZOTTI, Olavo Evangelista. Interceptação telemática, quebra de sigilo de dados e a resistência das BIG TECS: alternativas disponíveis aos órgãos de persecução penal e ao poder judiciário. In: PAULINO, Gautiênio da Cruz; Schoucair, João Paulo Santos; BALLAN JUNIOR, Octahydes; MAIA, Tiago Dias (Org.). *Técnicas avançadas de investigação*: perspectivas prática e jurisprudencial. Brasília: ESMPU. 2022.

SALGADO, Daniel de Resende; QUEIROZ, Ronaldo Pinheiro (Org.). *A prova no enfretamento à macrocriminalidade*. 2. ed. Salvador: Juspodivm, 2016.

VELHO, Jesus Antonio. In: VELHO, Jesus Antônio (Org.). *Tratado de computação forense*. Campinas, SP: Millennium Editora, 2016.

A PESSOA JURÍDICA NO CONTEXTO DA CRIMINALIDADE ORGANIZADA, O *COMPLIANCE* PENAL E A CORRESPONDENTE INSUFICIÊNCIA LEGISLATIVA BRASILEIRA

Júlia Flores Schütt

Mestre e Doutoranda em Direito pela Universidade de Salamanca/ESP. Promotora de Justiça do Estado do Rio Grande do Sul.

Sumário: 1. Uma "nova" realidade que demanda evolução no uso de *ferramentas* voltadas ao combate à impunidade no âmbito criminal – 2. Direito premial e compliance penal – 3. Análise crítica: por que a preferência pela tutela do bem jurídico meio ambiente ecologicamente equilibrado? – 4. Conclusão.

1. UMA "NOVA" REALIDADE QUE DEMANDA EVOLUÇÃO NO USO DE *FERRAMENTAS* VOLTADAS AO COMBATE À IMPUNIDADE NO ÂMBITO CRIMINAL

A impunidade de um culpado corresponde à punição de um inocente: a sociedade que não pune o agente criminoso termina por sancionar inocentes.[1]

Somente a adoção de uma política de tolerância zero com a delinquência é capaz de inibir/reduzir a banalização das práticas criminosas. Os tipos penais são legislados não para servir de enfeite,[2] mas para concretizar uma política estatal

---

1. Mário Ferreira dos Santos já destacava que a "benevolência crescente vai cercando o criminoso, e há uma tendência para considerá-lo apenas como um doente mental". Tende-se "a transformar o homem num feixe de reflexos, numa coisa que reage a outras coisas, e não num ser que dispõe de inteligência e de vontade". SANTOS, Mário Ferreira dos. A inversão vertical dos bárbaros. São Paulo: É Realizações, 2012. p. 86.
2. Direito penal simbólico ou "de enfeite" consiste na utilização demagógica da ciência penal. É quando o direito penal serve de instrumento para aprovar leis mais severas – geralmente após fatos que causam comoção social – não em razão necessariamente da sua gravidade intrínseca, mas, especialmente, para fins de divulgação midiática, que, na prática, acabam sendo inócuas porque o sistema penal como um todo é incapaz de lidar de forma eficaz com a crescente criminalidade sem evolucionar em termos de técnicas processuais que lhe possam alcançar garantias. Sobre o tema, Queiróz: "Digo simbólico porque a mim me parece claro que o legislador, ao submeter determinados comportamentos à normatização penal, não pretende, propriamente, preveni-los ou mesmo reprimi-los, mas tão só infundir e difundir, na comunidade, uma só impressão – e uma falsa impressão – de segurança jurídica. Quer-se, enfim, por meio de uma repressão puramente retórica, produzir, na opinião pública, uma só impressão tranquilizadora de um legislador atento decidido" (QUEIROZ, Paulo. Sobre a função do juiz criminal na vigência de um direito penal simbólico. *Boletim IBCCRIM*. São Paulo, n. 74, p. 09, jan. 1999).

de segurança pública, ou seja, são criados para serem, na prática *usados*, quando identificado o ato criminoso que a eles corresponda; não podem fazer as vezes de um cenário.[3] Relevar o responsável por um ato criminoso equivale punir o cidadão honesto (ou, ainda, a pessoa jurídica que honra com seus deveres legais) e, ao mesmo tempo, aquele dizer: *do it again.*[4]

Em extremo oposto daquilo a que visa o Estado, ou seja, combater a criminalidade valendo-se dos métodos o mais eficientes possível – sempre atentando, evidentemente, aos direitos e às garantias dos cidadãos, aqueles que se dedicam ao crime objetivam identificar instrumentos capazes de lhes outorgar maiores lucros advindos da atividade criminosa com a menor chance de revelação e da consequente punição. Assim, pode-se afirmar que a busca por instrumentos/meios mais eficazes tanto pelo lado de quem objetiva a segurança pública como por quem almeja a impunidade com a prática criminosa é incessante. São forças empenhadas em sentidos diametralmente opostos: a do Estado por meio de seus agentes responsáveis pela manutenção da segurança pública[5] e a dos delinquentes, que atuam de forma individual ou por meio de conjugação de esforços, ou melhor, por meio de *organizações*[6] criminosas.

A criminalidade organizada, nestas últimas décadas, objetivando, portanto, apurar suas "técnicas" delituosas, identificou na pessoa jurídica[7] uma excelente

---

3. Sobre a insuficiência daquilo que se concebe como direito penal simbólico, Dipp: "A questão do crime, efetivamente, não é quantitativa: não se solve pelo número de leis nem pelo esmero descritivo quanto às ações incrimináveis. (...)". E, continua o autor: "[uma lei simbólica] promete a paz pública com a só visão de letrinhas imperatórias estampadas ritualmente na imprensa oficial (...)". (DIP, Ricardo. *Crime e castigo*. Campinas: Millenium, 2002, p. 221).
4. A impunidade é um incentivo à delinquência. Sobre o tema, Volney Corrêa Leite de Moraes Jr. pontua, ao reconhecer-se o criminoso como vítima da sociedade, "não apenas se lhe confere estatuto de isenção penal, porque não faz sentido punir a vítima, como – o que é aterrador! – dá-se-lhe amplíssimo salvo-conduto e outorga-se-lhe o direito de viver à margem da Lei". MORAES JÚNIOR, Volney Corrêa Leite de; DIP, Ricardo. *Crime e castigo*: reflexões politicamente incorretas. São Paulo: Leopanto, 2018. p. 140.
5. Diego Pessi, Promotor de Justiça brasileiro, ao abordar a necessidade de que o Estado crie instrumentos capazes de dissuadir condutas delitivas de potenciais criminosos, pondera "'*Si vis pacem, para bellum*'. Em discurso memorável, proferido na Câmara dos Comuns no longínquo ano de 1938, Winston Churchill reverberava o provérbio latino, ao alertar para o fato de que 'a manutenção da paz depende da acumulação de instrumentos de dissuasão contra o agressor'". Em http://www.puggina.org/artigo/convidados/violencia-associal-e-pacifismo-suicida/12200 Acesso em: 06 nov. 2022.
6. Usa-se, neste momento, o termo "organizações criminosas" de forma genérica, ou seja, não se está a referir ao conceito trazido pela Lei Federal brasileira 12.850/13, que, em seu § 1º do art. 1º, pontua: "Considera-se organização criminosa a associação de 4 (quatro) ou mais pessoas estruturalmente ordenada e caracterizada pela divisão de tarefas, ainda que informalmente, com objetivo de obter, direta ou indiretamente, vantagem de qualquer natureza, mediante a prática de infrações penais cujas penas máximas sejam superiores a 4 (quatro) anos, ou que sejam de caráter transnacional".
7. "El debate político-criminal contemporáneo sobre la consideración de las personas jurídicas como sujeto activo del delito se construye sobre el consenso de que los colectivos societarios deben ser objeto de atención específica por parte del derecho penal: Se han convertido en un sujeto autónomo, cotidiano y protagonista en las interacciones sociales de las sociedades capitalistas avanzadas, por lo que están

ferramenta para executar seus ilícitos visando a angariar maiores chances de encobrimento desses. Não é por menos, uma vez que uma estrutura empresarial, em razão de sua complexidade organizativa,[8] própria da constituição da empresa, torna essa entidade de mais difícil permear por parte dos órgãos de investigação criminal, maximizando, assim, as chances de sucesso da empreitada delituosa, se comparada com a possibilidade de elucidação da execução de um crime de forma isolada por pessoas físicas – mais expostas, por sua vez, à fiscalização estatal.

O uso da pessoa jurídica como método de maximização de lucro à criminalidade é tema que merece mais atenção quando tratamos de Estados que, num contexto atual/moderno, impõem poucas barreiras aos negócios comerciais transnacionais. Assim, em âmbito global, algumas palavras soam cada vez mais impactantes num *mundo* que se apresenta sem fronteiras para fins de tráfegos negocial e financeiro:[9] globalização, criminalidade organizada, macrocriminalidade e criminalidade de empresa.

Fica claro, portanto, que, à medida que dessa técnica tem-se valido o mundo do crime para perseguir seus fins, deve o Estado, ou melhor, já deveria o Estado ter buscado com mais afinco meios capazes, quiçá não necessariamente, de neutralizar a criminalidade que se desenvolve por baixo do véu empresarial, mas, sim, de combater efetivamente o avanço do manejo da estrutura da pessoa jurídica como instrumento[10] ao mundo do crime. Enquanto isto, o que se vê, a *contrario*

---

presentes en la comisión de delitos muy diversos" (DÍEZ RIPOLLÉS, José Luis. La responsabilidad penal de las personas jurídicas. Regulación española. InDret, *Revista para el Análisis del Derecho*. Universidad de Málaga. Barcelona, Enero, 2012, p. 2).

8. Serrano Zaragoza, ao tratar sobre a nominada *"irresponsabilidade organizada"*, reconheceu que o fenômeno funciona como verdadeiro incentivo à prática de crimes por parte das pessoas físicas que desenvolvem sua atividade na âmbito empresarial, pois estas, ao se darem conta das enormes dificuldades que enfrentam os órgãos de persecução penal para que tais condutas delitivas sejam descobertas, sobre aqueles sujeitos – especificamente quando aos potenciais delitos desenvolvidos na execução da atividade empresarial - não recairia a função preventiva que deve ser exercida pela pena criminal (SERRANO ZARAGOZA, Oscar. Compliance y prueba de la responsabilidad penal de las personas jurídicas; cómo conseguir la exención de la responsabilidad penal de una persona jurídica en el curso de un concreto procedimiento penal. *Revista Aranzadi Doctrina*, n. 6/2016 (BIB 2016/3068)).

9. A fim de demonstrar que o impacto financeiro causado por esta macrocriminalidade desenvolvida, muitas vezes, por intermédio de pessoas jurídicas, colaciona-se trecho da obra de Zuñiga: "(...) se estima que la criminalidad económica ligada al mundo financiero y a la gran banca recicla sumas de dinero superiores al billón de euros por año, esto es, más que el producto nacional bruto (PNB) de un tercio de la humanidad. Sostener que las personas jurídicas no pueden ser sujetos directos de imputación penal significa realmente dejar fuera del alcance de sanciones graves a los sujetos económicos o políticos importantes de nuestra era" (ZUÑIGA RODRIGUEZ, 2004, p. 265)". Disponível em: http://pensando.mj.gov.br/wp-content/uploads/2015/07/18Pensando_Direito3.pdf. Acesso em: 08 nov. 2022.

10. "Estudos criminológicos tem atestado, reiteradamente, uma capturação da pessoa jurídica para a prática de delitos, o que exige uma resposta contundente da ciência jurídico-penal afim de resguardar

senso, é a criminalidade se valer de técnicas de empresa para a estrutura de sua cadeia de ilícitos, conforme desenvolve Zúñiga:[11]

> Existe pues, una intercomunicación entre organizaciones criminales y sociedades mercantiles, toda vez que poseen características similares, esto es, organización funcional, jerarquías, división del trabajo, profesionalización de sus miembros. No en vano las organizaciones criminales parecen adoptar como punto de referencia los modelos y estructuras del mundo de la industria y los negocios: la racionalización de los medios personales y materiales, la vocación de permanencia para la obtención de un fin de naturaleza predominantemente económica, la expansión de la actividad en otras áreas geográficas, la interrelación con otras organizaciones, la tendencia a reinvertir una parte de los beneficios etc. Todo ello ha llevado a hablar desde el plano criminológico de la existencia de una verdadera "industria del crimen". Digamos que las organizaciones criminales cumplen las mismas funciones que las sociedades comerciales, sólo que en el mundo ilícito.

O fato de os crimes societários apresentarem normalmente uma complexidade técnica considerável, a opacidade que o véu da personalidade jurídica confere à atuação dos seus membros, a descentralização dos centros de decisão e a divisão do trabalho, o controle que as pessoas coletivas exercem sobre os seus arquivos e documentos (podendo estes, por vezes, constituir uma fonte primordial de prova para eventual ação penal) são apenas algumas das razões que explicam as dificuldades em descobrir e processar crimes corporativos. Nitidamente, a paridade de "armas", quando o objeto de persecução criminal é a criminalidade desenvolvida no âmbito empresarial, foi perdida. O Estado se tornou incapaz de exercer seu *ius puniendi* contra os agentes criminosos que se valem de pessoas jurídicas para transgredir dado ordenamento jurídico.

Não resta dúvida, portanto, que, diante de todas estas dificuldades apontadas, quando se trata da investigação de delitos praticados em âmbito societários,[12] a responsabilização penal da pessoa jurídica é um método capaz

---

esses novos bens jurídicos, a saber, os coletivos" (DIAS DOS SANTOS, Ílison e OLIVEIRA DE MELO, Jhonatas Péricles. A responsabilidade penal da pessoa jurídica: análise exploratória do modelo espanhol e do modelo proposto pelo projeto de novo código penal brasileiro. *Revista de Derecho procesal de la Asociación Iberoamericana de la Universidad de Salamanca*. Director Dr. Lorenzo Bujosa Vadell. 1º Sem. 2017. p. 135).

11. RODRÍGUEZ, Laura Zúñiga. "Criminalidad organizada, Unión Europea y sanciones a empresas". Dialnet. 1999, ISBN 84-8427-004-1, p. 61.

12. "(...) no estreito âmbito da autoria nos crimes empresariais, é possível se afirmar que se opera uma presunção relativa de autoria dos dirigentes". Trata-se de trecho de voto proferido pelo Supremo Tribunal Federal [brasileiro] em que, ainda que de forma reflexa, demonstra a dificuldade no angariar de provas quando se trabalha com a criminalidade empresarial. Para Luís Greco e Alaor Leite, todavia, no caso, o STF confundiu determinados conceitos teóricos: "Alguns Ministros do STF não recepcionaram, assim, a teoria do domínio da organização desenvolvida na Alemanha, mas sim criaram algo como o domínio da posição, que fundamenta a punição (como autor de um delito comissivo doloso!) no fato de o sujeito possuir uma posição de destaque no interior de uma organização, da qual decorrem fatos puníveis, sem que estejam presentes o dolo e mesmo um comportamento concreto, isto é, uma ação ou omissão. Essa criação jurisprudencial aproxima-se bastante da figura – de todo modo bastante problemática –

de combater a impunidade no âmbito empresarial, funcionado o ente organizado como uma espécie de "garante"[13] pela higidez das condutas praticadas por baixo do seu véu.

Esse avanço da criminalidade, principalmente aquela desenvolvida no âmbito empresarial, é perceptível à primeira vista. Inclusive, no relatório da Organização para Cooperação e Desenvolvimento Econômico (OCDE) sobre suborno internacional, em 2014, a organização demonstrou preocupação com a necessidade de análise no campo do compliance regulatório e das políticas governamentais voltadas para a prevenção e o enfrentamento de crimes cometidos por empresas. O objetivo seria comparar e contrastar os casos em que empresas foram penalizadas por diversos crimes, como suborno, lavagem de dinheiro, práticas monopolísticas, crimes fiscais, crimes ambientais, fraudes em diferentes países.

Percebe-se que, já em 2014, tal Organização, que visa a promover políticas que favoreçam a prosperidade, a igualdade, as oportunidades e o bem-estar de todas as pessoas, demonstrou, com a elaboração de informe, preocupação com o aumento da criminalidade perpetrada por entes coletivos. O que se extrai desta análise é que a "simples" previsão legislativa chancelando a responsabilidade penal da pessoa jurídica, previsão legal já identificada em uma gama de países,[14] aos olhos da OCDE, é técnica, por si só,[15] insuficiente ao combate ao crime empresarial. Isso

---

da responsabilidade penal do superior (...)". (GRECO, Luís; LEITE, Alaor. A "recepção" das teorias do domínio do fato e do domínio da organização no direito penal econômico brasileiro. Zis-online.com ZIS7-8/2015. p. 392).

13. "(...) resulta importante la distinción entre presupuestos y fundamentos de la responsabilidad penal de la persona jurídica debido a que permite delimitar correctamente los ámbitos de argumentación que corresponden a cada uno. Así, la persona jurídica no responde por delito cometido por la persona física (presupuesto) – puesto que ello imlicaría una vedada responsabilidad por el hecho ajeno –, sino que responde por su autoría/participación en dicho delito al no haber adoptado las medidas de evitación del mismo a las que venía obligada (fundamento) – autorresponsabilidad –. La conexión entre ambos (…) no viene dada por una fórmula *sui generis*, sino por uns instituición conocida sobradamente em Derecho penal: la posición de garante. (…) La fuente de dicha posición de garante de la persona jurídica viene dada, em principio, por los riesgos que genera su actividad empresarial y de ahí que deba adoptar las medidas de control necesarias para mantener esse riesgo em el ámbito del riesgo permitido" (DÍES, Carlos Gómez-Jara. "La posición de garante penal de las personas jurídicas: a propósito de la sentencia del Tribunal Supremo de 8 de marzo de 2019". LA LEY /penal n. 140, septiembre-octubre 2019. Smartece. p. 6-7).

14. Como España, Portugal, Noruega, Finlandia, Islandia, Dinamarca, Suecia, Japón, Chile, entre otros, ya han incorporado la responsabilidad penal de la entidad jurídica en sus sistemas legales. En Europa esto se debe mucho, segundo a Enrique Bacigalupo, a "(…) la Recomendación núm. R (88) 18 (de 20.10.1988) del Comité de Ministros de los Estados Miembros del Consejo de Europa, que propuso 'la aplicación de la responsabilidad y de sanciones penales a las empresas cuando la naturaleza de la infracción, la gravedad de la culpabilidad [faute] de la empresa, la consecuencia por la sociedad y la necesidad de prevenir otras infracciones así lo exijan". BACIGALUPO, Enrique. La responsabilidad penal y sancionatoria de las personas jurídicas en el derecho europeo. In: BACIGALUPO, Enrique (dir.). *Curso de derecho penal económico*. Segunda edición. Madrid: Marcial Pons, 2005.

15. Como será mais bem analisado, ao longo deste trabalho, o instituto da responsabilização penal da pessoa jurídica será capaz de servir eficazmente ao combate da criminalidade se aliado a técnicas de direito

porque a *mera* previsão legal do reconhecimento de legitimidade ativa da empresa na prática de crimes não funciona como o absoluto desincentivo pretendido pelo legislador, se consideradas as dificuldades proporcionados pelo "véu" da pessoa jurídica, surgindo, nesse momento, o compliance criminal como instrumento "de apoio" à responsabilização criminal da pessoa jurídica.

Pois bem: a transnacionalidade, destaque do que se intitula nova realidade criminológica, é característica própria de crimes que são ou, no caso, por exemplo, brasileiro, que deveriam ser imputáveis a pessoas jurídicas. A economia de mercado fortemente globalizada propicia o desenvolvimento da criminalidade econômica, que, por sua vez, se vale da a instrumentalização de pessoas jurídicas para a prática criminosa. Muitas vezes, as entidades coletivas são verdadeiras ferramentas[16] para a criminalidade.

A transnacionalidade económica dá margem a que entes coletivos exerçam facilmente, de modo simultâneo, a sua atividade empresarial em diferentes países,[17] margem essa muito mais ampla do que aquela dada ao crime a ser praticado por pessoas físicas, que, em termos territoriais, são mais limitadas.

Além disso, a agilidade do sistema financeiro internacional é utilizada pelo crime organizado para movimentar seus lucros rapidamente por diferentes Estados, evidenciando que as fronteiras nacionais não são um obstáculo para seus fins criminosos. Por outro lado, este "modus operandi" constitui uma verdadeira barreira – ou, pelo menos, uma dificuldade de difícil transposição – para as forças estatais de persecução penal (investigação e persecução), muitas

---

promocional, permitindo ao poder judiciário valorar os esforços destinados por um ente coorporativo no desenvolvimento de programas de integridade quando da aplicação – quiçá isenção – de pena à pessoa jurídica responsável pelo fato delituoso..

16. Entretanto, como bem pontua Zúñiga, muitas empresas que se dedicam, precipuamente, a práticas lícitas, se valem do arcabouço organizativo da pessoa jurídica para buscar maquiar delitos: "la criminalidad organizada no sólo actúa en la economía sumergida como suele creerse, sino también en la economía legal y sólidamente implantada, aprovechando cualquier resquicio del aparato jurídico para actuar. En los últimos tiempos es cada vez más evidente que la criminalidad organizada necesita de empresas para los diferentes ciclos del delito: comisión de delitos (societarios, de iniciados etc.), encubrimiento de delitos (lavado de dinero) y financiación de la comisión del delito (empresas para financiar el terrorismo)". RODRÍGUEZ, Laura Zúñiga. "Criminalidad organizada, Unión Europea y sanciones a empresas". Dialnet. 1999, ISBN 84-8427-004-1, p. 60.

17. Sobre a complexidade organizativa que pode apresentar um grupo empresarial com ramificações em distintos países e sobre a sua capacidade de dificultar o combate à prática criminal, Berdugo: "está la dificultad añadida que muchas veces supone su estructura interna, lo cual supone que, las más de las veces, nos encontremos ante grupos de empresas, de compleja estructura organizativa, con una dirección en el país de origen y con filiales en otros países que son personas jurídicas distintas. Estructura que supone una nueva dificultad en la práctica para la concreción de posibles responsabilidades" (TORRE, Ignacio Berdugo Gómez de la. El soborno internacional: Normas, obstáculos y propuestas. *Revista Derecho & Sociedad*, n. 52, Junio 2019 / ISSN 2079-3634).

vezes condicionadas por questões atinentes à competência territorial e suas respectivas leis.

A verdade é que o combate ao crime organizado transnacional (redes criminosas internacionais) não admite soluções em nível doméstico, ou seja, é um "problema" global e, como tal, deve ser combatido. E tal combate deve começar por uma *padronização* no que se refere às normas penais, a fim de prevenir ou reduzir as vantagens do que se entende por "forum shopping criminal", estratégia bastante conhecida por multinacionais com sede em diversos países – especialmente para fins tributários ("*treaty shopping*"[18]).

2. DIREITO PREMIAL E COMPLIANCE PENAL

As ferramentas de direito premial *trabalham* valendo-se do ímpeto motivacional – incentivando ou desincentivando condutas que (des)interessem ao mundo jurídico. No direito penal não é diferente. Constroem-se verdadeiras normas penais indutoras de comportamento social que têm fundo promocional.

Com a responsabilização penal da pessoa jurídica é igual.[19] Visa-se, com a estipulação da legitimidade penal ativa da empresa, a desestimular a prática ilícita, por meio de uma coerção de índole criminal, ou seja, via sanção penal.

Mas, como visto, a mera previsão legal do reconhecimento de legitimidade ativa da empresa na prática de crimes não funciona como o absoluto desincentivo

---

18. Se trata de un medio para eludir impuestos y está relacionada directamente con los tratados de doble tributación. El *treaty shopping* es nada más que la aplicación abusiva de estos convenios y básicamente se produce cuando residentes de un tercer Estado crean una entidad jurídica en uno de los dos Estados contratantes. De esta manera, tienen el objetivo de obtener ventajas de los beneficios fiscales, lo que no podrían hacer si hubiesen actuado de manera directa. Esta es la forma más usual de realizar la elusión fiscal. Con los fines de evitar esta práctica, la OCDE tiene impulsado planes de acción para homogeneizar las normas antielusión. Se trata del objetivo del Proyecto OCDE/G20 de Erosión de la Base Imponible y Traslado de Beneficios (BEPS - Base Erosion and Profit Shifting), que estipula "la implementación de las medidas pertinentes por parte de los gobiernos nacionales, [con que] se neutralizarán los efectos de los desajustes provocados por los mecanismos híbridos; se abordará el treaty shopping (búsqueda del convenio más favorable) y otras formas de abuso en los convenios; se minimizará en gran medida el abuso de las normas de precios de transferencia particularmente en relación a intangibles; y por último, el informe desglosado por países suministrará a los gobiernos información sobre la distribución global de beneficios, actividades económicas e impuestos pagados por parte de las empresas multinacionales". Disponível em: http://www.oecd.org/ctp/beps-2014-deliverables-explanatory-statement-es.pdf. Acesso em: 12 dez. 2019.
19. Trabalhando o importantíssimo reforço dissuasório alcançado com a viabilidade da responsabilização penal da pessoa jurídica, inclusive no sentido de promover uma cultura preventiva na organização, considerando que uma condenação criminal teria inegáveis consequências negativas para a empresa (indiscutivelmente mais severos que eventual condenação cível ou administrativa): SHECAIRA, Sérgio Salomão. *Responsabilidade penal da pessoa jurídica*. 2. ed. São Paulo: Método, 2003.

pretendido pelo legislador, se consideradas as dificuldades proporcionados pelo "véu" da pessoa jurídica para fins de investigação dos delitos perpetrados no exercício da atividade empresarial – ou, ao menos, com sua maquiagem.

É nesse mote que se enaltece o instituto do compliance penal ou também conhecido como programa de integridade empresarial. Sem pretender – nesse trabalho – adentrar na análise do mecanismo telado, registra-se, desde logo, que dispõe de precípua função promocional quando estiver diretamente relacionado com o tema da responsabilidade penal da pessoa jurídica.

De forma genérica, quando se estrutura um programa de compliance em uma dada empresa, o que se pretende "de imediato" é reduzir e prevenir os riscos da atividade empresarial desenvolvida por uma dada organização, na medida em que se lhe impõe o estrito cumprimento das normas jurídicas que regulamentam o exercício daquela atividade.

Em alguns Estados, já identificamos o instituto do compliance como instrumento jurídico aliado ao da responsabilidade penal da pessoa jurídica. Reconhece-se, nesses casos, a exemplo do identificado no ordenamento jurídico espanhol, o instituto do compliance como meio de atenuação ou de exclusão de pena a ser aplicada à pessoa jurídica.[20] O que o legislador penal pretende com tal complexo normativo (tanto a tipificação de condutas criminosas a serem praticadas por pessoas jurídicas quanto o reconhecimento do instituto do compliance como instrumento modulador de pena) é, de fato, incentivar o desenvolvimento de uma cultura empresarial íntegra capaz de efetivar, por intermédio de particular, um combate à criminalidade empresarial.

Assim, com o reconhecimento legislativo à estruturação de programa de integridade idôneo dentro de ente coletivo como causa de *modulação* de responsabilidade penal daquele, estimula-se, de forma inversa, que as pessoas jurídicas, como se delegatários de uma função "*pseudopolicial*", exerçam um combate à criminalidade no seio de suas organizações.[21]

---

20. Tal capacidade de influência na modulação da pena, de acordo com Ragués I Vallès, tem razão de ser. Para o autor, o fato de uma pessoa jurídica estruturar um programa interno de prevenção de delitos deve ser, junto com outros fatores, levado em consideração para fins de atribuição da responsabilidade penal ao ente coletivo, sobretudo como forma de valorar positivamente a internalizarão da cultura de integridade empresarial. Ressalta, ainda, o autor que um sistema interno de prevenção de crimes idôneo, uma vez considerado eficaz no que tange ao descobrimento e à prevenção de crimes, deve chancelar que a empresa que assim o instituiu *benesse* quanto à aplicação de eventual sanção criminal. (RAGUÉS I VALLÈS, R. Los procedimientos internos de denuncia como medida de prevención de delitos en la empresa. In: SILVA SÁNCHEZ, J.-M. (Dir.); FERNÁNDEZ, R. M. (Coord.). *Criminalidad de empresa y compliance*. Barcelona: Atelier Libros Jurídicos, 2013, p. 171-195).
21. "(...) la afirmación de que asistimos a una tendencia hacia la privatización de la prevención del delito en el ámbito podría explicarse desde una doble perspectiva. Por una parte, por el hecho de que el Estado ha dejado en cierta medida en manos de las organizaciones la prevención de los actos delictivos que

Trabalhando, assim, o direito penal com incentivos, identifica-se que a estipulação da responsabilidade penal à pessoa jurídica tem o condão de coibir não só o crime a ser executado via empresa, mas também aqueles praticados por pessoas físicas no âmbito da organização empresarial, pois será ela a maior interessada em erradicar o cometimento de ilícitos no seu bojo com a instituição de programa de integridade eficaz, o qual, futuramente, poderá ter o condão de impactar – ou até mesmo de excluir – a responsabilidade criminal do ente coletivo, caso não consiga prevenir a prática do delito (uma verdadeira delegação de responsabilidade de *polícia ostensiva* à sociedade empresária[22]).

Como anunciado, o caso espanhol é muito didático para demonstrar o quanto o compliance criminal pode "auxiliar" no combate à criminalidade que se vale da empresa para buscar a impunidade. O referido ordenamento jurídico estipula que um programa de compliance será objeto de prova dentro de uma instrução probatória no âmago de um processo criminal de delito praticado por pessoa jurídica; nessa ação, competirá ao magistrado aferir sua efetividade e, a partir de então, apreciar a respectiva repercussão em eventual sanção penal a ser aplicada, pois somente um compliance idôneo terá a capacidade de modular tal pena.

Evidentemente que não se desconhece a finalidade punitiva almejada com a tipificação criminal de eventuais condutas a serem desenvolvidas por pessoas jurídicas. Ao que se pretende chamar a atenção, todavia, é que a finalidade a ser objetivada com a criminalização de condutas praticadas por entes coletivos terá,

---

pudieran ocurrir en el seno de la misma y pudieran tener consecuencias ad extra, es decir, más allá de los intereses privados de la empresa. En efecto, el legislador al establecer la exención de la responsabilidad penal de la persona jurídica, cuando en la misma se hayan «adoptado y ejecutado con eficacia, antes de la comisión del delito, modelos de organización y gestión» que incluyan «las medidas de vigilancia y control idóneas para prevenir delitos de la misma naturaleza o para reducir de forma significativa el riesgo de su comisión», está incentivando que sean los propios agentes de la empresa los que se preocupen de implantar este compliance program" (CASTEJÓN, Elena B. Fernández. El criminal compliance program como modelo de prevención: de la teoría a su aplicación en la práctica. *La Ley Penal* n. 138, mayo-junio 2019. Smarteca).

22. "El compliance es, en el caso de las organizaciones formales y especialmente en las complejas, una herramienta cuyo presupuesto lógico es la capacidad de control y modificación de ese contexto de interacción, esto es: la posibilidad de diseñar los procesos organizativos de cara a que su relación con la criminalidad sea la prevención y no el fomento. 17 Su correcta implementación depende, sin embargo, de que se disponga de la suficiente capacidad analítica para detectar y establecer las medidas oportunas para prevenir (ex ante) y reaccionar (ex post) frente a aquellos factores que, situados en ese espacio de interacción, contribuyen a la formación de voluntades criminales, o de formas imprudentes de actuar." (CIGÜELA SOLA, Javier. Compliance más allá de la ciencia penal Aportaciones de la sociología de las organizaciones al análisis de la criminalidad corporativa y de la imputación jurídico-penal. *In Dret. Revista para el análisis del derecho*. Barcelona. Octubre de 2019. p. 7 – pdf).

na finalidade punitiva, um objetivo secundário. O primário é a prevenção,[23] por intermédio de ditames de direito penal premial.[24-25]

Trabalha-se, portanto, com a ideia precípua de que a responsabilidade penal da pessoa jurídica funciona como verdadeiro propulsor de incentivo à propagação da cultura da integridade no ambiente empresarial, na medida em que os programas de compliance[26] têm o condão – se idôneos – de modular a sanção penal aplicada aos crimes àquelas estipulados.

É evidente que não se desconhece que a responsabilização *penal* da pessoa jurídica não é a única técnica jurídica empregada para coibir ilícitos perpetra-

---

23. Exaltando a relevância de se atentar para a finalidade preventiva do instituto da responsabilização penal da pessoa jurídica, Verdugo: "Resuelto con carácter muy generalizado en los países de nuestro entorno el primero de los escalones, el de la admisión de la responsabilidad penal de las personas jurídicas, es preciso abordar el segundo escalón, el de las actuaciones preventivas sobre las empresas, que tienen un carácter prioritario frente a estos comportamientos no deseados en concreto a través del establecimiento de una normativa interna que busque garantizar que su actuación no entra en oposición con el ordenamiento jurídico, no solo con el penal. Las normas de "compliance" incorporan también a la empresa, no solo al Estado, en la política de prevención de la corrupción, es lo que se califica como corresponsabilidad en la lucha contra los comportamientos delictivos" (TORRE, Ignacio Berdugo Gómez de la. El soborno internacional: Normas, obstáculos y propuestas. *Revista Derecho & Sociedad*, n. 52, Junio 2019 / ISSN 2079-3634)
24. "(...) la creación de los incentivos necesarios para lograr que los agentes no conculquen ilícitamente derechos de terceros. Desde el análisis económico del derecho se estudia, entre otras cuestiones, cómo deben configurarse las normas jurídicas de forma que, una vez definidas las conductas lícitas e ilícitas, puedan criarse incentivos adecuados que influyan en el comportamiento de los miembros de la sociedad. Los argumentos empleados y las conclusiones alcanzadas son válidos únicamente para individuos cuyo comportamiento se asume racional, es decir, agentes que actúan teniendo en cuenta las ganancias y los costes de sus alternativas de elección, y que optan por aquélla cuya ganancia neta es mayor" LÓPEZ, Fernando Rodríguez. "¿Puede el derecho sancionados frenar la corrupción? Reflexiones desde el análisis económico del derecho". p. 1.
25. Para Isabel Sánchez García de Paz, la función promocional cuando aplicada al derecho penal tiene por objetivo trabajar con "normas de atenuación o remisión total de la pena orientadas a premiar e así fomentar conductas de desistimiento y arrepentimiento eficaz de la conducta criminal o bien de abandono futuro de las actividades delictivas y colaboración con las autoridades de persecución penal en el descubrimiento de los delitos ya cometidos o, en su caso, el desmantelamiento de la organización criminal a que pertenezca el inculpado. Desde una perspectiva político-criminal, son, pues, razones de pragmatismo las que fundamentan estas disposiciones que conceden beneficios penales: la evitación de futuros delitos y el descubrimientos de los ya cometidos" (PAZ, Isabel Sánchez García de. El coimputado que colabora con la Justicia Penal. Con atención a las reformas introducidas en la regulación españolas por las Leyes Orgánicas 7/ y 15/2003. *Revista electrónica de ciencia penal y criminología*, n. 7/3005, p. 2).
26. "Una sociedad pacífica y jurídicamente ordenada no solo necesita que sus individuos se organicen correctamente cuando actúan como individuos o en pequeños grupos, sino además – y acaso especialmente – cuando actúan en el seno de organizaciones complejas; por decirlo en términos de SUTHERLAND, una sociedad necesita que las organizaciones lo sean en un sentido desfavorable al crimen. Es así como ha de entenderse el compliance penal, como también la discutida responsabilidad penal de las personas jurídicas: en ambos casos estamos ante elementos inspirados por la idea de reforzar la prevención penal incidiendo en el aspecto organizativo de la interacción humana" (CIGÜELA SOLA, Javier. Compliance más allá de la ciencia penal Aportaciones de la sociología de las organizaciones al análisis de la criminalidad corporativa y de la imputación jurídico-penal. *In Dret. Revista para el análisis del derecho*. Barcelona. Octubre de 2019. P. 5 – pdf.).

dos por entes cooperativos, entretanto se trata de reconhecido método adotado por diferentes Estados para objetivar frear ou, ao menos, reduzir, em especial, a macrocriminalidade. Ou seja, é medida estatal que visa a contrapor o uso indiscriminado pela criminalidade da empresa como instrumento ao crime. Mais que isto, é mecanismo jurídico que visa a dissuadir a percepção que aos poucos foi disseminada no mundo do crime de que uma pessoa jurídica é ferramenta *interessante* à impunidade.

Assim, sabe-se que a responsabilização penal das pessoas jurídicas não é a única via por meio da qual os Estados, em seus ordenamentos jurídicos, objetivam sancionar condutas contrárias à lei praticadas por entes cooperativos. Ademais, como exemplo de técnica alternativa (não penal) ao combate de ilicitudes no ambiente empresarial, a Lei Federal brasileira 12.846/2013, de 1º de agosto de 2013, que regula "a responsabilização administrativa e civil de pessoas jurídicas pela prática de atos contra a administração pública, nacional ou estrangeira". Trata-se, portanto, de legislação que prevê a possibilidade de se imputar, objetivamente, responsabilidade de ordem civil e administrativa à pessoa jurídica por atos contra a administração pública, nacional ou estrangeira.

Entende-se, entretanto, que a seara criminal, especialmente com base na possibilidade de *união* dos institutos da responsabilidade penal da pessoa jurídica e do compliance criminal (vinculados do *elo* do direito premial), diante da criminalidade apresentada no cenário do século XXI,[27] não poderá ser dispensada se o objetivo for combater com efetividade os delitos perpetrados no âmbito/por intermédio das pessoas jurídicas.[28]

Ademais, sem ingressar na análise das teorias que buscam explicar o método de responsabilização penal da pessoa jurídica (doutrinas da autorresponsabilidade e da heterorresponsabilidade), pois se trata de discussão que foge à pretensão do presente trabalho, o que se identifica de um estudo comparado é que dificilmente

---

27. "Influyen fuertemente en esta macrocriminalidad o criminalidad de las empresas los progresos de la tecnología, el aumento de las facilidades de las comunicaciones y el transporte. Así se puede apreciar cómo cada día mejoran las comunicaciones, las transferencias de dinero de un país a otro, a través de internet, la confección de contratos a través de e-mail. Todos elementos que permiten mejorar las transacciones, y en gran medida salvar los controles impuestos desde el Estado, y así poder realizar operaciones de lavado de dinero, convirtiendo el dinero de origen ilícito en lícito." Berruezo, Rafael. "Responsabilidad penal en la estructura de la empresa – Imputación jurídico-penal en base a roles." Editorial Bdef. Buenos Aires. 2018. p. 7.
28. "La realidad criminológica de hoy supone comprender que una enorme cantidad de delito se realiza por complejas fórmulas en las cuales lesiones a bienes jurídicos se producen por comportamientos fragmentados, comisivos y omisivos, perpetrados por varias personas, sucesiva o cumulativamente, todos en atención a una planificación derivada de la organización empresarial". BUSATO, Paulo César y Gustavo Britta Scandelari. "La incorporación de los programas de cumplimientos ("criminal compliance")". En Tratado sobre compliance penal. Responsabilidad Penal de las Personas Jurídicas y Modelos de Organización y Gestión. Tirant lo Blanch. 2019. Valencia. p. 1240.

algum país economicamente desenvolvido, nos dia de hoje, deixa de estipular em seu ordenamento jurídico alguma forma de responsabilização criminal pela prática de determinados ilícitos por pessoas jurídicas, especialmente considerando o grau de desenvolvimento industrial alcançado nestas últimas décadas, o que, por sua vez, enseja um maior uso de entidades coletivas para a atomização da atividade e a sua respectiva dinamização.[29]

A realidade, portanto, constantemente alterada social e economicamente pelo elevado crescimento do número de pessoas jurídicas, mostra que o seu *véu* tende a encobrir delitos que são praticados no âmbito empresarial tanto para *benefício* próprio como em desfavor de seu *patrimônio*. Mais que isso, a delinquência moderna, que tende a se estruturar espelhada[30] numa organização empresarial, reconhece, no ente coletivo, excelente ferramenta para maquiar suas práticas criminosas. Nítido, portanto, que um ordenamento jurídico deve – considerado este "choque de realidade" – objetivar que as pessoas jurídicas pautem/direcionem suas ações/omissões, da mesma forma que o faz para as pessoas físicas, ou seja, *influenciá-las* pelas normas coativas do direito penal, com base no reconhecimento da capacidade penal ativa da pessoa jurídica – aliado ao mecanismo do compliance penal – como instrumento válido de combate à criminalidade.

3. ANÁLISE CRÍTICA: POR QUE A PREFERÊNCIA PELA TUTELA DO BEM JURÍDICO MEIO AMBIENTE ECOLOGICAMENTE EQUILIBRADO?

Evidentemente que não é de *hoje* e nem é exclusividade do Estado brasileiro que a atividade criminosa, objetivando – genericamente – impunidade, tem-se especializado na utilização de pessoas jurídicas para a concretização de seus fins. A reação *estatal* brasileira não "poderia" ser outra: desenvolver métodos de responsabilização capazes de dissuadir essa forma de consecução de atividades violadoras de bens jurídicos albergados no ordenamento jurídico pátrio.

---

29. A sociedade pós-industrial institucionalizou, de forma objetiva, com base na aceitação da tomada de riscos em prol do desenvolvimento, a insegurança: "Desde a enorme difusão da obra de Ulrich Beck, é lugar comum caracterizar o modo social pós-industrial em que vivemos como "sociedade do risco" ou "sociedade de riscos" (Risikogesellschaft). Com efeito, a sociedade atual aparece caracterizada, basicamente, por um âmbito econômico rapidamente variante e pelo aparecimento de avanços tecnológicos sem paralelo em toda a história da humanidade. O extraordinário desenvolvimento da técnica teve, e continua tendo, obviamente, repercussões diretas em um incremento do bem-estar individual" (SÁNCHEZ, Jesús-Maria Silva. *A expansão do direito penal*. Trad. Luiz Otávio de Oliveira Rocha. São Paulo: Ed. RT, 2000, p. 28-29).

30. Organizações criminosas, em regra, combinam: (1) divisão de atribuições/ tarefas sequenciais; (2) hierarquia funcional; (3) ideia de continuidade/manutenção de vínculo; e (4) objetiva o lucro. Nesse sentido, Tiedemann: "el crimen organizado se sirve de la mayor parte de las instituciones de la vida economica: estabelecimientos financieros, sociedades de exportación o de importación etc." (TIEDEMANN, Klaus, Responsabilidad Penal de Personas Jurídicas y Empresas en Derecho Comparado, *RBCCrim*, ano 3. n. 11, jul.-set. 1995, p. 22).

Cristalino, portanto, que o arcabouço jurídico de dada nação que não chancele a capacidade ativa para práticas criminosas do ente corporativo muito dificulta a responsabilização por suas condutas à margem da lei. Mas não é só: considerando a facilidade com que a globalização faculta, na atualidade, a transposição de fronteiras entre diferentes países para os mais diversos fins, o Estado que não se vale daquela ferramenta jurídica – calcada na ciência tida como a *ultima ratio* – tende a ser identificado como um "paraíso penal"[31] e, assim, além de dificultar o combate ao crime dentro do seu próprio território, torna mais difícil (para não dizer inviabiliza) a persecução penal transnacional desenvolvida por países que reconhecem na pessoa jurídica verdadeiro *ator* (com capacidade ativa criminal) no cenário da criminalidade moderna.

Não se desconhece que, na maioria dos países[32] em que o ordenamento jurídico respectivo reconhece a capacidade de a pessoa jurídica figurar como sujeito ativo de um crime, o respectivo legislador optou por limitar o rol de infrações penais para o qual tal capacidade *delitiva* se aplica. Ou seja, em regra, os países que reconhecem a capacidade ativa criminal da pessoa jurídica a admitem apenas para *numero clausus*[33] de delitos – deixando transparecer com clarividência a "política criminal" que pretende tal Estado perseguir da demonstração da vontade *popular* – Poder Legislativo.

Essa identificação de política criminal, quando o tema é responsabilidade penal da pessoa jurídica, deve ser analisada por duas distintas fases. A primeira, que se apresenta como barreira de mais difícil transposição para os Estados, como,

---

31. En el 20 de mayo de 2019, el titular del Juzgado Central de Instrucción número 5 de la Audiencia Nacional, José de la Mata, ha dictado auto de apertura de juicio oral para 24 personas, dos sociedades y la empresa pública Defex por el presunto desvío y apropiación de fondos en los contratos de suministro de material policial para Angola. En esta oportunidad, al criticar la interpretación hecha por parte de las acusaciones en la hora de no presentar cargos, dijo que estaban aquellas constituyendo "un paraíso penal" y "una situación de absoluta impunidad" con "barra libre para las prácticas defraudatorias fiscales de los administradores de la sociedad mercantil" (Disponível em: https://www.eldiario.es/economia/personas-sociedades-compras-DEFEX-Angola_0_901160525.html. Acesso em: 18 fev. 2020.

32. Manzanares, ao escrever sobre a reforma do Código Penal Espanhol baseando-se na LO 5/2012, de 22 de junho, que pela primeira vez previu naquele país a responsabilidade penal direta e independente da pessoa jurídica, asseverou que, em relação ao instituto jurídico, "son *varias las legislaciones europeas que ya ló habían previsto, comenzando por Holanda (1976), para continuar com Gran Bretaña, Irlanda y Noruega (1991); Islandia (1993); Francia (1994); Finlandia (1995); Eslovenia (1996); Dinamarca (1996); Estonia (1998); Bégica (1999); Suiza (2003); Polonia (2003) y Portugal (2007)".* (Castillejo Manzanares, Raquel. "Los princípios probatorios y el compliance". En Tratado sobre compliance penal. Responsabilidad Penal de las Personas Jurídicas y Modelos de Organización y Gestión. Tirant lo Blanch. 2019. Valencia. p. 587).

33. Fora deste elenco selecionado de delitos pelo legislador, não se reconhece na pessoa jurídica a capacidade para o cometimento de crimes – não podendo, assim, figurar como parte passiva num processo criminal. Trata-se daquilo que se costuma denominar de "capacidade limitada", pois, da fixação deste rol fechado de delitos, reconhece-se que a capacidade para ser condenado em um processo criminal se confunde com a capacidade ou não de delinquir.

exemplificativamente, para a Espanha, que apenas em 2010 – com a LO 5/2010 – reconheceu legalmente[34] tal possibilidade, é a chancela legislativa ao instituto *de per si*. Ultrapassada, todavia, essa primeira barreira, compete ao legislador definir quais são as infrações penais que tem a entidade coletiva legitimidade para praticar. Ou melhor, por quais delitos pode ela – abstratamente – responder.

É sobre o rol de crimes eleito pelo legislador brasileiro em razão do qual pode uma pessoa jurídica responder e sobre sua repercussão no combate à criminalidade que se passará a tecer alguns comentários.

A Constituição Federal brasileira de 1988 tratou em duas oportunidades questões relativas à responsabilidade da pessoa jurídica pela prática de atos ilícitos. O art. 173, § 5º, determina que "a lei, sem prejuízo da responsabilidade individual dos dirigentes da pessoa jurídica, estabelecerá a responsabilidade desta, sujeitando-a às punições compatíveis com sua natureza, nos atos praticados contra a ordem econômica e financeira e contra a economia popular". O art. 225, § 3º, a sua vez, dispõe que "as condutas e as atividades consideradas lesivas ao meio ambiente sujeitarão os infratores, pessoas físicas ou jurídicas, a sanções penais e administrativas, independentemente da obrigação de reparar os danos causados".

Visando a disciplinar parcialmente tais normas constitucionais, o legislador infraconstitucional, em 1998 (somente dez anos depois!), editou a Lei 9.605 (Lei dos Crimes Ambientais), que *concretizou* a responsabilidade penal da pessoa jurídica.

Hodiernamente, ao menos em termos jurisprudenciais,[35] parece ter ficado pacificada a tese no âmbito brasileiro de que a pessoa jurídica é suscetível a incorrer

---

34. Importante frisar que o reconhecimento legislativo ao instituto, por si só, não é capaz de acabar com o debate doutrinal acalorado sobre o instituto, como nos conta Galán Muñoz sobre o que se sucedeu em solo espanhol: "La entrada en vigor de la LO 5/2010 parecía destinada a dar por finiquitado el tradicional debate doctrinal referido a la viabilidad de la existencia de una verdadera responsabilidad penal a las personas jurídicas. En concreto, parecía que venía a dar por superada la etapa relativa al si cabía apreciar dicha responsabilidad y comenzaba adentrarnos en aquella otra que estaría ya referida a cómo que hacerlo." (GALÁN MUÑOZ, Alfonso. "Acción, tipicidad y culpabilidad de la persona jurídica en tiempos de compliance". En Tratado sobre compliance penal. Responsabilidad Penal de las Personas Jurídicas y Modelos de Organización y Gestión. Tirant lo Blanch. 2019. Valencia. p. 243). Complementando o tema, Dopico Gómez-Aller critica o fato de que, enquanto a doutrina se concentra em discutir sobre a viabilidade ou não de *culpabilidade* da pessoa jurídica, questões de índole processual foram relegadas a um segundo plano: "La discusión sobre la responsabilidad penal de las personas jurídicas se ha centrado casi exclusivamente en cuestiones de principio relativas a si estas entidades podían ser hechas culpables o no, a si eran sujetos idóneos a los efectos penales etc. Sin embargo, no se abordaban las cuestiones relativas a cómo debe personarse y actuar una entidad colectiva en un proceso penal" (DOPICO GÓMEZ-ALLER, Jacobo. "Proceso penal contra personas jurídicas: medidas cautelares, representantes y testigos". Diario La Ley, n. 7796, Sección Doctrina, 13 de Febrero de 2012, año XXXIII, Ref. D-67, Editorial LA LEY).
35. Para fins de exemplificação, transcreve-se parcela da ementa do didático julgado do Supremo Tribunal Federal: HC 92.921 "I – Responsabilidade penal da pessoa jurídica, para ser aplicada, exige alargamento de alguns conceitos tradicionalmente empregados na seara criminal, a exemplo da culpabilidade, es-

em crimes que violem bens e valores ambientais, o que, contudo, já foi alvo de muito debate doutrinário.[36] Entretanto, como se vê, em que pese ordenamento jurídico brasileiro chancele a responsabilidade penal da pessoa jurídica, somente o faz para os crimes que têm como objetividade jurídica a tutela do meio ambiente ecologicamente equilibrado.

Evidentemente que não se desconhece que o constituinte da Carta de 1988, no art. 225, § 3º, apenas delineou mandado expresso de criminalização contra pessoas jurídicas que violem tipos penais que tutelam o meio ambiente. Entretanto, em momento algum a Constituição Federal limitou a *utilização* infraconstitucional dessa garantia de ordem criminal que, pelo constituinte, foi expressamente reconhecida como *interessante* ao combate à criminalidade que atenta contra bem jurídico tão caro à Carta de 1988:[37] o meio ambiente.

Esta restrição ao âmbito da responsabilidade penal da pessoa jurídica a delitos cujo objeto jurídico é o meio ambiente equilibrado, por sua vez, chancela verdadeira impunidade quanto aos denominados delitos "corporativos", na medida em que, sistematicamente, o véu da personalidade jurídica tem, além de afastar a persecução criminal do próprio ente coletivo por delitos que não atentem contra *bens e interesses* ambientais, a capacidade de maquiar a autoria individual de crimes cometidos no âmbito empresarial.

Nesse particular, portanto, faz-se imprescindível a crítica ao ordenamento jurídico brasileiro, que não acompanha,[38] em termos de responsabilização cri-

---

tendendo-se a elas também as medidas assecuratórias, como o *habeas corpus*." Relator: Min. Ricardo Lewandowski, 19 ago. 2008.

36. O Professor Walter Coelho chegou a nominar a inovação legislativa – responsabilização penal da pessoa jurídica – como "heresia jurídica". Para ele, "além de doutrinariamente insustentável, vai de encontro ao princípio constitucional da individualização da pena". Continua dizendo que "na prática, essa teratologia dogmática de responsabilizar penalmente a pessoa jurídica terá como consequência a problemática de uma lei inexequível, ensejando, outrossim, a arguição de sua inconstitucionalidade". (COELHO, Walter. *Teoria geral do crime*. 2. ed. Porto Alegre, 1998. v. 1. p. 64).
37. A Constituição Federal de 1988 reconheceu o meio ambiente como um bem tutelado juridicamente. Nas palavras de Silva, "a Constituição de 1988 foi, portanto, a primeira a tratar deliberadamente da questão ambiental", estipulando mecanismos para sua proteção e controle, devendo ser tratada como uma "Constituição Verde" (SILVA, José Afonso da. *Direito ambiental constitucional*. 5. ed. São Paulo: Malheiros, 2004. p. 46).
38. "É imperioso desenhar uma política criminal voltada para a realidade moderna das pessoas jurídicas, tendência inclusive, já iniciada por grande parte dos países democráticos ao redor do mundo, tais como França, Itália, Espanha, Estados Unidos, entre outros. (...) Portanto, nesses países, que em alguma medida representam as principais tradições jurídicas do mundo, foram propostas novas soluções teóricas aos problemas dogmáticos para a imputação da responsabilidade penal das pessoas jurídicas, criando ferramentas idôneas na persecução e prevenção desses delitos". (DIAS DOS SANTOS, Ílison e OLIVEIRA DE MELO, Jhonatas Péricles. "A responsabilidade penal da pessoa jurídica: análise exploratória do modelo espanhol e do modelo proposto pelo projeto de novo código penal brasileiro". *Revista de Derecho procesal de la Asociación Iberoamericana de la Universidad de Salamanca*. Director Dr. Lorenzo Bujosa Vadell. 1º Sem. 2017. p. 125-126).

minal da pessoa jurídica, destacada gama de países democráticos[39] – inclusive na América Latina – que apresentam, ao menos, rol mais amplo de crimes passíveis de serem cometidos por pessoa jurídica.[40]

Ecoando a crítica ao atual regramento brasileiro sobre a responsabilidade penal da pessoa jurídica, ao ressaltar ser indiscutível a necessidade de seu alargamento diante da evolução da criminalidade[41] societária no mundo contemporâneo Rothenburg:[42] "A responsabilização criminal das pessoas jurídicas é uma tendência do Direito Penal contemporâneo, que reflete a preocupação com a realidade social da agressão a importantes valores sociais por parte desses sujeitos jurídicos".

Irrazoável é o Direito autorizar uma ampla liberdade de atuação por parte de entes coletivos – conferindo-lhe singular margem para desenvolver atividades, o que potencializa os riscos decorrentes de suas *ações/omissões* (basta, a propósito, tentar comparar capacidade de atuação comercia/negocial de uma empresa em face da de uma pessoa física), mas pretenda limitar a respectiva responsabilidade ao campo extracriminal, ou seja, excluir a responsabilidade penal das pessoas jurídicas. Direitos e deveres, bônus e ônus devem compor a equação jurídica. O mesmo ordenamento jurídico que confere ampla capacidade ativa *comercial* à pessoa jurídica deve também fazê-lo na seara criminal. Do contrário, a resposta será (ou melhor, "é") fática e imediata: impunidade.[43]

---

39. "O Brasil, ainda que não seja membro da OCDE, participa do chamado programa de vinculação ampliada participando ativamente das deliberações dos comitês e órgãos técnicos desse organismo internacional, existindo promulgação interna do Convênio da OCDE com base no Decreto 3.678, de 30 de novembro de 2000, em que se ratifica o compromisso brasileiro, diante de organismos internacionais, no sentido de adotar práticas anticorrupção, incluso com a previsão de responsabilidade penal da pessoa jurídica para tais hipóteses". (SHECAIRA, Sérgio Salomão e SALCEDO, Leandro. A responsabilidade penal da pessoa jurídica no projeto de novo Código Penal (projeto de lei do Senado 236/2012). In: CHOUKR, Fauzi Hasan; LOUREIRO, Maria Fernanda e VERBVAELE, John (Org.). *Aspectos contemporâneos da responsabilidade penal de pessoas jurídicas*. São Paulo: Fecomércio. 2014, v. II, p. 19).
40. De forma nenhuma se pretende com esta afirmação sobrevalorar os ordenamentos jurídicos estrangeiros em detrimento do brasileiro, mas, apenas, sugerir que se deve levar em consideração o direito comparado para gerenciar, no direito interno, questão que *instiga* o mundo como um todo, que é a criminalidade empresarial. Nesse sentido, Gimbernat: "(...) el uso de la ciencia extranjera no es solo signo de una evidente apertura de mentalidad. Es signo, también, de ciencia que aún no ha alcanzado el pleno desarrollo, signo de que para ver y solucionar los problemas no basta con lo de casa, porque en casa no se ha producido lo suficiente" (GIMBERNAT, Enrique. *Concepto y método de la ciencia del derecho penal*. Madrid, Tecnos, 1999, p. 119-120).
41. La vinculación al Derecho y la utilidad político-criminal no pueden contradecirse, sino que tienen que compaginarse en una síntesis, del mismo modo que el Estado de Derecho y el Estado Social no forman en verdad contrastes irreconciliables, sino una unidad dialéctica (ROXIN, Claus. *Política Criminal y sistema del Derecho Penal*. Traducción e introducción de Francisco Muñoz Conde. Buenos Aires: Hammurabi, 2000, p. 41).
42. ROTHENBURG, Walter Claudius. A responsabilidade penal da pessoa jurídica. In: CRIMES ambientais: comentários à Lei 9.605/98. Porto Alegre: Livraria do Advogado, 2013. p. 55 e p. 60.
43. Sobre o combate à impunidade, merece transcrição análise feita por Américo Bedê Freire Jr., que o reconhece como direito fundamental da vítima e da sociedade – também muitas vezes vítima dos ilícitos perpetrados por pessoas jurídicas: "A impunidade é uma falha do sistema que o deslegitima e não traz

Assim, ultrapassado o momento de o legislador brasileiro *rever* o rol de delitos para o qual reconhece a legitimidade ativa penal da entidade coletiva. Salienta-se, todavia, que o Projeto de Lei[44]-[45] do Senado (PL 236/2012[46]) do novo Código Penal brasileiro passa ele próprio a disciplinar a responsabilidade penal da pessoa jurídica (o que atualmente vem regulamentado na Lei 9.605/98, Lei de Crimes Ambientais) e amplia, ainda que timidamente,[47] o rol de crimes à que poderá o ente coletivo ser imputado (art. 41 do PL 236/2012: "As pessoas jurídicas de direito privado serão responsáveis penalmente pelos atos praticados contra a administração pública, a ordem econômica o sistema financeiro e o meio ambiente (..)".

Como se identifica, todavia, o PL mencionado remonta o ano de 2012. Assim, imprescindível questionar como se *omite* o ordenamento jurídico brasileiro dessa

---

para a vítima e para a sociedade a resposta adequada à agressão sofrida, fazendo com que se diminua a credibilidade do sistema. Ademais, cria-se uma sensação de imunidade no autor do crime, que se vê livre e com a impressão de que poderá repetir atos criminosos, porque nada lhe acontecerá. (...) Há de se reconhecer, portanto, o direito fundamental da vítima e da sociedade de que o autor de crimes seja efetivamente punido." (FREIRE JR., Américo Bedê. "A retórica do direito fundamental à privacidade: a validade da prova obtida mediante filmagens nos ambientes público e privado". Salvador. JusPodivm, 2015, p. 108).

44. Este é apenas um dos projetos de lei que hoje tramitam no Congresso Nacional brasileiro que estipulam propostas de reforma legislativa que têm como finalidade ampliar o âmbito de responsabilização penal da pessoa jurídica, a fim de que incida a outras condutas praticadas no âmbito empresarial.
45. Senado Federal. Projeto de Lei do Senado 236, de 2012 (Novo Código Penal) – http://www25.senado.leg.br/web/atividade/materias/-/materia/106404 Acesso em 24/12/2022.
46. A comissão responsável pela elaboração do Projeto de Lei do Senado 236/2012 optou pela incorporação e pelo reconhecimento da responsabilidade penal do ente coletivo de forma mais abrangente do que da forma que hoje se está estabelecida na Lei de Crimes Ambientais, todavia ainda traz em seu bojo enormes limitações. O *caput* do art. 41 do referido projeto passa a ampliar o âmbito de responsabilização penal da pessoa jurídica para além dos crimes contra o meio ambiente, passando a abarcar também crimes contra a (1) administração pública, (2) a ordem econômica e (3) o sistema financeiro. O referido projeto, todavia, pecou ao restringir e muito ainda o seu âmbito da imputação. Não se discute que o PL poderia apresentar número fechado de delitos para o qual reconheça a legitimidade ativa da pessoa jurídica, mas jamais poderia – objetivando evoluir no combate à impunidade no seio empresarial – ser tão restrito. Importa ainda referir que o PL ainda trouxe mais duas limitações: (1) exige que o delito deva ser decorrente de decisão do representante legal ou contratual, ou do órgão colegiado da empresa; e (2) que o fato delitivo tenha sido praticado no interesse ou para o benefício da organização. Neste sentido: SILVEIRA, R. de M. J.; SAAD-DINIZ, E. *Compliance, direito penal e lei anticorrupção*. São Paulo: Saraiva, 2015, p. 173.
47. Criticando, desde logo, as restrições no rol de crimes trazido pelo art. 41 do PL 236/2012, Dias aponta: "O problema aqui reside na falta de responsabilização expressamente prevista em relação a outras condutas não elencadas no projeto do novo código. O modelo adotado vem na contramão dos principais sistemas de responsabilidade penal da pessoa jurídica no mundo, nos quais, não existe uma restrição *ratione materiae*. O que se fez, foi um recorte político criminal, de modo inadequado, tendo em vista o possível comprometimento da sistemática da responsabilidade penal da pessoa jurídica, correndo o risco de tornar o dispositivo, meramente simbólico." (DIAS DOS SANTOS, Îlison e OLIVEIRA DE MELO, Jhonatas Péricles. A responsabilidade penal da pessoa jurídica: análise exploratória do modelo espanhol e do modelo proposto pelo projeto de novo Código Penal brasileiro. *Revista de Derecho procesal de la Asociación Iberoamericana de la Universidad de Salamanca*. Director Dr. Lorenzo Bujosa Vadell. 1º Sem. 2017. P. 133)

forma (com essa demasiada insuficiência de tutela) no que tange ao combate à criminalidade empresarial e econômica?[48] A omissão legislativa brasileira não acarreta consequências negativas exclusivamente à ordem interna, em que pese o que já fosse o bastante para demonstrar a gravidade da mora legal, mas, como se passa a expor, a repercutir no combate à criminalidade transnacional.

A desigualdade quanto à regulamentação penal entre diferentes Estados é fator que dificulta a persecução criminal às pessoas jurídicas – em especial às multinacionais que se valem, regularmente, do comércio transnacional. Assim, a omissão por parte do legislador brasileiro não surte impactos negativos "apenas" no combate à criminalidade interna, mas – quiçá especialmente – à criminalidade internacional,[49] pois a legislação brasileira, no que tange à responsabilização criminal da pessoa jurídica, destoa significativamente de outros países latino-americanos e europeus, favorecendo, assim, o enfraquecimento ao combate à criminalidade empresarial transnacional.

A homogeneidade entre legislações de diferentes países para o combate à criminalidade transnacional[50] é imprescindível num mundo "sem fronteiras" em matéria negocial (que facilita, especialmente, além do transporte de mercadorias e de pessoas, o *trânsito* do produto da prática delitiva).

Ademais, a identificação de uma legislação leniente para o combate de delitos que envolvem o tráfego econômico transnacional fomenta o *forum shopping*,[51] de

---

48. Sobre este tópico, Pérez Gil é enfático ao sinalizar que a responsabilidade penal das pessoas jurídicas está diretamente vinculada com a criminalidade econômica e que os delitos desta natureza, em grande medida, possuem uma dimensão transnacional. (PÉREZ GIL, Julio. *El proceso penal contra las personas jurídicas*: entre lo vigente, ló proyectado y lo imaginado. Universidade de Burgos. 2011).
49. "(...) la criminalidad organizada y empresarial, principalmente aprovecha los mecanismos del libre comercio para buscar las ventajas comparativas que le otorgan las diversas legislaciones penales en materia de impunidad, lagunas penales y demás facilidades para delinquir. (...). La cooperación internacional en materia penal es una necesidad de la Política Criminal moderna (...)" (ZÚÑIGA RODRÍGUEZ, Laura. *Bases para um modelo de imputación de responsabilidad penal a las personas jurídicas*. 3. ed. Editorial Aranzadi. 2009, p. 102.
50. "Uno de los elementos a tener muy presente en el marco de la globalización, calificada esta como la financiarización de la economía, y de la criminalidad empresarial es la desregulación o escasa regulación, más peligrosa aún si coincide con una limitada capacidad sancionatoria (penal y administrativa) de los Estados frente a las empresas". (BALLESTEROS SANCHEZ, Julio. "Criminalidad empresarial y derecho penal: la responsabilidad penal de las personas jurídicas en el marco de la globalización y los programas de cumplimiento efectivo". En "Desafíos del Derecho Penal en la Sociedad del Siglo XXI" – Dir. Paula Andrea Ramírez Barbosa – Ed. Themis S.A. – Colombia – 2018. p. 308).
51. "El fenómeno de las empresas multinacionales, unido a la inexistencia de criterios claros de anclaje jurisdiccional, puede favorecer el fórum shopping, de tal forma que tales estructuras asociativas concentren sus actividades más arriesgadas, en términos jurídico-penales, en aquellos Estados en los que tienen menos probabilidades de resultar efectivamente condenadas y, por lo tanto, más posibilidades de consolidar sus ganancias ilícitas. Estas prácticas de deslocalización, basadas en la búsqueda de macro-entornos legales favorables a la impunidad, se ven favorecidas por la liberalización del comercio, a nivel mundial y regional, sin una estandarización adecuada a nivel legal. En este sentido, resulta especialmente significativa la creación de filiales en paraísos fiscales por parte de las grandes empresas

tal forma que as multinacionais que se valem de métodos ilícitos para desenvolver sua atividade empresarial busquem concentrar aquelas atividades mais suscetíveis a uma reprimenda jurídica em Estado em que (1) ou tenham menos chances de serem processadas/condenadas; ou (2) em país que não autoriza uma resposta de direito criminal à prática de ilícitos perpetrados por pessoas jurídicas. Essa *técnica* nada mais é, portanto, que uma "análise do terreno" onde a pessoa jurídica irá optar por concentrar o desenvolvimento de sua atividade empresarial mais suscetível à ilicitude – levando especialmente em consideração a possibilidade de ver-se impune.

Nesse sentido, Pena,[52] de forma brilhante, elucida como a descentralização[53] territorial é fator por excelência do qual se pode valer a pessoa jurídica objetivando o sucesso da prática criminosa:

> la nota de la transnacionalidad no se encuentra sólo acentuada por el tipo de criminalidad de que se trata, sino también por la misma naturaleza del sujeto investigado (…). En este sentido, el hecho de que un determinado delito se cometa con los medios o bajo la cobertura de una persona jurídica puede, así mismo, contribuir a su carácter transnacional, en tanto que las estructuras jurídicas tienen más facilidad para operar simultáneamente en una multiplicidad de países, a través de la implementación de estrategias de descentralización territorial y de procesos de deslocalización de sus actividades. Pueden constituirse y disolverse con enorme rapidez y facilidad, así como transformarse o trasladar su sede social de un Estado a otro de forma sencilla. Una persona física se encuentra, evidentemente, más limitada que una persona jurídica para realizar acciones simultánea o sucesivamente en una pluralidad de Estados nacionales, en vista de las limitaciones que su naturaleza corpórea le impone.

Cristalino que o *déficit* legislativo brasileiro no que tange à repressão de condutas *delitivas* praticadas por pessoas jurídicas afeta a busca pela idoneidade das relações comerciais travadas no cenário negocial internacional, especialmente em

---

que se benefician así, no solo de la baja tributación a la que quedan sujetas en aquellos Estados, sino también de la opacidad y de la falta de transparencia característica de tales regímenes". PENA, Ana Maria Neira. *La Persona Jurídica como parte pasiva del proceso penal*. Tesis doctoral. Universidad da Coruña. 2015. P. 58.

52. PENA, Ana Maria Neira. *La Persona Jurídica como parte pasiva Del proceso penal*. Tesis doctoral. Universidad da Coruña. 2015. p. 58.
53. "El ejercicio de la actividad económica en la actualidad nos tiene acostumbrados, en no pocas ocasiones, al fenómeno de la deslocalización de las empresas (matriz y filiales). Este fenómeno, motivado principalmente por el ahorro de costes laborales, esconde en ciertas ocasiones una realidad propiamente delictiva, ya que, es posible que esta deslocalización esté motivada por la consecución de unos mayores beneficios a coste de menores condiciones de seguridad de los empleados, esclavitud laboral, una menor disciplina fiscal, mayor posibilidad de contaminación ambiental o, en definitiva, una menor posibilidad de ser declarado culpable por cualquier otro hecho delictivo". (BALLESTEROS SANCHEZ, Julio. Criminalidad empresarial y derecho penal: la responsabilidad penal de las personas jurídicas en el marco de la globalización y los programas de cumplimiento efectivo. *Desafíos del Derecho Penal en la Sociedad del Siglo XXI* – Dir. Paula Andrea Ramírez Barbosa – Ed. Themis S.A. – Colombia – 2018. p. 303-304).

razão do denominado princípio da dupla incriminação[54] que embala as normas de cooperação[55] penal interjurisdicional[56] – verdadeira dependência de caráter substantivo processual – tanto para fins de investigação criminal (incluindo neste aspecto a produção probatório[57]) como para a persecução penal.[58]

Mais especificamente, "a norma da dupla incriminação serve à relevante função de assegurar que a liberdade de uma pessoa não seja restrita como consequência de uma ofensa não reconhecida como delito pelo Estado requerido".[59] Rasamente falando, a regra da dupla incriminação nada mais é do que a identificação do *princípio da legalidade*[60] no âmbito da cooperação internacional. Ou

---

54. "A dupla incriminação significa a exigência de que o fato objeto da cooperação seja qualificado como infração penal na legislação dos Estados cooperantes, bastando a convergência dos elementos essenciais e pouco importando o *nomen iuris* e a presença de outros elementos" (BECHARA, 2011, Fábio Ramazzini. *Cooperação jurídica internacional em matéria penal*. São Paulo: Saraiva, 2011. p. 154).
55. Sobre a relevância da cooperação internacional para o combate idôneo à atual delinquência organizada *González-Castell* aponta: "El evidente componente transnacional de la delinquencia organizada en la actualidad hacía necesaria la aprobación de instrumentos comunes y coordinados, promoviéndose tanto el intercambio de experiencias entre países como la coordinación interinstitucional entre los mismos. Y así se aprobó una línea de trabajo relativa a la cooperación judicial internacional que se inició con la aprobación de importantes acuerdos en materia de lucha contra la delincuencia organizada transnacional, a los que luego nos referiremos o de destacadas Recomendaciones, como las relativas a la Corrupción en el Comercio Internacional o a la Corrupción de Funcionarios Públicos" (GONZÁLEZ-CASTELL, Adán Carrizo. *La cooperación procesal internacional en Iberoamérica*. Tirant lo Blanch. 2020. Valencia. PDF. p. 2).
56. Seara jurídica que anteriormente era analisada com base no direito internacional privado e que agora está mais bem *acomodada* dentro das ciências penal e processual penal, conforme Araújo Júnior, João Marcello; CERVINI, Raúl. Cooperação penal internacional: conceitos e limites. *Revista da Faculdade de Direito da UERJ*, Rio de Janeiro, v. 1, n. 5, 1997, p. 183. Os autores ainda definem três distintas fases históricas da cooperação penal internacional: (1) a dos tratados bilaterais; (2) a da regulamentação interna; e (3) a da regulamentação internacional.
57. ARAS, Vladimir. Cooperação Penal Internacional no projeto do novo CPP. In: ALVES, Leonardo Barreto Moreira; ARAÚJO, Fábio Roque (Coord.). *O projeto do novo Código de Processo Penal*. Salvador: JusPodivm, 2012, p. 597.
58. Sobre o tema, Rodrigues Costa afirma que: "São diversas as medidas de cooperação penal internacional que podem ser requeridas. Entre elas, está a localização de pessoas, a coleta de provas documentais, tomada de depoimentos presenciais ou por videoconferência, realização de perícias, realização de medida de busca e apreensão, indisponibilidade de bens, afastamento de sigilo bancário ou fiscal e interceptação de comunicações telefônicas. A mais grave providência é a extradição, pois implica a transferência forçada do indivíduo de um Estado para outro, para neste responder a um procedimento criminal e/ou submeter-se à execução da pena. Outra medida que merece destaque é a transferência de sentenciados, que se destina a propiciar a execução penal no país de origem do condenado, guardando, assim, um propósito humanitário" (RODRIGUES COSTA, Joyce Serra. *A exigência de dupla incriminação como garantia de legalidade nos procedimentos de cooperação penal interjurisdicional*. Disponível em: https://editora.pucrs.br/anais/cienciascriminais/IV/28.pdf. Acesso em: 18 abr. 2020).
59. SHEARER, Ivan A. *Extradition in international law*. 1971. Apud HAFEN, 1992, p. 194. Texto original: "The double criminality rule serves the most important function of ensuring that a person's liberty is nor restricted as a consequence of offences not recognized as criminal by the requested State".
60. RODRIGUES COSTA, Joyce Serra. *A exigência de dupla incriminação como garantia de legalidade nos procedimentos de cooperação penal interjurisdicional*. Disponível em: https://editora.pucrs.br/anais/cienciascriminais/IV/28.pdf. Acesso em: 18 dez. 2022).

seja, na medida em que, até o momento, o Brasil reconhece como crimes que podem as pessoas jurídicas cometer apenas aqueles que violem o bem jurídico meio ambiente, ficam excluídos, em regra, de eventual pleito de cooperação internacional, crimes praticados por entes coletivos que maculam o tráfego comercial transnacional. Não se pode deixar de asseverar que a criminalidade organizada "agradece".

Não é só. Os números da criminalidade no Brasil não permitem a este país abdicar da cooperação que pode o setor privado – especialmente pelo instrumento do compliance penal – dar ao combate à criminalidade organizada, que, em regra, se aparelha valendo-se de estruturas empresariais objetivando maquiar suas práticas ilícitas.[61] A legislação brasileira deveria, necessariamente, incorporar[62] – além da ampliação do rol de crimes pelos quais pode a pessoa jurídica responder – o instituto do compliance criminal como instrumento de direito premial capaz de fomentar a prevenção às práticas delitivas no âmbito empresarial.

Mesmo a hoje já vigente legislação criminal brasileira que autoriza a responsabilização criminal da pessoa jurídica pelas práticas de delito contra o meio ambiente carece de previsão relacionada à possível repercussão de um idôneo programa de integridade no *apenamento* do ente coletivo. Como se pode extrair da leitura das moduladoras da sanção criminal trazidas pela Lei Federal 9.605/1998,

---

61. "La falta de una mayor inversión de la producción legislativa en el plano de los programas y mecanismos empresariales privados como fórmula de prevención de desvíos criminales que producen resultados graves de aflicciones a bienes jurídicos colectivos o individuales homogéneos producen un gasto enorme de energía y recursos en el combate a los síntomas de la criminalidad, sin que se busque trabajar respecto de sus orígenes. El resultado final es una justicia penal que apenas puede responder al flujo de demanda y que es completamente incapaz de ofrecer más que un paliativo. Una mayor preocupación con las exigencias generales de adopción de reglas de cumplimiento en todo el potencial delictivo empresarail podría tener un efecto criminológico mucho más positivo" (BUSATO, Paulo César y Gustavo Britta Scandelari. La incorporación de los programas de cumplimientos ("criminal compliance"). *Tratado sobre compliance penal*. Responsabilidad Penal de las Personas Jurídicas y Modelos de Organización y Gestión. Tirant lo Blanch. 2019. Valencia. p. 1258).

62. Sobre a necessidade de revisão do sistema de justiça penal de determinados países, Busato: "En ese contexto, el órgano internacional [Organización de las Naciones Unidas] establece algo que es fundamental para el funcionamiento de cualquier programa de prevención de ilícitos: 'una cultura de cumplimiento de la ley debe ser promovida activamente para la prevención del delito'. En este sentido, citando criterios no exclusivos para el fomento de esa cultura: 'los gobiernos y la sociedad civil, incluso, cuando sea apropiado, el sector corporativo, deben apoyar el desarrollo de programas de prevención situacional del crimen, promocionado, entre otros: (a) mejoras en el dibujo ambiental; (b) métodos apropiados de vigilancia que sean adecuados al derecho a la intimidad; (c) acciones para que los bienes de consumo se produzcan de forma a no promocionar el delito; (d) la prevención sin disminuir la calidad del ambiente construido o limitar el libre acceso a áreas públicas; € la aplicación de estrategias para prevenir la doble victimización. (…) Considerando el énfasis dado por la ONU en un acercamiento cooperativo entre diversos sectores del poder público, bien así entre ellos y la sociedad civil para la prevención del delito, sería de suponer recomendable alguna reforma del sistema de justicia penal en determinados países". BUSATO, Paulo César y Gustavo Britta Scandelari. La incorporación de los programas de cumplimientos ("criminal compliance"). *Tratado sobre compliance penal*. Responsabilidad Penal de las Personas Jurídicas y Modelos de Organización y Gestión. Tirant lo Blanch. 2019. Valencia. p. 1240.

que regulamenta a responsabilidade penal socioambiental da pessoa jurídica (atenuantes e agravantes expressamente arroladas nos artigos 14 e 15 da Lei de Crimes Ambientais), vê-se que, diferentemente do que ocorre em outros países, como na Espanha com base no art. 31 bis do seu Código Penal, não foi o instituto do compliance elevado à causa sequer de atenuação da sanção penal, muito menos à qualidade de *excludente* de pena.

Entretanto, cumpre frisar, por outro lado, que compliance, no âmbito da legislação brasileira, tem capacidade para influenciar a modulação das sanções cíveis e administrativas imputadas às pessoas jurídicas fixadas na Lei Anticorrupção Empresarial[63] (Lei 12.846/2013), que representa importante avanço legislativo brasileiro ao prever a responsabilização objetiva, no âmbito civil e administrativo, de empresas que praticam atos lesivos contra a administração pública nacional ou estrangeira.

A cooperação público-privada no combate à criminalidade de cunho empresarial, que tende a ser estimulada pela promoção à disseminação de programas de compliance penal, vem *auxiliar* a investigação e a respectiva persecução criminal de delitos que se desenvolvem no ambiente coorporativo, os quais, sem sombra de dúvidas, apresentam dificuldades específicas se comparadas às das infrações penais praticadas sem a "cobertura" do véu da personalidade jurídica. Entre os fatores para o reconhecimento dessa maior complexidade, como destacado, estão: (1) trata-se de crimes que normalmente são executados pela utilização de uma maior capacidade técnica; (2) são delitos que se caracterizam por uma multiplicidade de atores em razão da divisão de funções (decisórias e executórias) que é própria da atividade empresarial; e (3) são crimes cujas provas para sua completa elucidação em regra são documentos que estão sob a guarda da pessoa jurídica em que se desenvolveu o delito.

---

63. Diferentemente do que se identifica no que tange aos moduladores das sanções aplicados à responsabilidade penal das pessoas jurídicas no Brasil pelos possíveis crimes praticados contra o meio ambiente, o legislador brasileiro, ao editar a lei anticorrupção, estipulou, entre os pilares que devem nortear a aplicação do *quantum* de pena à pessoa jurídica pela prática de atos corruptos, *a existência de mecanismos e procedimentos internos de integridade, auditoria e incentivo à denúncia de irregularidades e a aplicação efetiva de códigos de ética e de conduta no âmbito da pessoa jurídica* (art. 7º, VIII, da Lei 12.846/2013). Assim, com inspiração norte-americana, no Brasil o instituto do compliance foi internalizado com a ideia de que se trata de um conjunto de ações e planos adotados facultativamente pelas pessoas jurídicas, visando a garantir que cumpram todas as obrigações legais e regulamentares do setor ou segmento econômico em que atuam, inclusive preceitos éticos e de boa governança administrativa, visando a evitar e punir adequadamente fraudes e atos de corrupção em geral. Assim, em que pese não tenha o programa de compliance, no ordenamento jurídico brasileiro, capacidade de repercutir na aplicação da sanção penal imposta às pessoas jurídicas, no âmbito da responsabilização cível e administrativa daquelas pela prática de atos corruptos contra o governo nacional ou estrangeiro os programas de integridade têm o condão de atenuar as respectivas sanções, o que já vem sendo reconhecido pela jurisprudência brasileira (e exemplo do julgamento de caso envolvendo o *Grupo Odebrecht*: TRF 4ª Região, 3ª Turma, AI 5023972-66.2017.4.04.0000/PR, Rel. Des. Federal Vânia Hack de Almeida, j. 22.08.2017).

Os apontamentos do parágrafo acima têm o condão de assinalar, por mais um ângulo, o grau de impunidade gerado em solo brasileiro com a restrição da responsabilidade penal da pessoa jurídica a delitos que tutelem o meio ambiente equilibrado sem, ademais, sequer para esses delitos, se valer aquele ordenamento jurídico do instrumento do compliance criminal para "reforçar" o combate à impunidade destes.

4. CONCLUSÃO

Em que pese se sustentar a responsabilização penal da pessoa jurídica como instrumento capaz de reduzir os números da criminalidade econômica empresarial e, assim, favorecer, inclusive, àquelas pessoas jurídicas que pautam sua atividade econômica dentro dos parâmetros da legalidade e da ética,[64] não se pretende com isso mitigar a relevância do desenvolvimento econômico que é fruto do empenho dos representantes das entidades empresariais. Longe de pretender criminalizar a atividade empresarial, pretende-se, sim, a viabilização da concorrência leal, de modo a impedir que algumas empresas possam obter vantagens dentro do mercado de forma fraudulenta e, portanto, em detrimento de uma sadia competição entre concorrentes, fornecedores de produtos/prestadores de serviços.

Pretende-se, sim, fomentar, no âmbito brasileiro, o *instituto* da responsabilização penal da pessoa jurídica mediante ampliação do rol de crimes pelos quais poderá ser investigada/acusada, diante do reconhecimento de que é método *interessante* de combate à impunidade. Desde logo também se fomenta a conjugação do mecanismo de compliance penal à responsabilização penal da pessoa, jurídica (como já se identifica, ainda que de maneira tímida, na Lei Federal 12.846/2013), uma vez que a *percepção* dos fatos mostrou que a chancela jurídica à sujeição ativa criminal da empresa, por si só, foi incapaz de dissuadir a criminalidade empresarial.

Assim, objetivando reproduzir legislações avançadas no que diz respeito à matéria da responsabilidade penal da pessoa jurídica, competiria ao legislador brasileiro valer-se do instituto jurídico do compliance penal, mecanismo que

---

64. "Pocas discusiones son más antiguas y agudas que las desarrolladas en torno a la ética en la empresa o en los negocios (Business Ethics). Esta ética tiene muchas variables, porque los principios éticos deben presidir la actuación de los directivos y de la propia empresa en cuanto a sus decisiones y estrategia, en sus relaciones económicas y sociales. La reputación de la empresa es cada vez más un valor al alza, y dicha reputación está condicionada en buena medida por la ética de sus decisiones. El compliance es también la exteriorización del compromiso ético de la empresa, un pacto de integridad moral empresarial, como manifestación de su buen gobierno" (FERRÉ OLIVÉ, Juan Carlos. El compliance penal tributario. *Tratado sobre compliance penal*. Responsabilidad Penal de las Personas Jurídicas y Modelos de Organización y Gestión. Tirant lo Blanch. 2019. Valencia. p. 212).

permite à pessoa jurídica introduzir, no desenvolvimento de sua atividade empresarial, uma cultura de integridade e de respeito à legalidade, de modo a incentivar verdadeira privatização da *tutela* (sem, evidentemente, violar o monopólio do *ius puniendi* estatal) do direito penal; trata-se de delegação da responsabilidade pela tutela dos bens jurídicos penais à empresa, que deve desenvolver, no exercício da função de "garante", na órbita de sua organização, barreira – prévia à estatal – de fiscalização de práticas delitivas.

Identifica-se, assim, no instituto do compliance criminal, a ser cada vez mais desenvolvido e aperfeiçoado em termos práticos e jurídicos, mecanismo capaz de permitir que a empresa passe de instrumento ao crime, para, ao lado do Estado, exercer papel ativo no seu combate.

ANOTAÇÕES